DCAT

두산그룹
온라인 종합적성검사

시대에듀

2025 최신판 시대에듀 두산그룹 DCAT 온라인 종합적성검사
6개년 기출 + 모의고사 4회 + 무료두산특강

Always **with you**

사람의 인연은 길에서 우연하게 만나거나 함께 살아가는 것만을 의미하지는 않습니다.
책을 펴내는 출판사와 그 책을 읽는 독자의 만남도 소중한 인연입니다.
시대에듀는 항상 독자의 마음을 헤아리기 위해 노력하고 있습니다. 늘 독자와 함께하겠습니다.

머리말 PREFACE

두산그룹은 120여 년의 역사를 가졌고, 최근 10여 년간 가장 빠르게 성장한 기업이다. 90년대 후반 성공적인 구조조정 과정을 거쳐 사업의 건전성을 확보하였으며, 21세기를 맞아 지속 성장이 가능한 사업구조로의 재편을 진행했다. 2G전략(개인의 성장을 통한 회사의 성장, 회사의 성장을 통한 개인의 성장)이 바로 '두산'의 경영전략이다.

두산그룹의 채용절차는 크게 서류전형, 필기전형(두산 종합적성검사), 면접전형으로 진행된다. 두산 종합적성검사, 즉 DCAT(Doosan Comprehensive Aptitude Test)는 지원자가 성공적인 업무수행을 위한 역량과 기초직무능력을 갖추었는지를 평가하는 검사이다.

DCAT는 지원자의 전공계열에 따라 인문계와 이공계로 나뉘어 시행되어 왔으며, 기초적성검사는 다른 기업 적성검사에 비해 난도가 높은 편으로 알려져 있었다. 그러나 2022년 상반기부터는 온라인으로 시험을 치르면서 인문계/이공계 구분 없이 동일하게 시험을 시행하며 영역이 변경되었다.

이에 시대에듀에서는 두산그룹에 입사하고자 하는 수험생들에게 좋은 길잡이가 되어주고자 다음과 같은 특징을 가진 본서를 출간하게 되었다.

도서의 특징

❶ 6개년(2024~2019년) 기출복원문제를 수록하여 지난 6년간의 출제경향을 한눈에 파악할 수 있도록 하였다.

❷ 영역별 대표기출유형과 기출응용문제를 수록하여 단계별로 학습이 가능하도록 하였다.

❸ 최종점검 모의고사 2회분과 도서 동형 온라인 실전연습 서비스를 제공하여 실전과 같은 연습이 가능하도록 하였다.

❹ 적성검사와 함께 보는 인성검사부터 이후 치를 면접까지 채용 관련 내용을 꼼꼼하게 다루어 본서 한 권으로도 채용의 마지막 관문까지 무사히 통과할 수 있도록 구성하였다.

끝으로 본서를 통해 두산그룹 입사를 준비하는 여러분 모두가 합격의 기쁨을 누리기를 진심으로 바란다.

SDC(Sidae Data Center) 씀

두산의 목표와 핵심가치, 두산 Credo

지난 120년을 이끌어온 두산의 경영 철학과 사업 방식을 계승하고 발전시켜 명문화한 것이 바로 두산 Credo 이다. 두산 Credo는 아홉 가지 핵심가치를 담고 있다. 핵심가치는 두산에서 이뤄지는 모든 의사결정과 행동의 준거이며 이를 통해 두산은 궁극적인 목표를 달성한다.

◇ 목표

두산의 궁극적인 목표는 '세계 속의 자랑스러운 두산'이다.

◇ 핵심가치

두산인은 두산 Credo의 아홉 가지 핵심가치를 매일 실천한다.

◇ **경영전략**

사람의 성장을 통해 사업을 성장시키는 두산의 2G전략

사람의 성장	Growth of People	1. 사람중심 2. 진정한 관심과 육성 3. 인화
기업의 성장	Growth of Business	1. 지속적인 성장 2. 탁월한 제품과 기술력 3. 선진화, 과학화된 시스템과 프로세스

◇ **인재상**

사람에 대해 진정으로 관심을 가지고 육성한다.

인화를 실천한다.

끊임없이 올라가는 눈높이를 가진다.

상하좌우 열린 소통을 한다.

현명한 근성을 가지고 무엇이든 해낸다.

중요한 것의 해결에 집중한다.

2024년 하반기 기출분석 ANALYSIS

총평

두산그룹 DCAT는 2024년 하반기에도 어려웠다는 평이 지배적이었다. 난도가 무난했던 언어논리와 언어표현 영역에 비해 공간추리와 도형추리 영역은 여전히 어려웠고, 수리자료해석 영역은 응용수리보다 자료해석이 까다로웠다는 후기가 많았다. 따라서 공간추리와 도형추리 영역의 문제를 풀기 위한 시간을 확보하기 위해서 나머지 영역에서 시간을 줄이고, 시험에 응시하기 전에 온라인으로 다양한 유형을 학습한다면 고득점을 받는 데 유리할 것이다.

◇ 핵심전략

매번 유형이 바뀐다고 알려져 있는 공간추리와 도형추리는 DCAT에서 가장 까다롭게 느껴질 것이다. 해당 영역을 풀 때는 메모장도 사용이 불가하며 고개를 돌려가며 문제를 풀 경우에는 부정행위로 간주될 수 있으므로 주의해야 한다. 어떤 유형의 문제가 나오는지는 시험을 치르기 전까지 알 수 없으므로 최대한 다양한 유형의 문제를 풀어보는 것이 중요하다.

두산그룹 DCAT는 자체 프로그램으로 진행되며 프로그램에 내장되어 있는 메모장과 계산기를 일부 영역에서 사용할 수 있다. 따라서 평소 준비할 때 메모장과 계산기를 화면에 두고 풀어보는 연습을 하는 것도 도움이 될 것이다. 또한, 온라인 시험인 만큼 당일에 서버나 통신 오류 등이 발생할 수 있으니 이러한 상황에서도 당황하지 않고 마음을 잘 가다듬는 것이 중요하다.

◇ 시험진행

구분	영역	문항 수	응시시간
적성검사	언어논리	20문항	20분
	언어표현	15문항	10분
	수리자료분석	20문항	20분
	공간추리	10문항	7분 30초
	도형추리	10문항	7분 30초
인성검사	인성검사	272문항	55분

◇ 영역별 출제비중

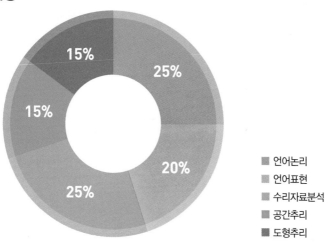

- ■ 언어논리
- ■ 언어표현
- ■ 수리자료분석
- ■ 공간추리
- ■ 도형추리

◇ 영역별 출제특징

구분	영역	출제특징
적성검사	언어논리	• 조건추리, 명제, 참/거짓 유형 등 일반적인 논리추리 문제 • 주제 찾기, 내용 일치 문제
	언어표현	• 빈칸추리, 한자성어, 맞춤법, 밑줄 친 단어의 문맥을 파악하는 문제 등 기존 언어유창성 유형과 비슷한 문제 • 제시된 문장 또는 문단을 나열하는 문제
	수리자료분석	• 빠른 시간 안에 풀어야 하는 규칙 문제 • 응용수리, 수추리, 알고리즘, 자료추론, 자료계산 문제
	공간추리	• 블록 개수, 전개도 문제
	도형추리	• 도형의 규칙을 찾아 적용하는 추리 문제

신입사원 채용 안내 INFORMATION

◇ 채용시기

수시채용으로 진행되며 계열사별로 여건에 따라 채용일정 및 방식이 다를 수 있음

◇ 지원자격

❶ 정규 4년제 대학 졸업(예정)자
❷ 남성의 경우, 병역 필 또는 면제자
❸ 해외여행에 결격사유가 없는 자

◇ 채용절차

구분	내용
서류전형	입사지원서 작성 후 DBS(Doosan Biodata Survey)에 응시한다. ▸ 입사지원서 작성 • 인적사항 및 학력사항, 기타 경험을 기재한 입사지원서를 제출한다. ▸ DBS(Doosan Biodata Survey) 응시 • 지원자가 두산의 인재상에 부합하는지 측정하는 선발도구이다. • 온라인으로 진행되며, 입사지원서 제출 완료 후 곧바로 응시하게 되고, DBS를 완료하여야 지원서 접수가 완료된다. ▸ 총 140문항(70page)을 약 1시간에 걸쳐 응답하게 되며, 지원자의 여러 상황을 고려하여 1page당 3회의 재접속/응시가 가능하다.
DCAT	DCAT(두산 종합적성검사)는 지원자가 성공적인 업무수행을 위한 역량과 기초직무능력을 갖추었는지를 평가한다.
실무면접	SI와 DISE로 구성되어 있다. ※ 일부 직무의 경우, 전공PT가 별도 진행되며 면접 진행 시 별도 안내 ▸ SI(Structured Interview) • SI는 구조화된 면접기법으로 지원자의 역량보유 정도를 평가한다. • 지원자 1인과 각 자회사의 실무진으로 구성된 면접관 3명으로 약 1시간 동안 진행된다. ▸ DISE(Doosan Integrated Simulation Exercise) • DISE는 Case 면접으로 지원자의 역량보유 정도와 분석적 사고 및 문제해결능력을 평가한다. • 특정상황과 해결과제가 포함된 Business Case가 주어지며, Case 분석 및 PT 준비/PT 및 질의응답의 과정으로 총 1시간 정도 진행된다.
최종면접	그룹 회장단 및 자회사 최고경영진이 직접 참여하는 면접으로 두산의 가치 및 문화에 부합한 인재인지를 평가한다.

❖ 채용절차는 채용유형, 채용직무, 채용시기 등에 따라 변동될 수 있으므로 반드시 발표되는 채용공고를 확인하기 바랍니다.

온라인 시험 Tip TEST TIP

◇ 필수 준비물
❶ 신분증 : 주민등록증, 운전면허증, 여권(유효기간 내), 외국인등록증 중 택 1
❷ 그 외 : 노트북/데스크탑, 웹캠(노트북 내장 카메라 사용 가능), 의사소통장비(헤드셋, 스피커 + 마이크, 마이크 기능이 탑재된 이어폰), 노트북 충전기, 휴대전화 등

◇ 온라인 DCAT 프로세스
❶ 응시자 안내문 및 프로그램 다운로드
❷ 응시자 안내문 숙지
❸ 응시 프로그램 설치
❹ 사전점검 진행(지정 기한 내 개별적으로 실시)
❺ 본 검사 응시

◇ 유의사항
❶ 온라인 시험 매뉴얼이 제공되므로 반드시 미리 숙지해야 하며 사전점검일에 점검을 마쳐야 이후 시험에 응시할 수 있다.
❷ 시험 직전 웹캠을 통해 주변 환경 점검이 이루어지며, 응시 환경 점검을 위해 검사 실시 전 감독관이 영상통화를 요청할 수 있다.
❸ 검사 중 휴대전화 및 전자기기의 전원이 켜져 있는 경우 부정행위로 간주하고 검사 시작 후 유선 연결을 통해 휴대전화 전원이 꺼져 있는지 확인하므로 휴대전화 전원은 검사 대기 단계에서 감독관 안내에 따라 종료해야 한다.
❹ 검사 중 물이나 다과를 섭취할 수 없으며 물은 책상 아래에 두고 본 검사 시작 전까지만 섭취가 허용된다.
❺ 온라인 시험 중 필기구 사용이 불가하며 두산그룹 프로그램 내 메모장과 계산기만 사용 가능하다(단, 4교시 공간추리와 5교시 도형추리에서는 사용이 불가하다).

◇ 알아두면 좋은 Tip
❶ 원활한 시험 진행을 위해 책상 정리가 필요하다.
❷ 타인의 출입ㆍ소음이 감지될 경우 부정행위로 간주될 수 있으니, 본인만 위치한 장소해서 응시해야 한다.
❸ 원활한 인터넷 공급과 PC 전원 공급 상태를 확인하고, 배터리 충전기는 미리 꽂아두어야 한다.
❹ 인성검사를 위해 두산그룹의 인재상에 대해 숙지해 둔다.

주요 대기업 적중 문제 TEST CHECK

삼성

수리 ▶ 자료계산

03 다음은 S기업 영업 A~D팀의 분기별 매출액과 분기별 매출액에서 각 영업팀의 구성비를 나타낸 자료이다. A~D팀의 연간 매출액이 많은 순서와 1위 팀이 기록한 연간 매출액을 바르게 나열한 것은?

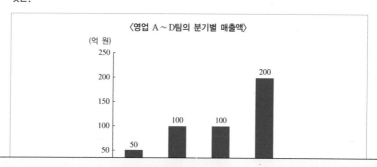

〈영업 A~D팀의 분기별 매출액〉

(억 원)

추리 ▶ 도식추리

※ 다음 도식에서 기호들은 일정한 규칙에 따라 문자를 변화시킨다. 물음표에 들어갈 적절한 문자를 고르시오(단, 규칙은 가로와 세로 중 한 방향으로만 적용되며, 모음은 단모음 10개를 기준으로 한다). [1~4]

```
                        1ㅛㅡㄷ              ㅅㅏㄹㄴ
                          ↓                   ↓
   5ㄹㅗ   →    ♩   →    ♪   →    ♫   →    7ㅔㅓ
                          ↓                   ↓
   ㅂㅋㅓ   →    ♪   →    ♫   →    ♩   →    ㅇㅈㅋㅊ
                          ↓                   ↓
                        3ㄱㅏㅕ              ㅈㅗㅂㅓ
```

추리 ▶ 참 또는 거짓

※ 다음 글의 내용이 참일 때 항상 거짓인 것을 고르시오. [24~26]

24 권리와 의무의 주체가 될 수 있는 자격을 권리 능력이라 한다. 사람은 태어나면서 저절로 권리 능력을 갖게 되고 생존하는 내내 보유한다. 그리하여 사람은 재산에 대한 소유권의 주체가 되며, 다른 사람에 대하여 채권을 누리기도 하고 채무를 지기도 한다. 사람들의 결합체인 단체도 일정한 요건을 갖추면 법으로써 부여되는 권리 능력인 법인격을 취득할 수 있다. 단체 중에는 사람들이 일정한 목적을 갖고 결합한 조직체로서 구성원과 구별되어 독자적 실체로서 존재하며, 운영 기구를 두어 구성원의 가입과 탈퇴에 관계없이 존속하는 단체가 있다. 이를 사단(社團)이라 하며, 사단이 갖춘 이러한 성질을 사단성이라 한다. 사단의 구성원은 사원이라 한다. 사단은 법인(法人)으로 등기되어야 법인격이 생기는데, 법인격을 가진 사단을 사단 법인이라 부른다. 반면에 사단성을 갖추고도 법인으로 등기하지 않은 사단은 '법인이 아닌 사단'이라 한다. 사람과 법인만이 권리 능력을 가지며, 사람

SK

언어이해 ▶ 사실적 독해

03 다음 글의 내용으로 적절하지 않은 것은?

> 생물 농약이란 농작물에 피해를 주는 병이나 해충, 잡초를 제거하기 위해 자연에 있는 생물로 만든 천연 농약을 뜻한다. 생물 농약을 개발한 것은 흙 속에 사는 병원균으로부터 식물을 보호할 목적에 서였다. 뿌리를 공격하는 병원균은 땅속에 살고 있으므로 병원균을 제거하기에 어려움이 있었다. 게다가 화학 농약의 경우 그 성분이 토양에 달라붙어 제 기능을 발휘하지 못했기 때문에 식물 성장을 돕고 항균 작용을 할 수 있는 미생물에 주목하기 시작한 것이다.
>
> 식물 성장을 돕고 항균 작용을 하는 미생물 집단을 '근권미생물'이라 하는데, 여러 종류의 근권미생물 중 농약으로 쓰기에 가장 좋은 것은 뿌리에 잘 달라붙는 것들이다. 근권미생물의 입장에서 뿌리 주변은 사막의 오아시스와 비슷한 조건이다. 뿌리 주변은 뿌리에서 공급되는 양분과 안락한 서식 환경을 제공받지만, 뿌리 주변에서 멀리 떨어진 곳은 황량한 지역이어서 먹을 것을 찾기가 어렵기 때문이다. 따라서 뿌리 주변에서는 좋은 위치를 선점하기 위해 미생물 간에 치열한 싸움이 벌어진

자료해석 ▶ 자료추론

`Hard`

15 다음은 우리나라 지역별 가구 수와 1인 가구 수에 대한 자료이다. 이에 대한 설명으로 옳은 것은?

〈지역별 가구 수 및 1인 가구 수〉

(단위 : 천 가구)

구분	전체 가구	1인 가구
서울특별시	3,675	1,012
부산광역시	1,316	367
대구광역시	924	241
인천광역시	1,036	254
광주광역시	567	161
대전광역시	596	178
울산광역시	407	97
경기도	4,396	1,045
강원도	616	202
충청북도	632	201
충청남도	866	272

언어추리 ▶ 진실게임

01 S사 직원들끼리 이번 달 성과급에 대해 이야기를 나누고 있다. 성과급은 반드시 늘거나 줄어들었고, 직원 중 1명만 거짓말을 하고 있을 때, 항상 참인 것은?

> • 직원 A : 나는 이번에 성과급이 늘어났어. 그래도 B만큼은 오르지 않았네.
> • 직원 B : 맞아 난 성과급이 좀 늘어났지. D보다 조금 더 늘었어.
> • 직원 C : 좋겠다. 오~ E도 성과급이 늘어났네.
> • 직원 D : 무슨 소리야! E는 C와 같이 성과급이 줄어들었는데.
> • 직원 E : 그런 것보다 D가 A보다 성과급이 조금 올랐는데?

① 직원 A의 성과급이 오른 사람 중 가장 적다.
② 직원 B의 성과급이 가장 많이 올랐다.

주요 대기업 적중 문제 TEST CHECK

언어이해 ▶ 주제 / 맥락 이해

02 다음 글의 주제로 적절한 것은?

'새'는 하나의 범주이다. [+동물], [+날 것]과 같이 성분분석을 한다면 우리 머릿속에 떠오른 '새'의 의미를 충분히 설명했다고 보기 어렵다. 성분분석 이론의 의미자질 분석은 단순할 뿐이다. 이것이 실망스러운 이유는 성분분석 이론의 '새'에 대한 의미 기술이 고작해야 다른 범주, 즉 조류가 아닌 다른 동물 범주와 구별해 주는 정도밖에 되지 못했기 때문이다. 아리스토텔레스 이래로 하나의 범주는 경계가 뚜렷한 실재물이며 범주의 구성원은 서로 동등한 자격을 가지고 있다고 믿어왔다. 그리고 범주를 구성하는 단위는 자질들의 집합으로 설명될 수 있다고 생각해 왔다. 앞에서 보여준 성분분석 이론 역시 그런 고전적인 범주 인식에 바탕을 두고 있다. 어휘의 의미는 의미성분, 곧 의미자질들의 총화로 기술될 수 있다고 믿는 것, 그것은 하나의 범주가 필요충분조건으로 이루어져있다는 가정에서만이 가능한 것이었다. 그러나 '새'의 범주를 떠올려 보면 범주의 구성원들끼리 결코 동등한 자격을 가지고 있지 않다. 가장 원형적인 구성원이 있는가 하면, 더 원형적인 것, 주변적인 것도 있는

문제해결 ▶ 대안탐색 및 선택

`Easy`

04 다음 그림과 같이 O지점부터 D지점 사이에 운송망이 주어졌을 때, 최단 경로에 대한 설명으로 옳지 않은 것은?(단, 구간별 숫자는 거리를 나타낸다)

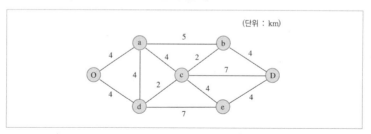

① O에서 c까지 최단거리는 6km이다.
② O에서 D까지 a를 경유하는 최단거리는 13km이다.

추리 ▶ 명제

`Easy`

15 P사의 A ~ F팀은 월요일부터 토요일까지 하루에 2팀씩 함께 회의를 진행한다. 다음 〈조건〉을 참고할 때, 반드시 참인 것은?(단, 월요일부터 토요일까지 각 팀의 회의 진행 횟수는 서로 같다)

조건
• 오늘은 목요일이고 A팀과 F팀이 함께 회의를 진행했다.
• B팀은 A팀과 연이은 요일에 회의를 진행하지 않는다.
• B팀은 오늘을 포함하여 이번 주에는 더 이상 회의를 진행하지 않는다.
• C팀은 월요일에 회의를 진행했다.
• D팀과 C팀은 이번 주에 B팀과 한 번씩 회의를 진행한다.
• A팀과 F팀은 이번 주에 이틀을 연이어 함께 회의를 진행한다.

① E팀은 수요일과 토요일 하루 중에만 회의를 진행한다.
② 화요일에 회의를 진행한 팀은 B팀과 F팀이다.

LG

언어이해 ▶ 나열하기

※ 다음 문단을 논리적 순서대로 바르게 나열한 것을 고르시오. [3~4]

03

(가) 교정 중에는 치아뿐 아니라 교정장치를 부착하고 있기 때문에 교정장치까지 닦아주어야 하는데요. 교정용 칫솔은 가운데 홈이 있어 장치와 치아를 닦을 수 있는 칫솔을 선택하게 되고, 가운데 파여진 곳을 교정장치에 위치시킨 후 옆으로 왔다 갔다 전체적으로 닦아줍니다. 그다음 칫솔을 비스듬히 하여 장치의 위아래를 꼼꼼하게 닦아줍니다.

(나) 치아를 가지런하게 하기 위해 교정하시는 분들 중에 간혹 교정 중에 칫솔질이 잘 되지 않아 충치가 생기고 잇몸이 내려가 버리는 경우를 종종 보곤 합니다. 그러므로 교정 중에는 더 신경 써서 칫솔질을 해야 하죠.

(다) 마지막으로 칫솔질을 할 때 잊지 말아야 할 것은 우리 입안에 치아만 있는 것이 아니므로 혀와 잇몸에 있는 플라그들도 제거해 주셔야 입 냄새도 예방할 수 있다는 것입니다. 올바른 칫솔질 방법으로 건강한 치아를 잘 유지하시길 바랍니다.

(라) 또 장치 때문에 닿이지 않는 부위는 치간 칫솔을 이용해 위아래 오른쪽 왼쪽 넣어 잘 닦아줍니

자료해석 ▶ 자료해석

Hard

11 다음은 2021 ~ 2023년 국가별 이산화탄소 배출량에 대한 자료이다. 이에 대한 설명으로 옳지 않은 것을 〈보기〉에서 모두 고르면?(단, 소수점 둘째 자리에서 반올림한다)

〈국가별 이산화탄소 배출 현황〉

구분		2021년		2022년		2023년	
		총량 (백만 톤)	1인당 (톤)	총량 (백만 톤)	1인당 (톤)	총량 (백만 톤)	1인당 (톤)
아시아	한국	582	11.4	589.2	11.5	600	11.7
	중국	9,145.3	6.6	9,109.2	6.6	9,302	6.7
	일본	1,155.7	9.1	1,146.9	9	1,132.4	8.9
북아메리카	캐나다	557.7	15.6	548.1	15.2	547.8	15
	미국	4,928.6	15.3	4,838.5	14.9	4,761.3	14.6
남아메리카	브라질	453.6	2.2	418.5	2	427.6	2
	페루	49.7	1.6	52.2	1.6	49.7	1.5
	베네수엘라	140.5	4.5	127.4	4	113.7	3.6
	체코	99.4	9.4	101.2	9.5	101.7	9.6
	프랑스	299.6	4.5	301.7	4.5	306.1	4.6
	독일	799.7	9.0	734.5	8.0	718.8	8.7

창의수리 ▶ 금액

15 원가의 20%를 추가한 금액을 정가로 하는 제품을 15% 할인해서 50개를 판매한 금액이 127,500원 일 때, 이 제품의 원가는?

① 1,500원   ② 2,000원

③ 2,500원   ④ 3,000원

⑤ 3,500원

도서 200% 활용하기 STRUCTURES

1 6개년 기출복원문제로 출제경향 파악

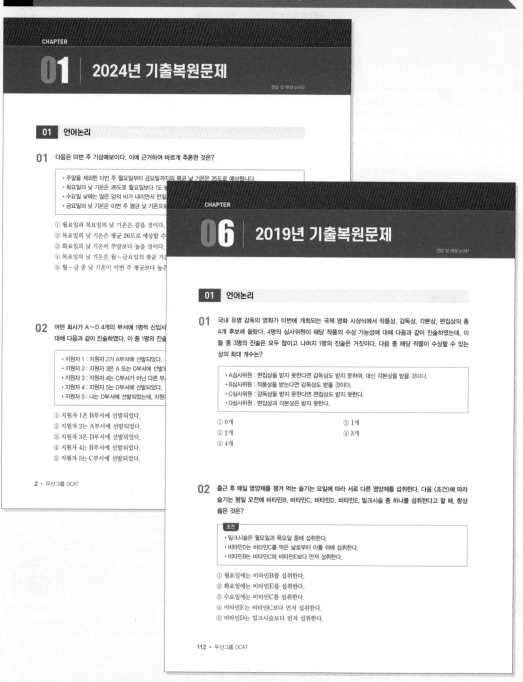

CHAPTER

01 | 2024년 기출복원문제

정답 및 해설 p.002

01 언어논리

01 다음은 이번 주 기상예보이다. 이에 근거하여 바르게 추론한 것은?

- 주말을 제외한 이번 주 월요일부터 금요일까지의 평균 낮 기온은 25도로 예상됩니다.
- 화요일의 낮 기온은 26도로 월요일보다 1도 높으며,
- 수요일 낮에는 많은 양의 비가 내리면서 전일
- 금요일의 낮 기온은 이번 주 평균 낮 기온으로

① 월요일과 목요일의 낮 기온은 같을 것이다.
② 목요일의 낮 기온은 평균 26도로 예상할 수
③ 화요일의 낮 기온이 주말보다 높을 것이다.
④ 목요일의 낮 기온은 월~금요일의 평균 기
⑤ 월~금 중 낮 기온이 이번 주 평균보다 높은

02 어떤 회사가 A~D 4개의 부서에 1명씩 신입사
대해 다음과 같이 진술하였다. 이 중 1명의 진술

- 지원자 1 : 지원자 2가 A부서에 선발되었다.
- 지원자 2 : 지원자 3은 A 또는 D부서에 선발되었다.
- 지원자 3 : 지원자 4는 C부서가 아닌 다른 부
- 지원자 4 : 지원자 5는 D부서에 선발되었다.
- 지원자 5 : 나는 D부서에 선발되었는데, 지원자

① 지원자 1은 B부서에 선발되었다.
② 지원자 2는 A부서에 선발되었다.
③ 지원자 3은 D부서에 선발되었다.
④ 지원자 4는 B부서에 선발되었다.
⑤ 지원자 5는 C부서에 선발되었다.

2 · 두산그룹 DCAT

CHAPTER

06 | 2019년 기출복원문제

정답 및 해설 p.047

01 언어논리

01 국내 유명 감독의 영화가 이번에 개최되는 국제 영화 시상식에서 작품상, 감독상, 각본상, 편집상의 총 4개 후보에 올랐다. 4명의 심사위원이 해당 작품의 수상 가능성에 대해 다음과 같이 진술하였는데, 이들 중 3명의 진술은 모두 참이고 나머지 1명의 진술은 거짓이다. 다음 중 해당 작품이 수상할 수 있는 상의 최대 개수는?

- A심사위원 : 편집상을 받지 못한다면 감독상도 받지 못하며, 대신 각본상을 받을 것이다.
- B심사위원 : 작품상을 받는다면 감독상도 받을 것이다.
- C심사위원 : 감독상을 받지 못한다면 편집상도 받지 못한다.
- D심사위원 : 편집상과 각본상은 받지 못한다.

① 0개   ② 1개
③ 2개   ④ 3개
⑤ 4개

02 출근 후 매일 영양제를 챙겨 먹는 슬기는 요일에 따라 서로 다른 영양제를 섭취한다. 다음 〈조건〉에 따라 슬기는 평일 오전에 비타민B, 비타민C, 비타민D, 비타민E, 밀크시슬 중 하나를 섭취한다고 할 때, 항상 옳은 것은?

조건
- 밀크시슬은 월요일과 목요일 중에 섭취한다.
- 비타민D는 비타민C를 먹은 날로부터 이틀 뒤에 섭취한다.
- 비타민B는 비타민D와 비타민E보다 먼저 섭취한다.

① 월요일에는 비타민B를 섭취한다.
② 화요일에는 비타민E를 섭취한다.
③ 수요일에는 비타민C를 섭취한다.
④ 비타민E는 비타민C보다 먼저 섭취한다.
⑤ 비타민D는 밀크시슬보다 먼저 섭취한다.

112 · 두산그룹 DCAT

▶ 2024~2019년 6개년 기출복원문제를 수록하여 최근 출제경향을 파악할 수 있도록 하였다.
▶ 기출복원문제를 바탕으로 학습을 시작하기 전에 자신의 실력을 판단할 수 있도록 하였다.

2 | 이론점검, 대표기출유형, 기출응용문제로 영역별 단계적 학습

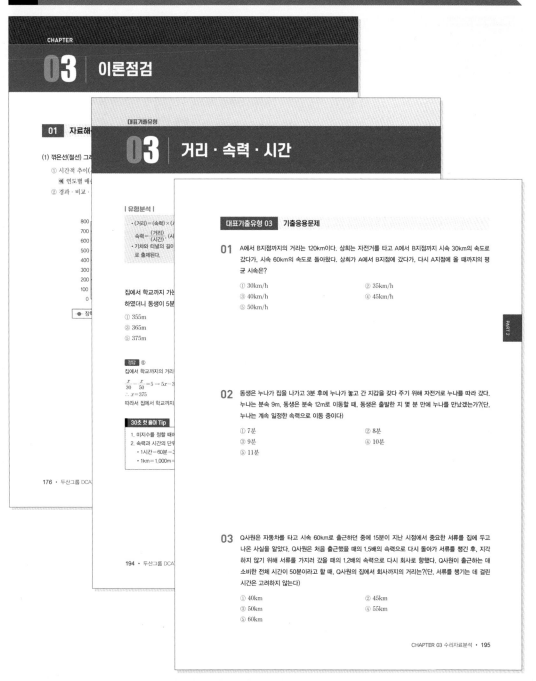

CHAPTER

03 | 이론점검

대표기출유형

03 | 거리 · 속력 · 시간

대표기출유형 03 기출응용문제

01 A에서 B지점까지의 거리는 120km이다. 상희는 자전거를 타고 A에서 B지점까지 시속 30km의 속도로 갔다가, 시속 60km의 속도로 돌아왔다. 상희가 A에서 B지점에 갔다가, 다시 A지점에 올 때까지의 평균 시속은?

① 30km/h   ② 35km/h
③ 40km/h   ④ 45km/h
⑤ 50km/h

02 동생은 누나가 집을 나가고 3분 후에 누나가 놓고 간 지갑을 갖다 주기 위해 자전거로 누나를 따라 갔다. 누나는 분속 9m, 동생은 분속 12m로 이동할 때, 동생은 출발한 지 몇 분 만에 누나를 만났겠는가?(단, 누나는 계속 일정한 속력으로 이동 중이다)

① 7분   ② 8분
③ 9분   ④ 10분
⑤ 11분

03 Q사원은 자동차를 타고 시속 60km로 출근하던 중에 15분이 지난 시점에서 중요한 서류를 집에 두고 나온 사실을 알았다. Q사원은 처음 출근했을 때의 1.5배의 속력으로 다시 돌아가 서류를 챙긴 후, 지각하지 않기 위해 서류를 가지러 갔을 때의 1.2배의 속력으로 다시 회사로 향했다. Q사원이 출근하는 데 소비한 전체 시간이 50분이라고 할 때, Q사원의 집에서 회사까지의 거리는?(단, 서류를 챙기는 데 걸린 시간은 고려하지 않는다)

① 40km   ② 45km
③ 50km   ④ 55km
⑤ 60km

▶ 출제되는 영역에 대한 이론점검, 대표기출유형과 기출응용문제를 수록하였다.
▶ 최근 출제되는 유형을 체계적으로 학습하고 점검할 수 있도록 하였다.

도서 200% 활용하기 STRUCTURES

3 최종점검 모의고사 + 도서 동형 온라인 실전연습 서비스로 반복 학습

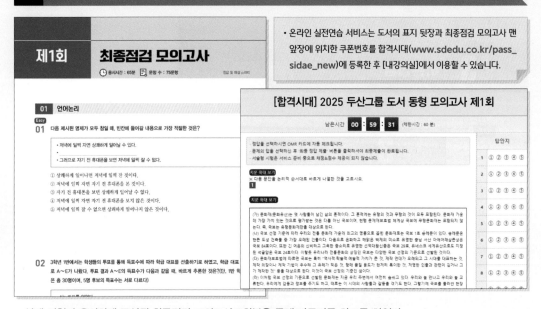

▶ 실제 시험과 유사하게 구성된 최종점검 모의고사 2회분을 통해 마무리를 하도록 하였다.
▶ 이와 동일하게 구성된 온라인 실전연습 서비스로 실제 시험처럼 연습하도록 하였다.

4 인성검사부터 면접까지 한 권으로 대비하기

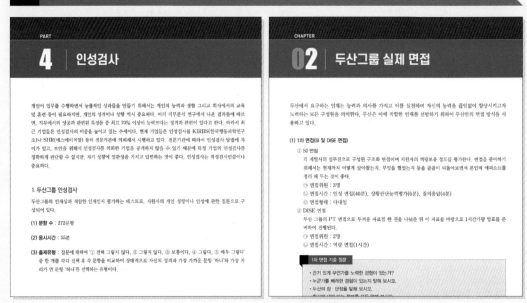

▶ 인성검사 모의연습을 통해 두산그룹의 인재상에 부합하는지 판별할 수 있도록 하였다.
▶ 면접 기출 질문을 통해 실제 면접에서 나오는 질문에 미리 대비할 수 있도록 하였다.

5 Easy & Hard로 난이도별 시간 분배 연습

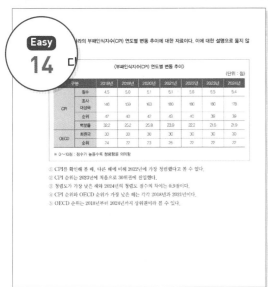

▶ Easy&Hard 표시로 문제별 난이도에 따라 시간을 적절하게 분배하여 풀이하는 연습이 가능하도록 하였다.

6 정답 및 오답분석으로 풀이까지 완벽 마무리

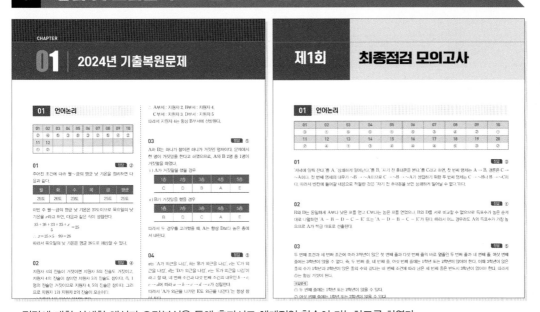

▶ 정답에 대한 상세한 해설과 오답분석을 통해 혼자서도 체계적인 학습이 가능하도록 하였다.

학습플랜 STUDY PLAN

1주 완성 학습플랜

본서에 수록된 전 영역을 단기간에 끝낼 수 있도록 구성한 학습플랜이다. 한 번에 전 영역을 공부하지 않고, 한 영역을 집중적으로 공부할 수 있도록 하였다. 인성검사 및 필기시험에 대한 기초 학습은 되어 있으나, 학습 계획 세우기에 자신이 없는 분들이나 미리 시험에 대비하지 못해 단시간에 많은 분량을 봐야 하는 수험생에게 추천한다.

ONE WEEK STUDY PLAN

	1일 차 ☐	2일 차 ☐	3일 차 ☐
Start!	____월____일	____월____일	____월____일

4일 차 ☐	5일 차 ☐	6일 차 ☐	7일 차 ☐
____월____일	____월____일	____월____일	____월____일

STUDY CHECK BOX

구분	1일 차	2일 차	3일 차	4일 차	5일 차	6일 차	7일 차
PART 1							
PART 2							
제1회 최종점검 모의고사							
제2회 최종점검 모의고사							
다회독 1회							
다회독 2회							
오답분석							

스터디 체크박스 활용법

1주 완성 학습플랜에서 계획한 학습량을 어느 정도 실천하였는지 표시하여 자신의 학습량을 효율적으로 관리한다.

구분	1일 차	2일 차	3일 차	4일 차	5일 차	6일 차	7일 차
PART 1	언어 논리	×	×	완료			

이 책의 차례 CONTENTS

PART 1

6개년 기출복원문제

※ 기출복원문제는 수험생들의 후기를 통해 시대에듀에서 복원한 문제로 실제 문제와 다소 차이가 있을 수 있으며, 본 저작물의 무단전재 및 복제를 금합니다.

01 | 2024년 기출복원문제

정답 및 해설 p.002

01 언어논리

01 다음은 이번 주 기상예보이다. 이에 근거하여 바르게 추론한 것은?

> • 주말을 제외한 이번 주 월요일부터 금요일까지의 평균 낮 기온은 25도로 예상됩니다.
> • 화요일의 낮 기온은 26도로 월요일보다 1도 높을 것으로 예상됩니다.
> • 수요일 낮에는 많은 양의 비가 내리면서 전일보다 3도 낮은 기온이 예상됩니다.
> • 금요일의 낮 기온은 이번 주 평균 낮 기온으로 예상됩니다.

① 월요일과 목요일의 낮 기온은 같을 것이다.
② 목요일의 낮 기온은 평균 26도로 예상할 수 있다.
③ 화요일의 낮 기온이 주말보다 높을 것이다.
④ 목요일의 낮 기온은 월~금요일의 평균 기온보다 낮을 것이다.
⑤ 월~금요일 중 낮 기온이 이번 주 평균보다 높은 날은 3일 이상일 것이다.

02 어떤 회사가 A~D 4개의 부서에 1명씩 신입사원을 선발하였다. 지원자는 총 5명이었으며, 선발 결과에 대해 다음과 같이 진술하였다. 이 중 1명의 진술만 거짓으로 밝혀졌다고 할 때, 다음 중 항상 옳은 것은?

> • 지원자 1 : 지원자 2가 A부서에 선발되었다.
> • 지원자 2 : 지원자 3은 A 또는 D부서에 선발되었다.
> • 지원자 3 : 지원자 4는 C부서가 아닌 다른 부서에 선발되었다.
> • 지원자 4 : 지원자 5는 D부서에 선발되었다.
> • 지원자 5 : 나는 D부서에 선발되었는데, 지원자 1은 선발되지 않았다.

① 지원자 1은 B부서에 선발되었다.
② 지원자 2는 A부서에 선발되었다.
③ 지원자 3은 D부서에 선발되었다.
④ 지원자 4는 B부서에 선발되었다.
⑤ 지원자 5는 C부서에 선발되었다.

03 다음 중 1명만 거짓말을 할 때 항상 옳은 것은?(단, 한 층에 1명만 내린다)

- A : B는 1층에서 내렸다.
- B : C는 1층에서 내렸다.
- C : D는 적어도 3층에서 내리지 않았다.
- D : A는 4층에서 내렸다.
- E : A는 4층에서 내리고 나는 5층에 내렸다.

① C는 1층에서 내렸다.
② A는 4층에서 내리지 않았다.
③ D는 3층에서 내렸다.
④ C는 B보다 높은 층에서 내렸다.
⑤ A는 D보다 높은 층에서 내렸다.

04 사원 A~E는 회사 업무로 외근을 나가려 한다. 다음 명제들이 모두 참이라고 할 때, 항상 참인 것은?

- A가 외근을 나가면 B도 외근을 나간다.
- A가 외근을 나가면 D도 외근을 나간다.
- D가 외근을 나가면 E도 외근을 나간다.
- C가 외근을 나가지 않으면 B도 외근을 나가지 않는다.
- D가 외근을 나가지 않으면 C도 외근을 나가지 않는다.

① B가 외근을 나가면 A도 외근을 나간다.
② D가 외근을 나가면 C도 외근을 나간다.
③ A가 외근을 나가면 E도 외근을 나간다.
④ C가 외근을 나가지 않으면 D도 외근을 나가지 않는다.
⑤ B가 외근을 나가지 않으면 D도 외근을 나가지 않는다.

05 D사의 A~F팀은 월요일부터 토요일까지 하루에 2팀씩 함께 회의를 진행한다. 다음 〈조건〉을 참고할 때, 반드시 참인 것은?(단, 월요일부터 토요일까지 각 팀의 회의 진행 횟수는 서로 같다)

> **조건**
> • 오늘은 목요일이고 A팀과 F팀이 함께 회의를 진행했다.
> • B팀은 A팀과 연이은 요일에 회의를 진행하지 않는다.
> • B팀은 오늘을 포함하여 이번 주에는 더 이상 회의를 진행하지 않는다.
> • C팀은 월요일에 회의를 진행했다.
> • D팀과 C팀은 이번 주에 B팀과 한 번씩 회의를 진행한다.
> • A팀과 F팀은 이번 주에 이틀을 연이어 함께 회의를 진행한다.

① E팀은 수요일과 토요일 중 하루만 회의를 진행한다.
② 화요일에 회의를 진행한 팀은 B팀과 E팀이다.
③ C팀과 E팀은 함께 회의를 진행하지 않는다.
④ C팀은 월요일과 수요일에 회의를 진행했다.
⑤ F팀은 목요일과 금요일에 회의를 진행한다.

06 세미나에 참석한 A사원, B사원, C주임, D주임, E대리는 각자 숙소를 배정받았다. A사원, D주임은 여자이고, B사원, C주임, E대리는 남자이다. 제시된 〈조건〉과 같이 숙소가 배정되었을 때, 다음 중 옳지 않은 것은?

> **조건**
> • 숙소는 5층이며 층마다 1명씩 배정한다.
> • E대리의 숙소는 D주임의 숙소보다 위층이다.
> • 1층에는 주임을 배정한다.
> • 1층과 3층에는 남직원을 배정한다.
> • 5층에는 사원을 배정한다.

① D주임은 2층에 배정된다.
② C주임은 1층에 배정된다.
③ 5층에 A사원이 배정되면 4층에 B사원이 배정된다.
④ 5층에 B사원이 배정되면 4층에 A사원이 배정된다.
⑤ 5층에 B사원이 배정되면 3층에 E대리가 배정된다.

07 다음 문단을 논리적 순서대로 바르게 나열한 것은?

(가) 이러한 수평적 연결은 사물인터넷 서비스로 새로운 성장 동력을 모색할 수 있다. 예를 들어, 스마트 컵인 프라임베실(개인에게 필요한 수분 섭취량을 알려줌), 스마트 접시인 탑뷰(음식의 양을 측정함), 스마트 포크인 해피포크(식사 습관개선을 돕는 스마트 포크. 식사 속도와 시간, 1분간 떠먹는 횟수 등을 계산해 식사 습관을 분석함)를 연결하면 식생활 습관을 관리할 수 있을 것이다. 이를 식당, 병원, 헬스케어 센터에서 이용하면 고객의 식생활을 부가 서비스로 관리할 수 있다.

(나) 마치 100m 달리기를 하듯 각자의 트랙에서 목표를 향해 전력 질주하던 시대가 있었다. 선택과 집중의 논리로 수직 계열화를 통해 효율을 확보하고, 성능을 개선하고자 했었다. 그런데 세상이 변하고 있다. 고객 혹은 사용자를 중심으로 기존의 제품과 서비스가 재정의되고 있는 것이다. 이러한 산업의 패러다임적 전환을 신성장 동력이라 말한다.

(다) 기존의 가스 경보기를 만들려면 미세한 가스도 놓치지 않는 센서의 성능, 오래 지속되는 배터리, 크게 알릴 수 있는 알람 소리, 인테리어에 잘 어울리는 멋진 제품 디자인이 필요하다. 그런데 아무리 좋은 가스 경보기를 만들어도 사람의 안전을 담보하지는 못한다. 만약 집에서 가스 경보기가 울리면 아마 창문을 열어 환기시키고, 가스 밸브를 잠그고, 119에 신고를 해야 할 것이다. 사람의 안전을 담보하는, 즉 연결 지배성이 높은 가스 경보기는 이런 일을 모두 해내야 한다. 이런 가스 경보기를 만들려면 전기, 전자, 통신, 기계, 인테리어, 디자인 등의 도메인들이 사용자 경험을 중심으로 연결돼야 한다. 이를 수평적 연결이라 부른다.

(라) 똑똑한 사물인터넷은 점점 더 다양해진다. S텔레콤의 '누구'나 아마존 '에코' 같은 스마트 스피커는 사용자가 언제 어디든, 일상에서 인공 비서로 사용하는 시대가 되었다. 그리고 K보일러의 사물인터넷 서비스는 보일러 쪽으로 직접 가지 않아도 스마트폰 전용 앱으로 보일러를 관리한다. 이제 보일러가 언제, 얼마나, 어떻게 쓰이는지 그리고 보일러의 상태는 어떠한지 사용하는 방식과 에너지 소모 등의 정보도 얻을 수 있다. 4차 산업혁명의 전진기지 역할을 하는 사물인터넷 서비스는 이제 거스를 수 없는 대세이다.

① (나) − (가) − (다) − (라)　　　② (나) − (다) − (가) − (라)
③ (다) − (가) − (라) − (나)　　　④ (다) − (나) − (가) − (라)
⑤ (다) − (라) − (나) − (가)

08 다음 기사를 읽고 이해한 내용으로 적절하지 않은 것은?

> 로봇은 일반적으로 센서 및 작동기가 중앙처리장치에 연결된 로봇 신경시스템으로 작동되지만, 이 경우 로봇의 형태에 구속받기 때문에 로봇이 유연하게 움직이는 데 제한이 있다. 로봇 공학자들은 여러 개의 유닛이 결합하는 '모듈러 로봇'이라는 개념을 고안해 이런 제약을 극복하려고 노력해왔다. 벨기에 연구진은 로봇이 작업이나 작업 환경에 반응해 스스로 적당한 형태와 크기를 자동으로 선택하여 변경할 수 있는 모듈러 로봇을 개발했다. 이 로봇은 독립적인 로봇 형체를 갖추기 위해 스스로 쪼개지고 병합할 수 있으며, 감각 및 운동능력을 제어하면서도 스스로 분리되고 새 형체로 병합하는 로봇 신경 시스템을 갖췄다.
> 연구진은 또한 외부 자극에 의한 반응으로 모듈러 로봇이 독립적으로 움직이도록 설계했다. 외부 자극으로는 녹색 LED를 이용하였는데 이를 통해 개별 모듈러 로봇을 자극하면 로봇은 이 자극에 반응해 움직였다. 자극을 주는 녹색 LED가 너무 가깝게 있으면 뒤로 물러서기도 했다. LED 자극에 따라 10개의 모듈러 로봇은 스스로 2개의 로봇으로 합쳐지기도 하고 1개의 로봇으로 결합하기도 했다.
> 특히 이 모듈러 로봇은 외부 자극에 대한 반응이 제대로 작동되지 않는 부분을 다른 모듈로 교체하거나 제거하는 작업을 스스로 진행하여 치유할 수 있는 것이 특징이다. 연구진은 후속 연구를 통해 이 로봇을 이용해 벽돌과 같은 물체를 감지하고 들어 올리거나 이동시키는 작업을 할 수 있도록 할 계획이다.
> 이들은 '미래 로봇은 특정 작업에만 국한돼 설계되거나 구축되지 않을 것'이라며 '이번에 개발한 기술과 시스템이 다양한 작업에 유연하게 대응할 수 있는 로봇을 생산하는 데 기여하게 될 것'이라고 말했다.

① 모듈러 로봇은 작업 환경에 반응하여 스스로 형태와 크기를 선택할 수 있다.

② 일반적으로 로봇은 중앙처리장치에 연결된 로봇 신경시스템을 통해 작동된다.

③ 모듈러 로봇의 신경시스템은 로봇의 감각 및 운동능력을 제어하면서도 로봇 스스로 분리되도록 한다.

④ 모듈러 로봇의 기술을 통해 미래 로봇은 다양한 작업 환경에 대응할 수 있는 방향으로 개발될 것이다.

⑤ 모듈러 로봇이 외부 자극에 대해 제대로 반응하지 않을 경우 관리자는 고장난 부분을 다른 모듈로 교체하거나 제거해줘야 한다.

09 다음 글의 주제로 가장 적절한 것은?

> 우리는 주변에서 신호등 음성 안내기, 휠체어 리프트, 점자 블록 등의 장애인 편의 시설을 많이 볼 수 있다. 우리는 이런 편의 시설을 장애인들이 지니고 있는 국민으로서의 기본 권리를 인정한 것이라는 시각에서 바라보고 있다. 물론, 장애인의 일상생활 보장이라는 측면에서 이 시각은 당연한 것이다. 하지만 이를 바라보는 또 다른 시각이 필요하다. 그것은 바로 장애인만을 위한 것이 아니라 일상생활에서 활동에 불편을 겪는 모두를 위한 것이라는 시각이다. 편리하고 안전한 시설은 장애인뿐만 아니라 우리 모두에게 유용하기 때문이다. 예를 들어, 건물의 출입구에 설치되어 있는 경사로는 장애인들의 휠체어만 다닐 수 있도록 설치해 놓은 것이 아니라, 몸이 불편해서 계단을 오르내릴 수 없는 노인이나 유모차를 끌고 다니는 사람들도 편하게 다닐 수 있도록 만들어 놓은 시설이다. 결국 이 경사로는 우리 모두에게 유용한 시설인 것이다.
> 그런 의미에서, 근래에 대두되고 있는 '보편적 디자인', 즉 '유니버설 디자인(Universal Design)'이라는 개념은 우리에게 좋은 시사점을 제공해 준다. 보편적 디자인이란 가능한 모든 사람이 이용할 수 있도록 제품, 건물, 공간을 디자인한다는 의미를 가지고 있기 때문이다. 이러한 시각으로 바라본다면 장애인 편의 시설이 우리 모두에게 편리하고 안전한 시설로 인식될 것이다.

① 우리 주변에서는 장애인 편의 시설을 많이 볼 수 있다.
② 보편적 디자인은 근래에 대두되고 있는 중요한 개념이다.
③ 어떤 집단의 사람들이라도 이용할 수 있는 제품을 만들어야 한다.
④ 보편적 디자인이라는 관점에서 장애인 편의 시설을 바라볼 필요가 있다.
⑤ 장애인들의 기본 권리를 보장하기 위해 장애인 편의 시설을 확충해야 한다.

10 다음 글의 중심 내용으로 가장 적절한 것은?

> 신문이 진실을 보도해야 한다는 것은 새삼스러운 설명이 필요 없는 당연한 이야기이다. 정확한 보도를 하기 위해서는 문제를 전체적으로 보아야 하고, 역사적으로 새로운 가치의 편에서 봐야 하며, 무엇이 근거이고, 무엇이 조건인가를 명확히 해야 한다. 그런데 이러한 준칙을 강조하는 것은 기자들의 기사 작성 기술이 미숙하기 때문이 아니라, 이해관계에 따라 특정 보도의 내용이 달라지기 때문이다. 자신들에게 유리하도록 기사가 보도되게 하려는 외부 세력이 있으므로 진실 보도는 일반적으로 수난의 길을 걷게 마련이다. 신문은 스스로 자신들의 임무가 '사실 보도'라고 말한다. 그 임무를 다하기 위해 신문은 자신들의 이해관계에 따라 진실을 왜곡하려는 권력과 이익 집단, 그 구속과 억압의 논리로부터 자유로워야 한다.

① 정확한 보도를 하기 위하여 전체적 시각을 가져야 한다.
② 진실 보도를 위하여 구속과 억압의 논리로부터 자유로워야 한다.
③ 자신들에게 유리하도록 기사가 보도되게 하는 외부 세력이 있다.
④ 신문의 임무는 '사실 보도'이나, 진실 보도는 수난의 길을 걷는다.
⑤ 신문 보도에 있어 준칙을 강조하는 것은 기자들의 기사 작성 기술이 미숙하기 때문이다.

다음 글의 내용으로 가장 적절한 것은?

OECD에 따르면 평균 수면시간이 프랑스는 8시간 50분, 미국은 8시간 38분, 영국은 8시간 13분이며, 우리 나라는 7시간 49분으로 OECD 회원국 중 한국인의 수면시간이 가장 적다. 사회 특성상 다른 국가에 비해 근무 시간이 많아 수면시간이 짧은 것도 문제지만, 수면의 질 또한 낮아지고 있어 문제가 심각하다.

최근 수면장애 환자가 급격히 증가하는 추세다. 국민건강보험공단에 따르면 수면장애로 병원을 찾은 환자 는 2010년 46만 1,000명에서 2015년 72만 1,000명으로 5년 새 56% 이상 급증했다. 당시 병원을 찾은 사 람이 70만 명을 넘었다면, 현재 수면장애로 고통받는 사람은 더 많을 것으로 추산된다.

수면장애는 단순히 잠을 이루지 못하는 불면증뿐 아니라 충분한 수면을 취했음에도 낮 동안 각성을 유지 하지 못하는 기면증(과다수면증), 잠들 무렵이면 다리가 쑤시거나 저리는 증상, 코골이와 동반되어 수면 중 에 호흡이 멈춰 숙면을 취하지 못하는 수면무호흡증 등 수면의 양과 질 저하로 생긴 다양한 증상을 모두 포괄한다. 수면장애는 학습장애, 능률 저하는 물론이고 교통사고 등 안전사고, 정서장애, 사회 적응 장애의 원인이 될 수 있다. 방치하게 되면 지병이 악화되고 심근경색증, 뇌졸중 등 심각한 병을 초래하기도 한다.

수면장애 환자는 여성이 42만 7,000명으로 남성(29만 1,000명)보다 1.5배 정도 더 많다. 여성은 임신과 출 산, 폐경과 함께 찾아오는 갱년기 등 생체주기에 따른 영향으로 전 연령에서 수면장애가 보다 빈번하게 나 타나는 경향을 보이는 것으로 보고된다. 특히 폐경이 되면 여성호르몬인 에스트로겐이 줄어들면서 수면과 관련이 있는 아세틸콜린 신경전달 물질의 분비 역시 저하되어 체내 시계가 혼란스러움을 느끼게 돼 밤에 잘 잠들지 못하거나 자주 깨며 새벽에 일찍 일어나는 등 여러 형태의 불면증이 동반된다.

또 연령별로는 40·50대 중·장년층이 36.6%로 가장 큰 비중을 차지했고, 이에 비해 20·30대는 17.3% 로 나타났다. 흔히 나이가 들면 생체시계에 변화가 생겨 깊은 잠은 비교적 줄어들고 꿈 수면이 나타나는 시간이 빨라지게 돼 상대적으로 얕은 수면과 꿈 수면이 많아지게 된다.

① 한국인의 수면의 질이 낮아지고 있다.
② 수면장애 환자는 20·30대에 가장 많다.
③ 한국인의 수면시간은 근무 시간보다 짧다.
④ 수면장애 환자는 여성보다 남성이 더 많다.
⑤ 여성의 경우 에스트로겐의 증가가 불면증에 영향을 미친다.

12 다음 글을 통해 추론할 수 있는 내용으로 가장 적절한 것은?

사람의 눈은 지름 약 2.3cm의 크기로 앞쪽이 볼록 튀어나온 공처럼 생겼으며 탄력이 있다. 눈의 가장 바깥 부분은 흰색의 공막이 싸고 있으며 그 안쪽에 검은색의 맥락막이 있어 눈동자를 통해서만 빛이 들어가도록 되어 있다. 눈의 앞쪽은 투명한 각막으로 되어 있는데, 빛은 이 각막을 통과하여 그 안쪽에 있는 렌즈 모양의 수정체에 의해 굴절되어 초점이 맞추어져 망막에 상을 맺는다. 이 망막에는 빛의 자극을 받아들이는 시신경세포가 있다.

이 시신경세포는 원뿔 모양의 '원추세포'와 간상세포(桿狀細胞)로도 불리는 막대 모양의 '막대세포'라는 두 종류로 이루어진다. 원추세포는 눈조리개의 초점 부근 좁은 영역에 주로 분포되어 있으며, 그 세포 수는 막대세포에 비해 매우 적다. 이에 반해 막대세포는 망막 전체에 걸쳐 분포되어 있고 그 세포 수는 원추세포에 비해 매우 많다. 원추세포와 막대세포는 각각 다른 색깔의 빛에 민감한데, 원추세포는 파장이 500나노미터 부근의 빛(노랑)에, 막대세포는 파장이 560나노미터 부근의 빛(초록)에 가장 민감하다.

원추세포는 그 수가 많지 않으므로 우리 눈은 어두운 곳에서 색을 인식하는 능력은 많이 떨어지지만 밝은 곳에서는 제 기능을 잘 발휘하는데, 노란색 근처의 빛(붉은색 － 주황색 － 노란색 구간)이 특히 눈에 잘 띈다. 노란색이나 붉은색으로 경고나 위험 상황을 나타내는 것은 이 때문이다. 이 색들은 밝은 곳에서 눈에 잘 띄어 안전을 위해 효율적이지만 날이 어두워지면 무용지물이 될 수도 있다.

인간의 눈은 우리 주위에 가장 흔한 가시광선에 민감하도록 진화되어왔다고 할 수 있다. 즉, 우리 주위에 가장 흔하고 강한 노란빛에 민감하도록 진화해왔을 것이며 우리가 노란색에 가장 민감함은 자연스러워 보인다. 그러나 시신경세포의 대부분은 막대세포들인데, 이 막대세포는 비타민 A에서 생긴 로돕신이라는 물질이 있어 빛을 감지할 수 있다. 로돕신은 빛을 받으면 분해되어 시신경을 자극하고, 이 자극이 대뇌에 전달되어 물체를 인식한다. 그 세포들은 비록 색을 인식하지는 못하지만, 초록색 빛을 더 민감하게 인식한다. 즉, 비록 색깔을 인식하지 못한다 할지라도 어두운 곳에서는 초록색 물체가 잘 보인다.

① 위험 지역에 노란색이나 붉은색의 경고등을 설치하는 것은 우리 눈의 막대세포의 수와 관련이 있다.

② 어두운 터널 내에는 노란색의 경고 표지판보다 초록색의 경고 표지판을 설치하는 것이 더 효과적이다.

③ 막대세포의 수보다 원추세포의 수가 많다면 밝은 곳에서도 초록색 물체가 잘 보일 것이다.

④ 시신경세포의 로돕신이 시신경을 자극함으로써 물체의 색을 인식할 수 있다.

⑤ 눈조리개의 초점 부근 좁은 영역에 분포하는 세포는 막대 모양을 하고 있다.

01 다음 중 밑줄 친 단어와 의미가 같은 것은?

> 주거안정정책으로 불황의 긴 터널에서 <u>벗어나고</u> 있다.

① 예의에 <u>벗어난</u> 행동은 사람들의 눈살을 찌푸리게 한다.
② 영조의 눈에 <u>벗어나는</u> 행동을 해서는 안 된다.
③ 그는 하루빨리 가난에서 <u>벗어나기</u> 위해 열심히 일했다.
④ 노비는 그 문서가 따로 있어 대대로 그 신분을 <u>벗어나지</u> 못하였다.
⑤ 취업준비생들이 시험장에서 <u>벗어나</u> 자유를 만끽했다.

02 다음 〈보기〉는 '막다'의 용례들이다. 밑줄 친 부분의 문맥상 의미에 대립하는 말을 순서대로 바르게 나열한 것은?

> **보기**
> ㉠ 경비원이 사람들의 출입을 <u>막았다</u>.
> ㉡ 그는 큰 혼란을 <u>막았다</u>.
> ㉢ 경찰이 도로를 <u>막았다</u>.

	㉠	㉡	㉢
①	용납했다	초치했다	재개했다
②	수락했다	방치했다	개설했다
③	용인했다	야기했다	개방했다
④	허용했다	방기했다	개통했다
⑤	승낙했다	유발했다	공개했다

03 다음 중 밑줄 친 단어의 맞춤법이 옳지 않은 것은?

① 별명을 <u>붙이다</u>.
② 식목일에 <u>부치는</u> 글
③ 책상을 벽에 <u>부쳤다</u>.
④ 조건을 <u>붙이다</u>.
⑤ 멜로디에 가사를 <u>붙였다</u>.

04 다음 중 띄어쓰기가 바르게 된 것은?

① 철수가 떠난지가 한 달이 지났다.
② 얼굴도 예쁜 데다가 마음씨까지 곱다.
③ 허공만 바라볼뿐 아무 말도 하지 않았다.
④ 회의 중에는 잡담을 하지 마시오.
⑤ 그 일을 책임지기는 커녕 모른척 하기 바쁘다.

05 다음 글에서 밑줄 친 한자성어와 뜻이 다른 것은?

> 이번 달도 이렇게 마무리되었습니다. 우리는 이번에 매우 소중한 경험을 하였습니다. 경쟁사의 대두로 인해 모든 주력 상품들의 판매가 저조해지고 있는 가운데 모두 거래처를 찾아가 한 번, 두 번으로 안 되면 될 때까지 계속해서 십벌지목(十伐之木) 끝에 위기를 넘기고 오히려 전보다 더 높은 수익을 얻었습니다. 모두 너무나 감사합니다.

① 반복무상(反覆無常)   ② 마부작침(磨斧作針)
③ 우공이산(愚公移山)   ④ 적진성산(積塵成山)
⑤ 철저성침(鐵杵成針)

06 다음 중 밑줄 친 부분이 어법상 적절하지 않은 것은?

① 얼굴이 햇볕에 <u>가무잡잡하게</u> 그을렸다.
② 아버지는 그 사람을 사윗감으로 <u>마뜩찮게</u> 생각하였다.
③ 딸의 뺨이 <u>불그스름하게</u> 부어 있었다.
④ 아무도 그의 과거를 <u>괘념하지</u> 않았다.
⑤ 과음했더니 오전 내내 정신이 <u>흐리멍덩했다.</u>

07 다음 중 제시된 단어의 쓰임이 옳은 것끼리 짝지어진 것은?

> • 대한민국은 전 세계에서 ⊙ 유례 / 유래를 찾아볼 수 없는 초고속 발전을 이루었다.
> • 현재 사용하는 민간요법의 상당수는 옛 한의학에서 ⓒ 유례 / 유래한 것이다.
> • D후보는 이번 선거에서 중산층 강화를 위한 입법을 ⓒ 공약 / 공략으로 내걸었다.
> • D기업은 국내 시장을 넘어 세계 시장을 ⓔ 공약 / 공략하고자 한다.

	⊙	ⓒ	ⓒ	ⓔ
①	유례	유래	공약	공략
②	유래	유례	공략	공약
③	유례	유래	공략	공약
④	유래	유례	공약	공략
⑤	유례	유래	공략	공략

08 다음 빈칸에 들어갈 접속어가 바르게 연결된 것은?

> 도덕적 명분관은 인간의 모든 행위에 대해 인간의 본성에 근거하는 도덕적 정당성의 기준을 제시함으로써 개인의 정의감이나 용기를 뒷받침한다. 즉, 불의에 대한 비판 의식이라든가 타협을 거부하는 선비의 강직한 정신 같은 것이 바로 그것인데, 이는 우리 사회를 도덕적으로 건전하게 이끌어 오는 데 기여하였다. 또한 사회적 행위에 적용되는 도덕적 명분은 공동체의 정당성을 확고하게 하여 사회를 통합하는 데 기여해 왔다. ____⊙____ 자신의 정당성에 대한 신념이 지나친 나머지 경직된 비판 의식을 발휘하게 되면 사회적 긴장과 분열을 초래할 수도 있다. ____ⓒ____ 조선 후기의 당쟁(黨爭)은 경직된 명분론의 대립으로 말미암아 심화한 측면이 있는 것이다.

	⊙	ⓒ			⊙	ⓒ
①	게다가	예컨대		②	그리고	왜냐하면
③	하지만	그리고		④	그러나	예컨대
⑤	또한	반면에				

다음 글의 ㉠~㉤을 바꾸어 쓸 때 적절하지 않은 것은?

적혈구는 일정한 수명을 가지고 있어서 그 수와 관계없이 총 적혈구의 약 0.8% 정도는 매일 몸 안에서 파괴된다. 파괴된 적혈구로부터 빌리루빈이라는 물질이 유리되고, 이 빌리루빈은 여러 생화학적 대사 과정을 통해 간과 소장에서 다른 물질로 변환된 후에 대변과 소변을 통해 배설된다. ㉠ 소변의 색깔을 통해 건강 상태를 확인할 수 있다.

적혈구로부터 유리된 빌리루빈이라는 액체는 강한 지용성 물질이어서 혈액의 주요 구성물질인 물에 ㉡ 용해되지 않는다. 이런 빌리루빈을 비결합 빌리루빈이라고 하며, 혈액 내에서 비결합 빌리루빈은 알부민이라는 혈액 단백질에 부착된 상태로 혈류를 따라 간으로 이동한다. 간에서 비결합 빌리루빈은 담즙을 만드는 간세포에 흡수되고 글루쿠론산과 결합하여 물에 잘 녹는 수용성 물질인 결합 빌리루빈으로 바뀌게 된다. 결합 빌리루빈의 대부분은 간세포에서 만들어져 담관을 통해 ㉢ 분비돼는 담즙에 포함되어 소장으로 배출되지만 일부는 다시 혈액으로 되돌려 보내져 혈액 내에서 알부민과 결합하지 않고 혈류를 따라 순환한다.

간세포에서 분비된 담즙을 통해 소장으로 들어온 결합 빌리루빈의 절반은 장세균의 작용에 의해 소장에서 흡수되어 혈액으로 이동하는 유로빌리노젠으로 전환된다. 나머지 절반의 결합 빌리루빈은 소장에서 흡수되지 않고 대변에 포함되어 배설된다. 혈액으로 이동한 유로빌리노젠의 일부분은 혈액이 신장을 통과할 때 혈액으로부터 여과되어 신장으로 이동한 후 소변으로 배설된다. 하지만 대부분의 혈액 내 유로빌리노젠은 간으로 이동하여 간세포에서 만든 담즙을 통해 소장으로 배출되어 대변을 통해 배설된다.

빌리루빈의 대사와 배설에 장애가 있을 때 여러 임상 증상이 나타날 수 있다. ㉣ 그러나 빌리루빈이나 빌리루빈 대사물의 양을 측정한 후, 그 값을 정상치와 비교하면 임상 증상을 일으키는 원인이 되는 질병이나 문제를 ㉤ 추측할수 있다.

① ㉠ - 글의 통일성을 해치고 있으므로 삭제한다.

② ㉡ - 문맥에 흐름을 고려하여 '융해되지'로 수정한다.

③ ㉢ - 맞춤법에 어긋나므로 '분비되는'으로 수정한다.

④ ㉣ - 문장을 자연스럽게 연결하기 위해 '따라서'로 고친다.

⑤ ㉤ - 띄어쓰기가 올바르지 않으므로 '추측할 수'로 수정한다.

10 다음은 '소비자 권익 증진'을 주제로 하는 글의 개요이다. 이를 수정 · 보완할 내용으로 가장 적절한 것은?

---

1. 문제 제기
2. 소비자 권익 침해의 실태와 그 원인
   (1) 실태 ·· ㉠
       ㉮ 상품 선택권 제약
       ㉯ 부실한 피해 보상
   (2) 원인
       ㉮ 사업자 간 경쟁의 부재
       ㉯ 소비자 의식 교육 기회 부족
       ㉰ 불합리한 피해 보상 절차 및 제도 ···························· ㉡
3. 소비자 권익 증진을 위한 대책
   (1) 사업자 간 경쟁의 활성화 ·· ㉢
   (2) 소비자 의식 교육 기회 확대
   (3) 소비자 구제 제도의 내실화 ··· ㉣
       ㉮ 소비자 보호 기관의 역할 강화
       ㉯ 사업자 감독 기관과의 정책 연계
4. 소비자 의식 함양을 통한 소비자 권익 증진 ······················ ㉤

---

① 글의 완결성을 높이기 위해 ㉠의 하위 항목으로 '소비자 상품 선호도의 변화'를 추가한다.

② ㉡은 '2 － (1) － ㉯'와 중복되므로 생략한다.

③ ㉢은 주제에서 벗어난 내용이므로 '사업자 간 경쟁의 규제'로 바꾼다.

④ 논리적 일관성을 고려해 ㉣을 '소비자 피해 실태 조사를 위한 기구 설치'로 바꾼다.

⑤ 주장을 요약하여 강조하기 위해 ㉤을 '소비자 권익 증진을 위한 대책 촉구'로 바꾼다.

01 흰색 탁구공 7개와 노란색 탁구공 5개가 들어 있는 주머니에서 4개의 탁구공을 동시에 꺼낼 때, 흰색 탁구공이 노란색 탁구공보다 많을 확률은?

① $\dfrac{10}{33}$ ② $\dfrac{14}{33}$

③ $\dfrac{17}{33}$ ④ $\dfrac{20}{33}$

⑤ $\dfrac{23}{33}$

02 10명의 학생들 중 2명의 임원을 뽑고 남은 학생들 중 2명의 주번을 뽑는다고 할 때, 나올 수 있는 경우의 수는?

① 1,024가지   ② 1,180가지

③ 1,260가지   ④ 1,320가지

⑤ 1,380가지

03 지혜는 농도가 7%인 300g 소금물과 농도가 8%인 500g 소금물을 모두 섞었다. 섞은 소금물의 물을 증발시켜 농도가 10% 이상인 소금물을 만들려고 할 때, 지혜가 증발시켜야 하는 물의 양은 최소 몇 g 이상인가?

① 200g   ② 190g

③ 185g   ④ 175g

⑤ 170g

04 경림이와 소정이가 같은 지점에서 출발한 후, 서로 반대 방향으로 경림이는 시속 $x$km, 소정이는 시속 6km로 걸어갔다. 2시간 20분 후에 둘 사이의 거리가 24.5km가 되었다고 할 때, 경림이의 걸음 속도는?

① 4km/h   ② 4.5km/h

③ 5km/h   ④ 5.5km/h

⑤ 6km/h

05 D공장은 어떤 상품을 원가에서 23%의 이익을 남겨 판매하였으나, 잘 팔리지 않아 판매가에서 1,300원 할인하여 판매하였다. 이때 얻은 이익이 원가의 10%일 때, 상품의 원가는 얼마인가?

① 10,000원   ② 11,500원

③ 13,000원   ④ 14,500원

⑤ 16,000원

06 갑은 곰 인형 100개를 만드는 데 4시간, 을은 25개를 만드는 데 10시간이 걸린다. 이들이 함께 일을 하면 각각 원래 능력보다 20% 효율이 떨어진다. 이들이 함께 곰 인형 132개를 만드는 데 걸리는 시간은?

① 5시간   ② 6시간

③ 7시간   ④ 8시간

⑤ 9시간

07 다음은 D공장에서 근무하는 근로자들의 임금수준 분포를 나타낸 자료이다. 근로자 전체에게 지급된 임금(월 급여)의 총액이 2억 원일 때, 이에 대한 〈보기〉의 설명 중 옳은 것을 모두 고르면?

〈공장 근로자의 임금수준 분포〉

임금수준(만 원)	근로자 수(명)
월 300 이상	4
월 270 이상 300 미만	8
월 240 이상 270 미만	22
월 210 이상 240 미만	26
월 180 이상 210 미만	30
월 150 이상 180 미만	6
월 150 미만	4
합계	100

보기

ㄱ. 근로자 1명당 평균 월 급여액은 200만 원이다.
ㄴ. 절반 이상의 근로자들이 월 210만 원 이상의 급여를 받고 있다.
ㄷ. 전체 근로자 중 월 180만 원 미만의 급여를 받는 근로자가 차지하는 비율은 10% 미만이다.

① ㄱ   ② ㄷ
③ ㄱ, ㄴ   ④ ㄴ, ㄷ
⑤ ㄱ, ㄴ, ㄷ

08 다음은 D식당의 연도별 일평균 판매량을 나타낸 그래프이다. 다음 중 전년 대비 일평균 판매량 증가율이 가장 높은 해는?

① 2019년
② 2020년
③ 2021년
④ 2022년
⑤ 2023년

09 다음 중 A, B 2개의 음식점에 대한 만족도를 5개 부문으로 나누어 평가한 내용으로 옳지 않은 것은?

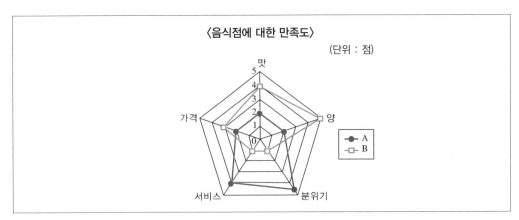

① A음식점은 2개 부문에서 B음식점을 능가한다.
② 맛 부문에서 만족도가 더 높은 음식점은 B음식점이다.
③ A와 B음식점 간 가장 큰 차이를 보이는 부문은 서비스이다.
④ B음식점은 가격보다 맛과 양 부문에서 상대적 만족도가 더 높다.
⑤ B음식점은 3개 부문에서 A음식점을 능가한다.

10 다음은 D사 지원자의 인턴 및 해외연수 경험과 합격 여부에 대한 자료이다. 이에 대한 〈보기〉의 설명 중 옳은 것을 모두 고르면?

〈D사 지원자의 인턴 및 해외연수 경험과 합격 여부〉

(단위 : 명, %)

인턴 경험	해외연수 경험	합격 여부		합격률
		합격	불합격	
있음	있음	95	400	19.2
	없음	25	80	23.8
없음	있음	0	5	0
	없음	15	130	10.3

※ 합격률(%) $=\dfrac{(\text{합격자 수})}{(\text{합격자 수})+(\text{불합격자 수})}\times100$

※ 합격률은 소수점 둘째 자리에서 반올림한 값임

보기

ㄱ. 해외연수 경험이 있는 지원자가 해외연수 경험이 없는 지원자보다 합격률이 높다.

ㄴ. 인턴 경험이 있는 지원자가 인턴 경험이 없는 지원자보다 합격률이 높다.

ㄷ. 인턴 경험과 해외연수 경험이 모두 있는 지원자 합격률은 인턴 경험만 있는 지원자 합격률의 2배 이상 이다.

ㄹ. 인턴 경험과 해외연수 경험이 모두 없는 지원자와 인턴 경험만 있는 지원자 간 합격률 차이는 20%p보다 크다.

① ㄱ, ㄴ
② ㄱ, ㄷ
③ ㄴ, ㄷ
④ ㄱ, ㄴ, ㄹ
⑤ ㄴ, ㄷ, ㄹ

01 맨 왼쪽의 직육면체 모양의 입체도형은 두 번째, 세 번째 입체도형과 ?를 조합하여 만들 수 있다. 다음 중 ?에 들어갈 도형으로 알맞은 것을 고르면?

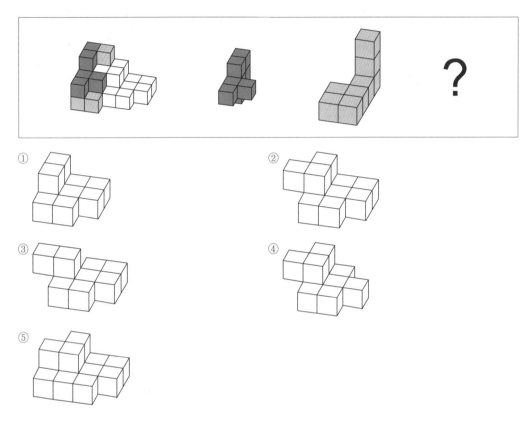

① ② ③ ④ ⑤

02 다음 중 제시된 전개도를 접었을 때, 나타나는 입체도형으로 알맞은 것을 고르면?

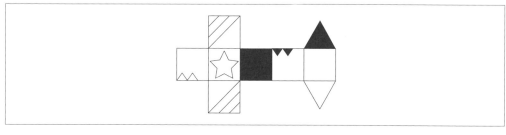

①

②

③

④

⑤

03 정면이 다음과 같도록 정육면체의 전개도를 접은 후, 조건에 따라 회전시켰을 때 앞에서 바라본 모양으로 알맞은 것은?

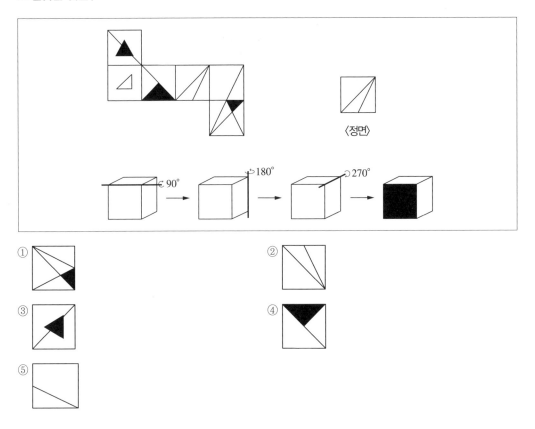

04 다음과 같은 모양을 만드는 데 사용된 블록의 개수는?(단, 보이지 않는 곳의 블록은 있다고 가정한다)

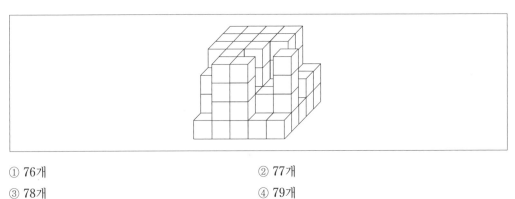

① 76개
② 77개
③ 78개
④ 79개
⑤ 80개

05 다음과 같이 쌓여진 블록의 면의 개수는? (단, 밑면은 제외한다)

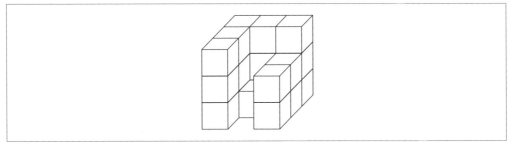

① 44개
② 45개
③ 46개
④ 47개
⑤ 48개

06 다음 제시된 단면과 일치하는 입체도형은?

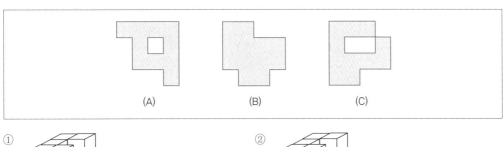

(A)　　　　　(B)　　　　　(C)

①

②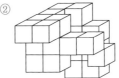

③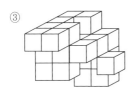

④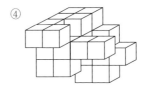

⑤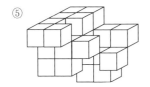

01 다음 제시된 도형의 규칙을 이용하여 (A), (B)에 들어갈 도형으로 알맞은 것을 고르면?

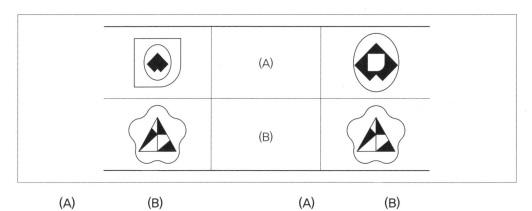

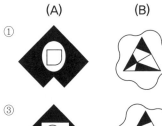

(A)   (B)   (A)   (B)

①   ②

③   ④

⑤

※ 다음 제시된 도형의 규칙을 보고 ?에 들어갈 도형으로 알맞은 것을 고르시오. [2~3]

02

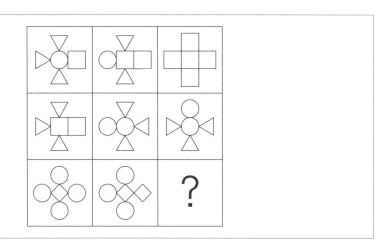

①

②

③

④

⑤

03

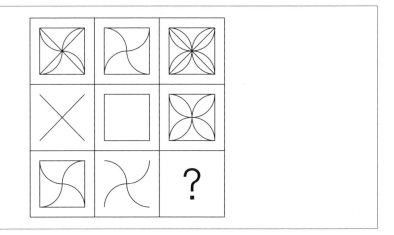

①

②

③

④

⑤

04 다음 도형들은 일정한 규칙으로 변화하고 있다. ?에 들어갈 도형으로 알맞은 것을 고르면?

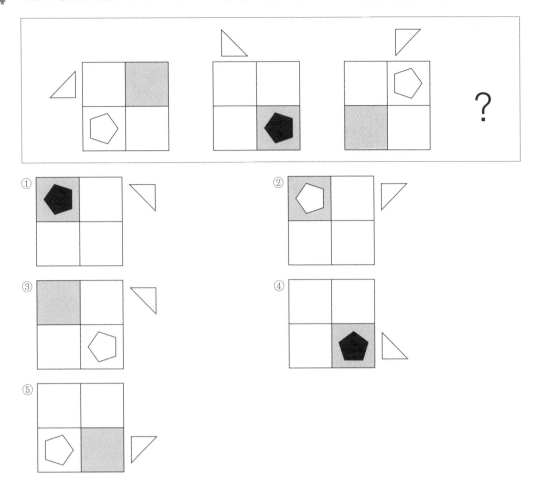

02 | 2023년 기출복원문제

정답 및 해설 p.011

01 | 언어논리

01 D사 직원들끼리 이번 달 성과급에 대해 이야기를 나누고 있다. 성과급은 반드시 늘거나 줄어들었고, 직원 중 1명만 거짓말을 하고 있을 때, 항상 참인 것은?

- 직원 A : 나는 이번에 성과급이 늘어났어. 그래도 B만큼은 오르지 않았네.
- 직원 B : 맞아 난 성과급이 좀 늘어났지. D보다 조금 더 늘었어.
- 직원 C : 좋겠다. 오~ E도 성과급이 늘어났네.
- 직원 D : 무슨 소리야! E는 C와 같이 성과급이 줄어들었는데.
- 직원 E : 그런 것보다 D가 A보다 성과급이 조금 올랐는데?

① 직원 B의 성과급이 가장 많이 올랐다.
② 직원 D의 성과급이 가장 많이 올랐다.
③ 직원 A의 성과급이 오른 사람 중 가장 적다.
④ 직원 C는 성과급이 줄어들었다.
⑤ 직원 E의 성과급 순위를 알 수 없다.

02 A~F 6명은 피자 3판을 모두 같은 양만큼 나누어 먹기로 하였다. 피자 3판은 각각 동일한 크기로 8조각으로 나누어져 있다. 다음 〈조건〉을 고려할 때, 앞으로 2조각을 더 먹어야 하는 사람은?

> **조건**
> - 현재 총 6조각이 남아있다.
> - A, B, E는 같은 양을 먹었고, 나머지는 모두 먹은 양이 달랐다.
> - F는 D보다 적게 먹었으며, C보다는 많이 먹었다.

① A, B, E   ② C
③ D   ④ F
⑤ 없음

03 A~E 다섯 명은 D사에서 개최하는 마라톤에 참가하였다. 제시된 내용이 모두 참일 때, 다음 중 항상 참이 아닌 것은?

> • A는 B와 C보다 앞서 달리고 있다.
> • D는 A보다 뒤에 달리고 있지만, B보다는 앞서 달리고 있다.
> • C는 D보다 뒤에 달리고 있지만, B보다는 앞서 달리고 있다.
> • E는 C보다 뒤에 달리고 있지만, 다섯 명 중 꼴찌는 아니다.

① 현재 1등은 A이다.
② 현재 꼴찌는 B이다.
③ E는 C와 B 사이에서 달리고 있다.
④ D는 A와 C 사이에서 달리고 있다.
⑤ 현재 순위에 변동 없이 결승점까지 달린다면 C가 4등을 할 것이다.

04 D사의 부산 지점에서 근무 중인 A과장, B대리, C대리, D대리, E사원은 2명 또는 3명으로 팀을 이루어 세종특별시, 서울특별시, 광주광역시, 인천광역시 네 지역으로 출장을 가야 한다. 지역별로 출장을 가는 팀을 구성한 결과가 다음과 같을 때, 항상 참이 되는 것은?(단, 모든 직원은 1회 이상의 출장을 가며, 지역별 출장일은 서로 다르다)

> • A과장은 네 지역으로 모두 출장을 간다.
> • B대리는 모든 특별시로 출장을 간다.
> • C대리와 D대리가 함께 출장을 가는 경우는 단 한 번뿐이다.
> • 광주광역시에는 E사원을 포함한 2명의 직원이 출장을 간다.
> • 한 지역으로만 출장을 가는 사람은 E사원뿐이다.

① B대리는 D대리와 함께 출장을 가지 않는다.
② B대리는 C대리와 함께 출장을 가지 않는다.
③ C대리는 특별시로 출장을 가지 않는다.
④ D대리는 특별시로 출장을 가지 않는다.
⑤ D대리는 E사원과 함께 출장을 가지 않는다.

05 D사의 영업팀 팀장은 팀원들의 근태를 평가하기 위하여 6명의 영업팀 직원 A~F의 출근 시각을 확인하였다. 확인한 결과가 다음과 같을 때, 다음 중 항상 참인 것은?(단, A~F의 출근 시각은 모두 다르며, 먼저 출근한 사람만 늦게 출근한 사람의 시간을 알 수 있다)

- C는 E보다 먼저 출근하였다.
- D는 A와 B보다 먼저 출근하였다.
- E는 A가 도착하기 직전 또는 직후에 출근하였다.
- E는 F보다 늦게 출근하였지만, 꼴찌는 아니다.
- F는 B가 도착하기 바로 직전에 출근하였다.

---

① A는 B의 출근 시각을 알 수 있다.

② B는 C의 출근 시각을 알 수 있다.

③ C는 A~F의 출근 순서를 알 수 있다.

④ D가 C보다 먼저 출근했다면, A~F의 출근 순서를 알 수 있다.

⑤ F가 C보다 먼저 출근했다면, D의 출근 시각을 알 수 있다.

06 A~E 5명 중 1명이 테이블 위에 놓여있던 사탕을 먹었다. 이들 중 1명의 진술만 거짓일 때, 거짓을 말하는 사람은?

- A : D의 말은 거짓이다.
- B : A가 사탕을 먹었다.
- C : D의 말은 사실이다.
- D : B는 사탕을 먹지 않았다.
- E : D는 사탕을 먹지 않았다.

---

① A

② B

③ C

④ D

⑤ E

07 다음 문단을 논리적 순서대로 바르게 나열한 것은?

> (가) 이와 같이 임베디드 금융의 개선을 위해서는 효과적인 보안 시스템과 프라이버시 보호 방안을 도입하여 사용자의 개인정보를 안전하게 관리하는 것이 필요하다. 또한 디지털 기기의 접근성을 개선하고 사용자들이 편리하게 이용할 수 있는 환경을 조성해야 한다.
>
> (나) 임베디드 금융은 기업과 소비자 모두에게 이점을 제공한다. 기업은 제품과 서비스에 금융 기능을 통합함으로써 자사 플랫폼 의존도를 높이고, 수집한 고객의 정보를 통해 매출을 증대시킬 수 있으며, 고객들에게 편리한 금융 서비스를 제공할 수 있다. 소비자의 경우는 모바일 앱을 통해 간편하게 금융 거래를 할 수 있고, 스마트기기 하나만으로 다양한 금융 상품에 접근할 수 있어 편의성과 접근성이 크게 향상된다.
>
> (다) 그러나 임베디드 금융은 개인정보 보호와 안전성에 대한 관리가 필요하다. 사용자의 금융 데이터와 개인정보가 디지털 플랫폼이나 기기에 저장되므로 해킹이나 데이터 유출과 같은 사고가 발생할 수 있다. 이는 사용자의 프라이버시 침해와 금융 거래 안전성에 대한 심각한 위협이 될 수 있다. 또한 모든 사람들이 안정적인 인터넷 연결과 임베디드 금융이 포함된 최신 기기를 보유하고 있지는 않기 때문에 디지털 기기에 익숙하지 않은 사람들은 임베디드 금융 서비스를 제공받는 데 제한을 받을 수 있다.
>
> (라) 임베디드 금융은 비금융 기업이 자신의 플랫폼이나 디지털 기기에 금융 서비스를 탑재하는 것을 뜻한다. 삼성페이나 애플페이 같은 결재 서비스부터 대출이나 보험까지 임베디드 금융은 제품과 서비스에 금융 기능을 통합하여 사용자에게 편의성과 접근성을 높여준다.

① (가) — (다) — (라) — (나)

② (나) — (가) — (다) — (라)

③ (나) — (라) — (다) — (가)

④ (라) — (나) — (다) — (가)

⑤ (라) — (다) — (나) — (가)

08 다음 글의 내용으로 적절하지 않은 것은?

물은 상온에서 액체 상태이며, 100℃에서 끓어 기체인 수증기로 변하고, 0℃ 이하에서는 고체인 얼음으로 변한다. 만일 물이 상온 상태에서 기체이거나 또는 보다 높은 온도에서 액화돼 고체 상태라면 물이 구성 성분의 대부분을 차지하는 생명체는 존재하지 않았을 것이다.

생물체가 생명을 유지하기 위해서 물에 의존하는 것은 무엇보다 물 분자 구조의 특징에서 비롯된다. 물 1분자는 1개의 산소 원자(O)와 2개의 수소 원자(H)가 공유 결합을 이루고 있는데, 2개의 수소 원자는 약 104.5°의 각도로 산소와 결합한다. 이때 산소 원자와 수소 원자는 전자를 1개씩 내어서 전자쌍을 만들고 이를 공유한다. 하지만 전자쌍은 전자친화도가 더 큰 산소 원자 쪽에 가깝게 위치하여 산소 원자는 약한 음전하(−)를, 수소는 약한 양전하(+)를 띠게 되어 물 분자는 극성을 가지게 된다. 따라서 극성을 띤 물 분자들끼리는 서로 다른 물 분자의 수소와 산소 사이에 전기적 인력이 작용하는 결합이 형성된다. 물 분자가 극성을 가지고 있어서 물은 여러 가지 물질을 잘 녹이는 특성을 가진다.

그래서 우리 몸에서 용매 역할을 하며, 각종 물질을 운반하는 기능을 담당한다. 물은 혈액을 구성하고 있어 영양소, 산소, 호르몬, 노폐물 등을 운반하며, 대사 반응, 에너지 전달 과정의 매질 역할을 하고 있다. 또한 전기적 인력으로 결합된 구조는 물이 비열이 큰 성질을 갖게 한다.

비열은 물질 1g의 온도를 1℃ 높일 때 필요한 열량을 말하는데, 이는 물질의 고유한 특성이다. 체액은 대부분 물로 구성되어 있어서 상당한 추위에도 어느 정도까지는 체온이 내려가는 것을 막아 준다. 특히 우리 몸의 여러 생리 작용은 효소 단백질에 의해 일어나는데, 단백질은 온도 변화에 민감하므로 체온을 유지하는 것은 매우 중요하다.

① 물의 비열은 쉽게 변하는 특징이 있다.
② 물 분자는 극성을 띠어 전기적 인력을 가진다.
③ 물의 분자 구조는 혈액의 역할에 영향을 미친다.
④ 물은 물질의 전달 과정에서 매질로 역할을 한다.
⑤ 물 분자를 이루는 산소와 수소는 전자를 공유한다.

09 다음 글의 내용으로 가장 적절한 것은?

> 미디어 플랫폼의 다변화로 콘텐츠 이용에 대한 선택권이 다양해졌지만 장애인은 OTT로 콘텐츠 하나 보기가 어려운 현실이다.
>
> 지난 2022 장애인 미디어 접근 콘퍼런스에서 한국시각장애인연합회 정책팀장은 "올해 한 기사를 보니 한 시각장애인 분이 OTT를 N사나 U사를 통해 보고 있다고 돼 있었는데, 두 가지가 다 외국 플랫폼이었다는 것이 마음이 아팠다. 외국과 우리나라에서 장애인을 바라보는 시각의 차이가 바로 이런 것이구나 생각했다."며 "장애인을 소비자로 보느냐 시혜대상으로 보느냐 사업자가 어떤 생각을 갖고 있느냐에 따라 콘텐츠를 어떻게 제작할 것인가의 차이가 있다고 본다."고 말했다.
>
> 실제 시각장애인은 OTT의 기본 기능도 이용하기 어렵다. 국내 OTT에서는 동영상 재생 버튼을 설명하는 대체 텍스트(문구)가 제공되지 않아 시각장애인들이 재생 버튼을 선택할 수 없었으며 동영상 시청 중에는 일시 정지할 수 있는 버튼, 음량 조정 버튼, 설정 버튼 등이 화면에서 사라졌다. 재생 버튼에 대한 설명이 제공되는 N사도 영상 재생 시점을 10초 앞으로, 또는 뒤로 이동하는 버튼은 이용하기 어렵다.
>
> 이에 국내 OTT 업계의 경우 장애인 이용을 위한 기술을 개발·확대한다는 계획을 밝히며 정부 지원이 필요하다고 덧붙였다. 정부도 규제와 의무보다는 사업자의 자율적인 부분을 인정해주고 사업자 노력을 드라이브 걸 수 있는 지원책을 마련하여야 한다. 이는 OTT 시장이 철저한 자본에 의한 경쟁시장이며, 자본이 있는 만큼 서비스가 고도화되고 고도화를 통해 이용자 편의성을 높일 수 있기 때문이다.

① 국내 OTT 플랫폼은 장애인을 위한 서비스를 제공하고 있지 않다.
② 외국 OTT 플랫폼은 장애인을 위한 서비스를 활발히 제공하고 있다.
③ 우리나라 장애인은 외국인보다 상대적으로 OTT 플랫폼의 이용이 어렵다.
④ 외국 OTT 플랫폼은 국내 플랫폼보다 장애인을 시혜 대상으로 바라보고 있다.
⑤ 정부는 OTT 플랫폼에 장애인 편의 기능을 마련할 것을 촉구했지만 지원책은 미비했다.

10 다음 글의 그리스 수학에 대한 내용으로 가장 적절한 것은?

'20세기 최고의 수학자'로 불리는 프랑스의 장피에르 세르 명예교수는 경북 포항시 효자동에 위치한 포스텍 수리과학관 3층 교수 휴게실에서 '수학이 우리에게 왜 필요한가.'를 묻는 첫 질문에 이같이 대답했다.

"교수님은 평생 수학의 즐거움, 학문(공부)하는 기쁨에 빠져 있었죠. 후회는 없나요? 수학자가 안 됐으면 어떤 인생을 살았을까요?"

"내가 굉장히 좋아했던 선배 수학자가 있었어요. 지금은 돌아가셨죠. 그분은 라틴어와 그리스어 등 언어에 굉장히 뛰어났습니다. 그만큼 재능이 풍부했지만 본인은 수학 외엔 다른 일을 안 하셨어요. 나보다 스무 살 위의 앙드레 베유 같은 이는 뛰어난 수학적 재능을 타고 태어났습니다. 하지만 나는 수학적 재능은 없는 대신 호기심이 많았습니다. 누가 써놓은 걸 이해하려 하기보다 새로운 걸 발견하는 데 관심이 있었죠. 남이 이미 해놓은 것에는 별로 흥미가 없었어요. 수학 논문들도 재미있어 보이는 것만 골라서 읽었으니까요."

"학문이란 과거의 거인들로부터 받은 선물을 미래의 아이들에게 전달하는 일이라고 누군가 이야기했습니다. 그 비유에 대해 어떻게 생각하세요?"

"학자의 첫 번째 임무는 새로운 것을 발견하려는 진리의 추구입니다. 전달(교육)은 그다음이죠. 우리는 발견한 진리를 혼자만 알고 있을 게 아니라, 출판(Publish : 넓은 의미의 '보급'에 해당하는 원로학자의 비유)해서 퍼트릴 의무는 갖고 있습니다."

장피에르 교수는 고대부터 이어져 온 고대 그리스 수학자의 정신을 잘 나타내고 있다고 볼 수 있다. 그가 생각하는 학자에 대한 입장처럼 고대 그리스 수학자들에게 수학과 과학은 사람들에게 새로운 진리를 알려주고 놀라움을 주는 것이었다. 이때의 수학자들에게 수학이라는 학문은 순수한 앎의 기쁨을 깨닫게 해 주는 것이었다. 그래서 고대 그리스에서는 수학을 연구하는 다양한 학파가 등장했을 뿐만 아니라 많은 사람의 연구를 통해 짧은 시간에 폭발적인 혁신을 이룩할 수 있었다.

① 그리스 수학을 연구하는 학파는 그리 많지 않았다.
② 그리스 수학은 장기간에 걸쳐 점진적으로 발전하였다.
③ 그리스 수학은 도형 위주로 특히 폭발적인 발전을 했다.
④ 고대 수학자들에게 수학은 새로운 사실을 발견하는 순수한 학문적 기쁨이었다.
⑤ 그리스의 수학자들은 학문적 성취보다는 교육을 통해 후대를 양성하는 것에 집중했다.

11 다음 글을 읽고 추론할 수 있는 내용으로 가장 적절한 것은?

충전과 방전을 통해 반복적으로 사용할 수 있는 충전지는 양극에 사용되는 금속 산화 물질에 따라 납 충전지, 니켈 충전지, 리튬 충전지로 나눌 수 있다. 충전지가 방전될 때 양극 단자와 음극 단자 간에 전압이 발생하는데, 방전이 진행되면서 전압이 감소한다. 이렇게 변화하는 단자 전압의 평균을 공칭 전압이라 한다. 충전지를 크게 만들면 충전 용량과 방전 전류 세기를 증가시킬 수 있으나, 전극의 물질을 바꾸지 않는 한 공칭 전압은 변하지 않는다. 납 충전지의 공칭 전압은 2V, 니켈 충전지는 1.2V, 리튬 충전지는 3.6V이다.

충전지는 최대 용량까지 충전하는 것이 효율적이며 이러한 상태를 만충전이라 한다. 충전지를 최대 용량을 넘어서 충전하거나 방전 하한 전압 이하까지 방전시키면 충전지의 수명이 줄어들기 때문에 충전 양을 측정·관리하는 것이 중요하다. 특히 과충전 시에는 발열로 인해 누액이나 폭발의 위험이 있다. 니켈 충전지의 일종인 니켈카드뮴 충전지는 다른 충전지와 달리 메모리 효과가 있어서 일부만 방전한 후 충전하는 것을 반복하면 충·방전할 수 있는 용량이 줄어든다.

충전에 사용하는 충전기의 전원 전압은 충전지의 공칭 전압보다 높은 전압을 사용하고, 충전지로 유입되는 전류를 저항으로 제한한다. 그러나 충전이 이루어지면서 충전지의 단자 전압이 상승하여 유입되는 전류의 세기가 점점 줄어들게 된다. 그러므로 이를 막기 위해 충전기에는 충전 전류의 세기가 일정하도록 하는 정전류 회로가 사용된다. 또한 정전압 회로를 사용하기도 하는데, 이는 회로에 입력되는 전압이 변해도 출력되는 전압이 일정하도록 해 준다. 리튬 충전지를 충전할 경우, 정전류 회로를 사용하여 충전하다가 만충전 전압에 이르면 정전압 회로로 전환하여 정해진 시간 동안 충전지에 공급하는 전압을 일정하게 유지함으로써 충전지 내부에 리튬 이온이 고르게 분포될 수 있게 한다.

① 니켈 충전지는 납 충전지보다 공칭 전압이 낮으므로 전압을 높이려면 크기를 더 크게 만들어야 한다.

② 사용하는 리튬 충전지의 용량이 1,000mAh라면 전원 전압이 2V보다 높은 충전기를 사용해야 한다.

③ 니켈카드뮴 충전지를 오래 사용하려면 방전 하한 전압 이하까지 방전시킨 후에 충전해야 한다.

④ 충전지를 충전하는 과정에서 충전지의 온도가 과도하게 상승한다면 폭발의 위험이 있을 수 있으므로 중지해야 한다.

⑤ 리튬 충전지의 공칭 전압은 3.6V이므로 충전 시 3.6V에 이르면 충전기의 정전압 회로가 전압을 일정하게 유지한다.

12 다음 글을 읽고 추론할 수 있는 내용으로 적절하지 않은 것은?

커피 찌꺼기를 일컫는 커피박이라는 단어는 우리에게 생소한 편이다. 하지만 외국에서는 커피 웨이스트(Coffee Waste), 커피 그라운드(Coffee Ground) 등 다양한 이름으로 불린다. 커피박은 커피원두로부터 액을 추출한 후 남은 찌꺼기를 말하는데 이는 유기물뿐만 아니라 섬유소, 리그닌, 카페인 등 다양한 물질을 풍부하게 함유하고 있어 재활용 가치가 높은 유기물 자원으로 평가받고 있다.

특히 우리나라는 높은 커피 소비국으로 2007년부터 2010년까지의 관세청 자료에 의하면 매년 지속적으로 커피원두 및 생두 수입이 지속적으로 증가한 것으로 나타났다. 1인당 연간 커피 소비량은 2019년 기준 평균 328잔 정도에 달하며 커피 한 잔에 사용되는 커피콩은 0.2%, 나머지는 99.8%로 커피박이 되어 생활폐기물 혹은 매립지에서 소각처리된다.

이렇게 커피 소비량이 증가하고 있는 가운데 커피를 마시고 난 후 생기는 부산물인 커피박도 연평균 12만 톤 이상 발생하고 있는 것으로 알려져 있다. 이렇듯 막대한 양의 커피박은 폐기물로 분류되며 폐기처리만 해도 큰 비용이 발생된다.

따라서 우리나라와 같이 농업분야의 유기성 자원이 절대적으로 부족한 곳에서는 비료 원자재 대부분을 수입산에 의존하고 있는데, 원재료 매입비용이 적은 반면 부가가치를 창출할 수 있는 수익성이 매우 높은 재료로 고가로 수입된 커피박 자원을 재활용할 수 있다면 자원절감과 비용절감 두 마리 토끼를 잡을 수 있을 것으로 기대된다.

또한 커피박은 부재료 선택에 신경을 쓴다면 분명 더 나은 품질의 퇴비가 가능하다고 전문가들은 지적한다. 그 가운데 톱밥, 볏짚, 버섯 폐배지, 한약재 찌꺼기, 쌀겨, 스테비아분말, 채종유박, 깻묵 등의 부재료 화학성 pH는 4.9~6.4, 총탄소 4~54%, 총질소 0.08~10.4%, 탈질률 7.8~680으로 매우 다양했다. 그 중에서 한약재 찌꺼기의 질소함량이 가장 높았고, 유기물 함량은 톱밥이 가장 높았다.

유기물 퇴비를 만들기 위한 조건은 수분함량, 공기, 탄질비, 온도 등이 중요하다. 흔히 유기퇴비의 원료로는 농가에서 쉽게 찾아볼 수 있는 볏짚, 나무껍질, 깻묵, 쌀겨 등이 있다. 그밖에 낙엽이나 산야초를 베어 퇴비를 만들어도 되지만 일손과 노동력이 다소 소모된다는 단점이 있다. 무엇보다 양질의 퇴비를 만들기 위해서는 재료로 사용되는 자재가 지닌 기본적인 탄소와 질소의 비율이 중요한데 탄질률은 20~30:1 인 것이 가장 이상적이다. 농촌진흥청 관계자는 이에 대해 "탄질률은 퇴비의 분해 속도와 관련이 있어 지나치게 질소가 많거나 탄소성분이 많을 경우 양질의 퇴비를 얻을 수 없다. 또한 퇴비재료에 미생물이 첨가되면서 자연 분해되면 열이 발생하는데 이는 유해 미생물을 죽일 수 있어 양질의 퇴비를 얻기 위해서는 퇴비 더미의 온도를 50℃ 이상으로 유지하는 것이 바람직하다."고 밝혔다.

① 퇴비 재료에 있는 유해 미생물을 50℃ 이상의 고온을 통해 없앨 수 있다.

② 비료에서 중요한 성분인 질소가 많이 함유되어 있을수록 좋은 비료라고 할 수 있다.

③ 커피박을 이용하여 유기농 비료를 만드는 것은 환경 보호뿐만 아니라 경제적으로도 이득이다.

④ 커피박과 함께 비료에 들어갈 부재료를 고를 때에는 질소나 유기물이 얼마나 들어있는지가 중요한 기준이다.

⑤ 커피박을 이용하여 유기 비료를 만들 때, 질소 보충이 필요한 사람이라면 한약재 찌꺼기를 첨가하는 것이 좋다.

※ 다음 글과 가장 관련 있는 한자성어를 고르시오. [1~2]

01

> 정책을 결정하는 사람들이 모여 회의를 하고 있다. 이들 중 한 명은 국민 지원금으로 1인당 1억 원을 지급하여 다들 먹고 살 수 있게 하면 자영업자의 위기를 해결할 수 있다고 말하고 있고, 다른 한 명은 북한이 자꾸 도발을 하니 지금이라도 기습 공격을 하여 통일을 하면 통일 문제가 해결된다고 하였다. 가만히 듣고 있던 한 명은 일본·중국에 대한 여론이 나쁘니 두 나라와 무역 및 외교를 금지하면 좋지 않겠냐고 하니 회의에 참여한 사람들이 서로 좋은 의견이라고 하면서 회의를 이어가고 있다.

① 토사구팽(兔死狗烹)
② 계명구도(鷄鳴狗盜)
③ 표리부동(表裏不同)
④ 사면초가(四面楚歌)
⑤ 탁상공론(卓上空論)

02

> 사회 초년생인 A씨는 최근 많은 뉴스에서 주식으로 돈을 벌었다는 소식을 많이 듣고 자신도 주식하면 돈을 벌 수 있다는 확신을 가졌다. 아무런 지식도 없지만 남들이 다 샀다는 주식을 산 이후 오르기만을 기다렸다. 하지만 주식가격은 점점 내려갔고, 주변에서도 그 주식은 처분해야 된다는 말을 들었지만 A씨는 오를 거라 확신하며 기다렸다. 하지만 이후에도 주가는 오르지 않고 계속 내려갔으며, A씨는 그래도 오를 거라 믿으면서 주변의 만류에도 불구하고 그 주식만 쳐다보고 있다.

① 사필귀정(事必歸正)
② 조삼모사(朝三暮四)
③ 수주대토(守株待兔)
④ 새옹지마(塞翁之馬)
⑤ 호사다마(好事多魔)

03 A시 주거복지과에서 일하는 김대리는 '주거복지 지원 정책 방향'에 대한 보고서를 쓰기 위해 개요를 작성하였다가 새로운 자료를 추가로 접하였다. 다음 중 개요를 수정하여 작성한 내용으로 적절하지 않은 것은?

> Ⅰ. 서론
>   1. 주거지원 정책의 필요성
> Ⅱ. 본론
>   1. 주거실태 현황 분석
>   (1) 주거유형 및 점유 형태
>   (2) 주거취약계층의 주거비 부담
>   (3) 정책 수요
>   2. 주거지원 정책 방안
>   (1) 정책지원 방향 및 기본원칙
>   (2) 정책지원 방식
> Ⅲ. 결론
>   1. 정책지원에 따른 기대효과
>   2. 주거지원 정책의 향후과제

> 〈새로운 자료〉
> 통계청에 따르면 1인 가구는 혼자서 살림하는 가구로서 1인이 독립적으로 취사, 취침 등 생계를 유지하고 있는 가구를 의미한다.
> 1인 가구 규모는 2015년 518만 가구에서 2045년에는 810만 가구로 증가가 예상되며, 총 가구에서 차지하는 비중도 27.2%에서 36.3%로 증가할 것으로 예상된다. 또한 2015년 기준 1인 가구의 연령대별 분포는 30대 이하가 191만으로 가장 많고, 2045년에는 177만 가구로 소폭 하락이 예상된다. 한국의 1인 가구는 주요 국가와 비교해도 이례적으로 빠른 속도로 증가하고 있다.

① 서론에서 주거지원 정책의 필요성에 1인 가구가 빠른 속도로 증가하고 있다는 내용을 추가한다.
② 본론에서 주거유형 및 점유 형태에 1인 청년가구의 주거유형의 통계 자료를 추가한다.
③ Ⅱ－1－(2)의 내용을 '1인 가구의 급증과 정책적 대응 미흡'으로 수정한다.
④ Ⅱ－2－(2)의 내용을 '1인 가구 정책지원 방안 및 기본원칙'으로 수정한다.
⑤ 결론에서 1인 가구들이 주택을 계약하는 과정에서 어려움을 겪은 인터뷰 내용을 추가한다.

04 다음 중 밑줄 친 부분의 맞춤법이 옳지 않은 것은?

① 그 일꾼은 땅딸보지만 능력만큼은 <u>일당백</u>이었다.
② 비가 쏟아지는 <u>그날밤에</u> 사건이 일어났다.
③ 교통사고를 낸 상대방이 <u>되레</u> 큰소리를 냈다.
④ 지속적인 <u>시청률</u> 하락으로 그 드라마는 조기종영을 하였다.
⑤ 두 사람은 <u>오랜만에</u> 만났지만, 서로를 알아볼 수 있었다.

05 다음 중 밑줄 친 부분의 맞춤법이 옳은 것은?

① 나는 보약을 먹어서 기운이 <u>뻗쳤다</u>.
② 가을이 되어 찬바람이 부니 몸이 <u>으시시</u> 추워진다.
③ 밤을 새우다시피 하며 시험을 <u>치루고</u> 나니 몸살이 났다.
④ 그는 항상 퇴근하기 전에 자물쇠로 서랍을 단단히 <u>잠궜다</u>.
⑤ 그의 초라한 모습이 내 호기심에 불을 <u>땅겼다</u>.

06 다음 중 어법에 맞지 않고, 자연스럽지 않은 문장은?

① 헛기침이 간간히 섞여 나왔다.
② 그 이야기를 듣자 왠지 불길한 예감이 들었다.
③ 그 남자의 굳은살 박인 발을 봐.
④ 집에 가든지 학교에 가든지 해라.
⑤ 소파에 깊숙이 기대어 앉았다.

07 다음 중 ㉠~㉢에 들어갈 단어가 바르게 연결된 것은?

• 회사 동료의 결혼식에 ___㉠___ 했다.
• 디자인 공모전에 ___㉡___ 했다.
• 회사 경영에 ___㉢___ 하고 있다.

	㉠	㉡	㉢
①	참석	참가	참여
②	참석	참여	참가
③	참여	참가	참석
④	참여	참석	참가
⑤	참가	참석	참여

08 다음 중 (가)~(다)에 들어갈 접속어가 바르게 연결된 것은?

무더운 여름 기차나 지하철을 타면 "실내가 춥다는 민원이 있어 냉방을 줄인다."라는 안내방송을 쉽게 들을 수 있을 정도로 우리는 쾌적한 기차와 지하철을 이용할 수 있는 시대에 살고 있다.

___(가)___ 이러한 쾌적한 환경을 누리기 시작하게 된 것은 그리 오래되지 않은 일이다. 1825년 세계 최초로 영국의 증기기관차가 시속 16km로 첫 주행을 시작하였고, 이 당시까지만 해도 열차 내의 유일한 냉방 수단은 창문뿐이었다. 열차에 에어컨이 설치되기 시작한 것은 100년이 더 지난 1930년대 초반 미국에서였고, 우리나라는 이보다 훨씬 후인 1969년 지금의 새마을호라 불리는 '관광호'에서였다. 이는 국내에 최초로 철도가 개통된 1899년 이후 70년 만으로 '관광호' 이후 국내에 도입된 특급열차들은 대부분 전기 냉난방시설을 갖추게 되었다.

___(나)___ 지하철의 에어컨 도입은 열차보다 훨씬 늦었는데, 이는 우리나라뿐만 아니라 해외도 마찬가지였으며, 실제로 영국의 경우 아직도 지하철에는 에어컨이 없는 상황이다.

우리나라는 1974년 서울 지하철이 개통되었는데, 이 당시 객실에는 천장의 달린 선풍기가 전부였기 때문에 한여름에는 땀 냄새가 가득한 찜통 지하철이 되었다. ___(다)___ 1983년이 되어서야 에어컨이 설치된 지하철이 등장하기 시작하였고, 기존에 에어컨이 설치되지 않았던 지하철들은 1989년이 되어서야 선풍기를 떼어내고 에어컨으로 교체하기 시작하였다.

	(가)	(나)	(다)
①	따라서	그래서	마침내
②	하지만	반면	마침내
③	하지만	왜냐하면	그래서
④	왜냐하면	반면	마침내
⑤	반면	왜냐하면	그래서

09 다음 밑줄 친 단어를 어법에 따라 수정할 때, 적절하지 않은 것은?

나는 내가 시작된 일은 반드시 내가 마무리 지어야 한다는 사명감을 가지고 있었다. 그래서 이번 문제 역시 다른 사람의 도움 없이 스스로 해결해야겠다고 다짐했었다. 그러나 일은 생각만큼 쉽게 풀리지 못했다. 이번에 새로 올린 기획안이 사장님의 제가를 받기 어려울 것이라는 이야기가 들렸다. 같은 팀의 박대리는 내게 사사로운 감정을 기획안에 투영하지 말라는 충고를 전하면서 커피를 건넸고, 화가 난 나는 뜨거운 커피를 그대로 마시다가 하얀 셔츠에 모두 쏟고 말았다. 오늘 회사 내에서 만나는 사람마다 모두 커피를 쏟은 내 셔츠의 사정에 관해 물었고, 그들에 의해 나는 오늘 온종일 칠칠한 사람이 되어야만 했다.

① 시작된 → 시작한
② 못했다 → 않았다
③ 제가 → 재가
④ 투영하지 → 투영시키지
⑤ 칠칠한 → 칠칠하지 못한

10 다음 중 밑줄 친 부분의 띄어쓰기가 모두 옳은 것은?

① 그를 <u>만난지도</u> 꽤 오래됐다. 대학 때 만났으니 올해로 <u>3년 째다</u>.
② 그녀는 공부 <u>밖에</u> 모르는 사람이지만 <u>한 번</u> 놀 때는 누구보다도 열심히 논다.
③ 편지글에 <u>나타 난</u> 선생님의 견해는 암기 위주의 공부 방법은 <u>안된다는</u> 것이다.
④ 이제 남은 것은 오직 <u>배신뿐이라는</u> 내 말에 그는 <u>어찌할 바를</u> 모르고 쩔쩔맸다.
⑤ 드실 수 <u>있는만큼만</u> 가져가 주십시오. 음식을 남기지 않고 드신 <u>고객님 께는</u> 저희 매장에서 마련한 타월을 드리겠습니다.

03 **수리자료분석**

01 다음은 A~E 5개의 과제에 대해 전문가 5명이 평가한 점수에 대한 자료이다. 최종점수와 평균점수가 같은 과제로만 짝지어진 것은?

〈과제별 점수 현황〉

(단위 : 점)

구분	A	B	C	D	E
전문가 1	100	80	60	80	100
전문가 2	70	60	50	100	40
전문가 3	60	40	100	90	( )
전문가 4	50	60	90	70	70
전문가 5	80	60	60	40	80
평균점수	( )	( )	( )	( )	70

※ 최종점수는 가장 낮은 점수와 가장 높은 점수를 제외한 평균점수임

① A, B
② B, C
③ B, D
④ B, E
⑤ D, E

다음은 A시즌 K리그 주요 구단의 공격력 분석에 대한 자료이다. 이에 대한 설명으로 적절한 것은?

〈A시즌 K리그 주요 구단 공격력 통계〉

(단위 : 개)

구분	경기	슈팅	유효슈팅	골	경기당 평균 슈팅	경기당 평균 유효슈팅
울산	6	90	60	18	15	10
전북	6	108	72	27	18	12
상주	6	78	30	12	13	5
포항	6	72	48	9	12	8
대구	6	84	42	12	14	7
서울	6	42	18	10	7	3
성남	6	60	36	12	10	6

① 상위 3개 구단의 슈팅과 유효슈팅 개수는 같다.

② 유효슈팅 대비 골의 비율은 상주가 울산보다 높다.

③ 전북과 성남의 슈팅 대비 골의 비율의 차이는 10%p 이상이다.

④ 골의 개수가 적은 하위 두 팀의 골 개수의 합은 전체 골 개수의 15% 이하이다.

⑤ 경기당 평균 슈팅 개수가 가장 많은 구단과 가장 적은 구단의 차이는 경기당 평균 유효슈팅 개수가 가장 많은 구단과 가장 적은 구단의 차이보다 작다.

03 다음은 2016~2022년 우리나라 지진 발생 현황에 대한 자료이다. 이에 대한 설명으로 적절한 것은?

〈우리나라 지진 발생 현황〉

구분	지진 횟수	최고 규모
2016년	42회	3.3
2017년	52회	4.0
2018년	56회	3.9
2019년	93회	4.9
2020년	49회	3.8
2021년	44회	3.9
2022년	492회	5.8

① 2016년 이후 지진 발생 횟수가 꾸준히 증가하고 있다.
② 2019년에는 2018년보다 지진이 44회 더 발생했다.
③ 지진 횟수가 증가할 때 지진의 최고 규모도 커진다.
④ 2019년에 일어난 규모 4.9의 지진은 2016년 이후 우리나라에서 발생한 지진 중 가장 강력한 규모이다.
⑤ 2022년에 발생한 지진은 2016년부터 2021년까지의 평균 지진 발생 횟수에 비해 약 8.8배 급증했다.

04 토요일이 의미 없이 지나간다고 생각한 직장인 D씨는 자기계발을 위해 집 근처 문화센터에서 하는 프로그램에 수강신청하려고 한다. 다음 문화센터 프로그램 안내표에 대한 설명으로 적절하지 않은 것은?(단, 시간이 겹치는 프로그램은 수강할 수 없다)

〈문화센터 프로그램 안내표〉

구분	수강료(3달 기준)	강좌 시간
중국어 회화	60,000원	11:00 ~ 12:30
영어 회화	60,000원	10:00 ~ 11:30
지르박	180,000원	13:00 ~ 16:00
차차차	150,000원	12:30 ~ 14:30
자이브	195,000원	14:30 ~ 18:00

① 자이브의 강좌 시간이 가장 길다.
② 차차차와 자이브를 둘 다 수강할 수 있다.
③ 시간상 D씨가 선택할 수 있는 과목은 최대 2개이다.
④ 회화 중 하나를 들으면 최소 2과목을 수강할 수 있다.
⑤ 중국어 회화와 차차차를 수강할 때 한 달 수강료는 7만 원이다.

05 다음은 민간분야 사이버 침해사고 발생 현황에 대한 자료이다. 기타 해킹이 가장 많았던 연도의 전체 사이버 침해사고 건수의 전년 대비 증감률은?(단, 소수점 첫째 자리에서 반올림한다)

〈민간분야 사이버 침해사고 발생 현황〉

(단위 : 건)

구분	2019년	2020년	2021년	2022년
홈페이지 변조	6,490	10,148	5,216	3,727
스팸 릴레이	1,163	988	731	365
기타 해킹	3,175	2,743	4,126	2,961
단순 침입 시도	2,908	3,031	3,019	2,783
피싱 경유지	2,204	4,320	3,043	1,854
합계	15,940	21,230	16,135	11,690

① -26% ② 26%
③ -24% ④ 24%
⑤ -22%

06 다음은 2018년부터 2022년까지 생활 폐기물 처리 현황에 대한 자료이다. 이에 대한 설명으로 옳지 않은 것은?(단, 비율은 소수점 둘째 자리에서 반올림한다)

〈생활 폐기물 처리 현황〉

(단위 : 톤)

구분	2018년	2019년	2020년	2021년	2022년
매립	9,471	8,797	8,391	7,613	7,813
소각	10,309	10,609	11,604	12,331	12,648
재활용	31,126	29,753	28,939	29,784	30,454
합계	50,906	49,159	48,934	49,728	50,915

① 매년 생활 폐기물 처리량 중 재활용 비율이 가장 높다.
② 전년 대비 소각 증가율은 2020년이 2021년의 2배 이상이다.
③ 2018 ~ 2022년 소각량 대비 매립량은 60% 이상이다.
④ 생활 폐기물 처리방법 중 매립은 2018년부터 2021년까지 계속 감소하고 있다.
⑤ 생활 폐기물 처리 현황에서 2022년 재활용 비율은 2018년 소각 비율의 3배보다 작다.

07 다음은 각종 암 환자의 육식률 대비 사망률에 대한 자료이다. 이에 대한 설명으로 옳지 않은 것은?

<각종 암 환자의 육식률 대비 사망률>

(단위 : %)

구분	육식률 80% 이상	육식률 50% 이상 80% 미만	육식률 30% 이상 50% 미만	육식률 30% 미만	채식률 100%
전립선암	42	33	12	5	8
신장암	62	48	22	11	5
대장암	72	64	31	15	8
방광암	66	52	19	12	6
췌장암	68	49	21	8	5
위암	85	76	27	9	4
간암	62	48	21	7	3
구강암	52	42	18	11	10
폐암	48	41	17	13	11
난소암	44	37	16	14	7

※ '육식률 30% 미만'에는 '채식률 100%'가 속하지 않음

① '육식률 80% 이상'의 사망률과 '채식률 100%'에서의 사망률의 차이가 가장 큰 암은 위암이다.
② '육식률 80% 이상'에서의 사망률이 50% 미만인 암과 '육식률 50% 이상 80% 미만'에서 사망률이 50% 이상인 암의 수는 동일하다.
③ 채식률이 100%여도 육식하는 사람보다 사망률이 항상 낮지 않다.
④ '육식률 30% 이상' 구간에서의 사망률이 1위인 암은 모두 동일하다.
⑤ '채식률 100%'에서 사망률이 10%를 초과하는 암은 폐암뿐이다.

08 농도가 10%인 A소금물 200g과 농도가 20%인 B소금물은 300g이 있다. A소금물에 ag의 물을 첨가하고, B소금물은 bg을 버렸다. 늘어난 A소금물과 줄어든 B소금물을 합친 결과, 농도가 10%인 500g의 소금물이 되었을 때, A소금물에 첨가한 물의 양은?

① 100g   ② 120g
③ 150g   ④ 180g
⑤ 200g

09 집에서 회사까지 갈 때 자동차를 타고 시속 40km로 가면 자전거를 타고 시속 16km로 가는 것보다 45분 먼저 도착한다. 이때 집에서 회사까지 자전거를 타고 가는 데 걸리는 시간은?

① 47분   ② 65분
③ 75분   ④ 84분
⑤ 90분

10 세희네 가족의 올해의 여름휴가 비용은 작년 대비 교통비는 15%, 숙박비는 24% 증가하여 전체 휴가비용이 20% 증가하였다. 작년 전체 휴가비용이 36만 원일 때, 올해 숙박비는?(단, 전체 휴가비는 교통비와 숙박비의 합이다)

① 160,000원   ② 184,000원
③ 200,000원   ④ 248,000원
⑤ 268,000원

01 다음은 바닥에 쌓아 놓은 블록을 앞면과 옆면에서 본 모양이다. 이와 같이 보이기 위해 필요한 블록 수는 최대 몇 개인가?(단, 옆면은 앞면을 바라보는 기준에서 우측면에 해당한다)

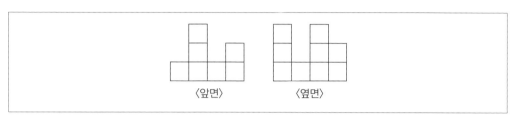

〈앞면〉   〈옆면〉

① 16개
② 18개
③ 20개
④ 24개
⑤ 28개

02 왼쪽의 직육면체 모양의 입체도형은 두 번째, 세 번째 입체도형과 ?를 조합하여 만들 수 있다. 다음 중 ?에 들어갈 도형으로 알맞은 것을 고르면?

①

②

③

④

⑤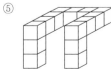

03 입체도형의 회전규칙이 다음과 같이 정의된다고 할 때, 〈보기〉의 단면과 일치하는 입체도형을 Z축 1회전한 것은?(단, 1회전은 90°이다)

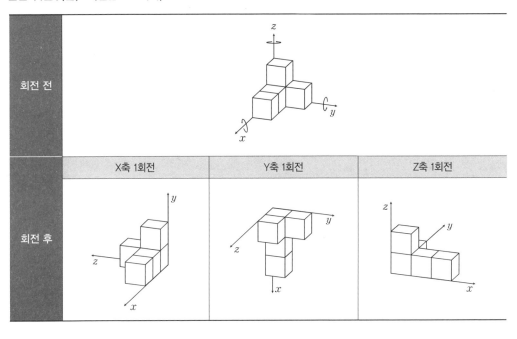

	X축 1회전	Y축 1회전	Z축 1회전

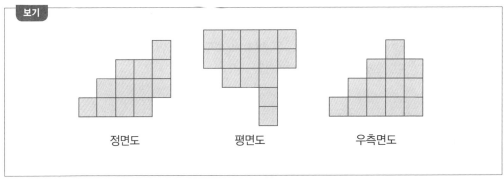

보기

정면도   평면도   우측면도

①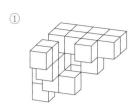

②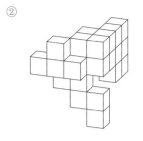

③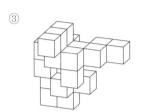

④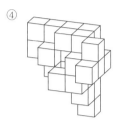

⑤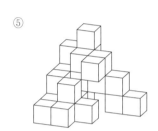

※ 다음과 같은 모양을 만드는 데 사용된 블록의 개수를 고르시오(단, 보이지 않는 곳의 블록은 있다고 가정한다). [4~5]

04

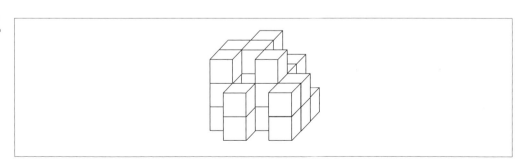

① 32개   ② 31개

③ 30개   ④ 29개

⑤ 27개

05

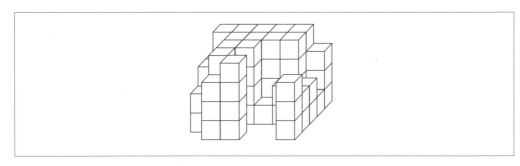

① 75개   ② 76개
③ 77개   ④ 78개
⑤ 79개

※ 다음 도형들은 일정한 규칙으로 변화하고 있다. ?에 들어갈 알맞은 도형을 고르시오. [1~2]

01

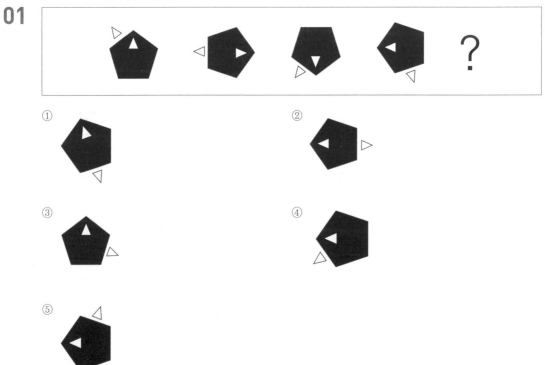

02

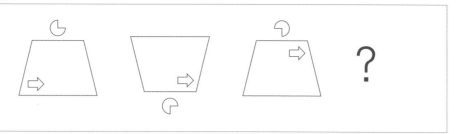

①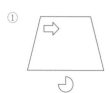

②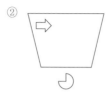

③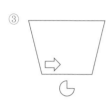

④

⑤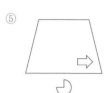

※ 다음 제시된 도형의 규칙을 보고 ?에 들어갈 알맞은 도형을 고르시오. [3~4]

03

①   ②   ③

④   ⑤

04

①   ②   ③

④   ⑤

05 다음 제시된 도형의 규칙을 이용하여 (A), (B)에 들어갈 도형으로 알맞은 것을 고르면?

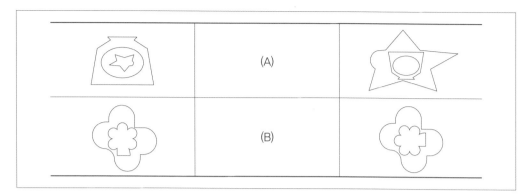

	(A)	(B)

(A) (B)

①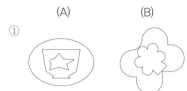

②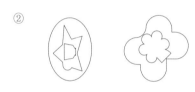

③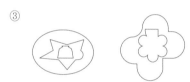

④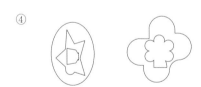

⑤

03 | 2022년 기출복원문제

정답 및 해설 p.021

01 언어논리

01 D사에서는 사내 직원들의 친목 도모를 위해 산악회를 운영하고 있다. D사에서 근무하고 있는 A~D 4명 중 최소 1명 이상이 산악회원이라고 할 때, 다음 〈조건〉에 따라 항상 참이 되는 것은?

> **조건**
> • C가 산악회원이면 D도 산악회원이다.
> • A가 산악회원이면 D는 산악회원이 아니다.
> • D가 산악회원이 아니면 B가 산악회원이 아니거나 C가 산악회원이다.
> • D가 산악회원이면 B는 산악회원이고 C도 산악회원이다.

① A는 산악회원이다.
② B는 산악회원이 아니다.
③ C는 산악회원이 아니다.
④ B와 D의 산악회원 여부는 같다.
⑤ A~D 중 산악회원은 2명이다.

제시된 내용이 모두 참일 때, 다음 A, B의 결론에 대한 판단으로 옳은 것은?

- 회의장을 세팅하는 사람은 회의록을 작성하지 않는다.
- 회의에 쓰일 자료를 복사하는 사람은 자료 준비에 참여한 것이다.
- 자료 준비에 참여하는 사람은 회의장 세팅에 참여하지 않는다.
- 자료 준비를 하는 사람은 회의록을 작성한다.

A : 회의록을 작성하지 않으면 회의 자료를 복사하지 않는다.
B : 회의장을 세팅하면 회의 자료를 복사한다.

---

① A만 옳다.
② B만 옳다.
③ A, B 모두 옳다.
④ A, B 모두 틀리다.
⑤ A, B 모두 옳은지 틀린지 판단할 수 없다.

PART 1

03 카페를 운영 중인 S씨는 4가지 종류의 음료를 여름 한정 메뉴로 판매하기로 결정하였고, 이를 위해 해당 음료의 재료를 유통하는 업체 2곳을 선정하려 한다. 선정된 유통업체는 서로 다른 메뉴의 재료를 담당해야 하며, 반드시 담당하는 메뉴에 필요한 재료를 모두 공급해야 한다. 다음 중 〈조건〉에 따라 S씨가 선정할 2개의 업체로 가장 적절한 것은?

조건

- A, B, C, D업체는 각각 5가지 재료 중 3가지 종류의 재료를 유통한다.
- 모든 업체가 유통하는 재료가 있다.
- A업체가 유통하는 재료들로 카페라테를 만들 수 있다.
- B업체가 유통하는 재료들로는 카페라테를 만들 수 있지만, 아포가토는 만들 수 없다.
- C업체는 딸기를 유통하지 않으나, D업체는 딸기를 유통한다.
- 팥은 B업체를 제외하고 모든 업체가 유통한다.
- 우유를 유통하는 업체는 2곳이다.

〈메뉴에 필요한 재료〉

메뉴	재료
카페라테	커피 원두, 우유
아포가토	커피 원두, 아이스크림
팥빙수	아이스크림, 팥
딸기라테	우유, 딸기

---

① A업체, B업체
② A업체, C업체
③ B업체, C업체
④ B업체, D업체
⑤ C업체, D업체

04 영희는 회사 앞의 D빌라에 혼자 살고 있다. 빌라는 A동과 B동으로 각각 5층이며, 층별로 3호까지 있다 (1호, 2호, 3호). 또한 빌라에 거주하고 있는 가구는 1인 가구 4가구(남자 2, 여자 2), 2인 가구 3가구(노부부, 중년부부, 신혼부부), 3인 가구 1가구, 4인 가구 1가구이며, 같은 층에 사는 총인원은 5명을 넘지 않는다. 다음 주어진 〈조건〉을 바탕으로 추론할 때, 참이 아닌 것은?(단, A동 5층 3호와 B동 1층 2호는 사정상 창고로 사용하고 있다)

> **조건**
> • 취업 준비를 위해 혼자 상경한 은희는 영희와 학교 동창이고, 혼자 사는 영희의 옆집에 산다.
> • A동에 사는 총인원은 11명으로, B동에 사는 총인원보다 5명 더 많다.
> • 부부와 아들 1명이 사는 집은 부부와 아들과 딸이 사는 집 바로 아래에 있다.
> • 일주일 전에 결혼한 신혼부부인 희수는 4층에 살고 있으며, 아직 같은 층 이웃은 없다.
> • 1인 가구 남자들은 모두 B동에 산다.
> • 노부부는 1층에 살고 있으며, 같은 층에는 총 4명이 산다.
> • A동 5층에는 1인 가구 여자들이 산다.

① 희수는 A동에 산다.
② 4인 가구와 3인 가구가 정확하게 몇 호에 사는지는 알 수 없다.
③ 노부부와 중년부부는 B동에 산다.
④ A동에는 중년부부가 산다.
⑤ B동에 사는 인원의 성비를 비교했을 때, 남자가 여자의 2배이다.

05 다음 명제가 모두 참일 때, 빈칸에 들어갈 명제로 가장 적절한 것은?

> • 오존층이 파괴되지 않으면 프레온 가스가 나오지 않는다.
> • _____
> • 지구 온난화가 진행되지 않았다면 오존층이 파괴되지 않는다.
> • 지구 온난화가 진행되지 않았다면 에어컨을 과도하게 사용하지 않은 것이다.

① 에어컨을 잘 쓰지 않으면 프레온 가스가 나오지 않는다.
② 프레온 가스가 나온다고 해도 오존층은 파괴되지 않는다.
③ 오존층을 파괴하면 지구 온난화가 진행된다.
④ 에어컨을 과도하게 쓰면 프레온 가스가 나온다.
⑤ 에어컨을 적게 써도 지구 온난화는 진행된다.

06 다음 제시된 명제가 모두 참일 때 항상 참인 것은?

> • 수학 수업을 듣지 않는 학생들은 국어 수업을 듣지 않는다.
> • 모든 학생은 국어 수업을 듣는다.
> • 수학 수업을 듣는 어떤 학생들은 영어 수업을 듣는다.

① 모든 학생은 영어 수업을 듣는다.
② 모든 학생은 국어, 수학, 영어 수업을 듣는다.
③ 어떤 학생들은 국어와 영어 수업만 듣는다.
④ 어떤 학생들은 국어, 수학, 영어 수업을 듣는다.
⑤ 모든 학생은 국어 수업을 듣거나 수학 수업을 듣는다.

07 다음 글을 읽고 추론할 수 있는 내용으로 적절하지 않은 것은?

> 제약 연구원이란 제약 회사에서 약을 만드는 과정에 참여하는 사람을 말한다. 제약 연구원은 이러한 모든 단계에 참여하지만, 특히 신약 개발 단계와 임상 시험 단계에서 가장 중점적인 역할을 한다. 일반적으로 약을 만드는 과정은 새로운 약품을 개발하는 신약 개발 단계, 임상 시험을 통해 개발된 신약의 약효를 확인하는 임상 시험 단계, 식약처에 신약이 판매될 수 있도록 허가를 요청하는 약품 허가 요청 단계, 마지막으로 의료진과 환자를 대상으로 신약에 대해 홍보하는 영업 및 마케팅의 단계로 나눈다.
> 제약 연구원이 되기 위해서는 일반적으로 약학을 전공해야 한다고 생각하기 쉽지만, 약학 전공자 이외에도 생명 공학, 화학 공학, 유전 공학 전공자들이 제약 연구원으로 활발하게 참여하고 있다. 만일 신약 개발의 전문가가 되고 싶다면 해당 분야에서 오랫동안 연구한 경험이 필요하기 때문에 대학원에서 석사나 박사 학위를 취득하는 것이 유리하다.
> 제약 연구원이 되기 위해서는 전문적인 지식도 중요하지만, 사람의 생명과 관련된 일인 만큼 무엇보다도 꼼꼼함과 신중함, 책임 의식이 필요하다. 또한 제약 회사라는 공동체 안에서 일을 하는 것이므로 원만한 일의 진행을 위해서 의사소통 능력도 필수적으로 요구된다. 오늘날 제약 분야가 빠르게 성장하고 있다는 점을 고려할 때, 일에 대한 도전 의식, 호기심과 탐구심 등도 제약 연구원에게 필요한 능력으로 꼽을 수 있다.

① 제약 연구원은 약품 허가 요청 단계에 참여한다.
② 오늘날 제약 연구원에게 요구되는 능력이 많아졌다.
③ 생명이나 유전 공학 전공자도 제약 연구원으로 일할 수 있다.
④ 신약 개발 전문가가 되려면 반드시 석사나 박사를 취득해야 한다.
⑤ 제약 연구원과 관련된 정보가 부족하다면 약학을 전공해야만 제약 연구원이 될 수 있다고 생각할 수 있다.

08 다음 글의 비효율적인 일중독자의 사례로 적절하지 않은 것은?

일중독자란 일을 하지 않으면 초조해하거나 불안해하는 증상이 있는 사람을 지칭한다. 이는 1980년대 초부터 사용하기 시작한 용어로, 미국의 경제학자 W. 오츠의 저서 『워커홀릭』에서도 확인할 수 있다. 일중독에는 여러 원인이 있지만 보통 경제력에 대해 강박관념을 가지고 있는 사람, 완벽을 추구하거나 성취지향적인 사람, 자신의 능력을 과장되게 생각하는 사람, 배우자와 가정으로부터 도피하려는 성향이 강한 사람, 외적인 억압으로 인하여 일을 해야만 한다고 정신이 변한 사람 등에게 나타나는 경향이 있다.

일중독 증상을 가진 사람들의 특징은 일을 하지 않으면 불안해하고 외로움을 느끼며, 자신의 가치가 떨어진다고 생각한다는 것이다. 따라서 일에 지나치게 집착하는 모습을 보이며, 이로 인해 사랑하는 연인 또는 가족과 소원해지며 인간관계에 문제를 겪는 모습을 볼 수 있다. 하지만 모든 일중독이 이렇듯 부정적인 측면만 있는 것은 아니다. 노는 것보다 일하는 것이 더욱 즐겁다고 여기는 경우도 있다. 예를 들어, 자신의 관심사를 직업으로 삼은 사람들이 이에 해당한다. 이 경우 일 자체에 흥미를 느끼게 된다.

일중독에도 유형이 다양하다. 그중 계획적이고 합리적인 관점에서 업무를 수행하는 일중독자가 있는 반면 일명 '비효율적인 일중독자'라 일컬어지는 일중독자도 있다. 비효율적인 일중독자는 크게 '지속적인 일중독자', '주의결핍형 일중독자', '폭식적 일중독자', '배려적 일중독자' 네 가지로 나누어 설명할 수 있다. 첫 번째로 '지속적인 일중독자'는 매일 야근도 불사하고, 휴일이나 주말에도 일을 놓지 못하는 유형이다. 이러한 유형의 일중독자는 완벽에 대해 기준을 높게 잡고 있기 때문에 본인은 물론이고 주변 동료에게도 완벽을 강요한다. 두 번째로 '주의결핍형 일중독자'는 모두가 안 될 것 같다고 만류하는 일이나, 한 번에 소화할 수 없을 만큼 많은 업무를 담당하는 유형이다. 이러한 유형의 일중독자는 완벽하게 일을 해내고 싶다는 부담감 등으로 인해 결국 업무를 제대로 마무리하지 못하는 경우가 대부분이다. 세 번째로 '폭식적 일중독자'는 음식을 과다 섭취하는 폭식처럼 일을 한 번에 몰아서 하는 유형이다. 간단히 보면 이러한 유형은 일중독과는 거리가 멀다고 생각할 수 있지만, 일을 완벽하게 해내고 싶다는 사고에 사로잡혀 있으나 두려움에 선뜻 일을 시작하지 못한다는 점에서 일중독 중 하나로 간주한다. 마지막으로 '배려적 일중독자'는 다른 사람의 업무 등에 지나칠 정도로 책임감을 느끼는 유형이다.

이렇듯 일중독자란 일에 지나치게 집착하는 사람으로 생각할 수도 있지만 일중독인 사람들은 일로 인해 자신의 자존감이 올라가고, 가치가 매겨진다 생각하기도 한다. 그러나 이러한 일중독자가 단순히 업무에 많은 시간을 소요하는 사람이라는 인식은 재고할 필요가 있다.

① 장기적인 계획을 세워 업무를 수행하는 A사원
② K사원의 업무에 책임감을 느끼며 괴로워하는 B대리
③ 마감 3일 전에 한꺼번에 일을 몰아서 하는 C주임
④ 휴일이나 주말에도 집에서 업무를 수행하는 D사원
⑤ 혼자서 소화할 수 없는 양의 업무를 자발적으로 담당한 E대리

다음 글의 내용으로 적절하지 않은 것은?

생태학에서 생물량, 또는 생체량으로 번역되어 오던 단어인 바이오매스(Biomass)는 태양 에너지를 받은 식물과 미생물의 광합성에 의해 생성되는 식물체, 균체, 그리고 이를 자원으로 삼는 동물체 등을 모두 포함한 생물 유기체를 일컫는다. 그리고 이러한 바이오매스를 생화학적, 또는 물리적 변환과정을 통해 액체, 가스, 고체연료, 또는 전기나 열에너지 형태로 이용하는 기술을 화이트 바이오테크놀로지(White Biotechnology), 줄여서 '화이트 바이오'라고 부른다.

옥수수나 콩, 사탕수수와 같은 식물자원을 이용해 화학제품이나 연료를 생산하는 기술인 화이트 바이오는 재생이 가능한데다 기존 화석원료를 통한 제조방식에서 벗어나 이산화탄소 배출을 줄일 수 있는 탄소중립적인 기술로 주목받고 있다. 한편 산업계에서는 미생물을 활용한 화이트 바이오를 통해 산업용 폐자재나 가축의 분뇨, 생활폐기물과 같이 죽은 유기물이라 할 수 있는 유기성 폐자원을 바이오매스 자원으로 활용하여 에너지를 생산하고자 연구하고 있어, 온실가스 배출, 악취 발생, 수질오염 등 환경적 문제는 물론 그 처리비용 문제도 해결할 수 있을 것으로 기대를 모으고 있다.

비록 보건 및 의료 분야의 바이오산업인 레드 바이오나 농업 및 식량 분야의 그린 바이오보다 늦게 발전을 시작했지만, 한국과학기술기획평가원이 발간한 보고서에 따르면 화이트 바이오 관련 산업은 연평균 18%의 빠른 속도로 성장하며 기존의 화학 산업을 대체할 것으로 전망하고 있다.

① 기존 화학 산업의 경우 탄소배출이 문제가 되고 있었다.
② 가정에서 나온 폐기물은 바이오매스 자원으로 고려되지 않는다.
③ 화이트 바이오 신업은 아직 다른 두 바이오산업에 비해 규모가 작을 것이다.
④ 생태학에서 정의하는 바이오매스와 산업계에서 정의하는 바이오매스는 다르다.
⑤ 산업계는 화이트 바이오를 통해 환경오염 문제를 해결할 수 있을 것으로 기대를 모으고 있다.

10 다음 글의 주제로 가장 적절한 것은?

동양 사상이라 해서 언어와 개념을 무조건 무시하는 것은 결코 아니다. 만약 그렇다면 동양 사상은 경전이나 저술을 통해 언어화되지 않고 순전히 침묵 속에서 전수되어 왔을 것이다. 물론 이것은 사실이 아니다. 동양 사상도 끊임없이 언어적으로 다듬어져 왔으며 논리적으로 전개되어 왔다. 흔히 동양 사상은 신비주의적이라고 말하지만, 이것은 동양 사상의 한 면만을 특정 지우는 것이지 결코 동양의 철인(哲人)들이 사상을 전개함에 있어 논리를 무시했다거나 항시 어떤 신비적인 체험에 호소해서 자신의 주장들을 폈다는 것을 뜻하지는 않는다. 그러나 역시 동양 사상은 신비주의적임에 틀림없다. 거기서는 지고(至高)의 진리란 언제나 언어화될 수 없는 어떤 신비한 체험의 경지임이 늘 강조되어 왔기 때문이다. 최고의 진리는 언어 이전, 혹은 언어 이후의 무언(無言)의 진리이다. 엉뚱하게 들리겠지만, 동양 사상의 정수(精髓)는 말로써 말이 필요 없는 경지를 가리키려는 데에 있다고 해도 과언이 아니다. 말이 스스로를 부정하고 초월하는 경지를 나타내도록 사용된 것이다. 언어로써 언어를 초월하는 경지를 나타내고자 하는 것이야말로 동양 철학이 지닌 가장 특징적인 정신이다. 동양에서는 인식의 주체를 심(心)이라는 매우 애매하면서도 포괄적인 말로 이해해 왔다. 심(心)은 물(物)과 항시 자연스러운 교류를 하고 있으며, 이성은 단지 심(心)의 일면일 뿐인 것이다. 동양은 이성의 오만이라는 것을 모른다. 지고의 진리, 인간을 살리고 자유롭게 하는 생동적 진리는 언어적 지성을 넘어선다는 의식이 있었기 때문일 것이다. 언어는 언제나 마음을 못 따르며 둘 사이에는 항시 괴리가 있다는 생각이 동양인들의 의식 저변에 깔려 있는 것이다.

① 동양 사상은 신비주의적인 요소가 많다.
② 언어와 개념을 무시하면 동양 사상을 이해할 수 없다.
③ 동양 사상은 언어적 지식을 초월하는 진리를 추구한다.
④ 인식의 주체를 심(心)으로 표현하는 동양 사상은 이성적이라 할 수 없다.
⑤ 동양 사상에서는 언어는 마음을 따르므로 진리는 마음속에 있다고 주장한다.

11 다음 글의 필자의 생각으로 가장 적절한 것은?

우리는 우리가 생각한 것을 말로 나타낸다. 또 다른 사람의 말을 듣고, 그 사람이 무슨 생각을 가지고 있는 지를 짐작한다. 그러므로 생각과 말은 서로 떨어질 수 없는 깊은 관계를 가지고 있다.

그러면 말과 생각은 얼마만큼 깊은 관계를 가지고 있을까? 이 문제를 놓고 사람들은 오랫동안 여러 가지 생각을 하였다. 그 가운데 가장 두드러진 것이 두 가지 있다. 그 하나는 말과 생각이 서로 꼭 달라붙은 쌍둥이인데 한 놈은 생각이 되어 속에 감추어져 있고 다른 한 놈은 말이 되어 사람 귀에 들리는 것이라는 생각이다. 다른 하나는 생각이 큰 그릇이고 말은 생각 속에 들어가는 작은 그릇이어서 생각에는 말 이외에도 다른 것이 더 있다는 생각이다.

이 두 가지 생각 가운데서 앞의 것은 조금만 깊이 생각해 보면 틀렸다는 것을 즉시 깨달을 수 있다. 우리가 생각한 것은 거의 대부분 말로 나타낼 수 있지만, 누구든지 가슴 속에 응어리진 어떤 생각이 분명히 있기는 한데 그것을 어떻게 말로 표현해야 할지 애태운 경험을 가지고 있을 것이다. 이것 한 가지만 보더라도 말과 생각이 서로 안팎을 이루는 쌍둥이가 아님은 쉽게 판명된다.

인간의 생각이라는 것은 매우 넓고 큰 것이며 말이란 결국 생각의 일부분을 주워 담는 작은 그릇에 지나지 않는다. 그러나 아무리 인간의 생각이 말보다 범위가 넓고 큰 것이라고 하여도 그것을 가능한 한 말로 바꾸어 놓지 않으면 그 생각의 위대함이나 오묘함이 다른 사람에게 전달되지 않기 때문에 말의 신세를 지지 않을 수가 없게 되어 있다. 그러니까 말을 통하지 않고는 생각을 전달할 수가 없는 것이다.

① 말은 생각의 하위요소이다.
② 말은 생각을 제한하는 틀이다.
③ 말은 생각의 폭을 확장시킨다.
④ 말은 생각을 전달하기 위한 수단이다.
⑤ 생각은 말이 내면화된 쌍둥이와 같은 존재이다.

12 다음 글의 제목으로 가장 적절한 것은?

요즘은 대체의학의 홍수시대라고 하여도 지나친 표현이 아니다. 우리가 먹거나 마시는 대부분의 비타민제나 건강음료 및 건강보조식품이 대체의학에서 나오지 않은 것이 없을 정도이니 말이다. 이러한 대체요법의 만연으로 한의학계를 비롯한 제도권 의료계에서는 많은 경제적 위협을 받고 있다.

대체의학에 대한 정의는 일반적으로 현대의학의 표준화된 치료 이외에 환자들이 이용하는 치료법으로써 아직 증명되지는 않았으나, 혹은 일반 의료의 보조요법으로 과학자나 임상의사의 평가에 의해 증명되지는 않았으나 현재 예방, 진단, 치료에 사용되는 어떤 검사나 치료법 등을 통틀어 지칭하는 용어로 알려져 있다.

그러나 요즈음 우리나라에서는 전통적인 한의학과 서양의학이 아닌 그 외의 의학을 통틀어 대체의학이라 부르고 있다. 원래는 1970년대 초반 동양의학의 침술이 미국의학계와 일반인들에게 유입되고 특별한 관심을 불러일으키면서 서양의학자들은 이들의 혼잡을 정리하기 위해 서양의학 이외의 다양한 전통의학과 민간요법을 통틀어 '대체의학'이라 부르기 시작했다. 그런 이유로 구미 각국에서는 한의학도 대체의학에 포함시키고 있으나 의료 이원화된 우리나라에서만은 한의학도 제도권내의 공식 의학에 속하기 때문에 대체의학에서는 제외되고 있다.

서양에서 시작된 대체의학은 서양의 정통의학에서 부족한 부분을 보완하거나 대체할 새로운 치료의학에 대한 관심으로 시작하였으나 지금의 대체의학은 질병을 관찰함에 있어 부분적이기 보다는 전일(全一)적이다. 또한, 질병 중심적이기보다는 환자 중심적이고 인위적이기보다는 자연적인 치료를 주장하는 인간중심의 한의학에 대한 관심이 커졌다. 이에 따라 전반적인 상태나 영양 등은 물론 환자의 정신적, 사회적, 환경적인 부분까지 관찰하여 조화와 균형을 이루게 하는 치료법으로 거듭 진화하고 있으며 현재는 보완대체의학에서 보완통합의학으로, 다시 통합의학이라는 용어로 변모되어가고 있다.

대체의학을 분류하는 방법이 다양하지만 서양에서 분류한 세 가지 유형으로 구분하여 대표적인 것들을 소개하자면 다음과 같다. 첫째, 동양의학적 보완대체요법으로 침술, 기공치료, 명상요법, 요가, 아유르베다의학, 자연요법, 생약요법, 아로마요법, 반사요법, 봉침요법, 접촉요법, 심령치료법, 기도요법 등이다. 둘째, 서양의학적 보완대체요법으로는 최면요법, 신경-언어 프로그램 요법, 심상유도 요법, 바이오피드백 요법(생체되먹이 요법), 분자정형치료, 응용운동학, 중금속제거 요법, 해독요법, 영양보충 요법, 효소요법, 산소요법, 생물학적 치과치료법, 정골의학, 족부의학, 근자극요법, 두개천골자극 요법, 에너지의학, 롤핑요법, 세포치료법, 테이핑요법, 홍채진단학 등이 있다. 셋째, 동서의학 접목형 보완대체요법으로는 동종요법, 양자의학, 식이요법, 절식요법, 주스요법, 장요법, 수치료, 광선요법, 뇨요법 등의 치료법이 있다. 요즘에는 여기에다 미술치료, 음악치료 등의 새로운 치료법이 대두되고 있으며 이미 일부의 양·한방 의료계에서는 이들 중의 일부를 임상에 접목시키고 있다.

그러나 한의학으로 모든 질병을 정복하려는 우를 범해서는 안 된다. 한의학으로 모든 질병이 정복되어진다면 서양의학이 존재할 수 없으며 대체의학이 새롭게 21세기를 지배할 이유가 없다. 한의학은 대체의학이 아니다. 마찬가지로 대체의학 역시 한의학이 아니며 서양의학도 아니다. 대체의학은 새로운 의학이다. 우리가 개척하고 정복해야 할 미지의 의학이다.

① 대체의학의 의미와 종류
② 대체의학이 지니는 문제점
③ 대체의학의 한계와 개선방향
④ 대체의학에 따른 부작용 사례
⑤ 대체의학의 연구 현황과 미래

01 다음 밑줄 친 ㉠~㉤ 중 어법상 옳지 않은 것은?

> 매년 3월 22일은 세계 물의 날로, 인구와 경제 활동의 증가로 수질이 오염되고 먹는 물이 부족해지자 UN이 경각심을 ㉠ <u>일깨우기</u> 위해 지정한 날이다. 우리나라의 상수도 보급현황은 매우 우수한 편으로 매년 상승하고 있으나, 해가 갈수록 1인당 물 ㉡ <u>사용량</u>도 늘어나고 있다. 우리나라 수자원량은 '물 스트레스' 국가로 주기적인 물 압박 경험이 있는 수준에 해당된다. 물은 아낄 필요가 있으며, 생활 속에서도 물을 절약하기 위한 여러 방법이 있고 다음과 같은 캠페인도 진행하고 있다.
> • 사용 후 ㉢ <u>수도꼭지는</u> 꼭 ㉣ <u>잠궈</u> 주세요.
> • 절수용 샤워기를 사용해 주세요.
> • 레버를 잠그고 ㉤ <u>양치질</u>을 해 주세요.
> • 설거지 할 때는 설거지통을 사용해 주세요.

① ㉠   ② ㉡
③ ㉢   ④ ㉣
⑤ ㉤

02 다음 중 빈칸에 들어갈 접속어를 바르게 연결한 것은?

> 많은 구성원이 함께 일하는 조직에서는 사람으로 인해 상처받는 일과 부당함에 대해 고민하는 일들이 발생하기 마련이다. __㉠__ 건강한 조직문화를 만들기 위해서는 직원들 사이의 끊임없는 소통과 중재가 필요하다.
> D사는 조직 내에서 발생할 수 있는 직원 간의 갈등을 해결하기 위해 부사장 직속 부서인 인권센터를 설립하였다. __㉡__ 직원들이 어떤 어려움이든 쉽고 빠르게 도움을 청할 수 있도록 직장 내 성희롱과 괴롭힘 관련 상담 창구를 하나로 통일하였다. 최근 직원들의 인권문제에 이렇게 관심을 갖게 된 이유는 조직구성원들의 가치관과 시대정신에 따라 조직문화가 변화하고 있기 때문이다.
> 인권센터는 직장 내 괴롭힘과 성희롱, 갑질에 대한 고충 문제를 상담하고 해결한다. 대부분 직장 내에서 개인이 겪는 어려움을 다루는 민감한 사안이므로 상담 접수부터 처리까지 전 과정에서 보안을 최우선으로 한다. __㉢__ 모든 상담 접수를 온라인으로 받고, 접수된 내용은 인권센터 직원들이 검토한 뒤 신고자와 면밀하게 사안에 대해 이야기를 나눈다. 공식절차는 1차 상담 이후 문제의 심각성에 따라 진행된다.

	㉠	㉡	㉢
①	그리고	그러나	그런데
②	그리고	그러나	즉
③	그러므로	따라서	따라서
④	그러므로	또한	따라서
⑤	따라서	또한	그러나

03 다음 중 띄어쓰기가 올바른 것은?

① 토마토는 손 쉽게 가꿀 수 있는 채소이다.

② 두산이 발 빠르게 지원에 나서 주목받고 있다.

③ 겨울한파에 언마음이 따뜻하게 녹았으면 좋겠다.

④ 협동의 깃발 아래 한 데 뭉치자.

⑤ 도농간 소통하는 시간을 통해 도시와 농촌이 하나가 되길 기대한다.

04 다음 글의 빈칸에 들어갈 단어를 〈보기〉에서 골라 바르게 짝지은 것은?

낭만 발레는 19세기 초 프랑스에서 ㉮ 이/가 잡혔는데, 목가적 분위기의 무대를 배경으로 요정을 사랑한 인간, 시골 처녀의 비극적인 사랑 등의 낭만적인 줄거리가 ㉯ 된다. 낭만 발레는 어스름한 조명 아래 창백하고 가녀린 요정들이 공중을 떠다니듯이 춤추는 환상적이고 신비로운 장면으로 ㉰ 되어, 정교한 구성보다는 주인공인 여성 무용수를 돋보이게 하는 안무가 우선시되었다. 이 시기 발레의 ㉱ 은/는 여성 무용수들이었고, 남성 무용수들은 대개 여성 무용수를 들어 올렸다가 내리거나 회전의 지지대 역할을 하는 보조자에 불과했다.

> **보기**
>
> ㉠ 전개　　　㉡ 기틀　　　㉢ 조연　　　㉣ 상연
>
> ㉤ 터전　　　㉥ 주역　　　㉦ 전환　　　㉧ 연출

	㉮	㉯	㉰	㉱
①	㉡	㉠	㉧	㉥
②	㉡	㉣	㉦	㉥
③	㉡	㉣	㉧	㉢
④	㉤	㉠	㉧	㉥
⑤	㉤	㉠	㉦	㉥

01 가로의 길이가 5m, 세로의 길이가 12m인 직사각형 모양의 농구코트가 있다. 철수는 농구코트의 모서리에 서 있으며, 농구공은 농구코트 안에서 철수한테서 가장 멀리 떨어진 곳에 존재하고 있다. 철수가 최단 거리로 농구공을 가지러 간다면 얼마만큼 이동하게 되는가?

① 5m ② 6m ③ 12m
④ 13m ⑤ 15m

02 동원이는 보트를 타고 강 B지점에서 A지점까지 왕복하려고 한다. B지점에서 A지점으로 가는데 보트의 엔진이 정지해서 24분간 보트를 수리했다. 수리를 끝마친 후 마저 올라갔다가, A지점에서 24분을 쉬고, 다시 내려가는 데 총 5시간 30분이 걸렸다. 수리하는 시간을 포함하여 올라가는 데 걸린 시간은 내려가는 데 걸린 시간의 2.4배였다면, 흐르지 않는 물에서의 보트의 속력은?(단, 물은 A지점에서 B지점으로 흐르며 속력은 5km/h이다)

① 10km/h ② 15km/h ③ 20km/h
④ 25km/h ⑤ 30km/h

03 다음은 2012~2021년 범죄별 발생건수에 대한 자료이다. 이에 대한 설명으로 옳은 것은?

〈2012~2021년 범죄별 발생건수〉

(단위 : 천 건)

구분	2012년	2013년	2014년	2015년	2016년	2017년	2018년	2019년	2020년	2021년
사기	282	272	270	266	242	235	231	234	241	239
절도	366	356	371	354	345	319	322	328	348	359
폭행	139	144	148	149	150	155	161	158	155	156
방화	5	4	2	1	2	5	2	4	5	3
살인	3	11	12	13	13	15	16	12	11	14

① 2012~2021년 동안 범죄별 발생건수의 순위는 매년 동일하다.
② 2012~2021년 동안 발생한 방화의 총 발생건수는 3만 건 미만이다.
③ 2013~2021년까지 전년 대비 사기 범죄건수 증감추이는 폭행의 경우와 반대이다.
④ 2014년 전체 범죄발생건수 중 절도가 차지하는 비율은 50% 이상이다.
⑤ 2012년 대비 2021년 전체 범죄발생건수 감소율은 5% 이상이다.

04 다음은 방송통신위원회가 발표한 2021년 지상파방송의 프로그램 수출입 현황에 대한 자료이다. 프로그램 수입에서 영국이 차지하는 비율은?(단, 비율은 소수점 둘째 자리에서 반올림한다)

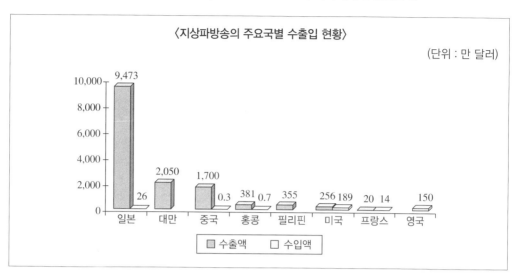

〈지상파방송의 주요국별 수출입 현황〉

(단위 : 만 달러)

① 45.2%

② 43.8%

③ 41.1%

④ 39.5%

⑤ 37.7%

05 D사는 매년 A기계와 B기계를 생산한다. 다음과 같은 규칙으로 생산할 때, 2026년 두 기계의 총생산량은?

〈A, B기계 생산대수〉

(단위 : 대)

구분	2016년	2017년	2018년	2019년	2020년	2021년
A기계	20	23	26	29	32	35
B기계	10	11	14	19	26	35

① 130대

② 140대

③ 150대

④ 160대

⑤ 170대

01 다음과 같이 쌓여진 블록의 면의 개수는?(단, 밑면은 제외한다)

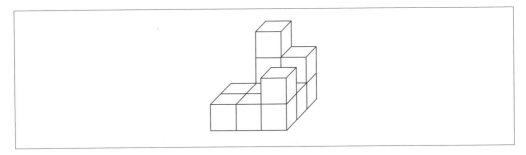

① 31개
② 32개
③ 33개
④ 34개
⑤ 35개

02 세 번째 세로줄을 뒤로 90°, 두 번째 가로줄을 시계 반대 방향으로 90°, 첫 번째 세로줄을 앞으로 90°로 순서대로 돌렸을 때, 나오는 모양을 다음과 같이 자른다면 단면은?(단, 첫 번째 세로줄은 가장 왼쪽줄로, 첫 번째 가로줄은 가장 아래줄로 가정한다)

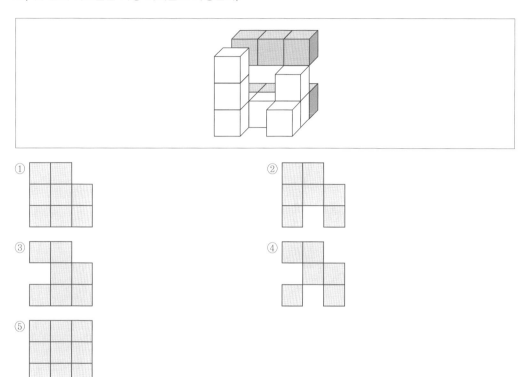

① ② ③ ④ ⑤

03 다음과 같은 모양을 만드는 데 사용된 블록의 개수는?(단, 보이지 않는 곳의 블록은 있다고 가정한다)

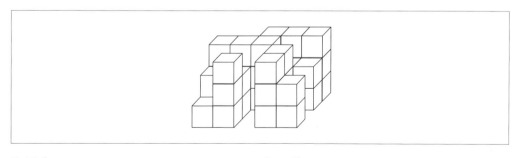

① 45개　　　　　　　　　　　② 44개
③ 43개　　　　　　　　　　　④ 42개
⑤ 41개

04 다음 두 블록을 합쳤을 때, 나올 수 있는 형태는?

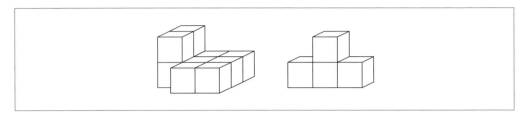

①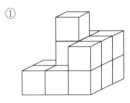

②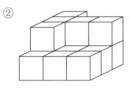

③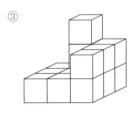

④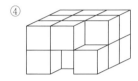

⑤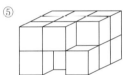

※ 다음 제시된 도형의 규칙을 보고 ?에 들어갈 알맞은 도형을 고르시오. **[1~3]**

01

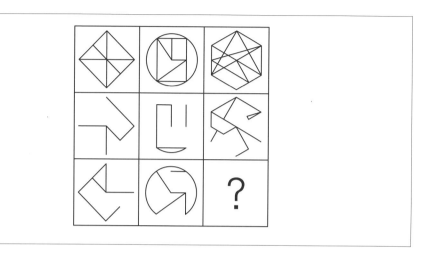

①

②

③

④

⑤

02

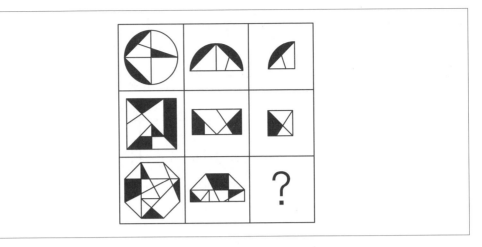

①   ②   ③

④   ⑤

03

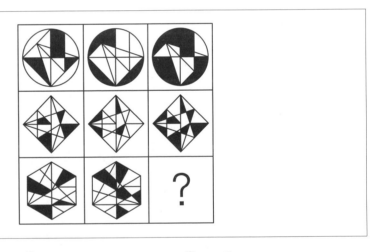

①   ②   ③

④   ⑤

04 | 2021년 기출복원문제

정답 및 해설 p.030

01 | 언어논리

01 제시된 내용이 모두 참일 때, 다음 중 최종 선정되는 푸드트럭끼리 바르게 연결된 것은?

> • 서로 다른 음식을 판매하는 6대의 푸드트럭이 행사 참여에 신청하였고, 이들 중 3대의 푸드트럭이 최종 선정될 예정이다.
> • 치킨을 판매하는 푸드트럭이 선정되면, 핫도그를 판매하는 푸드트럭은 선정되지 않는다.
> • 커피를 판매하는 푸드트럭이 선정되지 않으면, 피자를 판매하는 푸드트럭이 선정된다.
> • 솜사탕을 판매하는 푸드트럭이 선정되면, 치킨을 판매하는 푸드트럭도 선정된다.
> • 핫도그를 판매하는 푸드트럭이 최종 선정되었다.
> • 피자를 판매하는 푸드트럭과 떡볶이를 판매하는 푸드트럭 중 하나만 선정된다.
> • 솜사탕을 판매하는 푸드트럭이 선정되지 않으면, 떡볶이를 판매하는 푸드트럭이 선정된다.

① 치킨, 커피, 핫도그
② 피자, 솜사탕, 핫도그
③ 피자, 커피, 핫도그
④ 커피, 핫도그, 떡볶이
⑤ 피자, 핫도그, 떡볶이

02 A~E 5명은 아파트 101~105동 중 서로 다른 동에 각각 살고 있다. 제시된 내용이 모두 참일 때, 다음 중 반드시 참인 것은?(단, 101~105동은 일렬로 나란히 배치되어 있다)

> • A와 B는 서로 인접한 동에 산다.
> • C는 103동에 산다.
> • D는 C 바로 옆 동에 산다.

① A는 101동에 산다.
② B는 102동에 산다.
③ D는 104동에 산다.
④ A가 102동에 산다면 E는 105동에 산다.
⑤ B가 102동에 산다면 E는 101동에 산다.

03 제시된 내용을 바탕으로 내린 A, B의 결론에 대한 판단으로 항상 옳은 것은?

- 4층짜리 서랍에 물건들이 각 층마다 하나씩 들어있다.
- 앨범은 수첩보다 위에 있는 서랍에 들어있다.
- 윗옷은 바지보다 위에 있는 서랍에 들어있다.
- 바지는 앨범보다 아래에 있는 서랍에 들어있다.
- 윗옷은 가장 위에 있는 서랍에 들어있지 않다.

A : 앨범은 가장 위에 있는 서랍에 들어있다.
B : 바지는 수첩보다 아래에 있는 서랍에 들어있다.

① A만 옳다.
② B만 옳다.
③ A, B 모두 옳다.
④ A, B 모두 틀리다.
⑤ A, B 모두 옳은지 틀린지 판단할 수 없다.

04 김대리, 박과장, 최부장 중 1명은 점심으로 짬뽕을 먹었다. 다음 여러 개의 진술 중 2개의 진술만 참이고 나머지는 모두 거짓일 때, 짬뽕을 먹은 사람과 참인 진술을 바르게 연결한 것은?(단, 중국집에서만 짬뽕을 먹을 수 있고, 중국집의 음식은 짬뽕뿐이다)

- 김대리 : 박과장이 짬뽕을 먹었다. … ㉠
  나는 최부장과 중국집에 갔다. … ㉡
  나는 중국 음식을 먹지 않았다. … ㉢
- 박과장 : 김대리와 최부장은 중국집에 가지 않았다. … ㉣
  나는 점심으로 짬뽕을 먹었다. … ㉤
  김대리가 중국 음식을 먹지 않았다는 것은 거짓말이다. … ㉥
- 최부장 : 나와 김대리는 중국집에 가지 않았다. … ㉦
  김대리가 점심으로 짬뽕을 먹었다. … ㉧
  박과장의 마지막 말은 사실이다. … ㉨

① 김대리, ㉡ · ㉥
② 박과장, ㉠ · ㉤
③ 박과장, ㉤ · ㉨
④ 최부장, ㉡ · ㉦
⑤ 최부장, ㉡ · ㉢

05 다음 글의 내용으로 가장 적절한 것은?

일반적으로 종자를 발아시킨 후 약 1주일 정도 된 채소의 어린 싹을 새싹채소라고 말한다. 씨앗에서 싹을 틔우고 뿌리를 단단히 뻗은 성체가 되기까지 열악한 환경을 극복하고 성장하기 위하여 종자 안에는 각종 영양소가 많이 포함되어 있다.

이러한 종자의 에너지를 이용하여 틔운 새싹은 성숙한 채소에 비하여 영양성분이 약 3~4배 정도 더 많이 함유되어 있으며 종류에 따라서는 수십 배 이상의 차이를 보이기도 하는 것으로 보고되어 있다.

식물의 성장과정 중 씨에서 싹이 터 어린잎이 두세 개 달릴 즈음이 생명유지와 성장에 필요한 생리활성 물질을 가장 많이 만들어내는 때라고 한다. 그렇기 때문에 그 모든 영양이 새싹 안에 그대로 모일 뿐더러, 단백질과 비타민, 미네랄 등의 영양적 요소도 결집하게 된다. 고로 새싹 채소는 영양면에 있어서도 다 자란 채소나 씨앗 자체보다도 월등히 나은 데다가 신선함과 맛까지 덤으로 얻을 수 있으니 더없이 매력적인 채소라 하겠다. 따라서 성체의 채소류들이 가지는 각종 비타민, 미네랄 및 생리활성 물질들을 소량의 새싹채소 섭취로 충분히 공급받을 수 있다. 채소류에 포함되어 있는 각종 생리활성 물질이 암의 발생을 억제하고 치료에 도움을 준다는 것은 많은 연구에서 입증되고 있으며 식이요법 등으로 활용되고 있다.

예로 브로콜리에 다량 함유되어 있는 황 화합물인 설포리팬의 항암활성 및 면역활성작용은 널리 알려져 있는데, 성숙한 브로콜리보다 어린 새싹에 설포리팬의 함량이 약 40배 이상 많이 들어 있는 것으로 보고되기도 한다. 메밀 싹에는 향산화 활성이 높은 플라보노이드 화합물인 루틴이 다량 함유되어 있어 체내 유해산소의 제거를 통하여 암의 발생과 성장의 억제에 도움을 줄 수 있다. 새싹채소는 기존에 널리 이용돼온 무싹 등 이외에는 많이 알려져 있지 않았으나, 최근 이에 대한 관심이 고조되면서 다양한 새싹채소나 이를 재배할 수 있는 종자 등을 쉽게 구할 수 있게 되었다.

새싹채소는 종자를 뿌린 후 1주일 정도면 식용이 가능하므로 재배기간이 짧고 키우기가 쉬워 근래에는 가정에서도 많이 직접 재배하여 섭취하기도 한다. 새싹으로 섭취할 수 있는 채소로는 순무싹, 밀싹, 메밀싹, 브로콜리싹, 청경새싹, 보리싹, 케일싹, 녹두싹 등이 있는데 다양한 종류를 섭취하는 것이 좋다.

① 종자 상태에서는 아직 영양분을 갖고 있지 않다.
② 다 자란 식물은 새싹 상태에 비해 3~4배 많은 영양분을 갖게 된다.
③ 무싹은 새싹채소 중 하나이나 아직 많은 사람들에게 알려지지 않았다.
④ 새싹채소 역시 성체와 마찬가지로 항암 효과를 보이는 물질을 가지고 있다.
⑤ 씨에서 싹이 바로 나왔을 때 비타민과 미네랄과 같은 물질을 가장 많이 생성한다.

06 다음 글의 주제로 가장 적절한 것은?

> 허파는 들이마신 공기를 허파모세혈관 속의 정맥혈액(Venous Blood)에 전달하여 혈액을 산소화시키는 기능을 한다. 허파 주위에 있는 가슴막공간은 밀폐되어 있지만, 허파 속은 외부 대기와 자유롭게 통하고 있어서 허파의 압력이 유지된다.
>
> 가슴막공간이 가로막, 갈비사이근육 및 다른 근육들의 수축에 의해서 확장되면 허파 내압이 떨어지게 되어 허파가 확장되고, 따라서 외부공기가 안으로 빨려 들어오는 흡기작용(Inspiration)을 한다. 반대로 호흡근육들이 이완될 때는 가슴막공간이 작아지게 되고, 허파의 탄력조직이 오므라들면 공기가 밖으로 나가는 호기작용(Expiration)을 한다.
>
> 사람이 편안한 상태에서 교환되는 공기의 양인 호흡용적(Tidal Volume)은 약 500ml이며, 폐활량(Viral Lung Volume)은 심호흡 시 교환되는 양으로 3,700ml 이상이 된다. 최대호기작용 후에도 잔류용적(Residual Capacity) 약 1,200ml의 공기가 허파에 남아있다. 성인의 경우 편안한 상태에서의 정상 호흡횟수는 1분에 12~20회이며, 어린이는 1분에 20~25회이다.

① 허파의 기능　　　　　　　　　② 허파의 구조
③ 허파의 위치　　　　　　　　　④ 허파의 정의
⑤ 허파의 특징

※ 주어진 명제가 모두 참일 때, 다음 중 바르게 유추한 것을 고르시오. [7~8]

07
> • 늦잠을 자지 않으면 부지런하다.
> • 늦잠을 자면 건강하지 않다.
> • 비타민을 챙겨먹으면 건강하다.

① 비타민을 챙겨먹으면 부지런하다.
② 부지런하면 비타민을 챙겨먹는다.
③ 늦잠을 자면 비타민을 챙겨먹는다.
④ 늦잠을 자면 부지런하지 않다.
⑤ 부지런하면 건강하다.

08

> • 커피를 마시면 치즈케이크도 먹는다.
> • 마카롱을 먹으면 요거트를 먹지 않는다.
> • 요거트를 먹지 않으면 커피를 마신다.
> • 치즈케이크를 먹으면 초코케이크를 먹지 않는다.
> • 아이스크림을 먹지 않으면 초코케이크를 먹는다.

① 마카롱을 먹으면 아이스크림을 먹는다.
② 요거트를 먹지 않으면 초코케이크를 먹는다.
③ 아이스크림을 먹으면 치즈케이크를 먹는다.
④ 커피를 마시지 않으면 초코케이크를 먹는다.
⑤ 치즈케이크를 먹지 않으면 마카롱을 먹는다.

09 제시된 명제가 모두 참일 때, 다음 빈칸에 들어갈 명제로 가장 적절한 것은?

> • A세포가 있는 동물은 물체의 상을 감지할 수 없다.
> • B세포가 없는 동물은 물체의 상을 감지할 수 있다.
> • _____
> • A세포가 있는 동물은 빛의 유무를 감지할 수 있다.

① 빛의 유무를 감지할 수 있는 동물은 B세포가 있다.
② B세포가 없는 동물은 빛의 유무를 감지할 수 없다.
③ B세포가 있는 동물은 빛의 유무를 감지할 수 있다.
④ 물체의 상을 감지할 수 있는 동물은 빛의 유무를 감지할 수 있다.
⑤ 빛의 유무를 감지할 수 없는 동물은 물체의 상을 감지할 수 없다.

영국의 저명한 철학자 앨프리드 화이트헤드는 철학을 '관념들의 모험'이라고 하였다. 실로 그렇다. 그러나 어떠한 모험도 위험이 뒤따르며 철학의 모험도 예외가 아니다. 여기서는 철학의 모험을 처음으로 시도하려고 할 때에 겪을 수 있는 몇 가지 위험을 지적해 보겠다.

일반적으로 적은 지식은 위험하다고 말하곤 한다. 그러나 커다란 지식을 얻기 위해서는 적은 양에서 시작하지 않으면 안 된다. 또한 커다란 지식을 갖추었다고 하더라도 위험이 완전히 배제되는 것은 아니다. 예를 들면, 원자 에너지의 파괴적인 위력에 대해 지대한 관심을 가진 사람들이 원자의 비밀을 꿰뚫어 보려고 막대한 노력을 기울였다. 그러나 원자에 대한 지식의 획득에도 불구하고 사람들이 느끼는 위험은 줄어들지 않고 오히려 늘어났다. 이와 같이 증대하는 지식이 새로운 난점들을 발생시킨다는 사실을 알게 된 것은 최근의 일이 아니다. 서양 철학자 플라톤의 '동굴의 비유'는 지식의 획득과 그에 따른 대가 지불을 불가분의 관계로 이해하고 있음을 보여준다.

㉠ '동굴의 비유'에 의하면, 사람들은 태어나면서부터 앞만 보도록 된 곳에 앉은 쇠사슬에 묶인 죄수와 같다는 것이다. 사람들의 등 뒤로는 불이 타오르고, 그 불로 인해 모든 사물은 동굴의 벽에 그림자로 나타날 뿐이다. 혹 동굴 밖의 환한 세상으로 나온 이가 있다면, 자신이 그동안 기만과 구속의 흐리멍덩한 삶을 살아왔음을 깨닫게 될 것이다. 그리하여 그가 동굴로 돌아가 사람들을 계몽하고자 한다면, 그는 오히려 무지의 장막에 휩싸인 자들에게 불신과 박해를 받게 될 것이다. 여기에서 박해를 받는 것은 깨달음에 가해진 '선물'이라고 할 수 있다.

철학 입문자들은 실제로 지적(知的)으로 도전을 받기를 원하는 사람들이다. 그들은 정신의 모험에 참여하겠다는 서명을 한 셈이다. 또한 그들은 자신들을 위해 계획된 새로운 내용과 높은 평가 기준이 자신에게 적용되기를 바란다. 그들은 앞으로 무슨 일이 일어날지 거의 모르고 있지만, 그들 자신은 자발적으로 상당한 정도의 개인적인 위험을 기꺼이 감수하려 든다. 이러한 위험을 구체적으로 말하면, 자기를 인식하는 데 따르는 위험이며, 이전부터 갖고 있던 사고와 행위 방식을 혼란시킬지도 모르는 모험이며, 학습하는 도중에 발생할 수 있는 미묘하고도 중대한 위험이다. 한 번 문이 열리면 다시 그 문을 닫기란 매우 어렵다. 일반 사람들은 더 큰 방, 더 넓은 인생 공간에 나아가면 대부분 두려움을 느끼며 용기를 잃게 된다. 그러나 몇몇의 뛰어난 입문자들은 사활(死活)을 걸어야 하는 도전에 맞서, 위험을 감싸 안으며 흥미로운 작업을 진전시키기 위해 지성적 도구들을 예리하게 간다.

철학의 모험은 자주 거칠고 무한한 혼돈의 바다에 표류하는 작은 뗏목에 비유된다. 어떤 철학적 조난자들은 뗏목과 파도와 날씨 등의 직접적인 환경을 더욱 깊이 알게 될 것이다. 또한 어떤 조난자들은 조류의 속도나 현재의 풍향을 알게 될 것이다. 또 어떤 조난자들은 진리의 섬을 얼핏 보고 믿음이라는 항구를 향해 힘차게 배를 저어 나아갈 것이다. 또 다른 조난자들은 막막함과 절망의 중심에서 완전히 좌초해 버릴 수도 있다. 뗏목과 그 위에 탄 사람들은 '보험'에 들어 있지 않다. 거기에는 보증인이 없다. 그러나 뗏목은 늘 거기에 있으며, 이미 뗏목을 타고 있는 사람들은 더 많은 사람이 자신이 있는 곳으로 올 수 있도록 자리를 마련할 것이다.

10 다음 중 윗글의 서술상의 특징으로 가장 적절한 것은?

① 비유적인 표현으로 대상의 특성을 밝히고 있다.
② 여러 가지를 비교하면서 우월성을 논하고 있다.
③ 상반된 이론을 대비하여 독자의 관심을 유도하고 있다.
④ 용어의 개념을 제시하여 대상의 범위를 한정하고 있다.
⑤ 대상의 문제점을 파악하고 나름의 해결책을 모색하고 있다.

11 윗글의 글쓴이가 밑줄 친 ㉠을 인용한 이유를 바르게 추리한 것은?

① 커다란 지식을 갖추는 것이 중요함을 알리기 위해

② 자신의 운명은 스스로 개척해야 한다는 것을 주지시키기 위해

③ 인간의 호기심은 불행한 결과를 초래한다는 것을 알려 주기 위해

④ 인간이 지켜야 할 공동의 규범은 반드시 따라야 함을 강조하기 위해

⑤ 새로운 지식을 획득하려면 대가를 치러야 한다는 것을 주지시키기 위해

12 다음 글의 주장을 뒷받침하는 근거로 적절하지 않은 것은?

> 인공지능(AI)을 통한 얼굴 인식 프로그램은 인간의 얼굴 표정을 통해 감정을 분석한다. 인간의 표정을 인식하여 슬픔·기쁨·놀라움·분노 등을 얼마나 느끼고 있는지 정량적으로 보여주는 것이다.
>
> 많은 AI 기업들이 이와 같은 얼굴 인식 프로그램을 개발하고 있다. 미국의 한 AI 기업은 얼굴 표정을 식별하여 감정을 읽어내는 안면 인식 기술 '레코그니션(Rekognition)'을 개발하였고, 대만의 다른 AI 기업은 인간의 얼굴 표정을 인식해 그 사람의 나이와 성별, 감정을 식별하는 '페이스 미'(Face Me)를 공개하였다.
>
> 그러나 인간의 얼굴 표정으로 감정을 읽는 것은 매우 비과학적이다. 얼굴의 움직임과 내적 감정 상태의 명확한 연관성을 찾기 어렵기 때문이다. 인간의 얼굴 표정에서 감정 상태를 유추할만한 증거는 거의 없으며, 사람들은 감정을 느껴도 얼굴을 움직이지 않을 수 있다. 심지어 다른 사람에게 자신의 감정을 속이는 것도 가능하다. 게다가 얼굴 표정은 문화적 맥락과도 관련이 있기 때문에 서양인과 동양인의 기쁨·슬픔에 대한 표정은 다를 수 있다.
>
> 따라서 채용이나 법 집행 등 민감한 상황에서 감정인식 기술을 사용하는 것은 금지해야 한다. 현재 안면 및 감정 인식 기술을 광고 마케팅이나 채용 인터뷰, 범죄 수사 등에 활용하고 있는 것은 매우 위험하다. 인간의 감정은 계량화가 불가능하며, 이러한 인간의 감정을 알고리즘화하려는 것은 시도 자체가 잘못된 것이다.

① 감정은 상황, 신체 움직임, 부끄러움이나 흥분할 때 나오는 호르몬 반응 등 다양한 요소들이 작용한 결과이다.

② 얼굴 인식을 통해 감정을 파악하는 기술은 인간이 행복할 때는 웃고 화가 날 때면 얼굴을 찌푸린다는 단순한 가설에 기대고 있다.

③ 실제로 경찰에서 사용 중인 거짓말 탐지기조차도 증거 능력에 대해 인정하지 않고 참고 용도로만 사용하고 있다.

④ AI가 제공해주는 과학적이고 분석적인 데이터를 통해 더 자세히 지원자의 감정을 파악할 수 있다.

⑤ 사람들은 '눈을 감은 채 입을 크게 벌리고 있는 홍조 띤 남자 사진'을 보고 화가 난 표정이라고 이야기했으나, 남자가 축구 선수라는 사실을 알게 되자 골 세리머니로 흥분한 얼굴 표정이라고 생각을 바꾸었다.

13 다음 글의 내용으로 적절하지 않은 것은?

오늘날 우리가 알고 있는 전력산업은 과거에도 중심적인 역할을 수행했다. 과거 1차 산업혁명에서는 증기에너지 기반의 기계화가 세상을 변화시켰고, 2차 산업혁명부터는 전력에너지를 기반으로 대량생산이 가능해지면서 본격적으로 전력기술이 인류의 문명을 크게 혁신시킨 핵심 기술로 등장했다. 하지만 우리가 지난 100여 년간 익숙하게 보아 온 전력산업이 현재 크게 변화하고 있다. 정보통신기술의 융합으로 이뤄지는 4차 산업혁명의 시대를 맞이하여 전력산업도 과감한 혁신을 추구해야 할 시점이 된 것이다.

세계 전력산업의 역사를 살펴보면 규제의 시대, 경쟁의 시대, 파괴적 혁신의 시대로 구분할 수 있다. 규제의 시대는 1990년 이전까지의 시대로 정부 주도하에 통합된 전력시스템을 구축함으로써 값싸고 안정적인 전력공급을 국가의 중요 정책목표로 삼았던 시기이다. 하지만 요금구조의 경직성과 같은 규제에 따른 비효율성을 극복하기 위해 1990년대 전력산업에 시장원리를 도입함으로써 경쟁의 시대가 시작되었다. 발전부문은 시장 경쟁을 통해 가격을 결정하고 송배전은 독점을 인정하는 대신 망 이용요금을 규제하였으며, 판매부문은 원칙적으로 경쟁을 통해 요금이 결정되도록 하지만, 요금 급등을 억제하기 위해 규제기관의 승인을 받도록 하는 자유화 부문과 규제부문으로 가격 결정 방식이 이원화된 시기였다. 경쟁의 시기에 앞서 언급한 글로벌 전력사들은 적극적 M&A와 사업 확장을 통해 매출액, 영업이익, 시가총액이 빠르게 증가하는 모습을 보였다.

최근에 우리의 전력산업은 기후변화 대응을 위해 분산형 시스템이 주목받는 시대를 맞고 있다. 전 세계 탄소배출량의 약 40%를 점유하는 전력산업의 저탄소화는 친환경·신재생 전원의 확대 필요성에 그 어느 때보다 주목하고 있다. 분산전원의 발전은 전기차 충전과 가정용 ESS 사업에 참여하는 등 ICT 기술 발달과 함께 발진된 모습을 보이고 있다. 더불어 생산자이면서 소비자인 참여형 소비자를 통해 소비자가 전력산업의 주요 참여자로 변화되고 있는 전력산업은 그야말로 파괴적 혁신의 시대에 도래하는 중이다.

파괴적 혁신의 시대 특징은 상생, 융합, 연결이며 이는 최근 화두가 되는 4차 산업혁명의 방향성과 그 궤적을 함께하고 있다. 산업간 경계가 낮아지고 이질적인 산업의 융합으로 새로운 사업 태동이 자유로우며 기업 간 경쟁이 아니라 네트워크 간 경쟁, 생태계 간 경쟁이 중요한 이슈가 되는 시대에 전력산업이 서 있는 것이다. 위기와 기회가 공존하는 상황에서 글로벌 전력회사는 민첩하고 유연한 산업 모델과 사업조직으로 대응하고 있다.

파괴적 혁신의 시대는 공생의 생태계 하에서 기존 전력산업과 IoT, 빅데이터 등 4차 산업혁명 기술 간 접목을 통한 내부 효율성 제고(비용 절감)와 새로운 가치창출(신사업) 병행이 가능하다. 공급중심의 전력시스템을 소비중심의 전력시스템으로 재편하고 에너지솔루션 등 에너지신산업이 새롭게 탄생할 계기도 만들 수 있다. 그러기 위해서는 전력사가 플랫폼 제공자로 역할을 지니고 플랫폼인 망을 4차 산업혁명 시대에 부합하도록 지능화시켜야 한다. 향후 에너지 서비스 산업의 핵심 활동은 대상별(고객, 설비 등) 맞춤형 서비스를 통한 소비자 가치증진에 있으며 데이터가 중심인 에너지 플랫폼이 그 핵심이 될 것이기 때문이다. 세계경제포럼(WEF)은 향후 10년 내 전력사 수익의 45%인 약 1,560조 원 규모가 디지털화를 통한 비즈니스모델에서 발생할 것으로 전망하고 있다. 이는 전력산업이 디지털에 기반을 둔 플랫폼을 통해 데이터를 매개로 현실과 사이버공간을 아우르며 존재해야 하고, 공급자와 소비자는 지난 100여 년간 유지해 온 전통적 프레임에서 벗어나 새롭게 정의되어야 함을 의미한다.

① 최근 전력산업은 친환경·신재생 전원의 확대 필요성에 주목하고 있다.
② 세계 전력산업의 역사 중 경쟁의 시대는 시장원리의 도입이 특징이다.
③ 파괴적 혁신의 시대는 네트워크 간 경쟁이 중요한 이슈가 될 것이다.
④ 향후 에너지 서비스 산업의 핵심 활동은 생산자 가치증진에 있다.
⑤ 에너지 산업은 지금까지 인류 문명을 혁신시킨 핵심 기술이다.

01 다음 글과 관련 있는 한자성어는?

> A씨는 업무를 정리하다가 올해 초 진행한 프로젝트에 자신의 실수가 있었음을 알게 되었다. 하지만 자신의 실수를 드러내고 싶지 않았고, 그리 큰 문제라고 생각하지 않은 A씨는 이를 무시하였다. 이후 다른 프로젝트를 진행하면서 지난번 실수와 동일한 실수를 다시 저지르면서 프로젝트에 큰 피해를 입혔다.

① 유비무환(有備無患)
② 유유상종(類類相從)
③ 회자정리(會者定離)
④ 개과불린(改過不吝)
⑤ 개세지재(蓋世之才)

02 다음 밑줄 친 단어의 맞춤법이 잘못된 것은?

① 우리는 첨단산업을 개발하고 육성해야 한다.
② 기술자가 없어서 고가의 장비를 썩이고 있다.
③ 생선 장수들이 좌판을 벌이고 손님을 맞아들였다.
④ 메모지를 벽에 덕지덕지 붙여 놓아 지저분해 보인다.
⑤ 언제부터인지 모르게 그 아이가 자신과 맞먹고 있다는 걸 느꼈다.

03 다음 중 밑줄 친 단어의 뜻풀이가 적절하지 않은 것은?

① 수레를 밀다. → 일정한 방향으로 움직이도록 반대쪽에서 힘을 가하다.
② 수염을 밀다. → 머리카락이나 털 따위를 매우 짧게 깎다.
③ 산을 밀어 도로를 만든다. → 나무 따위의 거친 표면을 반반하고 매끄럽게 깎다.
④ 그를 후보로 밀다. → 특정한 지위를 차지하도록 내세우거나 지지하다.
⑤ 반죽을 밀다. → 눌러서 얇게 펴다.

04 다음 제시된 문장에서 사용되지 않는 단어는?

> • 그녀는 _____ 에 대항해 힘껏 싸웠다.
> • 그는 딸의 죽음을 _____ 으로 받아들였다.
> • 각자 맡은 바 _____ 을 다하다.
> • 그분의 _____ 은 나도 들은 바 있소.

① 임명
② 사명
③ 운명
④ 고명
⑤ 숙명

05 다음 한자성어의 뜻과 관련 있는 2음절의 한자어는?

> 千載一遇(천재일우)

① 機會
② 因緣
③ 努力
④ 時間
⑤ 條件

※ 다음 제시된 단어의 대응 관계로 볼 때, 빈칸에 들어갈 단어로 알맞은 것을 고르시오. **[6~8]**

06

통거리 : 100% = 가웃 : (   )

① 10%
② 25%
③ 33.3%
④ 50%
⑤ 75%

07

가랑비 : 옷 = (   ) : 댓돌

① 정화수
② 심층수
③ 낙숫물
④ 도랑물
⑤ 아리수

08

황공하다 : 황름하다 = (   ) : 아퀴짓다

① 두려워하다
② 거칠다
③ 마무리하다
④ 할퀴다
⑤ 치장하다

09 다음 중 '등불을 가까이 할 만하다.'는 뜻으로 가을밤에 등불을 가까이 하여 글 읽기에 좋다는 의미를 가진 한자성어는?

① 燈火可親
② 螢雪之功
③ 天高馬肥
④ 韋編三絶
⑤ 晝耕夜讀

10 다음 속담과 같은 의미의 한자성어는?

소 잃고 외양간 고친다.

① 十伐之木
② 井底之蛙
③ 見蚊拔劍
④ 鳥足之血
⑤ 亡牛補牢

01 다음은 당해 연도 주요 판매처에서 판매된 품목별 매출을 비교한 자료이다. 이에 대한 〈보기〉의 설명 중 옳지 않은 것은?

〈당해 연도 품목별 매출 현황〉

(단위 : 억 원)

구분	합계	외국산품	국산품		
			소계	대기업	중소/중견
화장품	62,733	27,447	35,286	26,283	9,003
가방류	17,356	13,224	4,132	1,801	2,331
인·홍삼류	2,899	26	2,873	2,148	725
담배	5,935	4,423	1,512	861	651
식품류	1,913	533	1,380	177	1,203
귀금속류	5,814	4,871	943	49	894
전자제품류	1,861	1,149	712	103	609
안경류	2,745	2,244	501	89	412
기타	1,077	579	498	29	469
의류	2,908	2,608	300	105	195
민예품류	264	32	232	1	231
향수	3,375	3,239	136	3	133
시계	9,359	9,258	101	0	101
주류	3,296	3,210	86	4	82
신발류	1,222	1,197	25	0	24
합계	122,757	74,040	48,717	31,654	17,063

보기

ㄱ. 각 품목 중 외국산품의 비중이 가장 높은 제품은 시계이다.
ㄴ. 대기업 비중이 가장 높은 제품은 인·홍삼류이다.
ㄷ. 전체 합계 대비 화장품 품목의 비율은 국산품 전체 합계 대비 국산 화장품의 비율보다 높다.
ㄹ. 전체 합계 대비 가방류 품목의 비율은 외국산품 전체 합계 대비 외국산 가방류의 비율보다 높다.

① ㄱ, ㄴ   ② ㄱ, ㄷ
③ ㄴ, ㄷ   ④ ㄴ, ㄹ
⑤ ㄷ, ㄹ

02 다음은 지난달 지역별 교통위반 단속 건수에 대한 자료이다. 이에 대한 설명으로 옳은 것은?

<지역별 교통위반 단속 건수>

(단위 : 건)

구분	무단횡단	신호위반	과속	불법주정차	음주운전	합계
서울	80	960	1,320	240	410	3,010
경기	70	820	1,020	210	530	2,650
대구	5	880	1,210	45	30	2,170
인천	50	870	1,380	240	280	2,820
부산	20	950	1,350	550	210	3,080
강원	5	180	550	15	70	820
대전	5	220	470	80	55	830
광주	15	310	550	180	35	1,090
울산	10	280	880	55	25	1,250
제주	10	980	550	140	120	1,800
세종	20	100	240	90	30	480
합계	290	6,550	9,520	1,845	1,795	20,000

※ 수도권 : 서울, 경기, 인천

① 울산 지역의 단속 건수가 전체 단속 건수에서 차지하는 비중은 6.4%이다.
② 광주 지역의 단속 건수가 전체 단속 건수에서 차지하는 비중은 대전 지역보다 1.3%p 더 높다.
③ 수도권 지역의 단속 건수는 전체 단속 건수의 절반 이상이다.
④ 신호위반이 가장 많이 단속된 지역이 과속도 가장 많이 단속되었다.
⑤ 경기의 모든 항목에서 교통위반 단속 건수는 서울보다 적다.

03 다음은 업소별 월평균 방역횟수에 대한 자료이다. 이에 대한 설명으로 옳지 않은 것은?

〈업소별 월평균 방역횟수〉

(단위 : 회)

구분		2020년		2021년	
		수도권	수도권 외	수도권	수도권 외
공공기관		12.5	8.4	19.25	11.34
사기업	대기업	18.2	15.4	21.8	16.2
	중소기업	8.8	4.2	13.9	11.2
	개인기업	3.4	1.8	10.1	6.5
학교		10.8	7.2	16.8	15.5
병원		62.4	58.2	88.2	70.4
학원 · 독서실		6.6	4.5	8.1	7.4
카페		8.4	6.8	10.2	9.8
식당		11.2	7.2	13.4	10.8
PC방		7.1	5.8	9.8	6.1
목욕탕 · 찜질방		5.9	1.2	6.3	4.1
노래방		2.8	1.4	4.3	4.1
유흥업소		1.8	1.1	3.8	2.7

① 2020년 대비 2021년 공공기관의 월평균 방역횟수 증가율은 수도권 지역이 수도권 외 지역보다 19%p 더 높다.

② 사기업 중 2020년에 수도권 지역과 수도권 외 지역의 월평균 방역횟수의 차이가 가장 큰 곳은 중소기업이고, 2021년에는 개인기업이다.

③ 2021년 수도권 지역의 월평균 방역횟수가 가장 많은 곳과 가장 적은 곳의 차이는 84.4회이다.

④ 수도권 지역과 수도권 외 지역의 2020년 월평균 방역횟수가 차이가 가장 큰 곳은 목욕탕 · 찜질방이다.

⑤ 2020년 수도권 외 지역의 카페와 식당의 월평균 방역횟수의 평균 횟수는 PC방의 월평균 방역횟수보다 크다.

04 다음은 2018~2020년 주요 지역별 기온을 나타낸 자료이다. 이에 대한 설명으로 옳지 않은 것은?

<2018~2020년 주요 지역별 기온>

(단위 : ℃)

구분	2018년			2019년			2020년		
	최고기온	최저기온	평균기온	최고기온	최저기온	평균기온	최고기온	최저기온	평균기온
서울	28.5	−2.8	13.8	30.1	−0.5	14.2	31.4	0.9	14.8
경기	29.2	−5.2	13.5	31.4	−1.2	13.9	31.9	−0.3	14.1
인천	28.9	−3.4	14.1	30.5	−0.9	14.2	31.5	0.5	15.2
부산	33.5	3.3	16.6	34.1	3.5	17.1	34.8	4.2	17.5
대구	31.8	2.1	16.2	33.2	2.4	16.8	35.2	2.9	17.9
광주	30.2	2.2	16.5	30.6	2.1	16.9	30.8	2.7	17.2
대전	27.9	−1.1	14.4	28.2	0.2	15.1	28.8	0.9	15.4
울산	29.3	1.2	15.5	29.5	1.4	15.9	30.4	2.1	16.1
제주	28.8	5.8	18.2	29.9	6.2	18.8	31.1	6.9	19.2

※ 수도권 : 서울, 경기, 인천

① 2018년부터 2020년까지 수도권의 최고기온은 '경기－인천－서울' 순으로 높고, 최저기온은 역순으로 높다.

② 2018~2020년에 영하기온이 있는 지역의 수는 매년 감소하고 있다.

③ 2018~2020년에 대구의 최고기온이 부산의 최고기온보다 높아진 해는 2020년이다.

④ 2019년과 2020년의 모든 지역에서 최고기온과 최저기온은 전년 대비 증가했다.

⑤ 2019년 대비 2020년 평균기온이 1℃ 이상 증가한 지역은 두 곳이다.

※ 제시된 순서도에 의해 출력되는 값을 구하시오. [5~6]

05

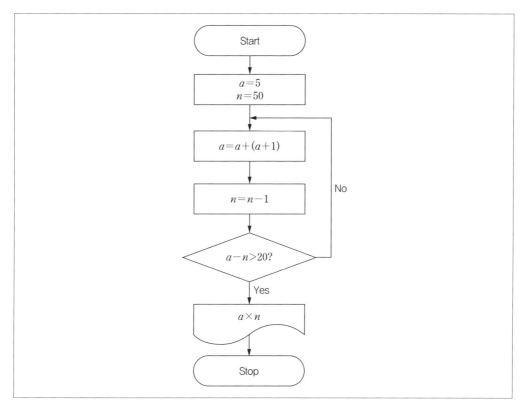

① 2,209

② 2,904

③ 3,642

④ 4,026

⑤ 4,370

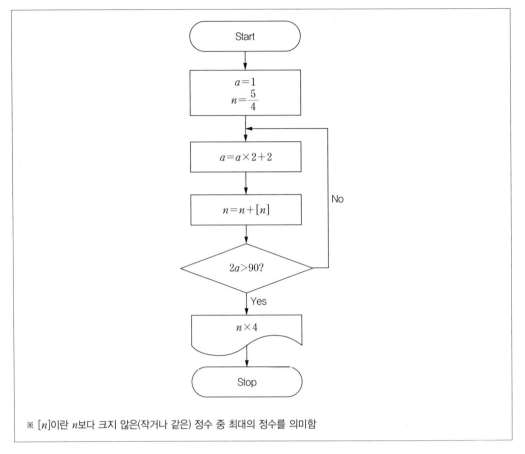

① 9

② 33

③ 65

④ 129

⑤ 237

07 다음은 학년별 온라인 수업 수강방법에 대해 조사한 자료이다. 이에 대한 〈보기〉의 설명 중 옳은 것을 모두 고르면?

〈학년별 온라인 수업 수강방법〉

(단위 : %)

구분		스마트폰	태블릿PC	노트북	PC
학년	초등학생	7.2	15.9	34.4	42.5
	중학생	5.5	19.9	36.8	37.8
	고등학생	3.1	28.5	38.2	30.2
성별	남학생	10.8	28.1	30.9	30.2
	여학생	3.8	11.7	39.1	45.4

보기

ㄱ. 초등학생에서 중학생, 고등학생으로 올라갈수록 스마트폰과 PC의 이용률은 감소하고, 태블릿PC와 노트북의 이용률은 증가한다.
ㄴ. 초 · 중 · 고등학생의 노트북과 PC의 이용률의 차이는 고등학생이 가장 작다.
ㄷ. 태블릿PC의 남학생 · 여학생 이용률의 차이는 노트북의 남학생 · 여학생 이용률의 2배이다.

① ㄱ
② ㄱ, ㄴ
③ ㄱ, ㄷ
④ ㄴ, ㄷ
⑤ ㄱ, ㄴ, ㄷ

다음은 자동차 변속기의 부문별 경쟁력 점수를 국가별로 비교한 자료이다. 이에 대해 잘못 설명한 사원을 모두 고르면?

〈자동차 변속기 경쟁력 점수의 국가별 비교〉

(단위 : 점)

구분 \ 국가	A	B	C	D	E
변속감	98	93	102	80	79
내구성	103	109	98	95	93
소음	107	96	106	97	93
경량화	106	94	105	85	95
연비	105	96	103	102	100

※ 각국의 전체 경쟁력 점수는 각 부문 경쟁력 점수의 총합으로 구함

김사원 : 전체 경쟁력 점수는 E국보다 D국이 더 높습니다.
박과장 : 경쟁력 점수가 가장 높은 부문과 가장 낮은 부문의 차이가 가장 큰 국가는 D이고, 가장 작은 국가는 C입니다.
최대리 : C국을 제외한다면 각 부문에서 경쟁력 점수가 가장 높은 국가와 가장 낮은 국가의 차이가 가장 큰 부문은 내구성이고, 가장 작은 부문은 변속감입니다.
오사원 : 내구성 부문에서 경쟁력 점수가 가장 높은 국가와 경량화 부문에서 경쟁력 점수가 가장 낮은 국가는 동일합니다.
정과장 : 전체 경쟁력 점수는 A국이 가장 높습니다.

① 김사원, 박과장, 최대리
② 김사원, 최대리, 오사원
③ 김사원, 최대리, 정과장
④ 박과장, 오사원, 정과장
⑤ 박과장, 최대리, 오사원

09 다음은 2018~2021년 소비자물가지수 지역별 동향을 나타낸 자료이다. 이에 대한 설명으로 옳지 않은 것은?

<소비자물가지수 지역별 동향>

(단위 : %)

지역명	등락률				지역명	등락률			
	2018년	2019년	2020년	2021년		2018년	2019년	2020년	2021년
전국	2.2	1.3	1.3	0.7	충북	2.0	1.2	1.2	-0.1
서울	2.5	1.4	1.6	1.3	충남	2.4	1.2	0.5	0.2
부산	2.4	1.5	1.3	0.8	전북	2.2	1.2	1.1	0.0
대구	2.4	1.6	1.4	1.0	전남	2.0	1.4	1.0	0.0
인천	2.0	1.0	0.9	0.2	경북	2.0	1.2	1.0	0.0
경기	2.2	1.2	1.2	0.7	경남	1.9	1.3	1.4	0.6
강원	2.0	1.1	0.7	0.0	제주	1.2	1.4	1.1	0.6

① 2018년부터 부산의 등락률은 하락하고 있다.
② 2020년에 등락률이 가장 높은 곳은 서울이다.
③ 2018년에 등락률이 두 번째로 낮은 곳은 경남이다.
④ 2018~2021년 동안 모든 지역의 등락률이 하락했다.
⑤ 2021년에 등락률이 가장 낮은 곳은 충북이다.

10 다음은 중국의 의료 빅데이터 예상 시장 규모에 대한 자료이다. 이의 전년 대비 성장률을 구했을 때 그 래프로 바르게 변환한 것은?

〈2015~2024년 중국 의료 빅데이터 예상 시장 규모〉

(단위 : 억 위안)

구분	2015년	2016년	2017년	2018년	2019년	2020년	2021년	2022년	2023년	2024년
규모	9.6	15.0	28.5	45.8	88.5	145.9	211.6	285.6	371.4	482.8

①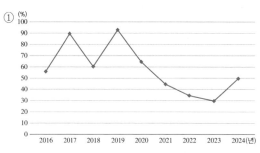

②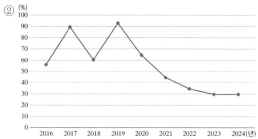

③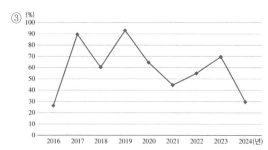

④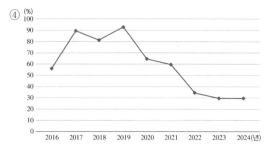

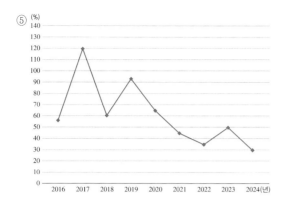

04 공간추리

01 다음은 정육면체의 정면과 윗면이다. 검은색 부분이 지나간 경로이고, 경로가 모두 이어진다고 할 때, 우측면의 경로로 옳은 것은?

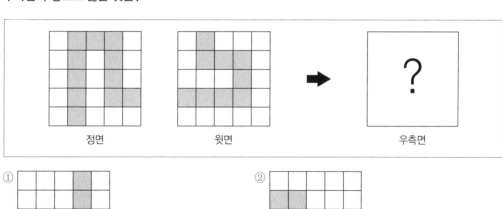

| 정면 | 윗면 | 우측면 |

①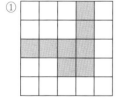

②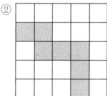

③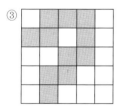

④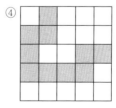

⑤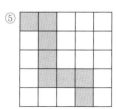

※ 다음 제시된 단면과 일치하는 입체도형을 고르시오. [2~3]

02

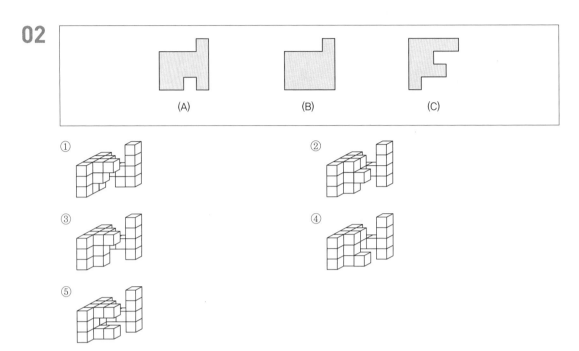

(A)   (B)   (C)

① ② ③ ④ ⑤

03

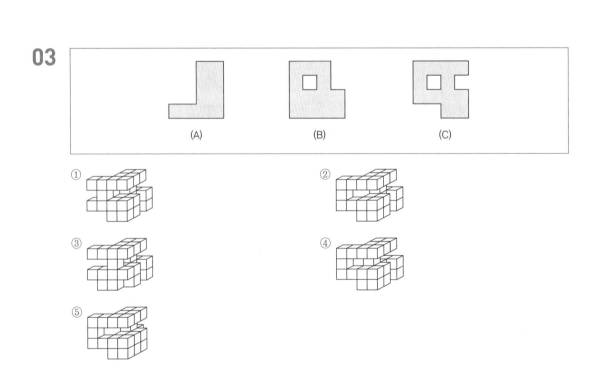

(A)   (B)   (C)

① ② ③ ④ ⑤

05 | 2020년 기출복원문제

정답 및 해설 p.039

01 언어논리

01 서울에서 열린 H자동차 모터쇼 2층 특별 전시장에는 다섯 종류의 차량이 전시되어 있다. 차종은 제네시스, 그랜저, 투싼, 소나타, 에쿠스이며 색상은 흰색, 파란색, 검은색 중 하나이다. 주어진 〈조건〉이 다음과 같을 때, 다음 중 옳지 않은 것은?

> **조건**
> • 양 끝에 있는 차량은 모두 흰색이다.
> • 소나타는 가장 오른쪽에 있다.
> • 그랜저는 제네시스 바로 오른쪽에 있으며, 에쿠스보다는 왼쪽에 있다.
> • 제네시스와 투싼의 색상은 동일하고, 그 사이에는 검은색 차량 한 대가 있다.
> • 소나타 바로 왼쪽에 있는 차량은 파란색이다.

① 흰색 차량은 총 3대이다.
② 그랜저는 왼쪽에서 두 번째에 위치한다.
③ 검은색과 파란색 차량은 각각 1대씩 있다.
④ 에쿠스와 그랜저의 색상은 주어진 조건만으로는 알 수 없다.
⑤ 그랜저와 같은 색상의 차량은 없다.

02 다음 〈조건〉으로부터 갑, 을, 병, 정 네 사람에 대한 추론으로 옳은 것은?

> **조건**
> • 네 사람의 태어난 달은 모두 다르며, 4달에 걸쳐 연달아 생일이다.
> • 네 사람은 법학, 의학, 철학, 수학 중 하나를 전공했고, 전공이 모두 다르다.
> • 수학을 전공한 사람은 철학을 전공한 사람의 바로 전달에 태어났다.
> • 의학을 전공한 사람은 법학을 전공한 사람의 바로 다음 달에 태어났지만 정보다는 이전에 태어났다.
> • 병은 생일이 가장 빠르지는 않지만 갑보다는 이전에 태어났다.
> • 병과 정은 연달아 있는 달에 태어나지 않았다.

① 갑의 전공은 의학이다.
② 병의 전공은 철학이다.
③ 정의 전공은 철학이다.
④ 을은 갑의 다음 달에 태어났다.
⑤ 수학을 전공한 사람이 가장 먼저 태어났다.

03 20대 남녀, 30대 남녀, 40대 남녀 6명이 뮤지컬 관람을 위해 공연장을 찾았다. 다음 〈조건〉을 참고할 때, 항상 옳은 것은?

> **조건**
> • 양 끝자리에는 다른 성별이 앉는다.
> • 40대 남성은 왼쪽에서 두 번째 자리에 앉는다.
> • 30대 남녀는 서로 인접하여 앉지 않는다.
> • 30대와 40대는 인접하여 앉지 않는다.
> • 30대 남성은 맨 오른쪽 끝자리에 앉는다.

〈뮤지컬 관람석〉

① 20대 남녀는 왼쪽에서 첫 번째 자리에 앉을 수 없다.
② 20대 남녀는 서로 인접하여 앉는다.
③ 40대 남녀는 서로 인접하여 앉지 않는다.
④ 20대 남성은 40대 여성과 인접하여 앉는다.
⑤ 30대 남성은 20대 여성과 인접하여 앉지 않는다.

04 다음 중 밑줄 친 ⊙∼ⓒ에 대한 사례로 적절하지 않은 것은?

> 4차 산업혁명의 주제는 무엇일까? 제조업의 입장에서 4차 산업혁명은 ICT와 제조업의 결합을 의미하며, 여기에서 발생하는 제조업의 변화 양상은 크게 제조업의 서비스화, 제조업의 디지털화, 제조업의 스마트화 등으로 정리할 수 있다.
>
> 먼저 ⊙ 제조업의 서비스화에서의 핵심은 '아이디어를 구체화하는 시스템'이다. 제조업체는 제품과 서비스를 통합적으로 제공하고, 이를 통해 제품의 부가가치와 경쟁력을 높여 수익을 증대하고자 한다.
>
> 다음으로 ⓛ 제조업의 디지털화는 '디지털 인프라 혁명'이라고도 하며, 가상과 현실, 사람과 사물이 연결되는 초연결(Hyper－Connected) 네트워크 통해 언제 어디서나 접속 가능한 환경을 조성하여 재화를 생산하는 것을 의미한다. 제조업체는 맞춤형 생산이 가능한 3D프린팅, 스마트 공장, 증강현실·가상현실 기반 콘텐츠, 클라우드 기반 정보 시스템 등을 생산과정에 활용한다.
>
> 마지막으로 ⓒ 제조업의 스마트화는 인공지능(AI), 로봇, 사물인터넷(IoT), 빅데이터, 클라우드, AR, VR, 홀로그램 등 지능 기술의 발달에 따른 '기술적 혁명'을 말한다. 이는 생산성 향상, 생산 공정 최적화 등을 달성하는 데 기여할 것으로 예상된다. 이러한 제조업의 스마트화는 생산인구 감소, 고임금, 자원 고갈(에너지, 인력, 장비, 설비 등) 등에 대비해 노동 생산성과 자원 효율성 제고를 위한 새로운 전략적 대응으로 등장하였다.

① ⊙ : 애플은 하드웨어와 소프트웨어뿐만 아니라 콘텐츠 생산자와 소비자를 연결하는 플랫폼인 애플 스토어 서비스를 구축하였다.

② ⊙ : 롤스로이스는 항공기 엔진과 관련 부품의 판매뿐만 아니라 ICT를 이용한 실시간 모니터링을 통해 엔진의 유지·보수 및 관리가 가능한 엔진 점검 서비스를 제공한다.

③ ⓛ : 포드는 'TechShop' 프로젝트를 통해 2,000여 명의 회원들이 자유롭게 자사의 3D프린터 제작 설비를 활용하여 아이디어를 시제품으로 구체화할 수 있도록 지원했다.

④ ⓛ : GE의 제조 공장에서는 제조 주기의 단축을 위한 기술을 축적하고 있으며, 하나의 공장에서 항공, 에너지, 발전 관련 등 다양한 제품군을 제조하는 설비를 갖추고자 노력하고 있다.

⑤ ⓒ : 지멘스의 제조 공장에서는 제품 개발 및 제조·기획을 관장하는 '가상생산' 시스템과 제품 수명 주기 관리를 통한 '공장생산' 시스템을 통합해 생산 효율성의 극대화를 추구한다.

대부분의 동물에게 후각은 생존에 필수적인 본능으로 진화되었다. 수컷 나비는 몇 km 떨어진 곳에 있는 암컷 나비의 냄새를 맡을 수 있고, 돼지는 15cm 깊이의 땅 속에 숨어있는 송로버섯의 냄새를 맡을 수 있다. 그중에서도 가장 예민한 후각을 가진 동물은 개나 다람쥐처럼 냄새분자가 가라앉은 땅에 코를 바짝 댄 채 기어 다니는 짐승이다. 때문에 지구상의 거의 모든 포유류의 공통점은 '후각'의 발달이라고 할 수 있다. 여기서 주목할 만한 점은 만물의 영장이라 하는 인간이 후각 기능만큼은 대부분의 포유류보다 한참 뒤떨어진 수준이라는 사실이다. 개는 2억 2,000만 개의 후각세포를 갖고 있고, 토끼는 1억 개를 갖고 있는 반면, 인간은 500만 개의 후각세포를 갖고 있을 뿐이며, 그마저도 실제로 기능하는 것은 평균 375개 정도라고 알려져 있다.

이처럼 인간의 진화과정에서 유독 후각이 퇴화한 이유는 무엇일까? 새는 지면에서 멀리 떨어진 곳에 활동영역이 있기 때문에 맡을 수 있는 냄새가 제한적이다. 자연스레 그들은 후각기관을 퇴화시키는 대신 시각기관을 발달시켰다. 인간 역시 직립보행 이후에는 냄새를 맡고 구별하는 능력보다는 시야의 확보가 생존에 더 중요해졌고, 점차 시각정보에 의존하기 시작하면서 후각은 자연스레 퇴화한 것이다.

따라서 인간의 후각정보를 관장하는 후각 중추는 이처럼 대폭 축소된 후각 기능을 반영이라도 하듯 아주 작다. 뇌 전체의 0.1% 정도에 지나지 않는 후각 중추는 감정을 관장하는 변연계의 일부이고, 언어 중추가 있는 대뇌지역과는 직접적인 연결이 없다. 그러므로 후각은 시각이나 청각을 통해 감지한 요소에 비해 언어로 분석해서 묘사하기가 어려우며, 감정이 논리적 사고와 같이 정밀하고 체계적이지 못한 것처럼, 후각도 체계적이지 않다. 인간이 후각을 언어로 표현하는 것은 시각을 언어로 표현하는 것보다 세밀하지 못하며, 동일한 냄새에 대한 인지도 현저히 떨어진다는 사실은 이미 다양한 연구를 통해 증명되었다.

그러나 후각과 뇌변연계의 연결고리는 여전히 제법 강력하다. 냄새는 감정과 욕망을 넌지시 암시하고 불러일으킨다. 또한 냄새는 일단 우리의 뇌 속에 각인되면 상당히 오랫동안 지속되고, 이와 관련된 기억들을 상기시킨다. 언어로 된 기억은 기록의 힘을 빌리지 않고는 오래 남겨두기 어렵지만, 냄새로 이루어진 기억은 작은 단서만 있으면 언제든 다시 꺼낼 수 있다. 뿐만 아니라 후각은 청각이나 시각과 달리, 차단할 수 없는 유일한 감각이기도 하다. 하루에 2만 번씩 숨을 쉴 때마다 후각은 계속해서 작동하고 있고, 지금도 우리에게 영향을 끼치고 있다.

① 인간은 진화하면서 필요에 따라 후각을 퇴화시켰다.
② 모든 동물은 정밀한 감각을 두 가지 이상 갖기 어렵다.
③ 인간은 선천적인 뇌구조로 인해 후각이 발달하지 못했다.
④ 후각은 다른 모든 감각을 지배하는 상위 기능을 담당한다.
⑤ 인간은 후각이 가져다주는 영향으로부터 조금도 벗어날 수 없다.

06 다음 글에 나타난 필자의 주장을 강화할 수 있는 논거를 〈보기〉에서 모두 고르면?

에너지 빈곤 요인은 상호복합적이기 때문에 에너지 복지정책도 이에 따라 복합적인 형태로 접근해야 한다. 단순 가격보조 형태의 에너지 복지대책을 확대하는 것은 낮은 에너지 효율성이라는 에너지 빈곤 요인을 제거하지 못하기 때문에 행정적 부담만 지속적으로 증가할 것이다. 따라서 에너지 빈곤 해소의 가장 중요한 포인트는 에너지 효율성을 높여 에너지 소비량을 줄이는 방향으로 정책을 설계하는 것이며 이를 통해 가격보조 효과가 발생할 수 있도록 유도해야 하는 것이다.

에너지 복지 프로그램은 크게 '공급형', '효율형', '전환형' 세 가지로 유형화할 수 있다. 정부가 주로 활용하고 있는 '공급형'은 긴급 구호형태를 띄는 연료비 보존 및 단전 유예 등을 들 수 있다. 그러나 공급형은 에너지 수요관리를 해야 하는 에너지 정책과 상충하고, 복지효과 역시 지속적이지 않다는 단점이 있다. 이를 발전시킨 것이 미국의 저소득층 에너지 효율화 집수리 서비스(WAP; Weatherization Assistance Program)와 같은 '효율형' 에너지 복지 대책이다. 이는 에너지 수요를 줄이면서도, 중장기적으로는 요금 절감 효과가 있어 '공급형'에 비해 훨씬 효과가 높은 것으로 평가받고 있다. 또한 저소득층을 에너지 효율화 집수리 사업에 고용하여 일자리 창출 효과도 높일 수 있다. 마지막으로 에너지원 자체를 재생가능 에너지로 전환해 주는 '전환형' 방법이 있다. 앞의 두 유형보다 복지 · 환경 효과는 더 높은 데 비해 재원이 많이 소요되고, 법 · 제도적으로도 보완해야 할 점이 많다는 점에서 시기상조로 보는 시각도 존재한다.

따라서 중단기적으로는 '효율형' 에너지 복지 대책에 집중하되, '전환형' 에너지 복지 프로그램을 병행하는 단계적 접근 전략이 필요하다. 그러나 현재 우리나라의 에너지 복지 정책들은 에너지 비용을 지원하는 단기적이고, 화석 에너지 중심의 기본적인 수준에 머물고 있다. 이에 따라 복지 효과는 지속되지 못하고, 오히려 에너지 사용량이 늘어나 에너지 절감과 같은 환경 보호 효과는 다른 정책에 역행하는 양상을 나타내고 있다. 따라서 한국의 에너지 복지 정책 역시 단계적인 에너지 효율 개선과 에너지 전환을 위한 발전으로 확장할 필요가 있다.

보기

ㄱ. 저소득층에게 에너지 지원은 필수이다.
ㄴ. 현물이나 현금을 지원하는 것은 일시적 미봉책에 불과하다.
ㄷ. 에너지 복지 사업은 고용 창출과 환경보호를 고려해야 한다.

① ㄱ
② ㄱ, ㄴ
③ ㄴ, ㄷ
④ ㄱ, ㄷ
⑤ ㄱ, ㄴ, ㄷ

01 다음 단어의 뜻으로 옳은 것은?

미쁘다

① 성품이 나쁘다.　　　　　　　　　　　② 믿음성이 있다.

③ 마음이 기쁘다.　　　　　　　　　　　④ 미안하면서 즐겁다.

⑤ 밉지만 좋다.

02 다음 중 단어의 뜻풀이가 옳지 않은 것은?

① 효시 : 효성이 지극한 자손

② 훼손 : 체면, 명예를 손상함. 또는 헐거나 깨뜨려 못쓰게 함

③ 흔쾌 : 기쁘고도 통쾌함

④ 흡사 : 거의 같음. 또는 그럴 듯하게 비슷함

⑤ 겸사 : 한 가지 일을 하면서 다른 일을 함

03 다음 중 밑줄 친 부분의 띄어쓰기가 잘못된 것은?

① 가방 안에 옷, 신발, 화장품 등을 넣었다.

② 모두 쳐다만 볼 뿐 누구 하나 나서는 사람이 없었다.

③ 소득 하위 10%가 소득 상위 10%만큼 벌려면 300배 더 많은 시간을 일해야 한다.

④ 1시간 이내에 불길이 잡힐 듯하다는 소식이 들렸다.

⑤ 영호가 단 한 번만에 시험에 합격했다는 소문이 들렸다.

04 다음 제시된 한자성어와 유사한 뜻을 가진 속담은?

부화뇌동(附和雷同)

① 서른세 해 만에 꿈 이야기 한다.　　　　② 누운 소 똥 누듯 한다.

③ 서낭에 가 절만 한다.　　　　　　　　　④ 차돌에 바람 들면 석돌보다 못하다.

⑤ 팔 고쳐주니 다리 부러졌다 한다.

05 다음 중 중복된 언어 표현이 없는 것은?

① 저 사람이 바로 소위 말하는 문제의 인물이야.
② 이번 박람회는 시장 흐름을 미리 예측할 수 있는 좋은 기회이다.
③ 올해 추수한 햅쌀로 밥을 지어 어머니께 드렸다.
④ 이 지역은 장마철에 자주 침수되어 주민들의 걱정이 끊이지 않는다.
⑤ 고난을 겪었지만 멈추지 말고 앞으로 전진해야 한다.

PART 1

06 다음 글과 관련 있는 한자성어는?

똑같은 상품이라도 대형마트와 백화점 중 어디에서 판매하느냐에 따라 구매 선호도가 차이를 보이는 것으로 조사됐다.
한 백화점에서 지하 1층에 위치한 마켓의 올 한해 상품판매 추이를 분석한 결과, 신선식품과 유기농 식품 등에 대한 구매 선호도가 동일한 상품을 판매하는 대형마트보다 높게 나타났다. 상품군별 매출구성비를 살펴보면 신선식품의 경우 대형마트는 전체 매출의 23%대를 차지하고, 백화점 내 마켓은 32%의 구성비를 보이며 구매 선호도가 가장 높게 나타났다. 특히 유기농 상품매장의 경우, 유기농 상품의 평균 구매단가가 8,550원으로 대형마트의 7,050원보다 21%나 높음에도 불구하고 백화점 내 마켓 매출이 대형마트보다 월평균 3배 이상 높은 것으로 확인됐다.
또 유기농 선호품목의 경우 백화점 내 마켓에서는 우유 등 유제품과 사과, 바나나 등 과일에 대한 구매가 활발하지만, 대형마트에서는 잡곡과 쌀 등 곡류의 선호도가 높았다. 품목별 상품매출 구성비에서 상위 10위권 이내의 상품은 백화점의 경우 와인과 LCD TV, 프리미엄 냉장고, 노트북 등 문화가전 상품이 많았으나, 대형마트는 봉지라면과 쌀, 화장지, 병 소주 등 생활필수품이 인기를 끌었다. 백화점 내 마켓에서 판매된 2,000여 가지 상품 가운데 매출구성비 1위를 차지한 상품은 레드와인(3.4%)이었으며, 대형마트는 봉지라면(1.5%)이 1위를 차지했다.
백화점 관계자는 "똑같은 대형마트 상품이라도 백화점에서 판매하면 전혀 다른 상품 선호도와 소비 형태를 낳게 된다."며 "이는 장소에 따라 고객의 구매 목적과 집중도에서 차이를 보이기 때문"이라고 말했다.

① 귤화위지(橘化爲枳)
② 좌불안석(坐不安席)
③ 불문가지(不問可知)
④ 전화위복(轉禍爲福)
⑤ 일망타진(一網打盡)

01 다음은 2020년 국내공항 항공 통계 자료이다. 이에 대한 설명으로 옳은 것은?(단, 모든 값은 소수점 둘째 자리에서 반올림한다)

<국내공항 항공 통계>

(단위 : 편, 명, 톤)

구분	운항			여객			화물		
	도착	출발	소계	도착	출발	소계	도착	출발	소계
인천	15,878	15,843	31,721	2,697,760	2,696,932	5,394,692	161,775	168,171	329,946
김포	6,004	6,015	12,019	1,034,808	1,023,256	2,058,064	12,013	11,087	23,100
김해	4,548	4,546	9,094	676,182	672,813	1,348,995	7,217	7,252	14,469
제주	7,296	7,295	14,591	1,238,100	1,255,050	2,493,150	10,631	12,614	23,245
대구	1,071	1,073	2,144	151,341	151,933	303,274	1,208	1,102	2,310
광주	566	564	1,130	82,008	80,313	162,321	529	680	1,209
합계	35,363	35,336	70,699	5,880,199	5,880,297	11,760,496	193,373	200,906	394,279

① 6개 공항 모두 출발 여객보다 도착 여객의 수가 많다.

② 제주공항 화물은 김해공항 화물의 1.5배 이상이다.

③ 인천공항 운항은 전체 공항 운항의 48%를 차지한다.

④ 김해공항과 제주공항의 운항을 합한 값은 김포공항 화물보다 작다.

⑤ 도착 운항이 두 번째로 많은 공항은 도착 화물도 두 번째로 높은 수치를 보인다.

02 다음은 2015년부터 2020년까지 소유자별 국토면적을 나타낸 자료이다. 이에 대한 설명으로 옳지 않은 것은?

〈소유자별 국토면적〉

(단위 : km²)

구분	2015년	2016년	2017년	2018년	2019년	2020년
합계	99,646	99,679	99,720	99,828	99,897	100,033
민유지	56,457	55,789	54,991	54,217	53,767	53,357
국유지	23,033	23,275	23,460	23,705	23,891	24,087
도유지	2,451	2,479	2,534	2,580	2,618	2,631
군유지	4,741	4,788	4,799	4,838	4,917	4,971
법인	5,207	5,464	5,734	5,926	6,105	6,287
비법인	7,377	7,495	7,828	8,197	8,251	8,283
기타	380	389	374	365	348	417

① 국유지 면적은 매년 증가하였고, 민유지 면적은 매년 감소하였다.

② 전년 대비 2016~2020년 군유지 면적의 증가량은 2019년에 가장 많다.

③ 2015년과 2020년을 비교했을 때, 법인보다 국유지 면적의 차이가 크다.

④ 전체 국토면적은 매년 조금씩 증가하고 있다.

⑤ 전년 대비 2020년 전체 국토면적의 증가율은 1% 미만이다.

03 다음은 A국의 곡물 재배면적 및 생산량을 정리한 자료이다. 이에 대한 설명으로 옳은 것은?

〈A국의 곡물 재배면적 및 생산량〉

(단위 : ha, 백 톤)

구분		2015년	2016년	2017년	2018년	2019년
미곡	재배면적	1,148	1,100	998	1,118	1,164
	생산량	15,276	14,145	13,057	15,553	18,585
맥류	재배면적	1,146	773	829	963	1,034
	생산량	7,347	4,407	4,407	6,339	7,795
두류	재배면적	450	283	301	317	339
	생산량	1,940	1,140	1,143	1,215	1,362
잡곡	재배면적	334	224	264	215	208
	생산량	1,136	600	750	633	772
서류	재배면적	59	88	87	101	138
	생산량	821	1,093	1,228	1,436	2,612

① 잡곡의 생산량이 가장 적은 해와 잡곡의 재배면적이 가장 적은 해는 같다.

② 2015~2019년까지 잡곡의 재배면적은 매년 서류 재배면적의 2배 이상이다.

③ 두류의 생산량이 가장 많은 해에 재배면적이 가장 큰 곡물은 맥류이다.

④ 2017~2019년 동안 미곡과 두류의 전년 대비 생산량의 증감 추이는 동일하다.

⑤ 2015~2019년 동안 매년 생산량은 두류가 잡곡보다 많다.

※ 다음과 같이 일정한 규칙으로 수를 나열할 때, 빈칸에 들어갈 수로 알맞은 것을 고르시오. [4~5]

04

10	3	7	−4	11	−15	( )

① 22 ② 24

③ 26 ④ 28

⑤ 30

05

3 −2 4 −1 2 −3 6 1 −2 −7 14 ( )

① 2 ② 9

③ 19 ④ −28

⑤ −36

06 접시에 과자가 담겨 있는데, 민우가 접시에 있는 과자의 반을 먹었다. 지우는 민우가 먹고 남은 과자의 반을 먹었고, 이어서 경태가 남아있는 과자의 $\frac{1}{4}$을 먹었다. 마지막으로 수인과 진형이가 남아있는 과자를 똑같이 나누어 먹었을 때, 진형이가 3개의 과자를 먹었다면 민우가 먹기 전 처음 접시에 있었던 과자의 개수는?

① 28개 ② 30개

③ 32개 ④ 34개

⑤ 36개

※ 다음 예시를 참고하여 이어지는 질문에 답하시오. [1~2]

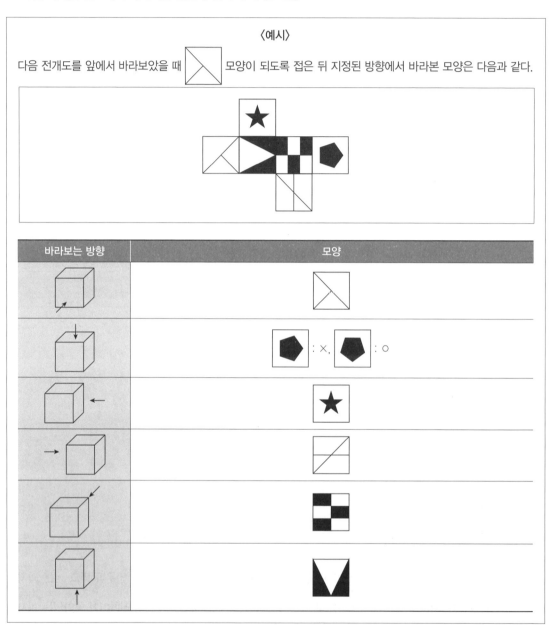

01 다음 전개도를 앞에서 바라보았을 때 ▮▮ 모양이 되도록 접고, 임의로 90° 회전을 2번 한 후 화살표 방향에서 바라본 모양으로 옳지 않은 것은?(단, 바라보는 면의 회전된 모양도 고려한다)

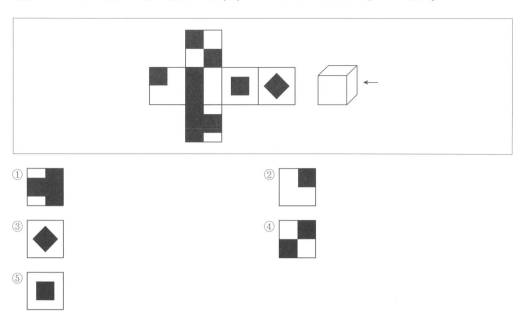

① ② ③ ④ ⑤

02 다음 전개도를 앞에서 바라보았을 때 ◸ 모양이 되도록 접고, 임의로 90° 회전을 2번 한 후 화살표 방향에서 바라본 모양으로 옳지 않은 것은?(단, 바라보는 면의 회전된 모양도 고려한다)

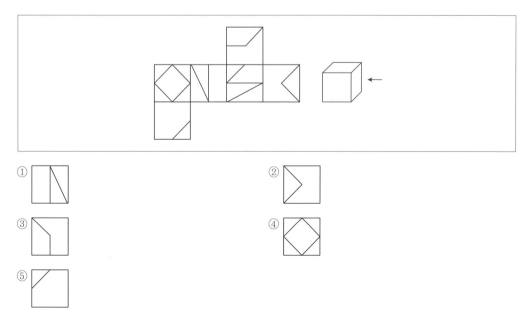

① ② ③ ④ ⑤

※ 제시된 4개의 도형 중 1개의 도형을 방향에 상관없이 90˚ 회전하고 순서 상관없이 모두 결합하여 2×4×4 도형을 만들었다. 다음 중 나올 수 없는 도형을 고르시오(단, 보이지 않는 곳에 색칠된 블록은 없다).
   [3~4]

03

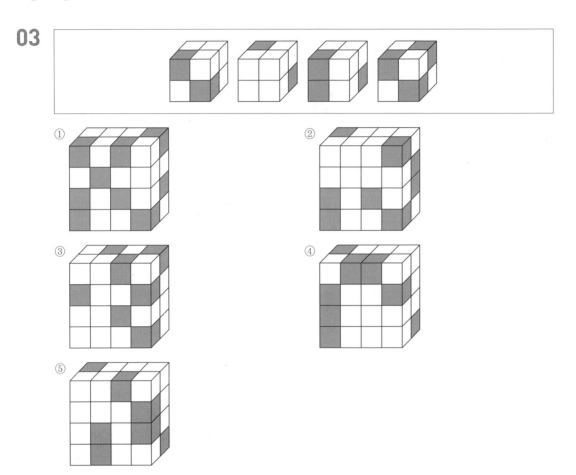

04

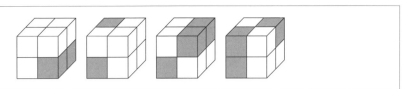

①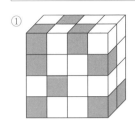

②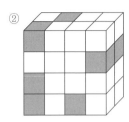

③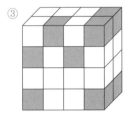

④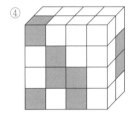

⑤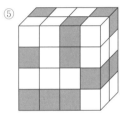

06 | 2019년 기출복원문제

정답 및 해설 p.047

01 언어논리

01 국내 유명 감독의 영화가 이번에 개최되는 국제 영화 시상식에서 작품상, 감독상, 각본상, 편집상의 총 4개 후보에 올랐다. 4명의 심사위원이 해당 작품의 수상 가능성에 대해 다음과 같이 진술하였는데, 이들 중 3명의 진술은 모두 참이고 나머지 1명의 진술은 거짓이다. 다음 중 해당 작품이 수상할 수 있는 상의 최대 개수는?

> • A심사위원 : 편집상을 받지 못한다면 감독상도 받지 못하며, 대신 각본상을 받을 것이다.
> • B심사위원 : 작품상을 받는다면 감독상도 받을 것이다.
> • C심사위원 : 감독상을 받지 못한다면 편집상도 받지 못한다.
> • D심사위원 : 편집상과 각본상은 받지 못한다.

① 0개   ② 1개
③ 2개   ④ 3개
⑤ 4개

02 출근 후 매일 영양제를 챙겨 먹는 슬기는 요일에 따라 서로 다른 영양제를 섭취한다. 다음 〈조건〉에 따라 슬기는 평일 오전에 비타민B, 비타민C, 비타민D, 비타민E, 밀크시슬 중 하나를 섭취한다고 할 때, 항상 옳은 것은?

> **조건**
> • 밀크시슬은 월요일과 목요일 중에 섭취한다.
> • 비타민D는 비타민C를 먹은 날로부터 이틀 뒤에 섭취한다.
> • 비타민B는 비타민C와 비타민E보다 먼저 섭취한다.

① 월요일에는 비타민B를 섭취한다.
② 화요일에는 비타민E를 섭취한다.
③ 수요일에는 비타민C를 섭취한다.
④ 비타민E는 비타민C보다 먼저 섭취한다.
⑤ 비타민D는 밀크시슬보다 먼저 섭취한다.

03 D사의 테니스 동아리는 봄을 맞아 소풍을 가려고 한다. A사원, B사원, C주임, D주임, E대리 5명은 서로 다른 색의 접시에 각기 다른 한 가지의 과일을 준비하였다. 다음 〈조건〉에 따라 판단할 때, B사원이 준비한 접시의 색깔과 C주임이 준비한 과일은?

> **조건**
> • 회원들이 준비한 과일들은 A사원, B사원, C주임, D주임, E대리 순서로 일렬로 놓여있다.
> • 접시의 색은 빨간색, 노란색, 초록색, 검정색, 회색이다.
> • 과일은 참외, 수박, 사과, 배, 바나나가 있다.
> • 수박과 참외는 이웃하지 않는다.
> • 노란색 접시에 배가 담겨있고, 회색 접시에 참외가 담겨있다.
> • 사원은 바나나를 준비하였다.
> • 양쪽 끝 접시는 빨간색과 초록색이며, 이 두 접시에 담긴 과일의 이름은 두 글자이다.
> • 바나나와 사과는 이웃한다.

	B사원이 준비한 접시의 색깔	C주임이 준비한 과일
①	검정색	사과
②	빨간색	사과
③	검정색	참외
④	초록색	참외
⑤	회색	수박

04 다음 글의 빈칸에 들어갈 내용으로 가장 적절한 것은?

> 발전은 항상 변화를 내포하고 있다. 그러나 모든 형태의 변화가 전부 발전에 해당하는 것은 아니다. 이를 테면 교통신호등이 빨강에서 파랑으로, 파랑에서 빨강으로 바뀌는 변화를 발전으로 생각할 수는 없다. 즉, ＿＿＿＿＿＿＿＿＿＿＿＿＿＿＿＿＿＿＿ 좀 더 구체적으로 말해, 사태의 진전 과정에서 나중에 나타나는 것은 적어도 그 이전 단계에 내재적으로나마 존재했던 것의 전개에 해당한다는 것이다. 이렇게 볼 때, 발전은 선적(線的)인 특성이 있다. 순전한 반복의 과정으로 보이는 것을 발전이라고 규정하지 않는 이유는 그 때문이다. 반복 과정에서는 최후에 명백히 나타나는 것이 처음에 존재했던 것과 거의 다르지 않다. 그러나 또 한편으로 우리는 비록 반복의 경우라도 때때로 그 과정 중의 특정 단계를 따로 떼어서 그것을 발견이라고 생각하기도 한다. 즉, 전체 과정에서 어떤 종류의 질이 그 시기에 특정의 수준까지 진전한 경우를 말한다.

① 변화는 특정한 방향으로 발전하는 것을 의미한다.
② 발전은 불특정 방향으로 일어나는 변모라는 의미이다.
③ 발전은 어떤 특정한 반복으로 일어나는 변화라는 의미로 사용된다.
④ 변화는 어떤 특정한 방향으로 일어나는 발전이라는 의미로 사용된다.
⑤ 발전은 어떤 특정한 방향으로 일어나는 변화라는 의미를 내포하고 있다.

05 다음 글의 밑줄 친 ㉠~㉢에 대한 설명으로 적절하지 않은 것은?

국내 연구팀이 반도체 집적회로에 일종의 ㉠ '<u>고속도로</u>'를 깔아 신호의 전송 속도를 높이는 신개념 반도체 소재 기술을 개발했다. 탄소 원자를 얇은 막 형태로 합성한 2차원 신소재인 그래핀을 반도체 회로에 깔아 기존 금속 선로보다 많은 양의 전자를 빠르게 운송하는 것이다.

최근 반도체 내에 많은 소자가 집적되면서 소자 사이의 신호를 전송하는 ㉡ '<u>도로</u>'인 금속 재질의 선로에 저항이 기하급수적으로 증가하는 문제가 발생했다. 이러한 집적화의 한계를 극복하기 위해 연구팀은 금속 재질 대신 그래핀을 신호 전송용 길로 활용했다.

그래핀은 탄소 원자가 육각형으로 결합한, 두께 0.3나노미터의 얇은 2차원 물질로 전선에 널리 쓰이는 구리보다 전기 전달 능력이 뛰어나며 전자 이동속도도 100배 이상 빨라 이상적인 반도체용 물질로 꼽힌다. 그러나 너무 얇다 보니 전류나 신호를 전달하는 데 방해가 되는 저항이 높고, 전하 농도가 낮아 효율이 떨어진다는 단점이 있었다.

연구팀은 이런 단점을 해결하고자 그래핀에 불순물을 얇게 덮는 방법을 생각했다. 그래핀 표면에 비정질 탄소를 흡착시켜 일종의 ㉢ '<u>코팅</u>'처럼 둘러싼 것이다. 연구 결과 이 과정에서 신호 전달을 방해하던 저항은 기존 그래핀 선로보다 60% 감소했고, 신호 손실은 약 절반 정도로 줄어들었으며 전달할 수 있는 전하의 농도는 20배 이상 증가했다. 이를 통해 연구팀은 금속 선로의 수백분의 1 크기로 작으면서도 효율성은 그대로인 고효율, 고속 신호 전송 선로를 완성하였다.

① 연구팀은 ㉡을 ㉠으로 바꾸었다.
② 반도체 내에 많은 소자가 집적될수록 ㉡에 저항이 증가한다.
③ ㉠은 구리보다 전기 전달 능력과 전자 이동속도가 뛰어나다.
④ 연구팀은 전자의 이동속도를 높이기 위해 ㉠에 ㉢을 하였다.
⑤ ㉠은 그래핀, ㉡은 금속 재질, ㉢은 비정질 탄소를 의미한다.

06 다음 글에서 필자가 주장하는 내용으로 가장 적절한 것은?

> 현대 사회는 대중 매체의 영향을 많이 받는 사회이며, 그중에서도 텔레비전의 영향은 거의 절대적입니다. 언어 또한 텔레비전의 영향을 많이 받습니다. 그런데 텔레비전의 언어는 우리의 언어 습관을 부정적인 방향으로 흐르게 하고 있습니다.
>
> 텔레비전은 시청자들의 깊이 있는 사고보다는 감각적 자극에 호소하는 전달 방식을 사용하고 있습니다. 또 현대 자본주의 사회에서의 텔레비전 방송은 상업주의에 편승하여 대중을 붙잡기 위한 방편으로 쾌락과 흥미 위주의 언어를 무분별하게 사용합니다. 결국 텔레비전은 대중의 이성적 사고 과정을 마비시켜 오염된 언어 습관을 무비판적으로 수용하게 합니다. 그렇기 때문에 언어 사용을 통해 발전시킬 수 있는 상상적 사고를 기대하기 어렵게 하며, 창조적인 언어 습관보다는 단편적인 언어 습관을 갖게 만듭니다.
>
> 따라서 좋은 말 습관의 형성을 위해서는 또 다른 문화 매체가 필요합니다. 이러한 문제의 대안으로 문학 작품의 독서를 제시하려고 합니다. 문학은 작가적 현실을 언어를 매개로 형상화한 예술입니다. 작가적 현실을 작품으로 형상화하기 위해서는 작가의 복잡한 사고 과정을 거치듯이, 작품을 바르게 이해 · 해석 · 평가하기 위해서는 독자의 상상적 사고를 거치게 됩니다. 또한 문학은 아름다움을 지향하는 언어 예술로서 정제된 언어를 사용하므로 문학 작품의 감상을 통해 습득된 언어 습관은 아름답고 건전하리라 믿습니다.

① 바른 언어 습관의 형성과 건전하고 창의적인 사고를 위해 텔레비전을 멀리 해야 한다.

② 사고 능력을 기르고 건전한 언어 습관을 길들이기 위해서 문학 작품의 독서가 필요하다.

③ 쾌락과 흥미 위주의 언어 습관을 지양하고 사고 능력을 기를 수 있는 언어 습관을 길러야 한다.

④ 대중 매체가 개인의 언어 습관과 사고 과정에 미치는 영향이 절대적이므로 대중 매체에서 문학작품을 다뤄야 한다.

⑤ 언어는 자신의 사상을 표현하는 매체일 뿐만 아니라 그것을 사용하는 사람의 인격을 가늠하는 척도이므로 바른 언어 습관이 중요하다.

01 다음 중 밑줄 친 어휘의 표기가 옳지 않은 것은?

① 저 아줌마는 <u>가납사니</u>처럼 참견한다.
② 지난날의 따스한 추억은 생각만 해도 <u>느껍다</u>.
③ 할아버지는 <u>무람없이</u> 구는 손자에게 호통을 쳤다.
④ 사건에 대한 논란이 <u>가열차게</u> 오가고 있다.
⑤ 아침 <u>댓바람</u>부터 무슨 일이야?

02 다음 중 밑줄 친 부분의 띄어쓰기가 잘못된 것은?

① 닐이 흐리니 비가 올 <u>듯하다</u>.
② 발표일이 다가오니 심장이 <u>터질듯하다</u>.
③ 떠난 그가 돌아올 <u>듯하다</u>.
④ 일이 그럭저럭 되어 <u>가는듯하다</u>.
⑤ 네 말을 들어보니 그럴 <u>듯도</u> 하다.

03 다음 중 제시된 문장에서 사용되지 않는 단어는?

- 많은 사람이 이번 결정에 대해 공정성과 객관성이 _____됐다고 비판하였다.
- 드디어 기업이 _____을/를 충당하고 이익을 내기 시작했다.
- 겨울철에는 야외 활동이 적어 비타민 D의 _____이/가 오기 쉽다.
- 유명 컴퓨터 회사는 일부 제품에서 배터리 _____이/가 발견되자 리콜을 시행하였다.

① 결핍   ② 결함
③ 결여   ④ 결렬
⑤ 결손

04 다음 글과 관련 있는 한자성어로 적절한 것은?

> 패스트푸드 M사 사장은 국내 최고령 직원인 A씨를 축하하기 위해 서울의 한 매장을 찾았다. 일제 강점기에 태어난 A씨는 6·25전쟁에 참전하여 제대 후 은행원으로 일했고, 55세에 정년으로 퇴임한 뒤 M사의 한 매장에서 제2의 인생을 살고 있다. 그는 매주 일~수요일 오전 9시부터 오후 1시 30분까지 근무하며, 매장 청소와 뒷정리 등을 돕는 일을 하고 있다. 고령의 나이에도 불구하고 16년간 지각 및 무단결근을 한 적이 없으며, 변하지 않는 성실함으로 다른 직원들의 귀감이 되고 있다.

① 거재두량(車載斗量)
② 득롱망촉(得隴望蜀)
③ 교주고슬(膠柱鼓瑟)
④ 격화소양(隔靴搔癢)
⑤ 시종여일(始終如一)

05 다음 글의 밑줄 친 부분에서 맞춤법이 옳지 않은 것은?

> 어젯밤 꿈에서 돌아가신 할머니를 만났다. 할머니는 숨겨둔 비밀을 밝힐 때가 됐다며, 꿈에서 깨면 본인이 사용했던 화장대의 첫 번째 서랍을 열어보라고 하셨다. 나는 할머니의 비밀이 도대체 무엇인지 여러 차례 물었지만 돌아오는 것은 할머니의 미소뿐이었다. 꿈에서 깨어나 보니 할머니는 더 이상 보이질 않았고, 방 안은 고요한 적막만 흘렀다. 나는 왠지 모르게 그동안 나를 덥쳤던 온갖 불행들이 사라진 것 같은 기분이 들었다.

① 숨겨둔
② 첫 번째
③ 미소뿐이었다
④ 깨어나 보니
⑤ 덥쳤던

06 다음 글에서 밑줄 친 ㉠~㉤의 수정 방안으로 적절하지 않은 것은?

나전 기법은 중국에서 시작되었고 당대(唐代)에 성행하여 한국과 일본에 전해진 것으로 보인다. 중국 당대에는 주로 백색의 야광패로 두껍게 만든 자개만을 사용하였다. 이것의 영향을 받아서 한국에서도 전래 초기에는 백색의 야광패를 ㉠ 사용하였고, 후대에는 청록빛을 ㉡ 띈 오묘한 색상의 전복껍데기를 얇게 만들어 ㉢ 부치는 방법이 발달하게 되었다. 이외에도 한국에서는 이전에 볼 수 없었던 끊음질 기법, 할패법 등의 다양한 표현 기법이 개발되어 나전 기법이 화려한 꽃을 피웠고 도리어 중국에 영향을 끼칠 정도로 성행하였다.

오늘날 중국과 일본의 나전은 쇠퇴하여 그 명맥이 끊겼지만, ㉣ 한국에서도 여전히 자개를 상감하는 나전 칠기가 계속 이어져 오고 있으며, 그 섬세한 무늬와 신비스러운 빛으로 인해 ㉤ 오랜 세월 동안 우리 고유의 공예품으로 사랑받고 있다.

① ㉠ : 문맥의 흐름을 고려하여 '사용하였으나'로 고친다.

② ㉡ : 맞춤법에 어긋나므로 '띤'으로 고친다.

③ ㉢ : 문맥에 어울리지 않으므로 '붙이는'으로 고친다.

④ ㉣ : 조사의 쓰임이 적절하지 않으므로 '한국에서는'으로 고친다.

⑤ ㉤ : 띄어쓰기가 올바르지 않으므로 '오랜세월'로 고친다.

01 다음은 최근 15주 동안 활동한 가수 A, B그룹의 곡에 대한 스트리밍 지수이다. 이에 대한 설명으로 옳은 것은?

<그림 그룹별 곡 스트리밍 지수>

구분	A그룹			B그룹		
	몬스터	로또	라이프	파이어	블러드	스프링
1주	80,426	75,106	73,917	62,653	84,355	95,976
2주	89,961	78,263	76,840	66,541	86,437	94,755
3주	70,234	70,880	74,259	64,400	88,850	86,489
4주	64,094	72,009	79,969	66,146	89,855	88,385
5주	73,517	65,789	78,334	64,255	79,119	82,952
6주	62,447	69,467	74,077	62,165	78,191	75,362
7주	65,236	69,750	73,954	63,828	78,715	79,666
8주	65,719	67,919	72,926	41,320	69,823	78,749
9주	66,355	69,447	67,790	34,610	66,360	77,281
10주	65,353	64,035	68,103	39,569	59,052	75,454
11주	64,743	61,917	68,834	36,224	58,656	72,083
12주	61,815	60,534	45,226	29,816	55,893	70,002
13주	67,362	55,092	40,213	25,757	57,571	65,022
14주	59,142	56,906	39,157	26,983	56,663	58,972
15주	59,222	47,991	30,218	26,512	54,253	67,518

① A, B그룹의 곡 중에서 1주부터 3주까지 스트리밍 지수 합이 가장 큰 3곡을 순서대로 나열하면 '스프링 – 몬스터 – 블러드'이다.

② 라이프의 10주 스트리밍 지수는 블러드의 14주 스트리밍 지수의 1.2배 미만이다.

③ 8주 대비 9주의 스트리밍 지수 증가율이 가장 높은 곡은 A그룹의 몬스터이다.

④ 15주 동안 A그룹의 몬스터 스트리밍 지수가 B그룹의 블러드 스트리밍 지수보다 높았던 주는 6번 이상이다.

⑤ A, B그룹 모든 곡의 스트리밍 지수를 주별로 합했을 때, 6주의 스트리밍 지수 총합과 15주의 스트리밍 지수 총합의 차는 123,995이다.

02 다음은 10대 무역수지 흑자국에 대한 자료이다. 이에 대한 설명으로 옳지 않은 것은?

〈10대 무역수지 흑자국〉

(단위 : 백만 달러)

구분	2016년		2017년		2018년	
	국가명	금액	국가명	금액	국가명	금액
1	중국	32,457	중국	45,264	중국	47,779
2	홍콩	18,174	홍콩	23,348	홍콩	28,659
3	마샬군도	9,632	미국	9,413	싱가포르	11,890
4	미국	8,610	싱가포르	7,395	미국	11,635
5	멕시코	6,161	멕시코	7,325	베트남	8,466
6	싱가포르	5,745	베트남	6,321	멕시코	7,413
7	라이베리아	4,884	인도	5,760	라이베리아	7,344
8	베트남	4,780	라이베리아	5,401	마샬군도	6,991
9	폴란드	3,913	마샬군도	4,686	브라질	5,484
10	인도	3,872	슬로바키아	4,325	인도	4,793

① 2016년부터 2018년까지 10대 무역수지 흑자국에 2번 이상 포함된 국가의 수는 9개국이다.

② 2018년 1위 흑자국의 액수는 10위 흑자국 액수의 10배 이상이다.

③ 싱가포르의 2016년 대비 2018년의 흑자액은 2배 이상이다.

④ 싱가포르를 제외하고 2016년 대비 2018년의 흑자 증가율이 가장 높은 나라는 베트남이다.

⑤ 2016년부터 2018년까지 매년 순위가 상승하는 나라는 2개국이다.

03 다음은 2017~2019년 분야별 공공분야 국가연구개발 사업비 집행 추이에 대한 자료이다. 〈조건〉에 따라 B와 D에 해당하는 분야를 바르게 나열한 것은?

〈2017~2019년 분야별 공공분야 국가연구개발 사업비 집행 추이〉

(단위 : 억 원, %)

구분	2017년		2018년		2019년	
	금액	비중	금액	비중	금액	비중
합계	123,420	100.0	123,623	100.0	127,763	100.0
건강	15,152	12.3	15,298	12.4	15,957	12.5
A	25,356	20.5	26,460	21.4	28,861	22.6
사회구조 및 관계	968	0.8	1,025	0.8	1,124	0.9
B	15,311	12.4	13,332	10.8	11,911	9.3
우주개발 및 탐사	5,041	4.1	5,373	4.3	5,069	4.0
C	3,256	2.6	3,388	2.7	3,043	2.4
교통/정보통신/기타 기반시설	1,563	1.3	1,649	1.3	3,614	2.8
환경	4,914	4.0	5,192	4.2	5,579	4.4
D	1,245	1.0	1,341	1.1	1,711	1.3
문화/여가증진/종교	861	0.7	902	0.7	903	0.7
교육 및 인력양성	9,986	8.1	10,452	8.5	11,287	8.8
지식의 진보(비목적 연구)	15,443	12.5	15,212	12.3	15,567	12.2
기타 공공목적	24,324	19.7	23,999	19.4	23,137	18.1

조건

- 2017~2019년까지 사회질서 및 안전 분야의 국가연구개발 사업비는 매년 증가하였다.
- 2018~2019년 동안 매년 국방 분야의 국가연구개발 사업비는 우주개발 및 탐사 분야의 국가연구개발 사업비와 환경 분야의 국가연구개발 사업비의 합의 2배보다 크다.
- 2017년과 2019년에 지구개발 및 탐사 분야와 우주개발 및 탐사 분야의 국가연구개발 사업비의 합은 에너지 분야의 국가연구개발 사업비보다 작다.
- 2019년 국가연구개발 사업비가 전년 대비 감소한 분야는 에너지, 우주개발 및 탐사, 지구개발 및 탐사, 기타 공공목적이다.
- A~D는 에너지, 사회질서 및 안전, 국방, 지구개발 및 탐사 분야 중 하나이다.

	B	D
①	국방	에너지
②	에너지	지구개발 및 탐사
③	에너지	사회질서 및 안전
④	사회질서 및 안전	국방
⑤	사회질서 및 안전	에너지

04 영희는 3시에 학교 수업이 끝난 후 할머니를 모시고 병원에 간다. 학교에서 집으로 갈 때는 4km/h의 속력으로 이동하고 집에서 10분 동안 할머니를 기다린 후, 할머니와 병원까지 3km/h의 속력으로 이동한다고 한다. 학교와 집, 집과 병원 사이의 거리 비가 2:1일 때, 병원에 도착한 시각은 4시 50분이다. 병원에서 집까지의 거리는?

① 1km

② 2km

③ 3km

④ 4km

⑤ 5km

05 A씨는 지인의 추천으로 D기업 주식에 100만 원을 투자하였다. 주식가격이 첫째 날에는 10% 상승하고, 둘째 날에는 20% 상승하였다. 그러나 셋째 날에는 10% 하락하고 넷째 날에는 20%나 하락하였다. A씨는 큰 손실을 염려하여 주식을 모두 매도하였다. 다음 중 A씨의 주식투자 결과에 대한 설명으로 옳은 것은?(단, 주식거래수수료 등 기타비용은 고려하지 않는다)

① A씨가 둘째 날에 주식을 매도하였으면 원금 대비 30%의 수익률을 달성하였을 것이다.

② 셋째 날까지 주식은 원금 대비 16%의 수익률을 유지하고 있었다.

③ 수익도 손실도 없이 원금 1백만 원을 회수하였다.

④ A씨는 최종적으로 49,600원만큼 손실을 입었다.

⑤ A씨는 다행히 56,000원만큼 이익을 보았다.

04 공간추리

※ 다음과 같은 규칙을 적용하였을 때, 전개도로 옳은 것을 고르시오. [1~2]

〈규칙〉

블록 색
- 흰색 블록＋흰색 블록＝흰색 블록
- 검은색 블록＋검은색 블록＝흰색 블록
- 흰색 블록＋검은색 블록＝검은색 블록

※ 단, 보이지 않는 블록의 색은 흰색이다.

규칙	의미	예시
	큐브의 위쪽 블록에 블록 색 입히기	
	큐브의 오른쪽 블록에 블록 색 입히기	
	큐브의 앞쪽 블록에 블록 색 입히기	

01

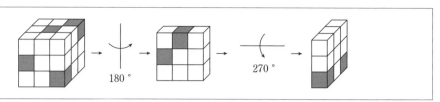

①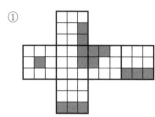

②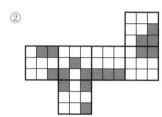

③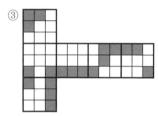

④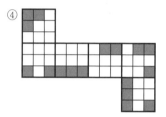

⑤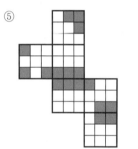

02

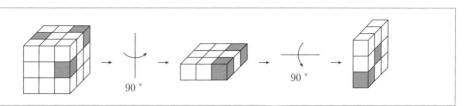

①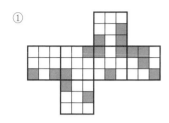

②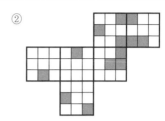

③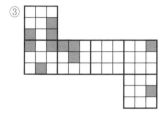

④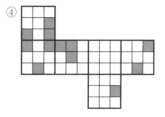

⑤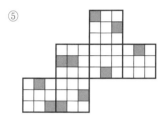

※ 3×3×3 큐브를 다음과 같이 정의할 때, 이어지는 질문에 답하시오. [3~4]

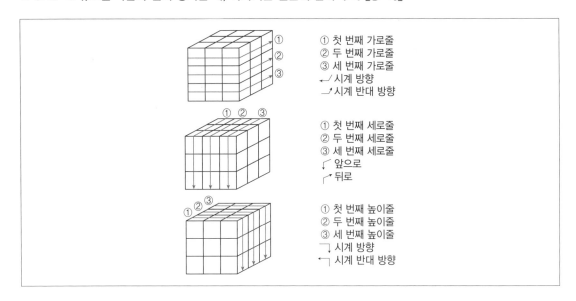

03 첫 번째 세로줄을 뒤로 90˚, 두 번째 가로줄을 시계 방향으로 180˚, 세 번째 높이줄을 시계 방향으로 90˚ 돌렸을 때, 나오는 모양을 다음과 같이 잘랐을 때의 단면은?

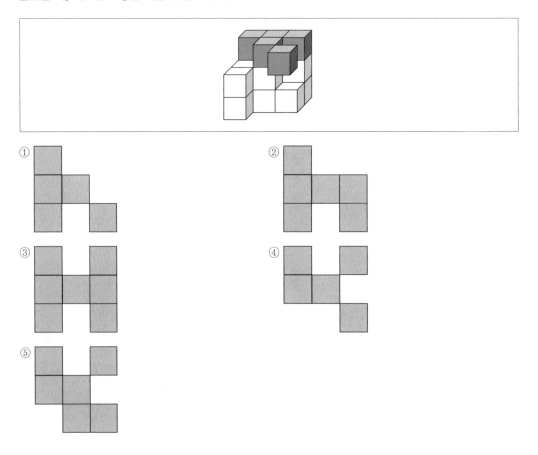

04 세 번째 높이줄을 시계 반대 방향으로 90°, 세 번째 가로줄을 시계 방향으로 90°, 두 번째 세로줄을 앞으로 180° 돌렸을 때, 나오는 모양을 다음과 같이 잘랐을 때의 단면은?

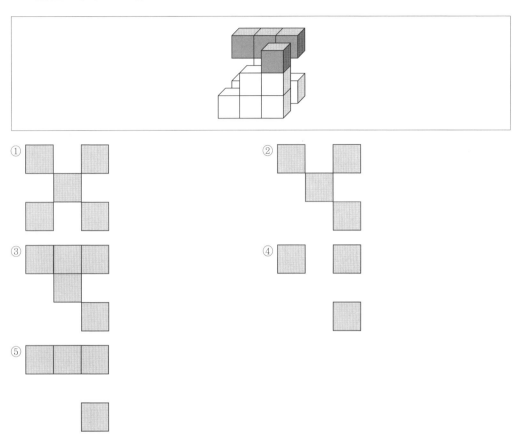

① ② ③ ④ ⑤

PART 1

불가능한 일을 해보는 것은 신나는 일이다.

– 월트 디즈니 –

PART 2

대표기출유형

CHAPTER 01
언어논리

DCAT의 언어논리 영역은 크게 언어추리와 독해 유형으로 나눌 수 있다. 언어추리에서는 명제추리와 연결하기 · 나열하기 · 묶기, 진실게임 등의 문제가 출제되며, 독해에서는 일치 · 불일치, 주제/제목 찾기 등의 문제가 출제된다. 총 20문항을 20분 동안 풀어야 하며, 이를 통해 추론능력과 논리적 사고력, 독해능력을 평가한다.

01   언어추리

언어추리는 주어진 3~4개의 명제나 조건에서 끌어낸 결론이 옳은지, 그른지의 여부를 판단하는 유형으로 논리력과 독해력이 요구되는 유형이다. 단문을 통해 제시된 상황을 명확하게 이해하고 이를 통해 가정, 추론하는 능력 등을 평가한다.

> **학습 포인트**
>
> - 세 개 이상의 비교대상이 등장하며, '~보다'와 '가장' 등의 표현에 유의해 풀어야 한다.
> - '어떤'과 '모든'이 나오는 명제는 벤 다이어그램을 활용한다.
> - 주어진 규칙과 조건을 파악한 후 이를 도식화(표, 기호 등)하여 문제에 접근한다.
> - 조건에 사용된 조사의 의미와 제한사항 등을 제대로 이해해야 정답을 찾을 수 있으므로 문제를 꼼꼼하게 읽는 습관을 기른다.

02   독해

독해는 글에 대한 이해력과 분석력을 평가하는 유형으로, 주제 찾기나 내용일치 등 일반적인 독해 문제들이 출제되고 있다. 문항 수 대비 시험시간을 계산해 보면 문제당 1분이 채 되지 않는다. 빠르게 글의 흐름 및 내용을 파악하고 제시되지 않은 부분을 추론하는 능력 등을 평가한다.

> **학습 포인트**
>
> - 다양한 분야의 지문이 제시되므로 평소 여러 분야의 도서나 신문 기사 등을 읽어둔다.
> - 빈칸의 내용을 추론하는 문제의 경우 제시문을 처음부터 끝까지 읽기보다는 빈칸의 앞뒤 문장만으로 빈칸에 들어갈 내용을 유추하는 연습을 하도록 한다.
> - 일치·불일치나 주제/제목 찾기 유형의 경우 무작정 제시문을 읽고 문제를 풀기보다는 문제와 선택지를 먼저 읽고 제시문에서 찾아야 할 내용이 무엇인지를 먼저 파악하도록 한다.

01 │ 이론점검

01 언어논리

1. 연역 추론

이미 알고 있는 판단(전제)을 근거로 새로운 판단(결론)을 유도하는 추론이다. 연역 추론은 진리일 가능성을 따지는 귀납 추론과는 달리, 명제 간의 관계와 논리적 타당성을 따진다. 즉, 연역 추론은 전제들로부터 절대적인 필연성을 가진 결론을 이끌어내는 추론이다.

(1) 직접 추론 : 한 개의 전제로부터 중간적 매개 없이 새로운 결론을 이끌어 내는 추론이며, 대우 명제가 그 대표적인 예이다.

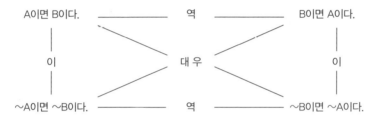

- 한국인은 모두 황인종이다. (전제)
- 그러므로 황인종이 아닌 사람은 모두 한국인이 아니다. (결론 1)
- 그러므로 황인종 중에는 한국인이 아닌 사람도 있다. (결론 2)

(2) 간접 추론 : 둘 이상의 전제로부터 새로운 결론을 이끌어 내는 추론이다. 삼단논법이 가장 대표적인 예이다.
 ① 정언 삼단논법 : 세 개의 정언명제로 구성된 간접추론 방식이다. 세 개의 명제 가운데 두 개의 명제는 전제이고, 나머지 한 개의 명제는 결론이다. 세 명제의 주어와 술어는 세 개의 서로 다른 개념을 표현한다.

② 가언 삼단논법 : 가언명제로 이루어진 삼단논법을 말한다. 가언명제란 두 개의 정언명제가 '만일 ~이라면'이라는 접속사에 의해 결합된 복합명제이다. 여기서 '만일'에 의해 이끌리는 명제를 전건이라고 하고, 그 뒤의 명제를 후건이라고 한다. 가언 삼단논법의 종류로는 혼합가언 삼단논법과 순수가언 삼단논법이 있다.

　　㉠ 혼합가언 삼단논법 : 대전제만 가언명제로 구성된 삼단논법이다. 긍정식과 부정식 두 가지가 있으며, 긍정식은 'A면 B다. A다. 그러므로 B다.'이고, 부정식은 'A면 B다. B가 아니다. 그러므로 A가 아니다.'이다.

- 만약 A라면 B다.
- B가 아니다.
- 그러므로 A가 아니다.

　　㉡ 순수가언 삼단논법 : 대전제와 소전제 및 결론까지 모두 가언명제들로 구성된 삼단논법이다.

- 만약 A라면 B다.
- 만약 B라면 C다.
- 그러므로 만약 A라면 C다.

③ 선언 삼단논법 : '~이거나 ~이다'의 형식으로 표현되며 전제 속에 선언 명제를 포함하고 있는 삼단논법이다.

- 내일은 비가 오거나 눈이 온다.　　　　　　　　　　　　　　　　　　　(A 또는 B이다.)
- 내일은 비가 오지 않는다.　　　　　　　　　　　　　　　　　　　　　(A가 아니다.)
- 그러므로 내일은 눈이 온다.　　　　　　　　　　　　　　　　　　　　(그러므로 B다.)

④ 딜레마 논법 : 대전제는 두 개의 가언명제로, 소전제는 하나의 선언명제로 이루어진 삼단논법으로, 양도추론이라고도 한다.

- 만일 네가 거짓말을 하면, 신이 미워할 것이다.　　　　　　　　　　　　　　(대전제)
- 만일 네가 거짓말을 하지 않으면, 사람들이 미워할 것이다.　　　　　　　　　(대전제)
- 너는 거짓말을 하거나, 거짓말을 하지 않을 것이다.　　　　　　　　　　　　(소전제)
- 그러므로 너는 미움을 받게 될 것이다.　　　　　　　　　　　　　　　　　(결론)

2. 귀납 추론

특수한 또는 개별적인 사실로부터 일반적인 결론을 이끌어 내는 추론을 말한다. 귀납 추론은 구체적 사실들을 기반으로 하여 결론을 이끌어 내기 때문에 필연성을 따지기보다는 개연성과 유관성, 표본성 등을 중시하게 된다. 여기서 개연성이란, 관찰된 어떤 사실이 같은 조건 하에서 앞으로도 관찰될 수 있는가 하는 가능성을 말하고, 유관성은 추론에 사용된 자료가 관찰하려는 사실과 관련되어야 하는 것을 일컬으며, 표본성은 추론을 위한 자료의 표본 추출이 공정하게 이루어져야 하는 것을 가리킨다. 이러한 귀납 추론은 일상생활 속에서 많이 사용하고, 우리가 알고 있는 과학적 사실도 이와 같은 방법으로 밝혀졌다.

그러나 전제들이 참이어도 결론이 항상 참인 것은 아니다. 단 하나의 예외로 인하여 결론이 거짓이 될 수 있다.

- 성냥불은 뜨겁다.
- 연탄불도 뜨겁다.
- 그러므로 모든 불은 뜨겁다.

위 예문에서 '성냥불이나 연탄불이 뜨거우므로 모든 불은 뜨겁다.'라는 결론이 나왔는데, 반딧불은 뜨겁지 않으므로 '모든 불이 뜨겁다.'라는 결론은 거짓이 된다.

(1) 완전 귀납 추론

관찰하고자 하는 집합의 전체를 다 검증함으로써 대상의 공통 특질을 밝혀내는 방법이다. 이는 예외 없는 진실을 발견할 수 있다는 장점은 있으나, 집합의 규모가 크고 속성의 변화가 다양할 경우에는 적용하기 어려운 단점이 있다.

예 1부터 10까지의 수를 다 더하여 그 합이 55임을 밝혀내는 방법

(2) 통계적 귀납 추론

통계적 귀납 추론은 관찰하고자 하는 집합의 일부에서 발견한 몇 가지 사실을 열거함으로써 그 공통점을 결론으로 이끌어 내려는 방식을 가리킨다. 관찰하려는 집합의 규모가 클 때 그 일부를 표본으로 추출하여 조사하는 방식이 이에 해당하며, 표본 추출의 기준이 얼마나 적합하고 공정한가에 따라 그 결과에 대한 신뢰도가 달라진다는 단점이 있다.

예 여론조사에서 일부의 국민에 대한 설문 내용을 바탕으로, 이를 전체 국민의 여론으로 제시하는 것

(3) 인과적 귀납 추론

관찰하고자 하는 집합의 일부 원소들이 지닌 인과 관계를 인식하여 그 원인이나 결과를 이끌어 내려는 방식을 말한다.

① **일치법** : 공통적인 현상을 지닌 몇 가지 사실 중에서 각기 지닌 요소 중 어느 한 가지만 일치한다면 이 요소가 공통 현상의 원인이라고 판단

예 마을 잔칫집에서 돼지고기를 먹은 사람들이 집단 식중독을 일으켰다.
따라서 식중독의 원인은 상한 돼지고기가 아닌가 생각한다.

② **차이법** : 어떤 현상이 나타나는 경우와 나타나지 않은 경우를 놓고 보았을 때, 각 경우의 여러 조건 중 단 하나만이 차이를 보인다면 그 차이를 보이는 조건이 원인이 된다고 판단

예 현수와 승재는 둘 다 지능이나 학습 시간, 학습 환경 등이 비슷한데 공부하는 태도에는 약간의 차이가 있다.
따라서 둘의 성적이 차이를 보이는 것은 학습 태도의 차이 때문으로 생각된다.

③ **일치 · 차이 병용법** : 몇 개의 공통 현상이 나타나는 경우와 몇 개의 그렇지 않은 경우를 놓고 일치법과 차이법을 병용하여 적용함으로써 그 원인을 판단

예 학업 능력 정도가 비슷한 두 아동 집단에 대해 처음에는 같은 분량의 과제를 부여하고 나중에는 각기 다른 분량의 과제를 부여한 결과, 많이 부여한 집단의 성적이 훨씬 높게 나타났다. 이로 보아, 과제를 많이 부여하는 것이 적게 부여하는 것보다 학생의 학업 성적 향상에 도움이 된다고 판단할 수 있다.

④ **공변법** : 관찰하는 어떤 사실의 변화에 따라 현상의 변화가 일어날 때 그 변화의 원인이 무엇인지 판단

예 담배를 피우는 양이 각기 다른 사람들의 집단을 조사한 결과, 담배를 많이 피울수록 폐암에 걸릴 확률이 높다는 사실이 발견되었다.

⑤ **잉여법** : 앞의 몇 가지 현상이 뒤의 몇 가지 현상의 원인이며, 선행 현상의 일부분이 후행 현상의 일부분이라면, 선행 현상의 나머지 부분이 후행 현상의 나머지 부분의 원인임을 판단

예 어젯밤 일어난 사건의 혐의자는 정은이와 규민이 두 사람인데, 정은이는 알리바이가 성립되어 혐의 사실이 없는 것으로 밝혀졌다. 따라서 그 사건의 범인은 규민이일 가능성이 높다.

3. 유비 추론

두 개의 대상 사이에 일련의 속성이 동일하다는 사실에 근거하여 그것들의 나머지 속성도 동일하리라는 결론을 이끌어 내는 추론, 즉 이미 알고 있는 것에서 다른 유사한 점을 찾아내는 추론을 말한다. 그렇기 때문에 유비 추론은 잣대(기준)가 되는 사물이나 현상이 있어야 한다. 유비 추론은 가설을 세우는 데 유용하다. 이미 알고 있는 사례로부터 아직 알지 못하는 것을 생각해 봄으로써 쉽게 가설을 세울 수 있다. 이때 유의할 점은 이미 알고 있는 사례와 이제 알고자 하는 사례가 매우 유사하다는 확신과 증거가 있어야 한다. 그렇지 않은 상태에서 유비 추론에 의해 결론을 이끌어 내면, 그것은 개연성이 거의 없고 잘못된 결론이 될 수도 있다.

• 지구에는 공기, 물, 흙, 햇빛이 있다.	(A는 a, b, c, d의 속성을 가지고 있다.)
• 화성에는 공기, 물, 흙, 햇빛이 있다.	(B는 a, b, c, d의 속성을 가지고 있다.)
• 지구에 생물이 살고 있다.	(A는 e의 속성을 가지고 있다.)
• 그러므로 화성에도 생물이 살고 있을 것이다.	(그러므로 B도 e의 속성을 가지고 있을 것이다.)

1. 논리구조

논리구조에서는 주로 단락과 문장 간의 관계나 글 전체의 논리적 구조를 정확히 파악했는지를 묻는다. 글의 순서를 바르게 나열하는 유형이 출제되므로 글의 전체적인 흐름을 바탕으로 각 문단의 특징, 단락 간의 역할 등을 논리적으로 구조화할 수 있는 능력을 길러야 한다.

(1) 문장의 관계와 원리

① 문장과 문장 간의 관계
- ㉠ 상세화 관계 : 주지 → 구체적 설명(비교, 대조, 유추, 분류, 분석, 인용, 예시, 비유, 부연, 상술 등)
- ㉡ 문제(제기)와 해결 관계 : 한 문장이 문제를 제기하고, 다른 문장이 그 해결책을 제시하는 관계(과제 제시 → 해결 방안, 문제 제기 → 해답 제시)
- ㉢ 선후 관계 : 한 문장이 먼저 발생한 내용을 담고, 다음 문장이 나중에 발생한 내용을 담고 있는 관계
- ㉣ 원인과 결과 관계 : 한 문장이 원인이 되고, 다른 문장이 그 결과가 되는 관계(원인 제시 → 결과 제시, 결과 제시 → 원인 제시)
- ㉤ 주장과 근거 관계 : 한 문장이 필자가 말하고자 하는 바(주지)가 되고, 다른 문장이 그 문장의 증거(근거)가 되는 관계(주장 제시 → 근거 제시, 의견 제안 → 의견 설명)
- ㉥ 전제와 결론 관계 : 앞 문장에서 조건이나 가정을 제시하고, 뒤 문장에서 이에 따른 결론을 제시하는 관계

② 문장의 연결 방식
- ㉠ 순접 : 원인과 결과, 부연 설명 등의 문장 연결에 쓰임
  - 예 그래서, 그리고, 그러므로 등
- ㉡ 역접 : 앞글의 내용을 전면적 또는 부분적으로 부정
  - 예 그러나, 그렇지만, 그래도, 하지만 등
- ㉢ 대등·병렬 : 앞뒤 문장의 대비와 반복에 의한 접속
  - 예 및, 혹은, 또는, 이에 반하여 등
- ㉣ 보충·첨가 : 앞글의 내용을 보다 강조하거나 부족한 부분을 보충하기 위해 다른 말을 덧붙이는 문맥
  - 예 단, 곧, 즉, 더욱이, 게다가, 왜냐하면 등
- ㉤ 화제 전환 : 앞글과는 다른 새로운 내용을 이야기하기 위한 문맥
  - 예 그런데, 그러면, 다음에는, 이제, 각설하고 등
- ㉥ 비유·예시 : 앞글에 대해 비유적으로 다시 말하거나 구체적인 예를 보임
  - 예 예를 들면, 예컨대, 마치 등

③ 원리 접근법

앞뒤 문장의 중심 의미 파악		앞뒤 문장의 중심 내용이 어떤 관계인지 파악		문장 간의 접속어, 지시어의 의미와 기능		문장의 의미와 관계성 파악
각 문장의 의미를 어떤 관계로 연결해서 글을 전개하는지 파악해야 한다.	⇨	지문 안의 모든 문장은 서로 논리적 관계성이 있다.	⇨	접속어와 지시어를 음미하는 것은 독해의 길잡이 역할을 한다.	⇨	문단의 중심 내용을 알기 위한 기본 분석 과정이다.

2. 논리적 이해

(1) 전제의 추론

전제의 추론은 원칙적으로 주어진 내용의 이면에 내포되어 있는 이미 옳다고 인정된 사실을 유추하는 유형이다.

① 먼저 주장이 무엇인지 명확하게 파악해야 한다.

② 주장이 성립하기 위해서 논리적으로 필요한 요건이 무엇인지 생각해 본다.

③ 선택지 중 주장과 논리적으로 인과 관계를 형성할 수 있는 조건을 찾아낸다.

(2) 결론의 추론

주어진 내용을 명확히 이해한 다음, 이를 근거로 이끌어 낼 수 있는 올바른 결론이나 관련 사항을 논리적인 관점에서 찾는 문제 유형이다. 이와 같은 문제는 평상시 비판적이고 논리적인 관점으로 글을 읽는 연습을 충분히 해 두어야 유리하다고 볼 수 있다.

> ※ 자주 출제되는 유형
> • 정의가 바르게 된 것
> • 문맥상 삭제해도 되는 부분
> • 빈칸에 들어갈 적절한 것
> • 다음 글에 이어 나올 수 있는 것
> • 글의 내용을 통해 알 수 없는 것
> • 가장 타당한 논증
> • 다음 내용이 들어가기에 가장 적절한 위치

이와 같은 유형의 문제를 풀 때는 먼저 제시문을 읽고, 그 글을 통해 타당성 여부를 검증해 가는 방법을 취하는 것이 좋다. 물론 통독(通讀)을 통해 각 문단에서 다루고 있는 내용이 무엇인지 미리 확인해 두어야만 선택지와 관련된 내용을 이끌어 낼 근거가 언급된 부분을 쉽게 찾을 수 있다.

(3) 주제의 추론

주제와 관련된 추론 문제는 적성검사에서 자주 출제되는 유형으로서, 글의 표제, 부제, 주제, 주장, 의도를 파악하는 형태의 문제와 같은 유형이다. 이러한 유형의 문제는 주제를 글의 첫 문단이나 마지막 문단을 통해서 찾을 수 있으며, 그렇지 않으면 문단의 병렬·대등 관계를 파악하면 쉽게 찾을 수 있다.

여러 문단에서 공통된 주제를 추론할 때는 각각의 제시문을 먼저 요약한 뒤, 핵심 키워드를 찾은 다음, 이를 토대로 주제문을 가려내어 하나의 주제를 유추하면 된다. 따라서 평소에 글을 읽고, 핵심 키워드를 찾아 문장을 구성하는 연습을 많이 해 두어야 한다. 또한 겉으로 드러난 주제나 정보를 찾는 데 그치지 않고 글 속에 숨겨진 의도나 정보를 찾기 위해 꼼꼼히 관찰하는 태도가 필요하다.

01 | 조건추리

| 유형분석 |

- 일반적으로 4~5명의 진술이 제시되며, 각 진술의 진실 및 거짓 여부를 확인하여 범인을 찾는 유형이다.
- 추리영역 중에서도 체감난이도가 상대적으로 높은 유형으로 알려져 있으므로 충분히 연습해야 한다.
- 각 진술 사이의 모순을 찾아 성립하지 않는 경우의 수를 제거하거나, 경우의 수를 나누어 모든 조건이 맞는지를 확인해야 한다.

갑~병 세 사람이 피아노, 조각, 테니스를 함께 하는데, 각기 서로 다른 하나씩을 잘한다. 조각을 잘하는 사람은 언제나 진실을 말하고, 테니스를 잘하는 사람은 항상 거짓을 말하고, 피아노를 잘하는 사람은 진실 또는 거짓을 말한다고 할 때, 다음 중 누가 무엇을 잘하는가?

- 갑 : 병이 조각을 잘한다.
- 을 : 아니다. 병은 피아노를 잘한다.
- 병 : 둘 다 틀렸다. 나는 조각도 피아노도 잘하지 못한다.

① 갑 — 피아노   ② 갑 — 테니스

③ 을 — 피아노   ④ 을 — 테니스

⑤ 병 — 테니스

피아노를 잘하는 사람의 경우 진실을 말할 수도 있고, 거짓을 말할 수도 있다는 점에 유의한다.

ⅰ) 갑이 진실을 말했을 경우

　병은 항상 참을 말해야 하는데, 진술의 모순이 발생한다.

ⅱ) 을이 진실을 말했을 경우

　병과 갑이 모두 거짓을 말한 것이 된다. 따라서 을이 조각, 병이 피아노(거짓을 말함), 갑이 테니스를 잘하는 사람이다.

ⅲ) 병이 피아노를 잘하면서 거짓을 말했을 경우

　을이 조각, 갑이 테니스를 잘하는 사람이다. 반대의 경우는 병의 말이 모순되어 성립되지 않는다.

30초 컷 풀이 Tip

해당 유형 중 90% 이상은 다음 두 가지 방법으로 풀 수 있다. 주어진 진술을 빠르게 훑으며 다음 두 가지 중 어떤 경우에 해당되는지 확인한 후 문제를 풀어나간다.

두 명 이상의 발언 중 한쪽이 진실이면 다른 한쪽이 거짓인 경우

1) A가 진실이고 B가 거짓인 경우, B가 진실이고 A가 거짓인 경우 두 가지로 나눌 수 있다.

2) 두 가지 경우에서 각 발언의 진위 여부를 판단한다.

3) 주어진 조건과 비교한다(범인의 숫자가 맞는지, 진실 또는 거짓을 말한 인원수가 조건과 맞는지 등).

두 명 이상의 발언 중 한쪽이 진실이면 다른 한쪽도 진실인 경우

1) A와 B가 모두 진실인 경우, A와 B가 모두 거짓인 경우 두 가지로 나눌 수 있다.

2) 두 가지 경우에서 각 발언의 진위 여부를 판단한다.

3) 주어진 조건과 비교한다(범인의 숫자가 맞는지, 진실 또는 거짓을 말한 인원수가 조건과 맞는지 등).

01 어젯밤에 탕비실 냉장고에 보관되어 있던 행사용 케이크가 없어졌다. 어제 야근을 한 A~E를 조사했더니 다음과 같이 진술했다. 케이크를 먹은 범인은 2명이고, 단 2명만이 진실을 말한다고 할 때, 다음 중 범인이 될 수 있는 사람으로 짝지어진 것은?(단, 모든 사람은 진실만 말하거나 거짓만 말한다)

> • A : B나 C 중에 1명만 케이크를 먹었어요.
> • B : E는 확실히 케이크를 먹었어요.
> • C : D와 E가 모의해서 함께 케이크를 훔쳐먹는 걸 봤어요.
> • D : 저는 절대 범인이 아니에요.
> • E : 사실대로 말하자면 제가 범인이에요.

① A, B   ② B, D
③ B, E   ④ A, D
⑤ C, E

Easy

02 A~E 5명이 100m 달리기를 했다. 기록 측정 결과가 나오기 전에 그들끼리의 대화를 통해 순위를 예측해 보려고 한다. 그들의 대화는 다음과 같고, 이 중 1명이 거짓말을 하고 있다고 할 때, 다음 중 A~E의 순위로 가장 적절한 것은?

> • A : 나는 1등이 아니고, 3등도 아니야.
> • B : 나는 1등이 아니고, 2등도 아니야.
> • C : 나는 3등이 아니고, 4등도 아니야.
> • D : 나는 A와 B보다 늦게 들어왔어.
> • E : 나는 C보다는 빠르게 들어왔지만, A보다는 늦게 들어왔어.

① E − C − B − A − D
② E − A − B − C − D
③ C − E − B − A − D
④ C − A − D − B − E
⑤ A − C − E − B − D

03 연경, 효진, 다솜, 지민, 지현 5명 중 1명이 선생님 책상의 화병에 꽃을 꽂아두었다. 이 가운데 2명의 이야기는 모두 거짓이고, 나머지 3명의 이야기는 모두 참이라고 할 때, 선생님 책상에 꽃을 꽂아둔 사람은?

- 연경 : 화병에 꽃을 꽂아두는 것을 나와 지현이만 보았다. 효진이의 말은 모두 맞다.
- 효진 : 화병에 꽃을 꽂아둔 사람은 지민이다. 지민이가 그러는 것을 지현이가 보았다.
- 다솜 : 지민이는 꽃을 꽂아두지 않았다. 지현이의 말은 모두 맞다.
- 지민 : 화병에 꽃을 꽂아두는 것을 3명이 보았다. 효진이는 꽃을 꽂아두지 않았다.
- 지현 : 나와 연경이는 꽃을 꽂아두지 않았다. 나는 누가 그러는지 보지 못했다.

① 연경　　　　　　　　　　② 효진
③ 다솜　　　　　　　　　　④ 지민
⑤ 지현

04 경찰은 용의자 5명을 대상으로 수사를 벌이고 있다. 범인을 검거하기 위해 경찰은 용의자 5명을 심문하였다. 이들 5명은 아래와 같이 진술하였는데 이 중 2명의 진술은 참이고, 3명의 진술은 거짓이라고 할 때, 범인을 고르면?(단, 범행 현장에는 범죄자 1명과 목격자가 있고, 범죄자는 목격자가 아니며, 모든 사람은 참이나 거짓만 말한다)

- A : 나는 범인이 아니고, 나와 E만 범행 현장에 있었다.
- B : C와 D는 범인이 아니고, 목격자는 2명이다.
- C : 나는 B와 함께 있었고, 범행 현장에 있지 않았다.
- D : C의 말은 모두 참이고, B가 범인이다.
- E : 나는 범행 현장에 있었고, A가 범인이다.

① A　　　　　　　　　　② B
③ C　　　　　　　　　　④ D
⑤ E

PART 2

02 | 명제

| 유형분석 |

- 삼단논법을 활용해서 풀이하는 유형이 있다.
- 명제의 역·이·대우 및 '~보다', '가장' 등의 표현에 유의해 풀어야 한다.

다음 명제가 모두 참일 때, 명제를 통해 얻을 수 있는 결론으로 타당한 것은?

- 마케팅팀의 사원은 기획 역량이 있다.
- 마케팅팀이 아닌 사원은 영업 역량이 없다.
- 기획 역량이 없는 사원은 소통 역량이 없다.

① 마케팅팀의 사원은 영업 역량이 있다.
② 소통 역량이 있는 사원은 마케팅팀이다.
③ 영업 역량을 가진 사원은 기획 역량이 있다.
④ 기획 역량이 있는 사원은 소통 역량이 있다.
⑤ 영업 역량이 없으면 소통 역량도 없다.

정답 ③

주어진 명제가 모두 참이면 명제의 대우도 모두 참이 된다. 따라서 명제와 대우 명제를 정리하면 다음과 같다.

- 마케팅팀 ○ → 기획 역량 ○[기획 역량 ×→ 마케팅팀 ×]
- 마케팅팀 × → 영업 역량 ×[영업 역량 ○ → 마케팅팀 ○]
- 기획 역량 × → 소통 역량 ×[소통 역량 ○ → 기획 역량 ○]

위의 명제를 정리하면 다음과 같다.

- 영업 역량 ○ → 마케팅팀 ○ → 기획 역량 ○[기획 역량 ×→ 마케팅팀 ×→ 영업 역량 ×]

따라서 '영업 역량을 가진 사원은 기획 역량이 있다.'라는 명제는 참이다.

30초 컷 풀이 Tip

- 참인 명제는 대우 명제도 반드시 참이므로, 명제의 대우를 우선적으로 구한다.
  쉬운 난이도의 문제는 대우 명제가 답인 경우도 있다. 따라서 대우 명제를 통해 확실하게 참인 명제와 그렇지 않은 명제를 구별한다.
- 하나의 명제를 기준으로 잡고 주어진 명제 및 대우 명제들을 연결한다.
  'A → B, B → C이면 A → C이다.'와 'A → B가 참이면 ~B → ~A가 참이다.'의 성질을 이용하여 전제와 결론 사이에 연결 고리를 찾는다.

※ 주어진 명제가 모두 참일 때, 다음 중 바르게 추론한 것을 고르시오. [1~3]

01

> - 아침에 시리얼을 먹는 사람은 두뇌 회전이 빠르다.
> - 아침에 토스트를 먹는 사람은 피곤하다.
> - 에너지가 많은 사람은 아침에 밥을 먹는다.
> - 피곤하면 회사에 지각한다.
> - 두뇌 회전이 빠르면 일 처리가 빠르다.

① 회사에 가장 일찍 오는 사람은 피곤하지 않다.
② 두뇌 회전이 느리면 아침에 시리얼을 먹는다.
③ 아침에 밥을 먹는 사람은 에너지가 많다.
④ 회사에 지각하지 않으면 아침에 토스트를 먹지 않는다.
⑤ 일 처리가 느리면 아침에 시리얼을 먹는다.

Easy

02

> - 신혜와 유민이 앞에 사과, 포도, 딸기가 놓여있다.
> - 사과, 포도, 딸기 중에는 각자 좋아하는 과일이 반드시 있다.
> - 신혜는 사과와 포도를 싫어한다.
> - 유민이가 좋아하는 과일은 신혜가 싫어하는 과일이다.

① 신혜는 좋아하는 과일이 없다.
② 유민이가 딸기를 좋아하는지 알 수 없다.
③ 신혜는 딸기를 좋아한다.
④ 유민이와 신혜가 같이 좋아하는 과일이 있다.
⑤ 포도를 좋아하는 사람은 없다.

03

> - 가장 큰 B종 공룡보다 A종 공룡은 모두 크다.
> - 일부의 C종 공룡은 가장 큰 B종 공룡보다 작다.
> - 가장 큰 D종 공룡보다 B종 공룡은 모두 크다.

① 가장 작은 A종 공룡만 한 D종 공룡이 있다.
② 가장 작은 C종 공룡만 한 D종 공룡이 있다.
③ 어떤 C종 공룡은 가장 작은 A종 공룡보다 작다.
④ 어떤 A종 공룡은 가장 큰 C종 공룡보다 작다.
⑤ 어떤 D종 공룡은 가장 작은 B종 공룡보다 클 수 있다.

03 | 주제 · 제목 찾기

| 유형분석 |

- 글의 중심 내용을 파악할 수 있는지를 평가하는 유형이다.
- 경제 · 경영 · 철학 · 역사 · 예술 · 과학 등 다양한 분야와 관련된 지문이 제시되므로 평소에 폭넓은 독서를 해두어야 한다.

다음 글의 주제로 가장 적절한 것은?

칸트는 인간이 이성을 부여받은 것은 욕망에 의해 움직이지 않게 하기 위함이라고 말하면서 자신의 행복을 우선시하기보다는 도덕적인 의무를 먼저 수행해야 한다고 주장했다. 칸트의 시각에서 볼 때 행동의 도덕적 가치를 결정하는 것은 어떠한 상황에서든 모든 사람이 그 행동을 했을 때에 아무런 모순이 생기지 않아야 한다는 보편주의이다. 내가 타인을 존중하지 않으면서 타인이 나를 존중하고 도와줄 것을 기대한다면, 이는 보편주의를 위배하는 것이다. 그러므로 남이 나에게 해주길 바라는 것을 실천하는 것이 바로 도덕적 행동이라는 것이다. 따라서 도덕적 행동이 나의 이익이나 본성과 일치하지 않더라도 나는 나의 의무를 수행해야 한다고 역설했다.

① 칸트의 도덕관에 대한 비판
② 칸트가 생각하는 도덕적 행동
③ 도덕적 가치에 대한 칸트의 관점
④ 무목적성을 지녀야 하는 도덕적 행위
⑤ 칸트의 도덕적 의무론이 지니는 가치

정답 ②

제시문의 중심 내용은 칸트가 생각하는 도덕적 행동에 대한 것이며, 그는 도덕적 행동을 '남이 나에게 해주길 바라는 것을 실천하는 것'이라고 말했다.

30초 컷 풀이 Tip

글의 중심이 되는 내용은 주로 글의 맨 앞이나 맨 뒤에 위치한다. 따라서 글의 첫 문단과 마지막 문단을 먼저 확인해 보고 필요한 경우 그 문단을 보충해 주는 부분을 읽어가면서 주제를 파악해 나간다.

※ 다음 글의 제목으로 가장 적절한 것을 고르시오. [1~2]

01

대부분의 사람이 주식 투자를 하는 목적은 자산을 증식하는 것이지만, 항상 이익을 낼 수는 없으며 이익에 대한 기대에는 언제나 손해에 따른 위험이 동반된다. 이러한 위험을 줄이기 위해서 일반적으로 투자자는 포트폴리오를 구성하는데, 이때 전반적인 시장상황에 상관없이 나타나는 위험인 '비체계적 위험'과 시장 상황에 연관되어 나타나는 위험인 '체계적 위험' 두 가지를 동시에 고려해야 한다.

비체계적 위험이란 종업원의 파업, 경영 실패, 판매의 부진 등 개별 기업의 특수한 상황과 관련이 있는 것으로 '기업 고유 위험'이라고도 한다. 기업의 특수 사정으로 인한 위험은 예측하기 어려운 상황에서 돌발적으로 일어날 수 있는 것들로, 여러 주식에 분산 투자함으로써 제거할 수 있다. 반면에 체계적 위험은 시장의 전반적인 상황과 관련한 것으로, 예를 들면 경기 변동, 인플레이션, 이자율의 변화, 정치 사회적 환경 등 여러 기업들에 공통으로 영향을 주는 요인들에 기인한다. 체계적 위험은 주식 시장 전반에 관한 위험이기 때문에 비체계적 위험에 대응하는 분산투자의 방법으로도 감소시킬 수 없으므로 '분산 불능 위험'이라고도 한다.

그렇다면 체계적 위험에 대응할 방법은 없을까? '베타 계수'를 활용한 포트폴리오 구성으로 투자자는 체계적 위험에 대응할 수 있다. 베타 계수란 주식 시장 전체의 수익률 변동이 발생했을 때 이에 대해 개별 기업의 주가 수익률이 얼마나 민감하게 반응하는가를 측정하는 계수로, 종합주가지수의 수익률이 1% 변할 때 개별 주식의 수익률이 얼마나 변하는가를 나타내며, 수익률의 민감도로 설명할 수 있다. 따라서 투자자는 주식시장이 호황에 진입할 경우 베타 계수가 큰 종목의 투자 비율을 높이지만 불황이 예상되는 경우에는 베타 계수가 작은 종목의 투자 비율을 높여 위험을 최소화할 수 있다.

① 비체계적 위험과 체계적 위험의 사례 분석
② 비체계적 위험을 활용한 경기 변동의 예측 방법
③ 비체계적 위험과 체계적 위험을 고려한 투자 전략
④ 종합주가지수 변동에 민감한 비체계적 위험의 중요성
⑤ 주식 시장이 호황에 진입할 경우 바람직한 투자 방향

02

올해로 출시 12주년을 맞은 구글어스가 세계 환경 보안관 역할을 톡톡히 하고 있어 화제다. 구글어스는 가상 지구본 형태로 제공되는 세계 최초의 위성영상지도 서비스로서, 간단한 프로그램만 내려받으면 지구 전역의 위성사진 및 지도, 지형 등의 정보를 확인할 수 있다. 구글은 그동안 축적된 인공위성 빅데이터 등을 바탕으로 환경 및 동물 보호 활동을 지원하고 있다.

지구에서는 지난 10여 년간 약 230만km의 삼림이 사라졌다. 병충해 및 태풍, 산불 등으로 손실된 것이다. 특히 개발도상국들의 산림 벌채와 농경지 확보가 주된 이유다. 이처럼 사라지는 숲에 비해 자연의 자생력으로 복구되는 삼림은 아주 적은 편이다.

그런데 최근에 개발된 초고해상도 '구글어스' 이미지를 이용해 정밀 분석한 결과, 식물이 살 수 없을 것으로 여겨졌던 건조지대에서도 훨씬 많은 숲이 분포한다는 사실이 밝혀졌다. 국제연합식량농업기구(FAO) 등 13개국 20개 기관과 구글이 참여한 대규모 국제공동연구진은 구글어스로 얻은 위성 데이터를 세부 단위로 쪼개 그동안 잘 알려지지 않은 전 세계 건조지역을 집중 분석했다.

그 결과 강수량이 부족해 식물의 정상적인 성장이 불가능할 것으로 알려졌던 건조지대에서 약 467만km의 숲을 새로이 찾아냈다. 이는 한반도 면적의 약 21배에 달한다. 연구진은 이번 발견으로 세계 삼림 면적의 추정치가 9% 정도 증가할 것이라고 주장했다.

건조지대는 지구 육지표면의 40% 이상을 차지하지만, 명확한 기준과 자료 등이 없어 그동안 삼림 분포에 대해서는 잘 알려지지 않았다. 그러나 이번 연구결과로 인해 전 세계 숲의 이산화탄소 처리량 등에 대해 보다 정확한 계산이 가능해짐으로써 과학자들의 지구온난화 및 환경보호 연구에 많은 도움이 될 것으로 기대되고 있다.

① 구글어스로 보는 환경훼손의 심각성
② 인간의 이기심으로 사라지는 삼림
③ 사막화 현상으로 건조해지는 지구
④ 환경오염으로 심각해지는 식량난
⑤ 전 세계 환경 보안관, 구글어스

Hard

03 다음 기사의 제목으로 적절하지 않은 것은?

대·중소기업 간 동반성장을 위한 '상생'이 산업계의 화두로 조명 받고 있다. 4차 산업혁명 시대 도래 등 글로벌 시장에서의 경쟁이 날로 치열해지는 상황에서 대기업과 중소기업이 힘을 합쳐야 살아남을 수 있다는 위기감이 상생의 중요성을 부각하고 있다고 분석한다. 재계 관계자는 "그동안 반도체, 자동차 등 제조업에서 세계적인 경쟁력을 갖출 수 있었던 배경에는 대기업과 협력업체 간 상생의 역할이 컸다."며 "고속 성장기를 지나 지속 가능한 구조로 한 단계 더 도약하기 위해 상생경영이 중요하다."라고 강조했다.

우리 기업들은 협력사의 경쟁력 향상이 곧 기업의 성장으로 이어질 것으로 보고 2·3차 중소 협력업체들과의 상생경영에 힘쓰고 있다. 단순히 갑·을 관계에서 대기업을 서포트 해야 하는 존재가 아니라 상호 발전을 위한 동반자라는 인식이 자리 잡고 있다는 분석이다. 이에 따라 협력사들에 대한 지원도 거래대금 현금 지급 등 1차원적인 지원 방식에서 벗어나 경영 노하우 전수, 기술 이전 등을 통한 '상생 생태계' 구축에 도움을 주는 방향으로 초점이 맞춰지는 추세다.

특히 최근에는 상생 협력이 대기업이 중소기업에 주는 일시적인 시혜 차원의 문제가 아니라 경쟁에서 살아남기 위한 생존 문제와 직결된다는 인식이 강하다. 협약을 통해 협력업체를 지원해 준 대기업이 업체의 기술력 향상으로 더 큰 이득으로 보상받고 이를 통해 우리 산업의 경쟁력이 강화될 것이란 설명이다.

경제 전문가는 "대·중소기업 간의 상생 협력이 강제 수단이 아니라 문화적으로 자리 잡아야 할 시기"라며 "대기업, 특히 오너 중심의 대기업들도 단기적인 수익이 아닌 장기적인 시각에서 질적 평가를 통해 협력업체의 경쟁력을 키울 방안을 고민해야 한다."라고 강조했다.

이와 관련해 국내 주요 기업들은 대기업보다 연구개발(R&D) 인력과 관련 노하우가 부족한 협력사들을 위해 각종 노하우를 전수하는 프로그램을 운영 중이다. K전자는 협력사들에 기술 노하우를 전수하기 위해 경영관리 제조 개발 품질 등 해당 전문 분야에서 20년 이상 노하우를 가진 K전자 임원과 부장급 100여 명으로 '상생컨설팅팀'을 구성했다. 지난해부터는 해외에 진출한 국내 협력사에도 노하우를 전수하고 있다.

① 대기업과 중소기업, 상호 발전을 위한 동반자로
② 지속 가능한 구조를 위한 상생 협력의 중요성
③ 시혜적 차원에서의 대기업 지원의 중요성
④ 동반성장을 위한 상생의 중요성
⑤ 상생경영, 함께 가야 멀리 간다.

04 | 일치 · 불일치

| 유형분석 |

- 글의 내용을 그대로 선택지에 제시하거나 다른 표현으로 돌려서 표현한다.
- 답의 근거가 명확한 선택지를 답으로 고른다.

다음 글의 내용으로 적절하지 않은 것은?

우리 은하에서 가장 가까이 위치한 은하인 안드로메다 은하까지의 거리는 220만 광년이다. 이처럼 엄청난 거리로 떨어져 있는 천체까지의 거리는 어떻게 측정한 것인가?

첫 번째 측정 방법은 삼각 측량법이다. 그러나 피사체가 매우 멀리 있는 경우라면 삼각형의 밑변이 충분히 길 필요가 있다. 지구는 1년에 한 바퀴씩 태양 주변을 공전하는데 우리는 이 공전 궤도 반경을 알고 있기 때문에 이를 밑변으로 삼아 별까지의 거리를 측정할 수 있다. 그러나 가까이 있는 별까지의 거리도 지구 궤도 반지름에 비하면 엄청나게 커서 연주 시차는 아주 작은 값이 되므로 측정하기가 쉽지 않다. 두 번째 측정 방법은 주기적으로 별의 밝기기 변하는 변광성의 주기와 밝기를 연구하는 과정에서 얻어졌다. 보통 별의 밝기는 거리의 제곱에 반비례해서 어두워지는데, 1등급과 6등급의 별은 100배의 밝기 차이가 있다. 그러나 밝은 별이 반드시 어두운 별보다 가까이 있는 것은 아니다. 별의 거리는 밝기의 절대 등급과 겉보기 등급의 비교를 통해 확정되기 때문이다. 즉, 모든 별이 같은 거리에 놓여 있다고 가정하고, 밝기 등급을 매긴 것을 절대 등급이라 하는데, 만약 이 등급이 낮은(밝은) 별이 겉보기에 어둡다면 이 별은 매우 멀리 있는 것으로 볼 수 있다.

① 절대 등급과 겉보기 등급은 다를 수 있다.
② 별은 항상 같은 밝기를 가지고 있지 않다.
③ 삼각 측량법은 지구의 궤도 반경을 알아야 측정이 가능하다.
④ 모든 별이 같은 거리에 놓여 있을 경우, 절대 등급이 높을수록 어둡다.
⑤ 어두운 별은 밝은 별보다 항상 멀리 있기 때문에 밝기에 의해 거리의 차가 있다.

제시문에 따르면 '밝은 별이 반드시 어두운 별보다 가까이 있는 것은 아니다.'라고 했으므로 적절하지 않다.

오답분석

① 별의 거리는 밝기의 절대 등급과 겉보기 등급의 비교를 통해 확정된다고 하였으므로 절대 등급과 겉보기 등급은 다를 수 있다.

② 보통 별의 밝기는 거리의 제곱에 반비례해서 어두워진다고 하였으므로 별은 항상 같은 밝기를 가지고 있지 않다.

③ 삼각 측량법은 공전 궤도 반경을 알고 있기 때문에 거리를 측정할 수 있다고 했다.

④ 절대 등급이 낮은 별이 더 밝기 때문에 등급이 낮은 별이 겉보기에 어두울 경우 멀리 있다고 했다.

30초 컷 풀이 Tip

주어진 글의 내용과 일치하는 것 또는 일치하지 않는 것을 고르는 문제의 경우, 제시문을 읽기 전에 문제와 선택지를 먼저 읽어보는 것이 좋다. 이를 통해 제시문 속에서 찾아내야 할 정보가 무엇인지를 먼저 인지한 후 글을 읽어야 문제 푸는 시간을 단축할 수 있다.

PART 2

01 다음 글의 내용으로 적절하지 않은 것은?

스마트팜은 사물인터넷이나 빅데이터 등의 정보통신기술을 활용해 농업시설의 생육환경을 원격 또는 자동으로 제어할 수 있는 농장으로, 노동력과 생산비 절감효과가 커 네덜란드와 같은 농업 선진국에서도 적극적으로 활용되고 있다. 관련 핵심 직업으로는 농장의 설계 · 구축 · 운영 등을 조언하고 지도하는 '스마트팜 컨설턴트'와 농업인을 대상으로 스마트팜을 설치하고 소프트웨어를 개발하는 '스마트팜 구축가'가 있다.

바이오헬스는 바이오기술과 정보를 활용해 질병 예방 · 진단 · 치료 · 건강증진에 필요한 제품과 서비스를 생산하는 의약 · 의료산업이다. 국내 바이오헬스의 전체 기술력은 최고 기술국인 미국 대비 78% 수준으로 약 3.8년의 기술격차가 있다. 해외에서는 미국뿐만 아니라 영국 · 중국 · 일본 등이 글로벌 시장 선점을 위해 경쟁적으로 투자를 늘리고 있다. 관련 핵심 직업으로는 생물학 · 의약 등의 이론 연구로 다양한 생명현상을 탐구하는 '생명과학연구원', IT 건강관리 서비스를 기획하는 '스마트헬스케어 전문가' 등이 있다. 자연 · 의약학 계열의 전문 지식이 필요한 생명과학연구원은 향후 10년간 고용이 증가할 것으로 예측되며, 의료 · IT · 빅데이터의 지식이 필요한 스마트헬스케어 전문가도 연평균 20%씩 증가할 것으로 전망되는 시장규모에 따라 성장 가능성이 높을 것으로 보인다.

한편, 스마트시티는 건설과 정보통신 신기술을 활용해 다양한 서비스를 제공하는 도시로, 국내에서는 15개 지자체를 대상으로 U−City 사업이 추진되는 등 민간과 지자체의 아이디어를 도입하고 있다. 관련 직업으로는 토지 이용계획을 수립하고 설계하는 '도시계획가', 교통상황 및 영향요인을 분석하는 '교통전문가' 등이 있으며, 도시공학 · 교통공학 등의 지식이 필요하다.

① 현재 국내 15개 지자체에서 U−City 사업이 추진되고 있다.

② 미국은 우리나라보다 3년 이상 앞서 바이오헬스 산업에 투자하기 시작했다.

③ 정보통신기술을 활용한 스마트팜을 통해 노동력과 생산비를 절감할 수 있다.

④ 스마트시티와 관련된 직업을 갖기 위해서는 도시공학 · 교통공학 등의 지식이 필요하다.

⑤ 바이오헬스 관련 직업인 생명과학연구원이 되려면 자연 · 의약학 계열의 전문 지식이 필요하다.

02 다음 글을 읽고 추론할 수 있는 내용으로 가장 적절한 것은?

온갖 사물이 뒤섞여 등장하는 사진에서 고양이를 틀림없이 알아보는 인공지능이 있다고 해보자. 그러한 식별 능력은 고양이 개념을 이해하는 능력과 어떤 관계가 있을까? 고양이를 실수 없이 가려내는 능력이 고양이 개념을 이해하는 능력의 필요충분조건이라고 할 수 있을까?

인공지능이든, 사람이든 고양이 개념에 대해 이해하면서도 영상 속의 짐승이나 사물이 고양이인지 정확히 판단하지 못하는 경우는 있을 수 있다. 예를 들어, 누군가가 전형적인 고양이와 거리가 먼 희귀한 외양의 고양이를 보고 "좀 이상하게 생긴 족제비로군요."라고 말했다고 해보자. 이것은 틀린 판단이지만, 그렇다고 그가 고양이 개념을 이해하지 못하고 있다고 평가하는 것은 부적절한 일일 것이다.

이번에는 다른 예로 누군가가 영상자료에서 가을에 해당하는 장면들을 실수 없이 가려낸다고 해보자. 그는 가을 개념을 이해하고 있다고 보아야 할까? 그 장면들을 실수 없이 가려낸다고 해도 그가 가을이 적잖은 사람들을 왠지 쓸쓸하게 하는 계절이라든가, 농경문화의 전통에서 수확의 결실이 있는 계절이라는 것, 혹은 가을이 지구 자전축의 기울기와 유관하다는 것 등을 반드시 알고 있는 것은 아니다. 심지어 가을이 지구의 1년을 넷으로 나눈 시간 중 하나를 가리킨다는 사실을 모르고 있을 수도 있다. 만일 가을이 여름과 겨울 사이에 오는 계절이라는 사실조차 모르는 사람이 있다면, 우리는 그가 가을 개념을 이해하고 있다고 인정할 수 있을까? 그것은 불합리한 일일 것이다.

가을이든, 고양이든 인공지능이 그런 개념들을 충분히 이해하는 것이 영원히 불가능하다고 단언할 이유는 없다. 하지만 우리가 여기서 확인한 점은 개념의 사례를 식별하는 능력이 개념을 이해하는 능력을 함축하는 것은 아니고, 그 역도 마찬가지라는 것이다.

① 다양한 형태의 크고 작은 상자들 가운데 정확하게 정사각형의 상자를 찾아낸다면, 정사각형의 개념을 이해한 것이라고 볼 수 있겠어.

② 인간과 동물의 개념을 명확하게 이해하고 있다면, 동물과 인간을 실수 없이 구별해야 해.

③ 영상자료에서 가을의 장면을 제대로 가려내지 못한 사람은 가을의 개념을 명확히 이해하지 못한 사람이야.

④ 인공지능이 자동차와 사람의 개념을 제대로 이해했다면, 영상 속의 자동차를 사람으로 착각할 리 없어.

⑤ 날아가는 비둘기를 참새로 오인했다고 해서 비둘기 개념을 이해하지 못하고 있다고 평가하기는 어려워.

※ 다음 글을 읽고 이어지는 질문에 답하시오. [3~4]

미술가가 얻어내려고 하는 효과가 어떤 것인지는 결코 예견할 수 없기 때문에 특정한 종류의 규칙을 설정하기는 불가능하며, 또한 이것이 진리이다. 미술가는 일단 옳다는 생각이 들면 전혀 조화되지 않는 것까지 시도하기를 원할지 모른다. 하나의 그림이나 조각이 어떻게 되어 있어야 제대로 된 것인지 말해 줄 수 있는 규칙이 없기 때문에 우리가 어떤 작품을 걸작이라고 느끼더라도 그 이유를 정확한 말로 표현한다는 것은 거의 불가능하다. 그러나 그렇다고 어느 작품이나 다 마찬가지라거나, 사람들이 취미에 대해 논할 수 없다는 뜻은 아니다. 만일 그러한 논의가 별 의미가 없는 것이라 하더라도 그러한 논의들은 우리에게 그림을 더 보도록 만들고, 우리가 그림을 더 많이 볼수록 전에는 발견하지 못했던 점들을 깨달을 수 있게 된다. 그림을 보면서 각 시대의 미술가들이 이룩하려 했던 조화에 대한 감각을 발전시키고, 이러한 조화들에 의해 우리의 느낌이 풍부해질수록 우리는 더욱 그림 감상을 즐기게 될 것이다. '취미에 관한 문제는 논의의 여지가 없다.'는 오래된 경구는 진실이겠지만, 이로 인해 '취미는 개발될 수 있다.'는 사실이 숨겨져서는 안 된다. 예컨대 ⊙ 차를 마셔 버릇하지 않은 사람들은 여러 가지 차를 혼합해서 만드는 차와 다른 종류의 차가 똑같은 맛을 낸다고 느낄지 모른다. 그러나 만일 그들이 여가(餘暇)와 기회가 있어 그러한 맛의 차이를 찾아내려 한다면 그들은 자기가 좋아하는 혼합된 차의 종류를 정확하게 식별해 낼 수 있는 진정한 감식가가 될 수 있을 것이다.

분명히 미술 작품에 대한 취미는 음식이나 술에 대한 취미보다 매우 복잡하다. 그것은 여러 가지 미묘한 풍미(風味)를 발견하는 문제일 뿐 아니라 훨씬 진지하고 중요한 것이다. 요컨대 위대한 미술가들은 작품에 그들의 모든 것을 바치고 그 작품들로 인해 고통을 받고 그들 작품에 심혈을 기울였으므로, 그들은 우리에게 최소한 그들이 원하는 방식으로 미술 작품을 이해하도록 우리가 노력해야 한다고 요구할 권리가 있다.

03 다음 중 윗글의 목적으로 가장 적절한 것은?

① 미의 표현 방식을 설명하기 위해
② 미술에 대한 관심을 불러일으키기 위해
③ 미술 교육이 나아갈 방향을 제시하기 위해
④ 미술을 통해 얻는 효과를 이해시키기 위해
⑤ 미술 작품 감상의 올바른 태도를 제시하기 위해

04 다음 중 밑줄 친 ⊙이 의미하는 사람으로 가장 적절한 것은?

① 미술에 대해 편견을 갖고 있는 사람
② 미술 작품을 소장하고 있지 않은 사람
③ 미술 작품을 자주 접할 기회가 없는 사람
④ 그림을 그리는 방법을 잘 알지 못하는 사람
⑤ 미술 작품 감상을 시간 낭비라고 생각하는 사람

아이들이 답이 있는 질문을 하기 시작하면 그들이 성장하고 있음을 알 수 있다.

– 존 J. 플롬프 –

CHAPTER 02
언어표현

DCAT의 언어표현 영역은 나열하기, 한자성어, 맞춤법, 높임말, 어휘 등 언어와 관련된 다양한 유형의 문제들이 출제되고 있다. 총 15문항을 10분 동안 풀어야 하며, 평소 익숙지 않은 어휘나 속담, 한자성어가 출제되므로 일정 이상의 어휘력을 요구하는 영역이다. 따라서 평소 어휘력 향상을 위한 학습이 요구되며, 다방면의 지식을 폭넓게 알아두는 것 또한 중요하다.

01 문장나열

문장나열의 경우 문장과 문장을 연결하는 접속어의 쓰임에 대해 정확히 알고 있어야 문제를 풀 수 있고, 문장 속에 나타나는 지시어는 해당 문장의 앞에 어떤 내용이 오는지에 대한 힌트가 되므로 이에 집중한다.

02 어휘력

DCAT의 어휘력 유형은 동의어나 반의어 찾기, 어휘의 의미 찾기 및 빈칸 넣기 등 어휘에 관련된 다양한 문제들이 출제된다.

┌ 학습 포인트 ├
일상에서 자주 쓰이는 대표적인 동의어와 반의어를 숙지하는 것은 물론, 사회·정치·기술·과학 등과 관련된 지문이 출제되므로 어휘의 쓰임새와 관용어 등을 정리하는 것이 좋다.

맞춤법

DCAT의 맞춤법 유형은 다른 유형에 비해서 어렵지 않은 수준으로 출제되고 있다. 하지만 실제 시험 후기에서는 수험생들의 체감 난이도가 높은 유형으로 알려져 있어 꾸준한 학습이 요구되는 유형이기도 하다.

┤ 학습 포인트 ├

평소 맞춤법 실력에 자신이 없을 경우에는 일상생활에서 가장 많이 틀리는 맞춤법을 따로 정리해 놓거나 맞춤법 관련 문제를 틈틈이 풀어보는 것이 좋다.

04 **관용적 표현**

DCAT의 관용적 표현 유형은 주로 한자성어나 속담을 포함한 문제들이 출제된다. 단순히 한자성어나 속담의 뜻을 묻고 답하는 문제뿐만이 아니라 독해력을 요구하는 유형이기 때문에 글의 맥락을 파악하여 이에 적절한 표현을 찾는 것을 요구한다.

┤ 학습 포인트 ├

단순히 한자성어나 속담과 그 의미를 외우는 것보다는 이들이 사용된 신문 사설이나 글 등을 통해 주로 어떠한 상황에서 관용구로 쓰이는지 파악해두는 것이 좋다.

01 | 나열하기

| 유형분석 |

- 문단 및 문장의 전체적인 흐름을 파악하고 순서대로 나열하는 유형이다.
- 각 문장의 지시어나 접속어에 주의해야 한다.

다음 문단을 논리적 순서대로 바르게 나열한 것은?

(가) 상품의 가격은 기본적으로 수요와 공급의 힘으로 결정된다. 시장에 참여하고 있는 경제 주체들은 자신이 가진 정보를 기초로 하여 수요와 공급을 결정한다.

(나) 이런 경우에는 상품의 가격이 우리의 상식으로는 도저히 이해하기 힘든 수준까지 일시적으로 뛰어오르는 현상이 나타날 가능성이 있다. 이런 현상은 특히 투기의 대상이 되는 자산의 경우 자주 나타나는데, 우리는 이를 '거품 현상'이라고 부른다.

(다) 그러나 현실에서는 사람들이 서로 다른 정보를 갖고 시장에 참여하는 경우가 많다. 어떤 사람은 특징한 정보를 갖고 있는데 거래 상대방은 그 정보를 갖고 있지 못한 경우도 있다.

(라) 일반적으로 거품 현상이란 것은 어떤 상품 ─ 특히 자산 ─ 의 가격이 지속해서 급격히 상승하는 현상을 가리킨다. 이와 같은 지속적인 가격 상승이 일어나는 이유는 애초에 발생한 가격 상승이 추가적인 가격 상승의 기대로 이어져 투기 바람이 형성되기 때문이다.

(마) 이들이 똑같은 정보를 함께 갖고 있으며 이 정보가 아주 틀린 것이 아닌 한, 상품의 가격은 어떤 기본적인 수준에서 크게 벗어나지 않을 것이라고 예상할 수 있다.

① (마) ─ (가) ─ (다) ─ (라) ─ (나)   ② (라) ─ (가) ─ (다) ─ (나) ─ (마)
③ (나) ─ (마) ─ (다) ─ (가) ─ (라)   ④ (가) ─ (마) ─ (다) ─ (나) ─ (라)
⑤ (가) ─ (다) ─ (나) ─ (라) ─ (마)

정답 ④

제시문은 가격을 결정하는 요인과 현실적인 여러 요인으로 인해 나타나는 '거품 현상'에 대해 설명하고 있다. 따라서 (가) 수요와 공급에 의해 결정되는 가격 ─ (마) 상품의 가격에 대한 일반적인 예상 ─ (다) 가격의 현실적인 상황 ─ (나) 현실적인 가격 결정 '거품 현상' ─ (라) '거품 현상'에 대한 구체적인 설명의 순으로 나열하는 것이 적절하다.

30초 컷 풀이 Tip

먼저 각 문장에 자리한 지시어와 접속어를 살펴본다. 문두에 접속어가 오거나 문장 중간에 지시어가 나오는 경우 글의 첫 번째 문장이 될 수 없다. 따라서 이러한 문장들을 하나씩 소거해 나가다 보면 첫 문장이 될 수 있는 것을 찾을 수 있다. 또한, 선택지를 참고하여 문장의 순서를 생각해 보는 것도 시간을 단축하는 좋은 방법이 될 수 있다.

※ 다음 문단을 논리적 순서대로 바르게 나열한 것을 고르시오. [1~4]

Easy

01

> (가) 친환경 농업은 최소한의 농약과 화학비료만을 사용하거나 전혀 사용하지 않은 농산물을 일컫는다. 친환경 농산물이 각광받는 이유는 우리가 먹고 마시는 것들이 우리네 건강과 직결되기 때문이다.
>
> (나) 사실상 병충해를 막고 수확량을 늘리는 데 있어, 농약은 전 세계에 걸쳐 관행적으로 사용됐다. 깨끗이 씻어도 쌀에 남아있는 잔류농약을 완전히 제거하기는 어렵다. 잔류농약은 아토피와 각종 알레르기를 유발한다. 출산율을 저하하고 유전자 변이의 원인이 되기도 한다. 특히 제초제 성분이 체내에 들어올 경우, 면역체계에 치명적인 손상을 일으킨다.
>
> (다) 미국 환경보호청은 제초제 성분의 60%를 발암물질로 규정했다. 결국 더 많은 농산물을 재배하기 위한 농약과 제초제 사용이 오히려 인체에 치명적인 피해를 줄지 모를 '잠재적 위험요인'으로 자리매김한 셈이다.

① (가)－(나)－(다)   ② (나)－(가)－(다)
③ (나)－(다)－(가)   ④ (다)－(가)－(나)
⑤ (다)－(나)－(가)

Easy

02

> (가) 점차 우리의 생활에서 집단이 차지하는 비중이 커지고, 사회가 조직화되어 가는 현대 사회에서는 개인의 윤리 못지않게 집단의 윤리, 즉 사회 윤리의 중요성도 커지고 있다.
>
> (나) 따라서 우리는 현대 사회의 특성에 맞는 사회 윤리의 정립을 통해 올바른 사회를 지향하는 노력을 계속해야 할 것이다.
>
> (다) 그러나 이러한 사회 윤리가 단순히 개개인의 도덕성이나 윤리 의식의 강화에 의해서만 이루어지는 것은 아니다.
>
> (라) 물론 그것은 인격을 지니고 있는 개인과는 달리 전체의 이익을 합리적으로 추구하는 사회의 본질적 특성에서 연유하는 것이기도 하다.
>
> (마) 그것은 개개인이 도덕적이라는 것과 그들로 이루어진 사회가 도덕적이라는 것은 별개의 문제이기 때문이다.

① (가)－(나)－(다)－(라)－(마)
② (가)－(다)－(마)－(라)－(나)
③ (나)－(가)－(마)－(라)－(다)
④ (나)－(다)－(마)－(라)－(가)
⑤ (다)－(나)－(가)－(라)－(마)

PART 2

03

(가) 그중에서도 우리나라의 나전칠기는 중국이나 일본보다 단조한 편이지만, 옻칠의 질이 좋고 자개 솜씨가 뛰어나 우리나라 칠공예만의 두드러진 개성을 가진다. 전래 초기에는 주로 백색의 야광패를 사용하였으나 후대에는 청록 빛깔을 띤 복잡한 색상의 전복껍데기를 많이 사용하였다. 우리나라의 나전칠기는 일반적으로 목제품의 표면에 옻칠을 하고 그것에다 한층 치레 삼아 첨가한다.

(나) 이러한 나전칠기는 특히 통영의 것이 유명하다. 이는 예로부터 통영에는 나전의 원료가 되는 전복이 많이 생산되었으며, 인근 내륙 및 함안지역의 질 좋은 옻이 나전칠기가 발달하는 데 주요 원인이 되었기 때문이다. 이에 통영시는 지역 명물 나전칠기를 널리 알리기 위해 매년 10월 통영 나전칠기축제를 개최하여 400년을 이어온 통영지방의 우수하고 독창적인 공예법을 소개하고 작품도 전시한다.

(다) 제작방식은 우선 전복껍데기를 얇게 하여 무늬를 만들고 백골에 모시 천을 바른 뒤, 칠과 호분을 섞어 표면을 고른다. 그 후 칠죽 바르기, 삼베 붙이기, 탄회 칠하기, 토회 칠하기를 통해 제조과정을 끝마친다. 또한 문양을 내기 위해 나전을 잘라내는 방법에는 주름질(자개를 문양 형태로 오려낸 것), 이음질(문양구도에 따라 주름대로 문양을 이어가는 것), 끊음질(자개를 실같이 가늘게 썰어서 문양 부분에 모자이크 방법으로 붙이는 것)이 있다.

(라) 나전칠기는 기물에다 무늬를 나타내는 대표적인 칠공예의 장식기법의 하나로 얇게 깐 조개껍데기를 여러 가지 형태로 오려내어 기물의 표면에 감입하여 꾸미는 것을 통칭한다. 우리나라는 목기와 더불어 칠기가 발달했는데, 이러한 나전기법은 중국 주대(周代)부터 이미 유행했고 당대(唐代)에 성행하여 한국과 일본에 전해진 것으로 보인다. 나전기법은 여러 나라를 포함한 아시아 일원에 널리 보급되어 있고 지역에 따라 독특한 성격을 가진다.

① (나)－(가)－(다)－(라)
② (나)－(다)－(가)－(라)
③ (다)－(나)－(라)－(가)
④ (라)－(가)－(다)－(나)
⑤ (라)－(다)－(나)－(가)

04

(가) 2018년 정부 통계에 따르면, 우리 연안 생태계 중 갯벌의 면적은 산림의 약 4%에 불과하지만 연간 이산화탄소 흡수량은 산림의 약 37%이며 흡수 속도는 수십 배에 달한다.

(나) 연안 생태계는 대기 중 이산화탄소 흡수에 탁월하다. 물론 연안 생태계가 이산화탄소를 얼마나 흡수할 수 있겠냐고 말하는 분도 있을 것이다. 하지만 연안 생태계를 구성하는 갯벌과 염습지의 염생 식물, 식물성 플랑크톤 등은 광합성을 통해 대기 중 이산화탄소를 흡수하는데, 산림보다 이산화탄소 흡수 능력이 뛰어나다.

(다) 2019년 통계에 따르면 우리나라의 이산화탄소 배출량은 세계 11위에 해당하는 높은 수준이다. 그동안 우리나라는 이산화탄소 배출을 줄이려 노력하고, 대기 중 이산화탄소 흡수를 위한 산림 조성에 힘써 왔다. 그런데 우리가 놓치고 있는 이산화탄소 흡수원이 있다. 바로 연안 생태계이다.

(라) 또한 연안 생태계는 탄소의 저장에도 효과적이다. 연안의 염생 식물과 식물성 플랑크톤은 이산화탄소를 흡수하여 갯벌과 염습지에 탄소를 저장하는데 이 탄소를 블루카본이라 한다. 산림은 탄소를 수백 년간 저장할 수 있지만 연안은 블루카본을 수천 년간 저장할 수 있다. 연안 생태계가 훼손되면 블루카본이 공기 중에 노출되어 이산화탄소 등이 대기 중으로 방출된다. 그러므로 블루카본이 온전히 저장되어 있도록 연안 생태계를 보호해야 한다.

① (가) - (나) - (다) - (라)
② (나) - (다) - (가) - (라)
③ (다) - (가) - (나) - (라)
④ (다) - (나) - (가) - (라)
⑤ (다) - (라) - (나) - (가)

02 | 유의어 · 반의어

| 유형분석 |

• 주어진 단어의 의미를 정확히 알고 있는지를 평가하는 유형이다.

01 다음 중 동의 또는 유의 관계인 단어를 2개 고르면?

① 견주다
② 두껍다
③ 들이다
④ 대보다
⑤ 후하다

02 다음 중 반의 관계인 단어를 2개 고르면?

① 기준
② 표준
③ 수긍
④ 훈련
⑤ 부인

정답 01 ①, ④ 02 ③, ⑤

01
• 견주다 : 둘 이상의 사물을 질이나 양에서 어떠한 차이가 있는지 알기 위하여 서로 대어 보다.
• 대보다 : 서로 견주어 보다.

02
• 수긍 : 옳다고 인정함
• 부인 : 어떤 내용이나 사실을 옳거나 그러하다고 인정하지 아니함

※ 다음 중 동의 또는 유의 관계인 단어를 2개 고르시오. [1~2]

Easy

01
① 실하다
② 평탄하다
③ 야무지다
④ 가파르다
⑤ 자욱하다

02
① 비호
② 추론
③ 트집
④ 동등
⑤ 변호

※ 다음 중 반의 관계인 단어를 2개 고르시오. [3~4]

03
① 원료
② 봉건
③ 가공
④ 차용
⑤ 반제

04
① 머쓱하다
② 닦달하다
③ 좀스럽다
④ 관대하다
⑤ 지나치다

03 │ 빈칸추론

| 유형분석 |

- 글의 맥락을 파악하여 빈칸에 들어갈 적절한 단어를 찾을 수 있는지 평가하는 유형이다.
- 적절한 어휘를 찾는 것은 물론, 정확한 독해력을 요구하므로 문장의 흐름에 유의하도록 한다.

다음 빈칸에 들어갈 말로 알맞게 짝지어진 것은?

컴퓨터용 한글 자판에는 세벌식 자판과 두벌식 자판이 있다. 그리고 세벌식 자판이 두벌식 자판에 비해 더 _____ ㉠ _____ 이고 편리하다는 평가가 많다. _____ ㉡ _____ 새로 컴퓨터를 사용하기 시작하는 사람이 두벌식 자판을 선택하는 이유는 기존의 컴퓨터 사용자의 대다수가 두벌식 자판을 사용하고 있다는 사실이 새로운 사용자에게 영향을 주었기 때문이다. 이처럼 어떤 제품의 사용자 또는 소비자 집단이 네트워크를 이루고, 다른 사람의 수요에 미치는 영향을 네트워크 효과 또는 '네트워크 외부성'이라고 한다.

네트워크 외부성에 영향을 미치는 요인은 두 가지 차원에서 생각해 볼 수 있다. 우선 가장 직접적인 영향을 미치는 것은 사용자 기반이다. 네트워크에 연결된 사람이 늘어날수록 사용자들이 제품이나 서비스를 사용함으로써 얻게 되는 효용은 더욱 증가하고, _____ ㉢ _____ 더 많은 소비자들이 그 제품을 선택하게 된다. 인터넷 지식 검색의 경우, 전체 가입자의 수가 많을수록 개별 사용자의 만족도가 높아지는 경향이 있는데, 이는 사용자 기반이 네트워크 외부성에 영향을 미치는 사례로 볼 수 있다. 둘째, 해당 재화나 서비스의 표준 달성 여부이다. 시장에 출시된 제품 중에서 한쪽이 일정 수준 이상의 사용자 수를 확보해서 시장 지배적 제품으로서 표준이 되면 소비자의 선택에 중요한 영향을 주기 때문이다. 예를 들어 컴퓨터 운영 체제로서 윈도우즈는 개인용 컴퓨터(PC) 시장의 대부분을 장악하고 있는데, 개인용 컴퓨터 제조업체들이 자사 제품에 윈도우즈 로고를 붙여야 판매가 가능할 정도로 윈도우즈의 시장 지배력은 압도적이다. 이런 상황에서 컴퓨터를 구매하려는 소비자가 윈도우즈 대신 다른 운영 체제를 선택할 가능성은 매우 낮다.

	㉠	㉡	㉢
①	비효율적	그런데도	이처럼
②	비효율적	그래서	이렇게
③	효율적	그런데도	이로 인해
④	효율적	그렇게	이로 인해
⑤	효율적	그런데도	그리고

정답 ③

㉠ 이 문장은 세벌식 자판과 두벌식 자판의 비교 부분인데, 뒤의 편리하다는 내용과 '-이고'로 대등하게 연결된 것으로 보아 긍정적인 내용이 나와야 하므로 '효율적'이 적절하다.

㉡ 앞에서 세벌식 자판이 효율적이고 편리하다고 했는데 상반된 내용이 이어지고 있으므로 '그런데도'가 적절하다.

㉢ 뒤 문장은 앞에서 설명한 현상에 대한 결과를 설명하고 있으므로 앞 문장을 지칭하는 '이로 인해'가 적절하다.

※ 다음 빈칸에 들어갈 단어로 바르게 짝지어진 것을 고르시오. [1~2]

01

• 다문화 사회란 한 사회 안에 여러 민족이나 여러 국가의 문화가 ___㉠___ 하는 것을 의미한다.
• 부(富)가 일부 계층에만 ___㉡___ 되어 있는 불평등한 자본주의 사회에서는 이에 따른 많은 문제가 발생한다.
• 민법, 형법 등에 ___㉢___ 하고 있는 공통 조항들을 하나로 통일하여 제정할 필요가 있다.

	㉠	㉡	㉢
①	산재	편재	혼재
②	산재	혼재	편재
③	혼재	편재	산재
④	혼재	편재	잔재
⑤	편재	잔재	혼재

Hard
02

시중에 판매 중인 손 소독제 18개 제품을 수거해 에탄올 ___㉠___ 의 표준 제조 기준 검사를 실시한 결과, 식약처 표준 제조 기준에 미달하는 제품 7개를 적발하였다. 이들 제품 중에는 변경 허가 없이 다른 소독제 ___㉡___ 을 섞거나 ___㉢___ 에 물을 혼합해 생산한 제품도 있었다. 식약처 의약외품 표준 제조 기준에 의하면 손 소독제는 54.7~70%의 에탄올을 ___㉣___ 해야 한다.

	㉠	㉡	㉢	㉣
①	함량	성분	원료	함유
②	함량	성분	원료	내재
③	함량	성질	원천	내재
④	분량	성질	원천	함유
⑤	분량	성분	원천	함유

03

> 아리랑 민요는 지방에 따라 여러 가지가 있는데, 지금까지 발굴된 것은 약 30종 가까이 된다. 그중 대표적인 것으로는 서울의 본조 아리랑을 비롯하여 강원도 아리랑, 정선 아리랑, 밀양 아리랑, 진도 아리랑, 해주 아리랑, 원산 아리랑 등을 들 수 있다. 거의 도마다 대표적인 아리랑이 있으나 평안도와 제주도가 없는데, 그것은 발굴하지 못했기 때문이고, ____㉠____ 울릉도 아리랑까지 발견하였을 정도이니 실제로 더 있었던 것으로 보인다.
>
> ____㉡____ 이들 민요는 가락과 가사의 차이는 물론 후렴의 차이까지 있다. 그중 정선 아리랑이 느리고 구성진 데 비해, 밀양 아리랑은 흥겹고 힘차며, 진도 아리랑은 서글프면서도 해학적인 멋이 있다. 서울 아리랑은 이들의 공통점이 응집되어 구성지거나 서글프지 않으며, 또한 흥겹지도 않은 중간적인 은근한 느낌을 주는 것이 특징이다. ____㉢____ 서울 아리랑은 그 형성 시기도 지방의 어느 것보다도 늦게 이루어진 것으로 짐작된다.

	㉠	㉡	㉢
①	최근에는	그래서	또한
②	최근에는	또한	그러므로
③	과거에는	왜냐하면	그러므로
④	과거에는	그러므로	그럼에도 불구하고
⑤	미래에는	왜냐하면	그럼에도 불구하고

Easy

04

> 교통수단 사업자와 여객시설 사업자는 모두 탑승 보조 서비스를 제공할 의무가 있다. 탑승 보조 서비스란 교통약자가 여객시설에서 교통수단으로 안전하고 편리하게 탑승할 수 있도록 제공하는 인적 서비스를 말한다. ____㉠____ 시내버스 및 시외버스 · 고속버스 등은 주로 운전자가 혼자 운전을 하며 승객을 응대하므로 교통수단 사업자인 운전자가 직접 교통약자의 승하차를 도와야 한다. ____㉡____ 도시철도와 광역철도는 교통수단 내에 교통수단 사업자가 없으므로 여객시설 사업자인 역무원이 교통약자의 탑승을 보조해야 한다.

	㉠	㉡
①	그러나	한편
②	예를 들어	그러므로
③	예를 들어	반면에
④	그리고	반면에
⑤	그리고	그러므로

05 다음 빈칸에 들어갈 말로 가장 적절한 것은?

스트레스는 만병의 근원이란 말이 나돌고 있다. 정말로 스트레스는 의학적인 만병의 근원으로, 우리에게 신체적 해가 되는 일 자체보다도 이를 극복해 나가는 고통스런 과정이 더 문제인 것 같다. 허나 살아가면서 아무리 큰 스트레스를 겪더라도 시간이 경과함에 따라 점차로 망각의 세계로 흘려보내게 되는 것은 천만다행인 일이 아닐 수 없다. 개인적 차이야 있겠지만 고독한 개별 존재로 살아가면서 겪는 삶의 갈등에서 '세월이 약이다.'라는 우리 속담의 역할은 우리에게 참으로 큰 위안을 준다. 과거 기억의 집착에서 빨리 벗어나는 것은 진정으로 필요한 일이며, 이러한 자각의 과정이야말로 결국 혼자인 자신을 성찰할 좋은 기회가 된다. 그러니 이런 의미의 건망증이야 하느님이 우리에게 주신 좋은 선물 가운데 하나가 아니겠는가.

이와 같은 공리적인 건망증과는 달리, 우리 속담에 _____ 는 말과 같이 순간적인 건망증은 우리 생활에 웃음을 주는 활력소가 된다. 주부가 손에 고무장갑을 끼고 장갑을 찾는다든가, 안경을 쓴 채 안경을 찾으러 이리저리 다니는 일 따위의 일이야 주변에서 흔히 목격할 수 있는 일이다. 영국의 명재상이면서 끽연가인 처칠이 파이프를 물고 파이프를 찾았다든가, 혹은 18세기 영국의 문명 비평가였던 사무엘 존슨이 자신의 결혼식 날을 잊고 그 시간에 서재에서 집필하고 있었다는 일화도 정말로 우리를 웃음 짓게 하는 유쾌한 건망증이다.

의학적으로 대충 50대를 전후하여 기억 세포의 사멸로 기억력이 점차로 쇠퇴하여지기 시작한다고 한다. 이제 이순(耳順)의 나이를 넘어서다 보니, 주변 친구들을 만나면 늙는다는 타령과 함께 건망증을 소재로 한담(閑談)의 공간을 채우는 경우가 많아지게 되었다. 한 번은 건망증을 화제로 한자리에서, 지우(知友)가 이젠 하도 잊어버리는 일이 많더니 급기야 잊지 않으려 적어 놓은 메모까지도 잊어 못 찾게 되었노라고 한숨을 짓는 것을 보고 나는 빙그레 웃어 주었다. 그리고 이 말을 해주었다. 그 자체가 바로 자연이고 순리인 것이라고. 잊지 않으려고 억지로 노력하는 일도 하나의 집착인 것이라고.

① 소경이 개천 나무란다
② 우물에 가 숭늉 찾는다
③ 업은 아이 삼 년을 찾는다
④ 장님 코끼리 말하듯 한다
⑤ 소문 난 잔치에 먹을 것 없다

04 | 맞춤법

| 유형분석 |

- 어법에 맞게 맞춤법을 잘 사용할 수 있는지 평가하는 유형이다.
- 한 단어가 지니는 다양한 의미와 각각의 쓰임새에 대해 숙지하는 것은 물론 높임법이나 로마자 표기법 등 맞춤법과 관련된 다양한 문제들이 출제된다.

다음 중 어법에 맞게 고친 것은?

- 빨리 도착하려면 저 산을 ㉠ 넘어야 한다.
- 장터는 저 산 ㉡ 넘어에 있소.
- 나는 대장간 일을 ㉢ 어깨너머로 배웠다.
- 자동차는 수많은 작은 부품들로 ㉣ 나뉜다.
- 나는 일이 바빠 쉴 ㉤ 새가 없었다.

① ㉠ : 목적지에 대해 설명하고 있으므로 '너머'로 수정한다.
② ㉡ : 산으로 가로막힌 반대쪽 장소를 의미하기 때문에 '너머'로 수정한다.
③ ㉢ : 남몰래 보고 배운 것을 뜻하므로 '어깨넘어'로 수정한다.
④ ㉣ : 피동 표현을 사용해야 하므로 '나뉘어진다'로 수정한다.
⑤ ㉤ : '세'로 수정한다.

정답 ②

오답분석
① 산을 '넘는다'는 행위의 의미이므로 '넘어'가 맞다.
③ 어깨너머 : 타인이 하는 것을 옆에서 보거나 듣거나 함(명사)
④ '나뉘다(나누이다)'는 '나누다'의 피동형이므로 피동을 나타내는 접사 '-어지다'와 결합할 수 없다.
⑤ 새 : '사이'의 준말

01 다음 중 띄어쓰기가 바르지 않은 것은?

① 강아지가 집을 나간지 사흘 만에 돌아왔다.

② 북어 한 쾌는 북어 스무 마리를 이른다.

③ 박승후 씨는 국회의원 출마 의사를 밝혔다.

④ 나는 주로 삼학년을 맡아 미술을 지도했다.

⑤ 아는 것이 힘이다.

02 다음 중 밑줄 친 부분의 어법이 옳은 것은?

① 1등을 하던지 2등을 하던지 합격만 하면 된다.

② 그녀는 대학을 졸업하던 해에 취직하였다.

③ 가수는 노래를 잘 부르던지 춤을 잘 추던지 하나는 잘 해야 한다.

④ 공부는 할 만하겠든?

⑤ 밥이던지 빵이던지 아침은 먹어야 한다.

`Hard`

03 다음 중 틀린 단어의 개수는?(단, 같은 단어는 중복해서 세지 않는다)

〈결제규정〉
- 결제를 받으려는 업무에 대해서는 최고결제권자(대표이사)를 포함한 이하 직책자의 결제를 받아야 한다.
- 전결이라 함은 회사의 경영활동이나 관리활동을 수행함에 있어 의사 결정이나 판단을 요하는 일에 대하여 최고결제권자로부터 권한을 의임받아, 자신의 책임하에 최종적으로 의사 결정이나 판단을 하는 행위를 말한다.
- 전결사항에 대해서도 의임받은 자를 포함한 이하 직책자의 결제를 받아야 한다.
- 표시내용 : 결제를 올리는 자는 최고결제권자로부터 전결사항을 의임받은 자가 있는 경우 결제란에 전결이라고 표시하고 최종 결제권자 란에 의임받은 자를 표시한다. 다만, 결제가 부필요한 직책자의 결제란은 상향대각선으로 표시한다.

① 1개   ② 2개

③ 3개   ④ 4개

⑤ 5개

05 | 관용적 표현

| 유형분석 |

- 주어진 글을 읽고 맥락과 일치하는 표현을 사용할 수 있는지 평가하는 유형이다.
- 한자성어와 속담은 물론 단어에 내포된 관용적 의미를 묻는 문제들이 출제되기도 한다.

다음 상황에 가장 적절한 한자성어는?

어느 고을에 김사또와 최진사가 있었다. 김사또는 자신에게 항상 옳은 말만 하고 사람들이 입을 모아 칭찬하는 최진사를 싫어했다. 어느 날, 최진사의 아들이 실수로 돈 없이 식사하다 관아에 잡혀 오게 되었다. 이를 기회로 삼은 김사또는 아들의 죗값은 잘못 가르친 아버지가 함께 받아야 한다며, 최진사를 감옥에 가두었다.
그러던 어느 날, 김사또의 아들이 길거리에서 싸움하다가 상대방을 죽였다. 이 소식을 들은 김사또는 뒤늦게 땅을 치고 후회했지만 자신이 만든 법에 따라 관직에서 쫓겨나 감옥에 갇히는 신세가 되었다.

① 망운지정(望雲之情)
② 이심전심(以心傳心)
③ 자중지란(自中之亂)
④ 자가당착(自家撞着)
⑤ 자승자박(自繩自縛)

정답 ⑤

- 자승자박(自繩自縛) : 자기가 한 말과 행동에 자기 자신이 옭혀 곤란하게 됨

오답분석

① 망운지정(望雲之情) : 자식이 객지에서 고향에 계신 어버이를 생각하는 마음
② 이심전심(以心傳心) : 마음에서 마음으로 뜻이 전해짐. 또는 내가 생각한 것과 상대방이 생각하는 것이 같음
③ 자중지란(自中之亂) : 같은 편 안에서 일어나는 혼란이나 난리
④ 자가당착(自家撞着) : 자기의 언행이 앞뒤가 서로 맞지 않음

01   다음 중 밑줄 친 부분의 관용구의 사용이 적절하지 않은 것은?

① 학생들은 쉬는 시간마다 난장을 치고 논다.

② 그녀는 말이 없는 편인데, 항상 달다 쓰다 말이 없어서 답답하다.

③ 그들은 부정한 방법으로 한몫 잡고 해외로 도주했다.

④ 그는 승진을 위해서 간이라도 꺼내어 줄 것이다.

⑤ 그와 나는 눈 위의 혹처럼 막역한 사이이다.

PART 2

02   다음 속담의 풀이로 가장 적절한 것은?

산에 가야 범을 잡고, 물에 가야 고기를 잡는다.

① 일을 처리함에 있어 아무런 원칙이 없다.

② 무슨 일이든지 순서에 맞게 처리해야 한다.

③ 선천적 재능과 후천적 노력이 모두 중요하다.

④ 어떠한 일은 결국 필요한 사람이 일을 하게 마련이다.

⑤ 어떤 일을 성공하려면 가만히 앉아 있지 않고 직접 나서야 한다.

03 다음 풀이에 해당하는 속담으로 가장 적절한 것은?

경기가 호황일 때는 직원들의 희생을 강요하던 회사가 경제가 어려워지자 직원들의 임금부터 조정하려고 한다.

① 감언이설(甘言利說)   ② 당랑거철(螳螂拒轍)
③ 무소불위(無所不爲)   ④ 감탄고토(甘呑苦吐)
⑤ 속수무책(束手無策)

Hard

04 다음 글의 주제로 가장 적절한 한자성어는?

미국 메릴랜드대학 의학센터에서는 흥미로운 실험 하나가 진행됐다. 지원자 20명에게 웃음을 유발하는 코미디영화와 긴장감을 조성하는 전쟁영화를 차례로 보여주고 혈류량을 측정했다. 그 결과 희극영화를 볼 때는 대부분 지원자의 혈류량이 평균 22% 증가했지만, 전쟁영화를 볼 때는 혈류량이 34% 감소했다. 이는 웃을 때 분비되는 엔도르핀이라는 호르몬이 혈관을 이완시켜 혈류량을 증가시켰기 때문이었다.

웃음 초기에는 맥박과 혈압이 증가하지만, 나중에는 동맥이 이완되면서 맥박과 혈압이 감소한다. 이러한 작용은 내부 장기를 마사지하는 효과가 있어서 혈액 순환 및 소화를 촉진하고 산소의 농도를 증가시키기 때문에 긴장을 완화한다.

또한 스트레스는 면역반응을 억제하는데, 웃을 때 분비되는 엔도르핀은 T-림프구의 효과를 증가시켜서 감기에서 암에 이르는 질병에 대항할 면역계의 능력을 강화한다. 이러한 점들 때문에 최근 많은 암 병원에서는 전문 웃음치료사를 통한 웃음치료를 진행하고 있다. 암 환자들은 암과 같은 치명적인 질병 앞에서 분노와 두려움의 반응을 보일 수 밖에 없는데, 이때 웃음은 환자들의 부정적인 감정을 조절하는 역할을 한다.

① 망운지정(望雲之情)   ② 소문만복래(掃門萬福來)
③ 출필고반필면(出必告反必面)   ④ 맹모삼천지교(孟母三遷之敎)
⑤ 일소일소 일노일로(一笑一少 一怒一老)

많이 보고 많이 겪고 많이 공부하는 것은 배움의 세 기둥이다.

– 벤자민 디즈라엘리 –

CHAPTER 03
수리자료분석

합격 CHEAT KEY

DCAT의 수리자료분석 영역은 크게 자료해석과 응용수리, 수추리와 알고리즘 등의 유형들이 출제된다. 총 20문항을 20분 동안 풀어야 하며, 모든 유형을 대비하는 것이 좋다.

01 자료해석

자료해석은 제시된 표나 그래프 등의 자료를 이해하고, 그중 필요한 자료를 선택하여 문제 해결에 적용하는 유형이다. 자료를 모두 확인하기에는 주어진 시간이 매우 짧기 때문에 문제를 읽음과 동시에 필요한 자료가 무엇인지를 파악하여 선택적으로 분석하는 능력이 요구된다.

┤ 학습 포인트 ├
- 표, 꺾은선 그래프, 막대 그래프, 원그래프 등 다양한 형태의 자료를 눈에 익힌다.
- 자료해석 유형의 문제는 제시되는 정보의 양이 매우 많으므로 시간을 절약하기 위해서는 문제를 읽고 바로 자료 분석에 들어가는 것보다, 선택지를 먼저 읽고 필요한 정보를 선택적으로 접근하는 것이 좋다.

02 응용수리

응용수리는 수의 관계에 대해 알고 그것을 응용하여 계산할 수 있는지, 미지수를 구하기 위해 필요한 계산식을 세울 수 있는지를 평가하는 유형이다.

┤ 학습 포인트 ├
- 정확하게 답을 구하지 못하면 답을 맞출 수 없게 출제되고 있어 정확하게 계산하는 연습이 필요하다.
- 정형화된 여러 유형을 풀어보고 숙지하여 기본기를 갖추도록 한다.

03 수추리

수추리는 나열된 수열을 보고 규칙을 찾아서 빈칸에 들어갈 알맞은 숫자를 고르는 유형이다. 간단해 보이지만 실제 수험생들이 가장 어려운 영역으로 손꼽는데, 기본적인 수열뿐 아니라 종잡을 수 없는 복잡한 형태의 규칙도 나오는 데다 제한시간 또한 짧기 때문이다.

> **│ 학습 포인트 │**
> • 눈으로만 규칙을 찾고자 할 경우 변화된 값을 모두 외우기 어려우므로 나열된 수의 변화 값을 적어 규칙 파악에 어려움이 없도록 한다.
> • 규칙이 발견되지 않는 경우에는 홀수 항과 짝수 항을 분리하여 파악하거나 군수열을 생각해 본다.

04 알고리즘

알고리즘은 제시된 조건을 차례대로 적용하였을 때 마지막에 도출되는 값을 찾는 유형이다. 알고리즘의 흐름을 이해하고 순서도 과정을 분석하는 등 수험생의 판단력, 추리력, 수학적 능력을 평가한다.

> **│ 학습 포인트 │**
> 알고리즘 기호의 형태와 의미를 사전에 숙지하여 문제를 풀이할 때 혼동이 없도록 하는 것이 좋다.

03 | 이론점검

01 자료해석

(1) 꺾은선(절선) 그래프

① 시간적 추이(시계열 변화)를 표시하는 데 적합하다.

　예 연도별 매출액 추이 변화 등

② 경과 · 비교 · 분포를 비롯하여 상관관계 등을 나타날 때 사용한다.

〈중학교 장학금, 학비감면 수혜현황〉

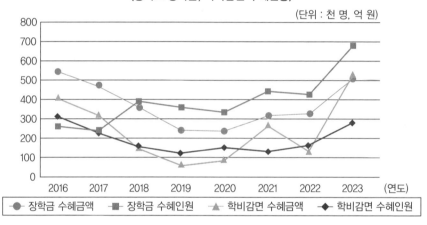

(2) 막대 그래프

① 비교하고자 하는 수량을 막대 길이로 표시하고, 그 길이를 비교하여 각 수량 간의 대소 관계를 나타내는 데 적합하다.

　예 영업소별 매출액, 성적별 인원분포 등

② 가장 간단한 형태로 내역 · 비교 · 경과 · 도수 등을 표시하는 용도로 사용한다.

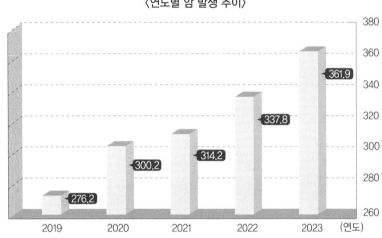

〈연도별 암 발생 추이〉

(3) 원그래프

① 내역이나 내용의 구성비를 분할하여 나타내는 데 적합하다.

　예 제품별 매출액 구성비 등

② 원그래프를 정교하게 작성할 때는 수치를 각도로 환산해야 한다.

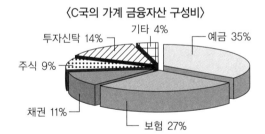

〈C국의 가계 금융자산 구성비〉

(4) 점그래프

① 지역분포를 비롯하여 도시, 지방, 기업, 상품 등의 평가나 위치, 성격을 표시하는 데 적합하다.

예 광고비율과 이익률의 관계 등

② 종축과 횡축에 두 요소를 두고, 보고자 하는 것이 어떤 위치에 있는가를 알고자 할 때 사용한다.

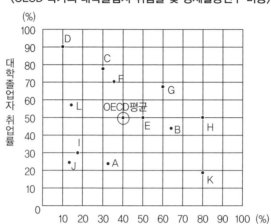

〈OECD 국가의 대학졸업자 취업률 및 경제활동인구 비중〉

(5) 층별그래프

① 합계와 각 부분의 크기를 백분율로 나타내고 시간적 변화를 보는 데 적합하다.

② 합계와 각 부분의 크기를 실수로 나타내고 시간적 변화를 보는 데 적합하다.

예 상품별 매출액 추이 등

③ 선의 움직임보다는 선과 선 사이의 크기로써 데이터 변화를 나타내는 그래프이다.

〈우리나라 세계유산 현황〉

(6) 레이더 차트(거미줄그래프)

① 다양한 요소를 비교할 때, 경과를 나타내는 데 적합하다.

　　예 매출액의 계절변동 등

② 비교하는 수량을 직경, 또는 반경으로 나누어 원의 중심에서의 거리에 따라 각 수량의 관계를 나타내는 그래프이다.

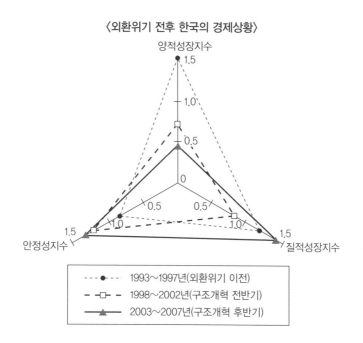

〈외환위기 전후 한국의 경제상황〉

----●---- 1993~1997년(외환위기 이전)
---□--- 1998~2002년(구조개혁 전반기)
———▲——— 2003~2007년(구조개혁 후반기)

02 응용수리

1. 수의 관계

(1) 약수와 배수 : a가 b로 나누어떨어질 때, a는 b의 배수, b는 a의 약수라고 한다.

(2) 소수 : 1과 자기 자신만을 약수로 갖는 수. 즉, 약수의 개수가 2개인 수

(3) 합성수 : 1과 자신 이외의 수를 약수로 갖는 수. 즉, 소수가 아닌 수 또는 약수의 개수가 3개 이상인 수

(4) 최대공약수 : 2개 이상의 자연수의 공통된 약수 중에서 가장 큰 수

(5) 최소공배수 : 2개 이상의 자연수의 공통된 배수 중에서 가장 작은 수

(6) 서로소 : 1 이외에 공약수를 갖지 않는 두 자연수. 즉, 최대공약수가 1인 두 자연수

(7) 소인수분해 : 주어진 합성수를 소수의 거듭제곱의 형태로 나타내는 것

(8) 약수의 개수 : 자연수 $N=a^m \times b^n$에 대하여, N의 약수의 개수는 $(m+1) \times (n+1)$개

(9) 최대공약수와 최소공배수의 관계 : 두 자연수 A, B에 대하여, 최소공배수와 최대공약수를 각각 L, G라고 하면 $A \times B = L \times G$가 성립한다.

2. 방정식의 활용

(1) 날짜 · 요일 · 시계

① 날짜 · 요일

  ㉠ 1일＝24시간＝1,440분＝86,400초

  ㉡ 날짜 · 요일 관련 문제는 대부분 나머지를 이용해 계산한다.

② 시계

  ㉠ 시침이 1시간 동안 이동하는 각도 : $30°$

  ㉡ 시침이 1분 동안 이동하는 각도 : $0.5°$

  ㉢ 분침이 1분 동안 이동하는 각도 : $6°$

(2) 거리 · 속력 · 시간

① (거리)＝(속력)×(시간)

  ㉠ 기차가 터널을 통과하거나 다리를 지나가는 경우

   • (기차가 움직인 거리)＝(기차의 길이)＋(터널 또는 다리의 길이)

  ㉡ 두 사람이 반대 방향 또는 같은 방향으로 움직이는 경우

   • (두 사람 사이의 거리)＝(두 사람이 움직인 거리의 합 또는 차)

② $(속력)＝\dfrac{(거리)}{(시간)}$

  ㉠ 흐르는 물에서 배를 타는 경우

   • (하류로 내려갈 때의 속력)＝(배 자체의 속력)＋(물의 속력)

   • (상류로 올라갈 때의 속력)＝(배 자체의 속력)－(물의 속력)

③ $(시간)＝\dfrac{(거리)}{(속력)}$

(3) 나이 · 인원 · 개수

구하고자 하는 것을 미지수로 놓고 식을 세운다. 동물의 경우 다리의 개수에 유의해야 한다.

(4) 원가 · 정가

① (정가)＝(원가)＋(이익), (이익)＝(정가)－(원가)

② a원에서 b% 할인한 가격＝$a×\left(1-\dfrac{b}{100}\right)$

(5) 일률 · 톱니바퀴

① 일률

전체 일의 양을 1로 놓고, 시간 동안 한 일의 양을 미지수로 놓고 식을 세운다.

  • $(일률)＝\dfrac{(작업량)}{(작업기간)}$

- (작업기간)$=\dfrac{(작업량)}{(일률)}$
- (작업량)$=(일률)\times(작업기간)$

② 톱니바퀴

(톱니 수)$\times$(회전수)$=$(총 맞물린 톱니 수)

즉, A, B 두 톱니에 대하여, (A의 톱니 수)$\times$(A의 회전수)$=$(B의 톱니 수)$\times$(B의 회전수)가 성립한다.

(6) 농도

① (농도)$=\dfrac{(용질의 양)}{(용액의 양)}\times100$

② (용질의 양)$=\dfrac{(농도)}{100}\times$(용액의 양)

(7) 수 I

① 연속하는 세 자연수 : $x-1,\ x,\ x+1$

② 연속하는 세 짝수(홀수) : $x-2,\ x,\ x+2$

(8) 수 II

① 십의 자릿수가 x, 일의 자릿수가 y인 두 자리 자연수 : $10x+y$

이 수에 대해, 십의 자리와 일의 자리를 바꾼 수 : $10y+x$

② 백의 자릿수가 x, 십의 자릿수가 y, 일의 자릿수가 z인 세 자리 자연수 : $100x+10y+z$

(9) 증가 · 감소에 대한 문제

① x가 $a\%$ 증가 : $\left(1+\dfrac{a}{100}\right)x$

② y가 $b\%$ 감소 : $\left(1-\dfrac{b}{100}\right)y$

3. 경우의 수 · 확률

(1) 경우의 수

① 경우의 수 : 어떤 사건이 일어날 수 있는 모든 가짓수

② 합의 법칙

㉠ 두 사건 A, B가 동시에 일어나지 않을 때, A가 일어나는 경우의 수를 m, B가 일어나는 경우의 수를 n이라고 하면, 사건 A 또는 B가 일어나는 경우의 수는 $m+n$이다.

㉡ '또는', '~이거나'라는 말이 나오면 합의 법칙을 사용한다.

③ 곱의 법칙

㉠ A가 일어나는 경우의 수를 m, B가 일어나는 경우의 수를 n이라고 하면, 사건 A와 B가 동시에 일어나는 경우의 수는 $m\times n$이다.

㉡ '그리고', '동시에'라는 말이 나오면 곱의 법칙을 사용한다.

④ 여러 가지 경우의 수

　　㉠ 동전 n개를 던졌을 때, 경우의 수 : 2^n

　　㉡ 주사위 m개를 던졌을 때, 경우의 수 : 6^m

　　㉢ 동전 n개와 주사위 m개를 던졌을 때, 경우의 수 : $2^n \times 6^m$

　　㉣ n명을 한 줄로 세우는 경우의 수 : $n! = n \times (n-1) \times (n-2) \times \cdots \times 2 \times 1$

　　㉤ n명 중, m명을 뽑아 한 줄로 세우는 경우의 수 : $_nP_m = n \times (n-1) \times \cdots \times (n-m+1)$

　　㉥ n명을 한 줄로 세울 때, m명을 이웃하여 세우는 경우의 수 : $(n-m+1)! \times m!$

　　㉦ 0이 아닌 서로 다른 한 자리 숫자가 적힌 n장의 카드에서, m장을 뽑아 만들 수 있는 m자리 정수의 개수 : $_nP_m$

　　㉧ 0을 포함한 서로 다른 한 자리 숫자가 적힌 n장의 카드에서, m장을 뽑아 만들 수 있는 m자리 정수의 개수 : $(n-1) \times {_{n-1}P_{m-1}}$

　　㉨ n명 중, 자격이 다른 m명을 뽑는 경우의 수 : $_nP_m$

　　㉩ n명 중, 자격이 같은 m명을 뽑는 경우의 수 : $_nC_m = \dfrac{_nP_m}{m!}$

　　㉪ 원형 모양의 탁자에 n명을 앉히는 경우의 수 : $(n-1)!$

⑤ 최단거리 문제 : A에서 B 사이에 P가 주어져 있다면, A와 P의 최단거리, B와 P의 최단거리를 각각 구하여 곱한다.

(2) 확률

① (사건 A가 일어날 확률) $= \dfrac{(\text{사건 A가 일어나는 경우의 수})}{(\text{모든 경우의 수})}$

② 여사건의 확률

　　㉠ 사건 A가 일어날 확률이 p일 때, 사건 A가 일어나지 않을 확률은 $(1-p)$이다.

　　㉡ '적어도'라는 말이 나오면 주로 사용한다.

③ 확률의 계산

　　㉠ 확률의 덧셈

　　　두 사건 A, B가 동시에 일어나지 않을 때, A가 일어날 확률을 p, B가 일어날 확률을 q라고 하면, 사건 A 또는 B가 일어날 확률은 $p+q$이다.

　　㉡ 확률의 곱셈

　　　A가 일어날 확률을 p, B가 일어날 확률을 q라고 하면, 사건 A와 B가 동시에 일어날 확률은 $p \times q$ 이다.

④ 여러 가지 확률

　　㉠ 연속하여 뽑을 때, 꺼낸 것을 다시 넣고 뽑는 경우 : 처음과 나중의 모든 경우의 수는 같다.

　　㉡ 연속하여 뽑을 때, 꺼낸 것을 다시 넣지 않고 뽑는 경우 : 나중의 모든 경우의 수는 처음의 모든 경우의 수보다 1만큼 작다.

　　㉢ (도형에서의 확률) $= \dfrac{(\text{해당하는 부분의 넓이})}{(\text{전체 넓이})}$

03 수추리

(1) **등차수열** : 앞의 항에 일정한 수를 더해 이루어지는 수열

[예] 1 3 5 7 9 11 13 15
     +2 +2 +2 +2 +2 +2 +2

(2) **등비수열** : 앞의 항에 일정한 수를 곱해 이루어지는 수열

[예] 1 2 4 8 16 32 64 128
     ×2 ×2 ×2 ×2 ×2 ×2 ×2

(3) **계차수열** : 앞의 항과의 차가 일정하게 증가하는 수열

[예] 1 2 4 7 11 16 22 29
     +1 +2 +3 +4 +5 +6 +7
     +1 +1 +1 +1 +1 +1

(4) **피보나치 수열** : 앞의 두 항의 합이 그 다음 항의 수가 되는 수열

$a_n = a_{n-1} + a_{n-2}$ $(n \geq 3, a_1 = 1, a_2 = 1)$

[예] 1 1 $\underset{1+1}{2}$ $\underset{1+2}{3}$ $\underset{2+3}{5}$ $\underset{3+5}{8}$ $\underset{5+8}{13}$ $\underset{8+13}{21}$

(5) **건너뛰기 수열** : 두 개 이상의 수열이 일정한 간격을 두고 번갈아가며 나타나는 수열

[예] 1 1 3 7 5 13 7 19

• 홀수 항 : 1 3 5 7
                +2 +2 +2

• 짝수 항 : 1 7 13 19
                +6 +6 +6

(6) **군수열** : 일정한 규칙성으로 몇 항씩 묶어 나눈 수열

[예] • 1 1 2 1 2 3 1 2 3 4

⇒ 1 1 2 1 2 3 1 2 3 4

• 1 3 4 6 5 11 2 6 8 9 3 12

⇒ $\underset{1+3=4}{1\ 3\ 4}$ $\underset{6+5=11}{6\ 5\ 11}$ $\underset{2+6=8}{2\ 6\ 8}$ $\underset{9+3=12}{9\ 3\ 12}$

• 1 3 3 2 4 8 5 6 30 7 2 14

⇒ $\underset{1\times3=3}{1\ 3\ 3}$ $\underset{2\times4=8}{2\ 4\ 8}$ $\underset{5\times6=30}{5\ 6\ 30}$ $\underset{7\times2=14}{7\ 2\ 14}$

01 | 자료추론

| 유형분석 |

- 자료를 보고 추론한 내용을 고르는 문제가 출제된다.
- 증감 추이, 증감률, 증감폭 등의 간단한 계산이 포함되어 있다.
- %와 %p의 차이점을 알고 적용할 수 있어야 한다.

다음은 주중과 주말 교통상황에 대한 자료이다. 이에 대한 〈보기〉의 설명 중 옳은 것을 모두 고르면?

〈주중 · 주말 예상 교통량〉

(단위 : 만 대)

구분	전국	수도권 → 지방	지방 → 수도권
주중 예상 교통량	40	4	2
주말 예상 교통량	60	5	3

〈대도시 간 예상 최대 소요 시간〉

구분	서울 – 대전	서울 – 부산	서울 – 광주	서울 – 강릉	남양주 – 양양
주중	1시간	4시간	3시간	2시간	1시간
주말	2시간	5시간	4시간	3시간	2시간

보기

ㄱ. 대도시 간 예상 최대 소요 시간은 모든 구간에서 주중이 주말보다 적게 걸린다.
ㄴ. 주중 전국 예상 교통량 중 수도권에서 지방으로 가는 주중 예상 교통량의 비율은 10%이다.
ㄷ. 지방에서 수도권으로 가는 주말 예상 교통량은 주중 예상 교통량의 2배이다.
ㄹ. 서울 – 광주 구간 주중 최대 소요 시간은 서울 – 강릉 구간 주말 최대 소요 시간과 같다.

① ㄱ, ㄴ
② ㄴ, ㄷ
③ ㄷ, ㄹ
④ ㄱ, ㄴ, ㄹ
⑤ ㄴ, ㄷ, ㄹ

ㄱ. 자료를 통해 대도시 간 예상 최대 소요 시간은 모든 구간에서 주중이 주말보다 적게 걸림을 알 수 있다.

ㄴ. 주중 전국 예상 교통량 중 수도권에서 지방으로 가는 주중 예상 교통량의 비율은 $\frac{4}{40} \times 10 = 10\%$이다.

ㄹ. 서울 – 광주 구간 주중 최대 소요 시간과 서울 – 강릉 구간 주말 최대 소요 시간은 3시간으로 같다.

오답분석

ㄷ. 지방에서 수도권으로 가는 주말 예상 교통량은 주중 예상 교통량의 $\frac{3}{2} = 1.5$배이다.

30초 컷 풀이 Tip

간단한 선택지부터 해결하기

계산이 필요 없거나 생각하지 않아도 되는 선택지를 먼저 해결한다.

예 ㄱ과 ㄹ은 제시된 수치를 비교하는 문제이므로 별 다른 계산 없이 가장 먼저 풀이 가능하다.

옳은 것/옳지 않은 것 헷갈리지 않게 표시하기

자료해석은 옳은 것 또는 옳지 않은 것을 찾는 문제가 출제된다. 문제마다 매번 바뀌므로 이를 확인하는 것은 매우 중요하다. 따라서 선택지에 표시할 때에도 선택지가 옳지 않은 내용이라서 '×' 표시를 했는지, 옳은 내용이지만 문제가 옳지 않은 것을 찾는 문제라 '×' 표시를 했는지 헷갈리지 않도록 표시 방법을 정해야 한다.

제시된 자료를 통해 계산할 수 있는 값인지 확인하기

제시된 자료만으로 계산할 수 없는 값을 묻는 선택지인지 먼저 판단해야 한다. 문제를 읽고 바로 계산부터 하면 함정에 빠지기 쉽다.

01 다음은 2018~2023년 관광통역 안내사 자격증 취득 현황에 대한 자료이다. 이에 대한 〈보기〉의 설명 중 옳지 않은 것을 모두 고르면?

〈관광통역 안내사 자격증 취득 현황〉

(단위 : 명)

취득연도	영어	일어	중국어	불어	독어	스페인어	러시아어	베트남어	태국어
2018년	150	353	370	2	2	1	5	2	3
2019년	165	270	698	2	2	2	3	–	12
2020년	235	245	1,160	3	4	3	5	4	8
2021년	380	265	2,469	3	2	4	6	14	35
2022년	345	137	1,963	7	3	4	5	5	17
2023년	460	150	1,350	6	2	3	6	5	15
합계	1,735	1,420	8,010	23	15	17	30	30	90

보기

ㄱ. 영어와 스페인어 관광통역 안내사 자격증 취득지 수는 2019년부터 2023년까지 매년 증가하였다.

ㄴ. 2023년 중국어 관광통역 안내사 자격증 취득자 수는 일어 관광통역 안내사 자격증 취득자 수의 9배이다.

ㄷ. 2020년과 2021년의 태국어 관광통역 안내사 자격증 취득자 수 대비 베트남어 관광통역 안내사 자격증 취득자 수의 비율 차이는 10%p이다.

ㄹ. 불어 관광통역 안내사 자격증 취득자 수와 독어 관광통역 안내사 자격증 취득자 수는 2019년부터 2023년까지 전년 대비 증감 추이가 같다.

① ㄱ, ㄴ　　　　　　　　　　② ㄱ, ㄹ
③ ㄴ, ㄹ　　　　　　　　　　④ ㄱ, ㄷ, ㄹ
⑤ ㄴ, ㄷ, ㄹ

02 다음은 전국기능경기대회 지역별 결과에 대한 자료이다. 이에 대한 설명으로 옳은 것은?

〈전국기능경기대회 지역별 결과표〉

(단위 : 개)

지역 \ 상	금메달	은메달	동메달	최우수상	우수상	장려상
합계(점)	3,200	2,170	900	1,640	780	1,120
서울	2	5	0	10	0	0
부산	9	0	11	3	4	0
대구	2	0	0	0	0	16
인천	0	0	1	2	15	0
울산	3	0	0	0	7	18
대전	7	0	3	8	0	0
제주	0	10	0	0	0	0
경기도	13	1	0	0	0	22
경상도	4	8	0	12	0	0
충청도	0	7	0	6	0	0

※ 합계는 전체 참가지역의 각 메달 및 상의 점수합계임

① 메달 및 상을 가장 많이 획득한 지역은 경상도이다.
② 메달 한 개당 점수는 금메달은 80점, 은메달은 70점, 동메달은 60점이다.
③ 전국기능경기대회 결과표에서 메달 및 상 중 동메달 개수가 가장 많다.
④ 울산 지역에서 획득한 메달 및 상의 총점은 800점이다.
⑤ 장려상을 획득한 지역 중 금·은·동메달 총 개수가 가장 적은 지역은 대전이다.

03 다음은 15~24세의 청년들을 대상으로 조사한 가장 선호하는 직장에 대한 자료이다. 이에 대한 설명으로 옳지 않은 것은?

〈15~24세가 가장 선호하는 직장〉

(단위 : %)

구분		국가기관	공기업	대기업	벤처기업	외국계기업	전문직기업	중소기업	해외취업	자영업	기타
성별	남성	32.2	11.1	19.5	5.0	2.8	11.9	2.9	1.8	11.9	0.9
	여성	34.7	10.9	14.8	1.8	4.5	18.5	2.0	3.7	7.9	1.2
연령	청소년(15~18세)	35.9	8.1	18.4	4.1	3.1	17.2	2.2	2.7	7.1	1.2
	청소년(19~24세)	31.7	13.2	16.0	2.7	4.2	14.0	2.6	2.8	11.9	0.9
학력	중학교 재학	35.3	10.3	17.6	3.5	3.9	16.5	2.0	3.1	6.7	1.1
	고등학교 재학	35.9	7.8	18.5	4.3	3.0	17.5	2.1	2.8	6.8	1.3
	대학교 재학	34.3	14.4	15.9	2.3	5.4	14.6	1.9	3.8	6.5	0.9
	기타	30.4	12.1	16.1	3.0	3.3	13.5	3.1	2.3	15.3	0.9
가구소득	100만 원 미만	31.9	9.5	18.5	3.9	2.8	15.0	3.0	2.5	11.3	1.6
	100~200만 원 미만	32.6	10.4	19.1	3.5	3.1	14.2	2.6	2.2	11.4	0.9
	200~300만 원 미만	34.7	11.2	15.9	3.1	3.1	16.1	2.5	2.5	9.8	1.1
	300~400만 원 미만	36.5	12.0	15.3	3.6	4.0	14.5	2.1	3.0	8.2	0.8
	400~600만 원 미만	31.9	12.0	17.0	2.4	6.4	16.5	1.9	4.6	6.5	0.8
	600만 원 이상	29.1	11.1	15.5	2.8	6.1	18.0	1.7	3.5	10.5	1.7

① 가구소득이 많을수록 중소기업을 선호하는 비율은 줄어들고 있다.
② 남성의 경우 여성보다 대기업과 벤처기업을 더 선호하고 있다.
③ 국가기관은 모든 기준으로 볼 때 가장 선호하는 직장임을 알 수 있다.
④ 남성과 여성 모두 국가기관에 대한 선호 비율은 공기업에 대한 선호 비율의 3배 이상이다.
⑤ 연령을 기준에서 3번째로 선호하는 직장은 15~18세의 경우와 19~24세의 경우가 같다.

04 다음은 2014~2023년의 전년 대비 주택전세가격 증감률에 대한 그래프이다. 이에 대한 설명으로 옳지 않은 것은?

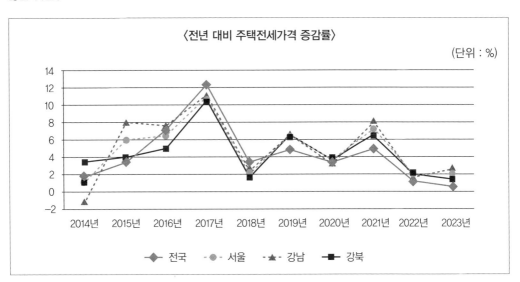

① 전국의 주택전세가격은 2014년부터 2023년까지 매년 증가하고 있다.
② 2017년 강북의 주택전세가격은 2015년과 비교해 20% 이상 증가했다.
③ 2020년 이후 서울의 주택전세가격 증가율은 전국 평균 증가율보다 높다.
④ 강남 지역의 전년 대비 주택전세가격 증가율이 가장 높은 시기는 2017년이다.
⑤ 2014년부터 2023년까지 전년 대비 주택전세가격이 감소한 적이 있는 지역은 한 곳뿐이다.

02 | 자료계산

| 유형분석 |

- 주어진 자료를 통해 문제에서 주어진 특정한 값을 찾고, 자료의 변동량을 구할 수 있는지를 평가하는 유형이다.
- 난이도는 어렵지 않은 편이나 정확한 계산력을 요구하는 유형으로 실수하지 않는 것이 중요하다.

금연프로그램을 신청한 흡연자 A씨는 국민건강보험공단에서 진료 및 상담비용과 금연보조제 비용의 일정 부분을 지원받고 있다. A씨는 의사와 상담을 6회 받았고, 금연보조제로 니코틴패치 3묶음을 구입했다고 할 때, 다음 지원 현황에 따라 흡연자 A씨가 지불하는 부담금은 얼마인가?

〈금연프로그램 지원 현황〉

구분	진료 및 상담	금연보조제(니코틴패치)
가격	30,000원/회	12,000원/묶음
지원금 비율	90%	75%

※ 진료 및 상담료 지원금은 6회까지 지원함

① 21,000원　　　　　　　　　② 23,000원
③ 25,000원　　　　　　　　　④ 27,000원
⑤ 28,000원

정답 ④

흡연자 A씨가 금연프로그램에 참여하면서 진료 및 상담 비용과 금연보조제(니코틴패치) 구매에 지불해야 하는 부담금은 지원금을 제외한 나머지이다. 따라서 A씨가 부담하는 금액은 총 $30,000 \times 0.1 \times 6 + 12,000 \times 0.25 \times 3 = 18,000 + 9,000 = 27,000$원이다.

30초 컷 풀이 Tip

- 자료계산 유형은 선택지를 소거하면서 풀이하면 시간을 단축시킬 수 있다.

Easy

01 다음은 농구 경기에서 A~D 4개 팀의 월별 득점에 대한 자료이다. 빈칸에 들어갈 수치로 가장 적절한 것은?(단, 각 수치는 매월 일정한 규칙으로 변화한다)

〈월별 득점 현황〉

(단위 : 점)

구분	1월	2월	3월	4월	5월	6월	7월	8월	9월	10월
A	1,024	1,266	1,156	1,245	1,410	1,545	1,205	1,365	1,875	2,012
B	1,352	1,702	2,000	1,655	1,320	1,307	1,232	1,786	1,745	2,100
C	1,078	1,423		1,298	1,188	1,241	1,357	1,693	2,041	1,988
D	1,298	1,545	1,658	1,602	1,542	1,611	1,080	1,458	1,579	2,124

① 1,358

② 1,397

③ 1,450

④ 1,498

⑤ 1,522

02 다음은 D마트의 과자 종류에 따른 가격에 대한 자료이다. D마트는 A~C 3개의 과자에 기획 상품 할인을 적용하여 팔고 있다. 모든 과자를 정상가로 각각 2봉지씩 구매할 수 있는 금액을 가지고 할인율이 적용된 가격으로 각각 2봉지씩 과자를 구매했다. 남은 돈으로 A과자를 더 산다고 할 때, A과자를 몇 봉지 더 살 수 있는가?

〈과자별 가격 및 할인율〉

구분	A과자	B과자	C과자
정상가	1,500원	1,200원	2,000원
할인율	20%		40%

① 5봉지

② 4봉지

③ 3봉지

④ 2봉지

⑤ 1봉지

다음은 D시 A~C 세 동에 있는 연도별 벚꽃나무 수에 대한 자료이다. 빈칸에 들어갈 수치로 가장 적절한 것은?(단, 각 수치는 매년 일정한 규칙으로 변화한다)

〈연도별 벚꽃나무 수 변화 추이〉

(단위 : 그루)

구분	A동	B동	C동
2017년	60	110	35
2018년	66	120	19
2019년	60	103	42
2020년	56	105	44
2021년	55	97	53
2022년		112	50
2023년	48	116	41

① 43

② 44

③ 47

④ 48

⑤ 50

04 다음은 6개 수종의 기건비중 및 강도에 대한 자료이다. 〈조건〉에 따라 A와 C에 해당하는 수종이 바르게 연결된 것은?

<6개 수종의 기건비중 및 강도>

수종	기건비중 (ton/m^3)	강도(N/mm^2)			
		압축강도	인장강도	휨강도	전단강도
A	0.53	50	52	88	10
B	0.89	60	125	118	12
C	0.61	63	69	82	9
삼나무	0.37	42	45	72	7
D	0.31	24	27	39	6
E	0.43	49	59	80	7

조건

• 전단강도 대비 압축강도 비가 큰 상위 2개 수종은 낙엽송과 전나무이다.
• 휨강도와 압축강도 차가 큰 상위 2개 수종은 소나무와 참나무이다.
• 참나무의 기건비중은 오동나무 기건비중의 2배 이상이다.
• 압축강도와 인장강도의 차가 두 번째로 큰 수종은 전나무이다.

	A	C
①	소나무	낙엽송
②	소나무	전나무
③	오동나무	낙엽송
④	참나무	소나무
⑤	참나무	전나무

03 | 거리 · 속력 · 시간

| 유형분석 |

- (거리)=(속력)×(시간) 공식을 활용한 문제이다.

  $속력 = \dfrac{(거리)}{(시간)}$, $(시간) = \dfrac{(거리)}{(속력)}$

- 기차와 터널의 길이, 물과 같이 속력이 있는 장소 등 추가적인 거리나 속력 시간에 대한 조건과 결합하여 난이도 높은 문제로 출제된다.

집에서 학교까지 가는 데 동생은 뛰어서 매분 50m의 속력으로, 형은 걸어서 매분 30m의 속력으로 동시에 출발하였더니 동생이 5분 먼저 도착하였다. 집에서 학교까지의 거리는?

① 355m   ② 360m

③ 365m   ④ 370m

⑤ 375m

정답 ⑤

집에서 학교까지의 거리를 xm라 하자.

$\dfrac{x}{30} - \dfrac{x}{50} = 5 \rightarrow 5x - 3x = 750$

$\therefore x = 375$

따라서 집에서 학교까지의 거리는 375m이다.

30초 컷 풀이 Tip

1. 미지수를 정할 때에는 문제에서 묻는 것을 정확하게 파악해야 한다.
2. 속력과 시간의 단위를 처음에 정리하여 계산하면 계산 실수 없이 풀이할 수 있다.
   - 1시간=60분=3,600초
   - 1km=1,000m=100,000cm

01 A에서 B지점까지의 거리는 120km이다. 상희는 자전거를 타고 A에서 B지점까지 시속 30km의 속도로 갔다가, 시속 60km의 속도로 돌아왔다. 상희가 A에서 B지점에 갔다가, 다시 A지점에 돌아올 때까지의 평균 시속은?

① 30km/h ② 35km/h
③ 40km/h ④ 45km/h
⑤ 50km/h

02 동생은 누나가 집을 나가고 3분 후에 누나가 놓고 간 지갑을 갖다 주기 위해 자전거로 누나를 따라 갔다. 누나는 분속 9m, 동생은 분속 12m로 이동할 때, 동생은 출발한 지 몇 분 만에 누나를 만났겠는가?(단, 누나는 계속 일정한 속력으로 이동 중이다)

① 7분 ② 8분
③ 9분 ④ 10분
⑤ 11분

03 Q사원은 자동차를 타고 시속 60km로 출근하던 중에 15분이 지난 시점에서 중요한 서류를 집에 두고 나온 사실을 알았다. Q사원은 처음 출근했을 때의 1.5배의 속력으로 다시 돌아가 서류를 챙긴 후, 지각 하지 않기 위해 서류를 가지러 갔을 때의 1.2배의 속력으로 다시 회사로 향했다. Q사원이 출근하는 데 소비한 전체 시간이 50분이라고 할 때, Q사원의 집에서 회사까지의 거리는?(단, 서류를 챙기는 데 걸린 시간은 고려하지 않는다)

① 40km ② 45km
③ 50km ④ 55km
⑤ 60km

04 | 농도

| 유형분석 |

- (농도)=$\dfrac{(용질의\ 양)}{(용액의\ 양)}\times 100$ 공식을 활용한 문제이다.
- (소금물의 양)=(물의 양)+(소금의 양)이라는 것에 유의하고, 더해지거나 없어진 것을 미지수로 두고 풀이한다.

A소금물 100g과 B소금물 150g을 섞으면 농도 8%의 소금물이 되고, A소금물 200g과 B소금물 50g을 섞으면 농도 6%의 소금물이 된다. A소금물의 농도는?

① 5%   ② 8%

③ 10%   ④ 15%

⑤ 23%

정답 ①

A소금물의 농도를 x%, B소금물의 농도를 y%라고 하면 다음과 같은 식이 성립한다.

$$\frac{x}{100}\times 100+\frac{y}{100}\times 150=\frac{8}{100}\times(100+150)\cdots\text{㉠}$$

$$\frac{x}{100}\times 200+\frac{y}{100}\times 50=\frac{6}{100}\times(200+50)\cdots\text{㉡}$$

㉠과 ㉡을 연립하여 계산하면 $x=5$, $y=10$이다.

따라서 A소금물의 농도는 5%이다.

30초 컷 풀이 Tip

간소화

숫자의 크기를 최대한 간소화해야 한다. 특히, 농도의 경우 분수와 정수가 같이 제시되고, 최근에는 비율을 활용한 문제가 많이 출제되고 있으므로 통분이나 약분을 통해 수를 간소화시켜 계산 실수를 줄일 수 있도록 한다.

주의사항

항상 미지수를 구해서 그 값을 계산하여 풀이해야 하는 것은 아니다. 문제에서 원하는 값은 정확한 미지수를 구하지 않아도 풀이과정에서 답이 제시되는 경우가 있으므로 문제에서 묻는 것을 명확히 해야 한다.

01 D사원은 물 200g과 녹차 가루 50g을 가지고 있다. D사원은 같은 부서 동료인 A사원과 B사원에게 농도가 다른 녹차를 타주려고 한다. A사원의 녹차는 물 65g과 녹차 가루 35g으로 만들어 주었고, B사원에게는 남은 물과 녹차 가루로 녹차를 타주려고 한다고 할 때, B사원이 마시는 녹차의 농도는 몇 %인가?(단, 모든 물과 녹차 가루를 남김없이 사용한다)

① 10%   ② 11%
③ 12%   ④ 13%
⑤ 14%

02 소금물 160g에 물 40g을 넣었더니 농도가 8%인 소금물이 되었다. 물을 넣기 전 처음 소금물의 농도는?

① 30%   ② 25%
③ 20%   ④ 15%
⑤ 10%

03 농도 x%의 소금물 200g에 y%의 소금물 200g을 넣었더니 15%의 소금물이 되었다. y의 값은?

① $30-x$ ② $25-x$
③ $30-2x$ ④ $25-2x$
⑤ $35-x$

05 | 일률

| 유형분석 |

- 전체 일의 양을 1로 두고 풀이하는 유형이다.
- 분이나 초 단위 계산이 가장 어려운 유형으로 출제되고 있다.
- (일률)=$\dfrac{(작업량)}{(작업기간)}$, (작업기간)=$\dfrac{(작업량)}{(일률)}$, (작업량)=(일률)×(작업기간)

대리 혼자서 프로젝트를 진행하면 16일이 걸리고 사원 혼자 진행하면 48일이 걸릴 때, 두 사람이 함께 프로젝트를 진행하는 데 소요되는 기간은?

① 12일   ② 13일

③ 14일   ④ 15일

⑤ 16일

정답 ①

두 사람이 함께 프로젝트를 하는 데 걸리는 기간을 x일이라고 하고 전체 일의 양을 1이라고 하자.

대리가 하루에 진행하는 업무의 양은 $\dfrac{1}{16}$, 사원이 하루에 진행하는 업무의 양은 $\dfrac{1}{48}$이므로 다음과 같은 식이 성립한다.

$$\left(\dfrac{1}{16}+\dfrac{1}{48}\right)x=1$$

$$\therefore x=12$$

따라서 두 사람이 함께 프로젝트를 하는 데 걸리는 기간은 12일이다.

30초 컷 풀이 Tip

1. 전체의 값을 모르는 상태에서 비율을 묻는 문제의 경우 전체를 1이라고 하면 쉽게 풀이할 수 있다.

    例 D가 1개의 빵을 만드는 데 3시간이 걸린다. 1개의 빵을 만드는 일의 양을 1이라고 하면 D는 한 시간에 $\dfrac{1}{3}$만큼의 빵을 만든다.

2. 난이도가 있는 일의 양 문제를 접근할 때 전체 일의 양을 막대 그림으로 표현하면서 풀이하면 한눈에 파악할 수 있다.

例

$\dfrac{1}{2}$ 수행됨	A기계로 4시간 동안 작업	A, B 두 기계를 모두 동원해 작업

Easy

01 프라모델 1개를 조립하는 데 희경이 혼자서는 6일이 걸리고, 소현이와 함께 하면 4일이 걸린다. 소현이 혼자 프라모델 1개를 조립하는 데는 며칠이 걸리겠는가?

① 4일
② 6일
③ 8일
④ 10일
⑤ 12일

02 A, B 두 회사는 협력업체이다. A회사는 10분에 5개의 인형을 생산하고, B회사는 1시간에 1대의 인형 뽑기 기계를 생산한다. 이 두 회사가 40시간 동안 일을 하면 인형이 들어있는 기계를 몇 대 완성할 수 있는가?(단, 인형 뽑기 기계 1대에 반드시 40개의 인형을 넣는다)

① 25대
② 30대
③ 35대
④ 40대
⑤ 45대

03 어느 수조에 물이 가득 들어 있다. 이것을 비우는 데 각각 A관은 12분, B관은 16분, C관은 32분이 걸린다. 이 세 개의 관을 동시에 열어 물이 가득 찬 수조를 비우려면 몇 분이 걸리겠는가?

① 4분
② $\dfrac{84}{15}$분
③ 5분
④ $\dfrac{92}{15}$분
⑤ $\dfrac{96}{17}$분

06 | 금액

| 유형분석 |

- 원가, 정가, 할인가, 판매가 등의 개념을 명확히 한다.

  (정가)＝(원가)＋(이익)

  (이익)＝(정가)－(원가)

  a원에서 $b\%$ 할인한 가격＝$a \times \left(1 - \dfrac{b}{100}\right)$

- 난이도가 어려운 편은 아니지만 비율을 활용한 계산 문제이기 때문에 실수하기 쉽다.
- 최근에는 경우의 수와 결합하여 출제되기도 했다.

종욱이는 25,000원짜리 피자 두 판과 8,000원짜리 샐러드 세 개를 주문했다. 통신사 멤버십 혜택으로 피자는 15%, 샐러드는 25%를 할인받을 수 있고, 이벤트로 통신사 멤버십 혜택을 적용한 금액의 10%를 추가 할인받았다고 한다. 종욱이가 할인받은 금액은?

① 12,150원

② 13,500원

③ 18,600원

④ 19,550원

⑤ 20,850원

정답 ④

할인받기 전 종욱이가 지불할 금액은 $25{,}000 \times 2 + 8{,}000 \times 3 = 74{,}000$원이다.

통신사 할인과 이벤트 할인을 적용한 금액은 $(25{,}000 \times 2 \times 0.85 + 8{,}000 \times 3 \times 0.75) \times 0.9 = 54{,}450$원이다.

따라서 종욱이가 할인받은 금액은 $74{,}000 - 54{,}450 = 19{,}550$원이다.

30초 컷 풀이 Tip

전체 금액을 구하는 것이 아니라 할인된 금액을 구하면 수의 크기도 작아지고, 풀이 과정을 단축시킬 수 있다.

예를 들어 위의 문제에서 피자는 15%, 샐러드는 25%를 할인받았으므로 할인받은 금액은 각각 7,500원, 6,000원이다. 할인받은 금액의 합을 원래 지불했어야 하는 금액에서 빼면 60,500원이고, 이의 10%는 6,050원이므로 종욱이가 할인받은 총 금액은 $7{,}500 + 6{,}000 + 6{,}050 = 19{,}550$원이다.

01 경서와 민준이는 1 : 2의 비율로 용돈을 받았고, 4 : 7의 비율로 지출을 했다. 각각 남은 금액이 2,000원, 5,500원이라고 할 때, 민준이가 받은 용돈은 얼마인가?(단, 용돈 외에 추가수입은 없었다)

① 15,000원   ② 15,500원

③ 16,000원   ④ 16,500원

⑤ 17,000원

02 지난 달 A대리의 휴대폰 요금과 B과장의 휴대폰 요금을 합한 금액은 14만 원이었다. 이번 달의 휴대폰 요금은 지난 달과 비교해 A대리는 10% 감소하고, B과장은 20% 증가하여 두 사람의 휴대폰 요금은 같아졌다. 이번 달 B과장의 휴대폰 요금은?

① 65,000원   ② 72,000원

③ 75,000원   ④ 81,000원

⑤ 83,000원

03 원가가 a원인 아이스크림을 40%의 이익을 붙여 팔다가 다시 20% 할인을 하여 팔았다. 아이스크림을 하나 팔 때 남는 이익은?

① $0.12a$원   ② $0.13a$원

③ $0.14a$원   ④ $0.15a$원

⑤ $0.16a$원

07 │ 경우의 수

│ 유형분석 │

- 순열(P)과 조합(C)을 활용하여 가능한 경우의 수를 구하는 유형이다.
- 합의 법칙과 곱의 법칙을 정확히 이해하고 있어야 한다.
- 벤 다이어그램을 활용하는 문제가 자주 출제되고 있다.
- 원순열이나 중복순열의 경우 빈출유형이므로 이에 대한 개념과 공식을 알고 있어야 한다.

월드컵 축구 경기는 한 조당 4개의 국가로 구성되어 있으며 총 8개의 조가 출전했다. 각 조 내에서는 국가 별로 빠짐없이 서로 각각 한 번씩 경기를 치르는 리그전이 진행되고, 이후 각 조에서 두 국가가 선정되면 본선은 토너먼트 경기 방식으로 진행한다. 축구 한 경기가 열릴 때 얻을 수 있는 수익이 5만 달러라면, 월드 컵에서 발생하는 총 수익은?(단, 토너먼트로 올라가는 대진표는 주최 측에서 임의로 정하고, 3·4위 경기 는 하지 않는다)

① 300만 달러　　　　　　　　　　　② 315만 달러
③ 330만 달러　　　　　　　　　　　④ 345만 달러
⑤ 350만 달러

정답 ②

한 조 내에서는 4개 국가가 모두 서로 한 번씩 경기하기 때문에 $_4C_2 = \dfrac{4 \times 3}{2} = 6$번의 경기를 하게 된다.

총 8개의 조가 경기하므로 $6 \times 8 = 48$번 시합을 하여 각 조에서 두 국가가 토너먼트 경기에 출전한다. 본선은 주최 측에서 임의로 토너먼트 대진표를 작성한다고 하였으므로, 해당 경우의 수를 고려하지 않고 16개 국가가 토너먼트 방식으로 경기를 하면 $8 + 4 + 2 + 1 = 15$번의 경기가 진행된다.

따라서 총 경기 수는 $48 + 15 = 63$회이며, 총 수익은 $63 \times 5 = 315$만 달러이다.

▌ 30초 컷 풀이 Tip

경우의 수의 합의 법칙과 곱의 법칙 등에 대해 명확히 한다.

합의 법칙
㉠ 두 사건 A, B가 동시에 일어나지 않을 때, A가 일어나는 경우의 수를 m, B가 일어나는 경우의 수를 n이라고 하면, 사건 A 또는 B가 일어나는 경우의 수는 $m+n$이다.
㉡ '또는', '~이거나'라는 말이 나오면 합의 법칙을 사용한다.

곱의 법칙
㉠ A가 일어나는 경우의 수를 m, B가 일어나는 경우의 수를 n이라고 하면, 사건A와 B가 동시에 일어나는 경우의 수는 $m \times n$이다.
㉡ '그리고', '동시에'라는 말이 나오면 곱의 법칙을 사용한다.

01 A, B 2명이 호텔에 묵으려고 한다. 선택할 수 있는 호텔 방이 301, 302, 303호 3개일 때, 호텔 방을 선택할 수 있는 경우의 수는?(단, 1명당 1개의 방만 선택할 수 있고, 2명 중 1명이 방을 선택을 하지 않거나 2명 모두 방을 선택하지 않을 수도 있다)

① 10가지   ② 11가지

③ 12가지   ④ 13가지

⑤ 14가지

02 IT 부서에서는 중요한 프로젝트를 위해 24시간 동안 3교대 근무를 하기로 하였다. IT 부서에는 총 10명의 사람이 근무하고 있는데 인턴은 내규에 따라 교대 근무를 시킬 수 없다. 교대 근무 시간표를 짜려고 할 때, 가능한 경우의 수는?(단, 인턴은 1명이고, 한 조는 3명씩 편성된다)

① 210가지   ② 420가지

③ 840가지   ④ 1,680가지

⑤ 3,360가지

Hard

03 D사는 토요일에는 2명의 사원이 당직 근무를 서도록 사칙으로 규정하고 있다. D사의 B팀에는 8명의 사원이 있다. B팀이 앞으로 3주 동안 토요일 당직 근무를 선다고 했을 때, 가능한 경우의 수는?(단, 모든 사원은 당직 근무를 2번 이상 서지 않는다)

① 1,520가지   ② 2,520가지

③ 5,040가지   ④ 10,080가지

⑤ 15,210가지

08 | 확률

| 유형분석 |

- 순열(P)과 조합(C)을 활용을 활용한 문제이다.
- 조건부 확률 문제가 출제되기도 한다.

주머니에 1부터 10까지의 숫자가 적힌 카드 10장이 들어있다. 주머니에서 카드를 세 번 뽑는다고 할 때, 1, 2, 3이 적힌 카드 중 하나 이상을 뽑을 확률은?(단, 꺼낸 카드는 다시 넣지 않는다)

① $\dfrac{5}{8}$

② $\dfrac{17}{24}$

③ $\dfrac{7}{24}$

④ $\dfrac{7}{8}$

⑤ $\dfrac{5}{6}$

정답 ②

(1, 2, 3이 적힌 카드 중 하나 이상을 뽑을 확률)=1−(세 번 모두 4~10이 적힌 카드를 뽑을 확률)

- 세 번 모두 4~10이 적힌 카드를 뽑을 확률 : $\dfrac{7}{10} \times \dfrac{6}{9} \times \dfrac{5}{8} = \dfrac{7}{24}$

∴ 1, 2, 3이 적힌 카드 중 하나 이상을 뽑을 확률 : $1 - \dfrac{7}{24} = \dfrac{17}{24}$

30초 컷 풀이 Tip

여사건의 확률
㉠ 사건 A가 일어날 확률이 p일 때, 사건 A가 일어나지 않을 확률은 $(1-p)$이다.
㉡ '적어도'라는 말이 나오면 주로 사용한다.

확률의 덧셈
두 사건 A, B가 동시에 일어나지 않을 때, A가 일어날 확률을 p, B가 일어날 확률을 q라고 하면, 사건 A 또는 B가 일어날 확률은 $p+q$이다.

확률의 곱셈
A가 일어날 확률을 p, B가 일어날 확률을 q라고 하면, 사건 A와 B가 동시에 일어날 확률은 $p \times q$이다.

01 어느 학생이 두 문제 A, B를 푸는데 문제 A를 맞히지 못할 확률은 60%, 두 문제를 모두 맞힐 확률은 24%일 때, 이 학생이 문제 A는 맞히고, 문제 B는 맞히지 못할 확률은?

① 36%
② 30%
③ 28%
④ 24%
⑤ 16%

Hard

02 고등학생 10명을 대상으로 가장 좋아하는 색깔을 조사하니 빨간색, 노란색, 하늘색이 차지하는 비율이 2:5:3이었다. 학생 2명을 임의로 선택할 때, 좋아하는 색이 다를 확률은?

① $\dfrac{3}{5}$
② $\dfrac{39}{45}$
③ $\dfrac{31}{45}$
④ $\dfrac{32}{45}$
⑤ $\dfrac{34}{45}$

03 0, 1, 2, 3, 4가 적힌 5장의 카드가 있다. A와 B는 이 중 3장의 카드를 뽑아 큰 숫자부터 나열하여 가장 큰 세 자리 숫자를 만든 사람이 이기는 게임을 하기로 했다. A가 0, 2, 3을 뽑았을 때, B가 이길 확률은?

① 60%
② 65%
③ 70%
④ 75%
⑤ 80%

09 | 일반 수열

| 유형분석 |

- 나열된 수를 분석하여 그 안의 규칙을 찾고 적용할 수 있는지를 평가하는 유형이다.
- 규칙에 분수나 소수가 나오면 어려운 문제인 것처럼 보이지만 오히려 규칙은 단순한 경우가 많다.
- 일반적인 방법으로 규칙이 보이지 않는다면 홀수 항과 짝수 항을 분리해서 파악하거나, 군수열을 의심하고 n개의 항을 묶어 생각한다.

일정한 규칙으로 수를 나열할 때, 빈칸에 들어갈 알맞은 수는?

| 1   4   13   40   121   (   )   1,093 |

① 351 ② 363

③ 364 ④ 370

⑤ 392

정답 ③

앞의 항에 ×3+1을 적용한 수열이다.

따라서 ( )=121×3+1=364이다.

또는 3^1, 3^2, 3^3 …을 더하는 수열도 된다.

따라서 121+(3^5)=364이다.

30초 컷 풀이 Tip

- 처음에 규칙이 잘 보이지 않아서 어렵다는 평이 많은 유형이지만 항상 지난 기출문제와 비슷한 방법으로 풀이 가능하다는 후기가 많은 유형이기도 하다. 때문에 수록되어 있는 문제의 다양한 풀이 방법을 충분히 숙지하는 것이 중요하다.
- 한 번에 여러 개의 수열을 보는 것보다 하나의 수열을 찾아서 규칙을 찾은 후 다른 것에 적용시켜보는 것이 빠른 방법일 수 있다.

※ 일정한 규칙으로 수를 나열할 때, 빈칸에 들어갈 알맞은 수를 고르시오. [1~3]

01

| 25 | 24 | 8 | 23 | -8 | 38 | -39 | ( ) |

① 78
② 84
③ 121
④ -121
⑤ 144

Easy

02

$$\frac{5}{3} \quad \frac{15}{6} \quad \frac{45}{9} \quad \frac{135}{12} \quad (\quad)$$

① $\frac{140}{15}$
② $\frac{405}{15}$
③ $\frac{425}{15}$
④ $\frac{405}{25}$
⑤ $\frac{425}{25}$

03

| 2 3 8 | 3 5 243 | 4 ( ) 256 |

① 2
② 3
③ 4
④ 5
⑤ 6

10 | 여러 가지 수열

| 유형분석 |

• 여러 가지 모양의 수열을 보고 숨겨진 규칙을 찾을 수 있는지 평가하는 유형이다.

다음은 일정한 규칙에 따라 나열된 수열이다. ?에 들어갈 값으로 알맞은 것은?

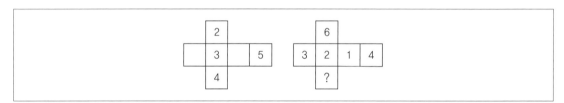

① 2
② 3
③ 4
④ 5
⑤ 6

정답 ③

전개도를 접어 입체도형을 만들었을 때 마주 보는 면에 적혀 있는 수의 차가 2이다.

따라서 ?=6-2=4이다.

30초 컷 풀이 Tip

다양한 형태로 출제되는 수열 문제의 경우, 일반 수열 문제보다 낯선 대신 수열 전개 방식은 단순한 경우가 많다. 따라서 일반 수열 문제와 달리 사칙연산 등 기본적인 규칙을 생각하며 접근하는 것이 도움이 될 수 있다.

※ 다음은 일정한 규칙에 따라 나열된 수열이다. ?에 들어갈 값으로 알맞은 것을 고르시오. [1~2]

01

8	27	132
32	?	156
56	75	180

① 39 ② 43

③ 47 ④ 43

⑤ 51

02

2	2
3	5
5	10
6	16
10	?

① 22 ② 23

③ 24 ④ 25

⑤ 26

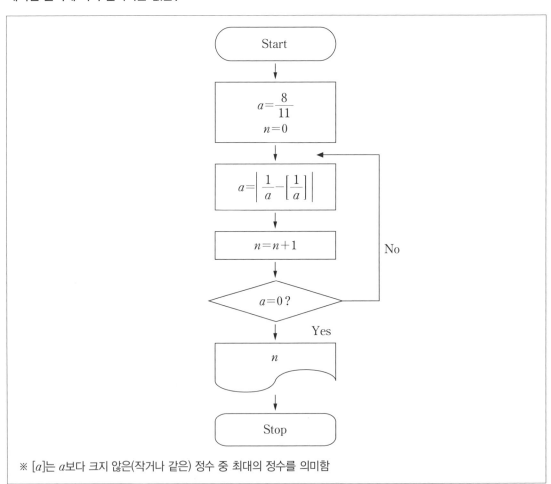

11 | 알고리즘

| 유형분석 |

- 알고리즘의 규칙에 따라 차례대로 적용하여 도출되는 값을 찾을 수 있는지 평가하는 유형이다.

제시된 순서에 따라 출력되는 값은?

Start

$$a = \frac{8}{11}$$
$$n = 0$$

$$a = \left| \frac{1}{a} - \left[\frac{1}{a} \right] \right|$$

$$n = n + 1$$

$a = 0$?

No

Yes

n

Stop

※ $[a]$는 a보다 크지 않은(작거나 같은) 정수 중 최대의 정수를 의미함

① 1   ② 2
③ 3   ④ 4
⑤ 5

a	n
$\dfrac{8}{11}$	0
$\dfrac{11}{8}-1=\dfrac{3}{8}$	1
$\dfrac{8}{3}-2=\dfrac{2}{3}$	2
$\dfrac{3}{2}-1=\dfrac{1}{2}$	3
$\dfrac{2}{1}-2=0$	4

※ 제시된 순서에 따라 출력되는 값을 구하시오. [1~4]

Easy

01

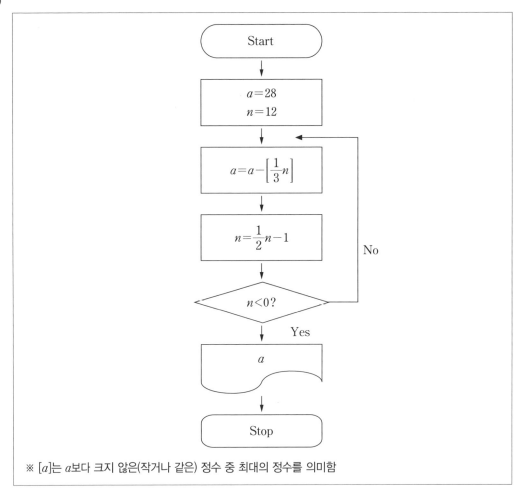

※ $[a]$는 a보다 크지 않은(작거나 같은) 정수 중 최대의 정수를 의미함

① 22   ② 23

③ 25   ④ 27

⑤ 29

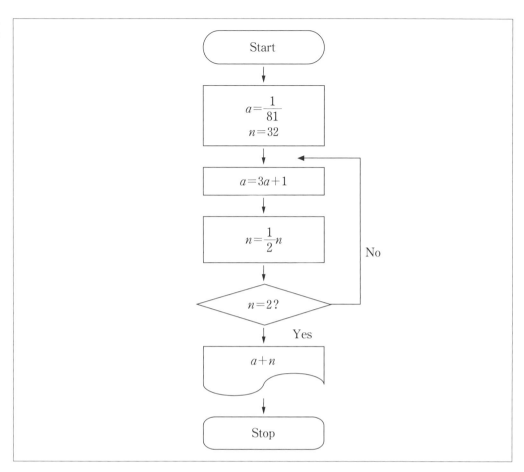

① 28

② 33

③ 35

④ 41

⑤ 43

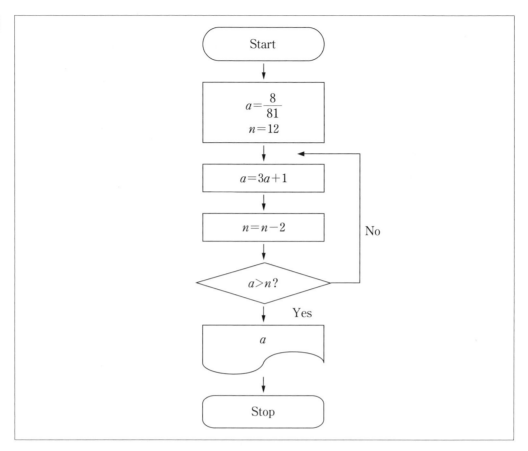

① $\dfrac{8}{81}$

② $\dfrac{8}{9}$

③ $\dfrac{35}{27}$

④ $\dfrac{44}{9}$

⑤ $\dfrac{47}{3}$

04

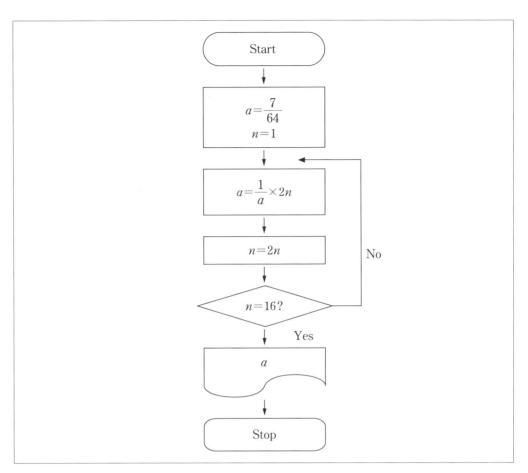

① $\dfrac{7}{32}$

② $\dfrac{256}{7}$

③ $\dfrac{7}{16}$

④ $\dfrac{128}{7}$

⑤ $\dfrac{7}{64}$

CHAPTER 04
공간추리

합격 CHEAT KEY

DCAT의 공간추리 영역은 3×3×3형태의 큐브를 비롯하여 톱니바퀴 등 다양한 평면도형이나 입체도형의 회전, 전개도와 단면도 등의 문제들이 주로 출제되며, 총 10문항을 7분 30초라는 짧은 시간 동안 풀어야 한다. DCAT의 공간추리 영역은 여러 적성검사 영역을 통틀어 가장 어려운 영역으로 손꼽히고 있어 충분한 준비가 요구된다.

DCAT의 공간추리는 전개도를 비롯해 다양한 유형의 출제되어 왔으나, 최근에는 블록을 활용한 문제가 주로 출제되고 있다. DCAT의 온라인 시험 자체 프로그램 내 메모장, 그림판, 계산기가 존재하나 4교시 공간추리 시험에서는 사용이 불가하므로 눈으로 확인하고 연상하여 푸는 연습이 필요하다.

┤ 학습 포인트 ├

- 유형의 난이도는 물론 풀이방식에도 제한이 있기 때문에 개념을 이해하기 전까지는 직접 그려보며 문제를 풀되, 이후에 눈으로만 도형을 움직이고 연상하는 연습을 충분히 할 수 있도록 한다.
- 여러 시점에서 바라본 도형의 모습을 연상하여, 보이지 않는 부분까지도 유추할 수 있는 능력을 기르도록 한다.
- 블록 유형이 현재 주를 이루고 있지만 전개도를 시작으로 다양한 도형 문제들이 출제되고 있으므로 최대한 많은 유형을 연습한다.

01 | 블록

| 유형분석 |

- 주어진 블록 모형을 보고, 사용된 블록의 개수를 물어보거나 앞면, 옆면, 윗면에서 본 블록의 단면도를 바탕으로 해당하는 블록 모형을 찾는 등 다양한 유형이 출제된다.
- 숨겨진 블록의 개수 등을 파악하기 위해 보이지 않는 공간까지 잘 파악하는 것이 중요하다.

다음은 정육면체 나무토막을 쌓아서 만든 도형을 두 방향에서 본 모양이다. 이러한 모양을 만들기 위해서 필요한 나무토막의 최소 개수는?

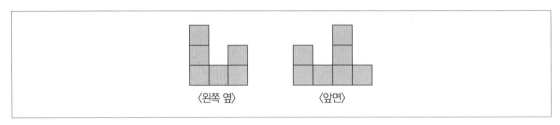

〈왼쪽 옆〉　　　〈앞면〉

① 7개   ② 8개
③ 9개   ④ 10개
⑤ 11개

정답 ①

위에서 봤을 때 쌓을 수 있는 블록의 최소 개수는 다음과 같다.

		3	
	1		
2			

→ 3칸 중 1개

따라서 2+1+3+1=7개이다.

01 다음과 같은 모형을 만드는 데 사용된 블록의 개수는?(단, 보이지 않는 곳의 블록은 있다고 가정한다)

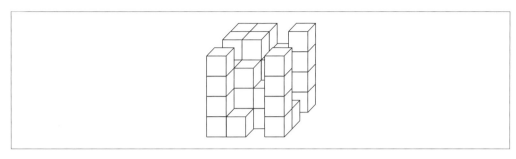

① 44개   ② 43개
③ 42개   ④ 41개
⑤ 40개

02 맨 왼쪽의 입체도형은 두 번째, 세 번째 입체도형과 ?를 조합하여 만들 수 있다. 다음 중 ?에 들어갈 도형으로 가장 알맞은 것은?

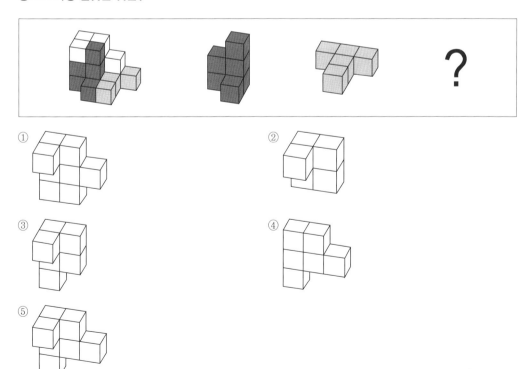

03 입체도형의 회전규칙이 다음과 같이 정의된다고 할 때, 〈보기〉의 단면과 일치하는 입체도형을 Y축 3회
전한 것은?(단, 1회전은 90°이다)

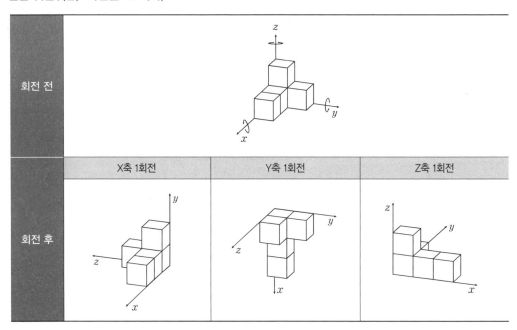

	X축 1회전	Y축 1회전	Z축 1회전

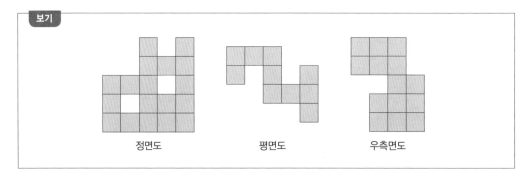

①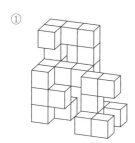

②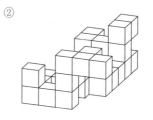

③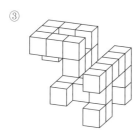

④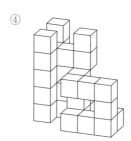

⑤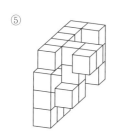

02 | 큐브 돌리기

| 유형분석 |

- 큐브를 회전시켰을 때의 모양과 그 단면도를 연상할 수 있는지 평가하는 유형이다.
- 주어진 시간이 많지 않으므로 처음 문제에서 규칙과 풀이법을 제대로 숙지했는지의 여부가 중요하다.

3×3×3 큐브를 다음과 같이 정의한다고 할 때, 다음 중 두 번째 가로줄을 시계 방향으로 270°, 세 번째 높이줄을 시계 반대 방향으로 90°, 첫 번째 가로줄을 시계 방향으로 270° 돌렸을 때, 나오는 모양을 다음과 같이 잘랐을 때의 단면은?

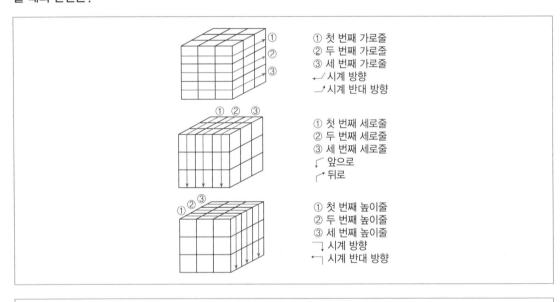

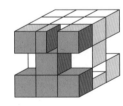

①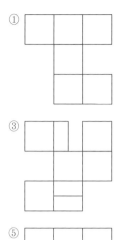

②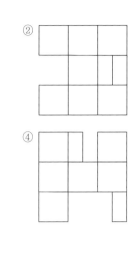

③

④

⑤

정답 ⑤

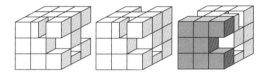

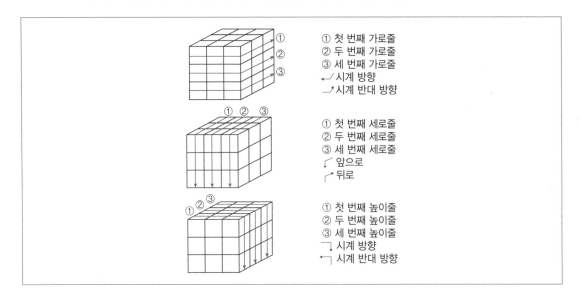

※ 3×3×3 큐브를 다음과 같이 정의할 때, 이어지는 질문에 답하시오. [1~3]

① 첫 번째 가로줄
② 두 번째 가로줄
③ 세 번째 가로줄
↙ 시계 방향
↗ 시계 반대 방향

① 첫 번째 세로줄
② 두 번째 세로줄
③ 세 번째 세로줄
↙ 앞으로
↗ 뒤로

① 첫 번째 높이줄
② 두 번째 높이줄
③ 세 번째 높이줄
↘ 시계 방향
↖ 시계 반대 방향

01 두 번째 세로줄을 앞으로 90°, 세 번째 가로줄을 시계 방향으로 90°, 세 번째 높이줄을 시계 반대 방향으로 90° 돌렸을 때, 나오는 모양을 다음과 같이 잘랐을 때의 단면은?

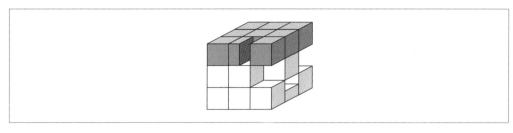

①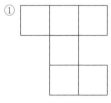

②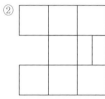

③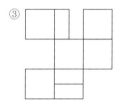

④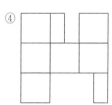

⑤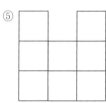

02 세 번째 높이줄을 시계 반대 방향으로 90°, 첫 번째 가로줄을 시계 방향으로 90°, 두 번째 세로줄을 앞으로 90° 돌렸을 때, 나오는 모양을 다음과 같이 잘랐을 때의 단면은?

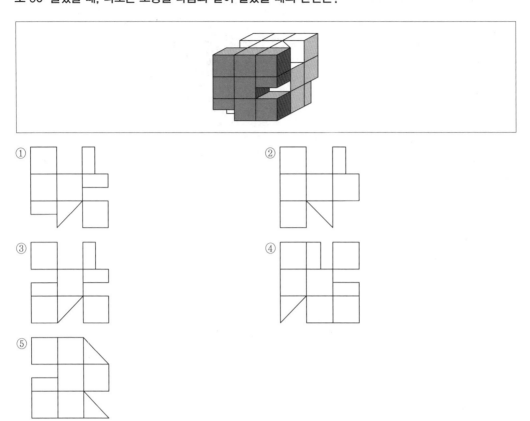

① ② ③ ④

⑤

03 세 번째 높이줄을 시계 반대 방향으로 90°, 첫 번째 가로줄을 시계 방향으로 180°, 세 번째 세로줄을 뒤로 180° 돌렸을 때, 나오는 모양을 다음과 같이 잘랐을 때의 단면은?

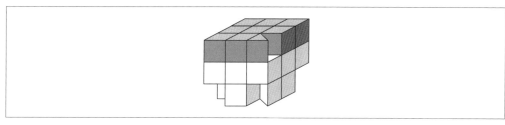

①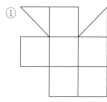

②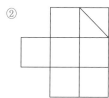

③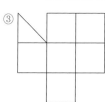

④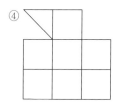

⑤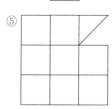

03 | 전개도

| 유형분석 |

- 주어진 입체도형을 보고, 전개도를 추리할 수 있는지 평가하는 유형이다.
- 일반적인 전개도 유형과 달리 물이 담겨 있거나 정육면체를 회전하는 등 추가되는 조건이 있으므로 문제를 꼼꼼히 읽어 놓치지 않도록 한다.

절반의 물이 들어 있는 정육면체를 다음과 같이 회전했을 때, 물이 묻어 있는 부분의 전개도로 알맞은 것은?

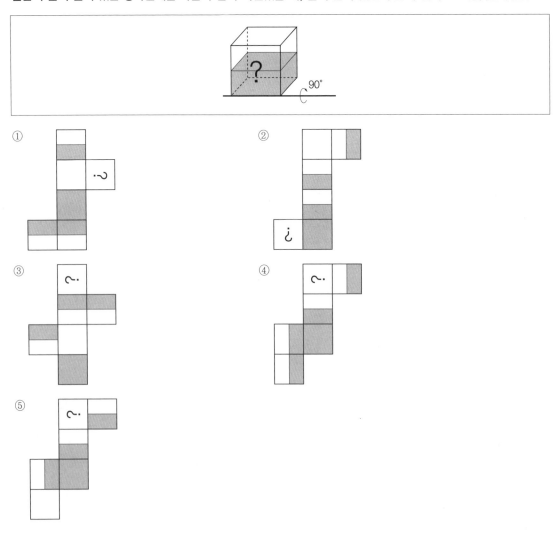

정답 ④

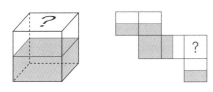

30초 컷 풀이 Tip

정육면체의 물음표를 기준으로 물에 닿아있는 부분과 닿아있지 않은 부분을 구분하여 전개도를 구별하면 한결 수월하게 문제를 풀 수 있다.

※ 절반의 물이 들어 있는 정육면체를 다음과 같이 회전했을 때 물이 묻어 있는 부분의 전개도로 알맞은 것을 고르시오. [1~2]

01

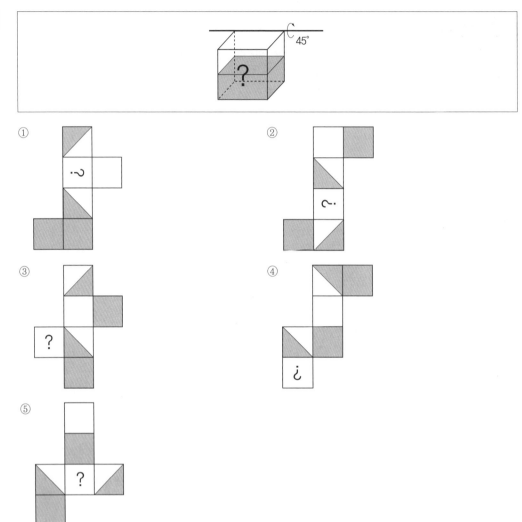

02

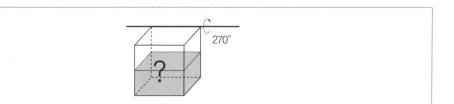

①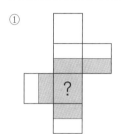

②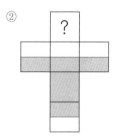

③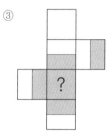

④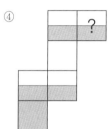

⑤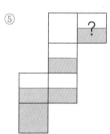

CHAPTER 05
도형추리

DCAT의 도형추리는 도형들 사이의 관계나 변화 과정을 보고 적용된 규칙을 파악하는 유형이다. 3×3개의 칸에 8개 도형만 제시되고, 그 안에서 도형이 변하는 규칙을 찾아 비어 있는 자리에 들어갈 도형의 모양이 주로 출제되고 있다. 평면도형의 회전, 반전 등 도형의 변화된 모습을 유추할 수 있어야 하므로 난이도가 높고 수험생들이 까다로워하는 유형이다. 이 영역을 통해 평가하고자 하는 바는 '신속하고 올바른 판단을 내릴 수 있는가?', '현재의 과정을 통해 미래를 추론할 수 있는가?'이다.

DCAT의 도형추리는 일련의 도형에 적용된 규칙을 파악할 수 있는지 평가하는 유형이다. 대표적으로는 3×3개의 칸에 8개 도형만 제시되고, 8개 도형의 변화 과정을 보고 적용된 규칙을 추론하여 비어 있는 자리에 들어갈 도형의 모양을 찾는 문제이다.

│ 학습 포인트 │

- 도형 사이의 관계를 보고 직접 규칙을 추론하고, 추론한 규칙이 적용된 결과를 골라야 한다. 따라서 자주 출제되는 문제의 형태와 변환 규칙을 먼저 익혀두어야 한다.
- x축 · y축 · 원점 대칭, 시계 방향 · 시계 반대 방향 회전, 색 반전 등 도형 변화의 기본 규칙을 숙지하고, 두 가지 규칙이 동시에 적용되었을 때의 모습도 추론할 수 있는 훈련이 필요하다.
- 가로 행 또는 세로 열을 기준으로 도형의 변화를 살핀 후 대각선, 시계 방향 · 시계 반대 방향, 건너뛰기 등 다양한 가능성을 염두에 두고 규칙을 적용해 본다.
- 규칙을 추론하는 정해진 방법은 없다. 따라서 많은 문제를 풀고 접해보면서 감을 익히는 수밖에 없다.

05 │ 이론점검

01 도형추리

1. 회전 모양

(1) 180° 회전한 도형은 좌우와 상하가 모두 대칭이 된 모양이다.

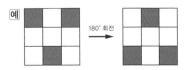

(2) 시계 방향으로 90° 회전한 도형은 시계 반대 방향으로 270° 회전한 도형과 같다.

(3) 좌우 반전 → 좌우 반전, 상하 반전 → 상하 반전은 같은 도형이 된다.

(4) 도형을 거울에 비친 모습은 방향에 따라 좌우 또는 상하로 대칭된 모습이 나타난다.

2. 회전 각도

도형의 회전 각도는 도형의 모양으로 유추할 수 있다.

(1) 회전한 모양이 회전하기 전의 모양과 같은 경우

도형	가능한 회전 각도
	$\cdots,\ -240°,\ -120°,\ +120°,\ +240°,\ \cdots$
	$\cdots,\ -180°,\ -90°,\ +90°,\ +180°,\ \cdots$
	$\cdots,\ -144°,\ -72°,\ +72°,\ +144°,\ \cdots$

(2) 회전한 모양이 회전하기 전의 모양과 다른 경우

회전 전 모양	회전 후 모양	회전한 각도

01 | 규칙찾기 1

| 유형분석 |

- 3×3의 칸에 나열된 각 도형들 사이의 규칙을 찾아 ?에 들어갈 알맞은 도형을 찾는 유형이다.
- 이때 규칙은 가로 또는 세로로 적용되며, 회전, 색 반전, 대칭, 겹치는 부분 지우기/남기기/색 반전 등 다양한 규칙이 적용된다.

다음 제시된 도형의 규칙을 보고 ?에 들어갈 알맞은 도형을 고르면?

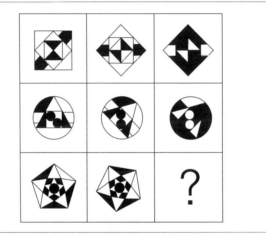

①

②

③

④

⑤

규칙은 가로로 적용된다.

첫 번째 도형을 시계 방향으로 45° 회전한 것이 두 번째 도형이고, 이를 색 반전한 것이 세 번째 도형이다.

30초 컷 풀이 Tip

1. 규칙 방향 파악

   규칙이 적용되는 방향이 가로인지 세로인지부터 파악한다. 해당 문제처럼 세 도형이 서로 다른 모양일 때에는 쉽게 파악할 수 있지만 아닌 경우도 많다. 모양이 비슷한 경우에는 가로와 세로 모두 확인하여 규칙이 적용된 방향을 유추해야 한다.

2. 규칙 유추

   규칙을 유추하기 쉬운 도형을 기준으로 규칙을 파악한다. 나머지 도형을 통해 유추한 규칙이 맞는지 확인한다.

주요 규칙

규칙		예시
회전	45° 회전	 시계 방향
	60° 회전	 시계 반대 방향
	90° 회전	 시계 반대 방향
	120° 회전	 시계 반대 방향
	180° 회전	
색 반전		
대칭	x축 대칭	
	y축 대칭	

※ 다음 제시된 도형의 규칙을 보고 ?에 들어갈 알맞은 도형을 고르시오. [1~4]

01

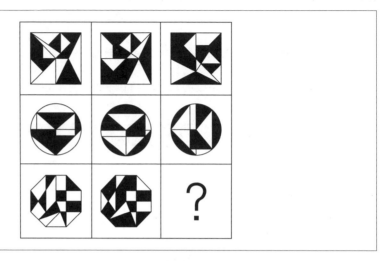

①

②

③

④

⑤

02

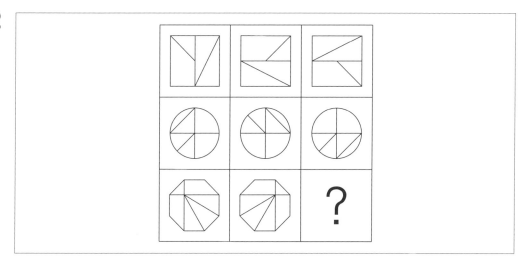

①

③

⑤

②

④

03

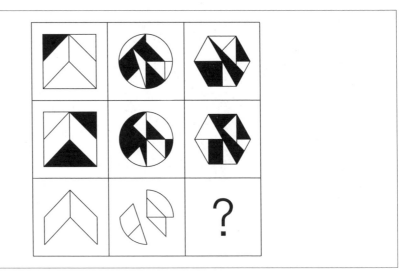

①

②

③

④

⑤

04

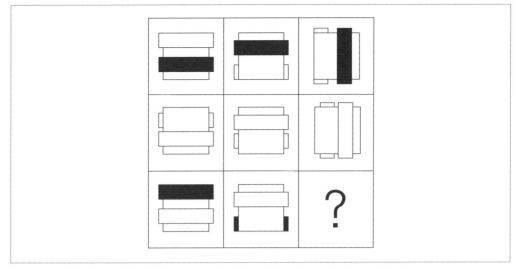

①

②

③

④

⑤

02 | 규칙찾기 2

| 유형분석 |

- 위 칸과 아래 칸, 위쪽 반원과 아래쪽 반원 등 도형 사이의 규칙을 찾아 빈칸에 들어갈 알맞은 도형을 찾는 유형이다.
- 이때 규칙은 회전, 색 반전, 대칭, 겹치는 부분 지우기/남기기/색 반전 등 다양하게 적용된다.

다음 제시된 도형의 규칙을 이용하여 (A), (B)에 들어갈 알맞은 도형을 고르면?

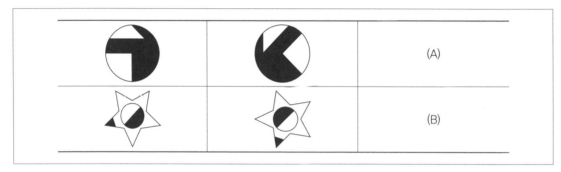

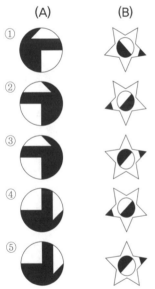

정답 ②

(A) 위 칸 – 도형을 시계 방향으로 45° 회전 후, 좌우 대칭

(B) 아래 칸 – 도형을 시계 반대 방향으로 90° 회전 후, 좌우 대칭

01 제시된 도형의 규칙을 이용하여 (A), (B)에 들어갈 알맞은 도형을 고르면?

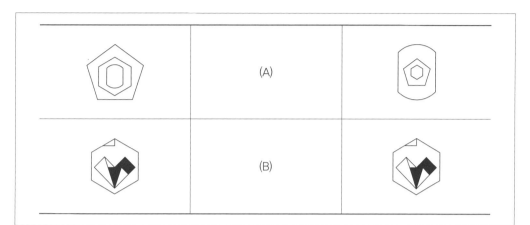

(A)   (B)

①

②

③

④

⑤

※ 제시된 도형의 규칙을 보고 ?에 들어갈 알맞은 것을 고르시오. [2~3]

02

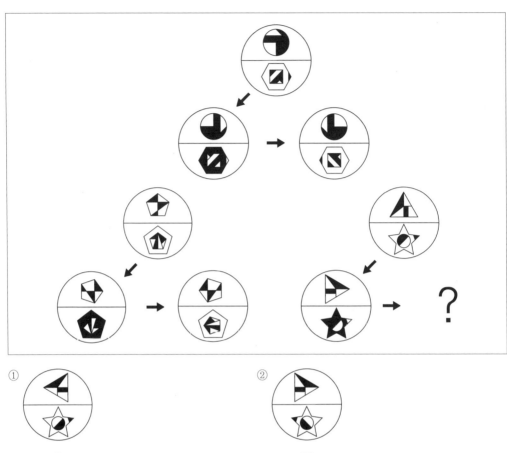

①

②

③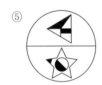

④

⑤

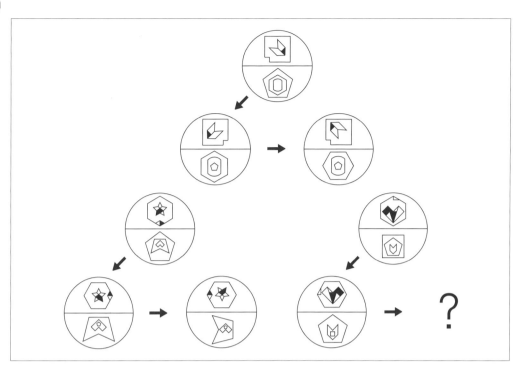

Hard
03

①

②

③

④

⑤

우리가 해야 할 일은 끊임없이 호기심을 갖고 새로운 생각을 시험해보고

새로운 인상을 받는 것이다.

– 월터 페이터 –

PART **3**

최종점검 모의고사

두산그룹 온라인 DCAT	
도서 동형 온라인 실전연습 서비스	ASYP-00000-FB0F0

두산그룹 온라인 DCAT		
영역	문항 수	제한시간
언어논리	20문항	20분
언어표현	15문항	10분
수리자료분석	20문항	20분
공간추리	10문항	7분 30초
도형추리	10문항	7분 30초

※ 프로그램 내에 메모장, 그림판, 계산기가 탑재되어 있어 사용이 가능하다. 단, 4교시 공간추리와 5교시 도형추리에서는 사용이 불가하다.

※ 모든 문항에는 오답 감점이 존재한다.

01 언어논리

Easy

01 다음 제시된 명제가 모두 참일 때, 빈칸에 들어갈 내용으로 가장 적절한 것은?

> • 저녁에 일찍 자면 상쾌하게 일어날 수 있다.
> • _____
> • 그러므로 자기 전 휴대폰을 보면 저녁에 일찍 잘 수 없다.

① 상쾌하게 일어나면 저녁에 일찍 잔 것이다.
② 저녁에 일찍 자면 자기 전 휴대폰을 본 것이다.
③ 자기 전 휴대폰을 보면 상쾌하게 일어날 수 없다.
④ 저녁에 일찍 자면 자기 전 휴대폰을 보지 않은 것이다.
⑤ 저녁에 일찍 잘 수 없으면 상쾌하게 일어나지 않은 것이다.

02 3학년 1반에서는 학생들의 투표를 통해 득표수에 따라 학급 대표를 선출하기로 하였고, 학급 대표 후보로 A~E가 나왔다. 투표 결과 A~E의 득표수가 다음과 같을 때, 바르게 추론한 것은?(단, 1반 학생들은 총 30명이며, 5명 후보의 득표수는 서로 다르다)

> • A는 15표를 얻었다.
> • B는 C보다 2표를 더 얻었지만, A보다는 낮은 표를 얻었다.
> • D는 A보다 낮은 표를 얻었지만, C보다는 높은 표를 얻었다.
> • E는 1표를 얻어 가장 낮은 득표수를 기록했다.

① A가 학급 대표로 선출된다.
② B보다 D의 득표수가 높다.
③ D보다 B의 득표수가 높다.
④ 5명 중 2명이 10표 이상을 얻었다.
⑤ 최다 득표자는 과반수 이상의 표를 얻었다.

03 D고등학교는 부정행위 방지를 위해 1~3학년이 한 교실에서 같이 시험을 본다. 다음 〈조건〉을 참고할 때, 항상 거짓인 것은?

> **조건**
> • 교실에는 책상이 여섯 줄로 되어 있다.
> • 같은 학년은 바로 옆줄에 앉지 못한다.
> • 첫 번째 줄과 다섯 번째 줄에는 3학년이 앉는다.
> • 3학년이 앉은 줄의 수는 1학년과 2학년이 앉은 줄의 합과 같다.

① 두 번째 줄에는 2학년이 앉는다.
② 여섯 번째 줄에는 1학년이 앉는다.
③ 첫 번째 줄과 세 번째 줄의 책상 수는 같다.
④ 3학년의 학생 수가 1학년의 학생 수보다 많다.
⑤ 1학년이 두 번째 줄에 앉으면 2학년은 세 번째 줄에 앉는다.

PART 3

04 D박물관에는 발견된 연도가 서로 다른 왕의 유물들이 전시되어 있다. 다음 〈조건〉에 근거하여 바르게 추론한 것은?

> **조건**
> • 왕의 목걸이는 100년 전에 발견되었다.
> • 왕의 신발은 목걸이보다 나중에 발견되었다.
> • 왕의 초상화는 가장 최근인 10년 전에 발견되었다.
> • 왕의 편지는 신발보다 먼저 발견되었고 목걸이보다 나중에 발견되었다.
> • 왕의 반지는 30년 전에 발견되어 신발보다 늦게 발견되었다.

① 왕의 편지가 가장 먼저 발견되었다.
② 왕의 신발은 두 번째로 발견되었다.
③ 왕의 반지는 편지보다 먼저 발견되었다.
④ 왕의 편지는 목걸이와 반지보다 늦게 발견되었다.
⑤ 왕의 유물을 발견된 순서대로 나열하면 '목걸이 ― 편지 ― 신발 ― 반지 ― 초상화'이다.

05 다음 제시된 명제들로부터 추론할 수 있는 결론으로 옳은 것은?

> • 현명한 사람은 거짓말을 하지 않는다.
> • 건방진 사람은 남의 말을 듣지 않는다.
> • 거짓말을 하지 않으면 다른 사람의 신뢰를 얻는다.
> • 남의 말을 듣지 않으면 친구가 없다.

① 현명한 사람은 다른 사람의 신뢰를 얻는다.
② 건방진 사람은 친구가 있다.
③ 거짓말을 하지 않으면 현명한 사람이다.
④ 다른 사람의 신뢰를 얻으면 거짓말을 하지 않는다.
⑤ 건방지지 않은 사람은 남의 말을 듣는다.

Hard

06 영업팀 A, B, C와 기획팀 D, E, 혁신팀 F, G가 원탁에 둘러앉아 회의를 진행하려고 한다. 다음과 같이 좌석을 배치한다고 할 때, 옳은 것은?

> • 좌석은 총 8개이고 좌석 사이의 간격은 모두 같다.
> • 같은 팀끼리는 붙어서 앉지 않는다.
> • A는 F의 맞은편에, D는 G의 맞은편에 앉는다.
> • E는 B와 붙어서 앉는다.
> • A와 G의 양 옆자리는 비어있지 않다.

① 기획팀끼리는 서로 마주보고 앉는다.
② 혁신팀끼리는 사람을 사이에 두고 앉는다.
③ G는 B의 옆에 앉는다.
④ D의 한쪽 옆자리는 비어있다.
⑤ 영업팀 사이에 E가 앉는다.

07 A~E 5명이 함께 카페에 가서 다음과 같이 음료를 주문하였을 때, 녹차를 주문한 사람은?(단, 한 사람 당 하나의 음료만 주문하였다)

- 홍차를 주문한 사람은 2명이며, B는 커피를 주문하였다.
- A는 홍차를 주문하였다.
- C는 홍차 또는 녹차를 주문하였다.
- D는 커피 또는 녹차를 주문하였다.
- E는 딸기주스 또는 홍차를 주문하였다.
- 직원의 실수로 E만 잘못된 음료를 받았다.
- 주문 결과 홍차 1잔과 커피 2잔, 딸기주스 1잔, 녹차 1잔이 나왔다.

① A
② B
③ C
④ D
⑤ E

08 D사에 근무하고 있는 A~E 5명의 직원 중 1명이 오늘 지각하였고, 이들은 다음과 같이 진술하였다. 이들 중 1명의 진술이 거짓일 때, 지각한 사람은?

- A : 지각한 사람은 E이다.
- B : 나는 지각하지 않았다.
- C : B는 지각하지 않았다.
- D : 내가 지각했다.
- E : A의 말은 거짓말이다.

① A
② B
③ C
④ D
⑤ E

주방에 요리사인 철수와 설거지 담당인 병태가 있다. 요리에 사용되는 접시는 하나의 탑처럼 순서대로 쌓여있다. 철수는 접시가 필요할 경우 이 접시 탑의 맨 위에 있는 접시부터 하나씩 사용한다. 병태는 자신이 설거지한 깨끗한 접시를 해당 탑의 맨 위에 하나씩 쌓는다. 철수와 병태가 (가), (나), (다), (라) 작업을 차례대로 수행한다고 할 때, 철수가 (라) 작업을 완료한 이후 접시 탑의 맨 위에 있는 접시는?

• (가) : 병태가 시간 순서대로 접시 A, B, C, D를 접시 탑에 쌓는다.
• (나) : 철수가 접시 한 개를 사용한다.
• (다) : 병태가 시간 순서대로 접시 E, F를 접시 탑에 쌓는다.
• (라) : 철수가 접시 세 개를 순차적으로 사용한다.

① A접시
② B접시
③ C접시
④ D접시
⑤ E접시

10 다음 글의 제목으로 가장 적절한 것은?

영양분이 과도하게 많은 물에서는 오히려 물고기의 생존이 어렵다. 농업용 비료나 하수 등에서 배출되는 질소와 인 등으로 영양분이 많아진 하천의 수온이 상승하면 식물성 플랑크톤이 대량으로 증식하게 된다. 녹색을 띠는 플랑크톤이 수면을 뒤덮으면 물속으로 햇빛이 닿지 못하고 결국 물속의 산소가 고갈되어 물고기는 숨을 쉬기 어려워진다. 즉, 물속의 과도한 영양분이 오히려 물고기의 생존을 위협하는 것이다.
이처럼 부영양화된 물에서의 플랑크톤 증식으로 인한 녹조 현상은 경제발전과 각종 오염물질 배출량의 증가로 인해 심각한 사회문제가 되고 있다. 녹조는 냄새를 유발하는 물질과 함께 독소를 생성하여 수돗물의 수질을 저하시킨다. 특히 독성물질을 배출하는 녹조를 유해 녹조로 지정하여 관리하고 있는 현실을 고려하면 이제 녹조는 생태계뿐만 아니라 먹는 물의 안전까지도 위협한다.
하천의 생태계를 보호하고 우리가 먹는 물을 보호하기 위해서는 녹조의 발생 원인을 사전에 제거해야 한다. 이를 위해서는 무엇보다 생활 속에서의 작은 실천이 중요하다. 질소나 인이 첨가되지 않은 세제를 사용하고, 농가에서는 화학 비료 사용을 최소화하며 하천에 오염된 물이 흘러 들어가지 않도록 철저히 관리하는 노력을 기울여야 한다.

① 물고기와 사람의 안전을 위협하는 하천의 부영양화
② 녹조 예방을 위한 정부의 철저한 관리가 필요성
③ 물고기의 생존을 위협하는 하천의 수질 오염
④ 수돗물 수질 향상을 위한 기술 개발의 필요성
⑤ 녹조를 가속화하는 이상 기온 현상

11 다음 문단을 논리적 순서대로 바르게 나열한 것은?

> (가) 고전주의 예술관에 따르면 진리는 예술 작품 속에 이미 완성된 형태로 존재한다. 독자는 작가가 담아
>   놓은 진리를 '원형 그대로' 밝혀내야 하고 작품에 대한 독자의 감상은 언제나 작가의 의도와 일치해야
>   한다. 결국 고전주의 예술관에서 독자는 작품의 의미를 수동적으로 받아들이는 존재일 뿐이다. 하지만
>   작품의 의미를 해석하고 작가의 의도를 파악하는 존재는 결국 독자이다. 특히 현대 예술에서는 독자
>   에 따라 작품에 대한 다양한 해석이 가능하다고 여긴다. 바로 여기서 수용미학이 등장한다.
>
> (나) 이저는 텍스트 속에 독자의 역할이 들어있다고 보았다. 그러나 독자가 어떠한 역할을 수행할지는 정
>   해져 있지 않기 때문에 독자는 텍스트를 읽는 과정에서 텍스트의 내용과 형식에 끊임없이 반응한다.
>   이러한 상호작용 과정을 통해 독자는 작품을 재생산한다. 텍스트는 다양한 독자에 따라 다른 작품으
>   로 태어날 수 있으며, 같은 독자라도 시간과 장소에 따라 다른 작품으로 생산될 수 있는 것이다. 이처
>   럼 텍스트와 독자의 상호작용을 강조한 이저는 작품의 내재적 미학에서 탈피하여 작품에 대한 다양한
>   해석의 가능성을 열어주었다.
>
> (다) 야우스에 의해 제기된 독자의 역할을 체계적으로 정리한 사람이 이저이다. 그는 독자의 능동적 역할
>   을 밝히기 위해 '텍스트'와 '작품'을 구별했다. 텍스트는 독자와 만나기 전의 것을, 작품은 독자가 텍스
>   트와의 상호작용을 통해 그 의미가 재생산된 것을 가리킨다. 그런데 이저는 텍스트에는 '빈틈'이 많다
>   고 보았다. 이 빈틈으로 인해 텍스트는 '불명료성'을 가진다. 텍스트에 빈틈이 많다는 것은 부족하다는
>   의미가 아니라 독자의 개입에 의해 언제나 새롭게 해석될 수 있다는 것을 의미한다.
>
> (라) 수용미학을 처음으로 제기한 사람은 야우스이다. 그는 "문학사는 작품과 독자 간의 대화의 역사로 쓰
>   여야 한다."고 주장했다. 이것은 작품의 의미는 작품 속에 갇혀 있는 것이 아니라 독자에 의해 재생산
>   되는 것임을 말한 것이다. 이로부터 문학을 감상할 때 작품과 독자의 관계에서 독자의 능동성이 강조
>   되었다.

① (가)－(다)－(라)－(가)

② (가)－(라)－(다)－(나)

③ (나)－(가)－(다)－(라)

④ (다)－(가)－(나)－(라)

⑤ (라)－(가)－(나)－(다)

12 다음 글의 내용으로 가장 적절한 것은?

무선으로 전력을 주고받으면, 전원을 직접 연결하는 유선보다 효율은 떨어지지만 전자 제품을 자유롭게 이동하며 사용할 수 있는 장점이 있다. 이처럼 무선으로 전력을 주고받을 수 있도록 전자기를 활용하여 전기를 공급하거나 이용하는 기술이 무선 전력 전송 방식인데 대표적으로 '자기 유도 방식'과 '자기 공명 방식' 두 가지를 들 수 있다.

자기 유도 방식은 변압기의 원리와 유사하다. 변압기는 네모 모양의 철심 좌우에 코일을 감아, 1차 코일에 '+, −' 극성이 바뀌는 교류 전류를 보내면 마치 자석을 운동시켜서 자기장을 형성하는 것처럼 1차 코일에서도 자기장을 형성한다. 이 자기장에 의해 2차 코일에 전류가 만들어지는데 이 전류를 유도전류라 한다. 변압기는 자기장의 에너지를 잘 전달할 수 있는 철심이 있으나, 자기 유도 방식은 철심이 없이 무선 전력 전송을 하는 것이다.

이러한 자기 유도 방식은 전력 전송 효율이 90% 이상으로 매우 높다는 장점이 있다. 하지만 1차 코일에 해당하는 송신부와 2차 코일에 해당하는 수신부가 수 센티미터 이상 떨어지거나 송신부와 수신부의 중심이 일치하지 않게 되면 전력 전송 효율이 급격히 저하된다는 문제점이 있다. 휴대전화 같은 경우, 충전 패드에 휴대전화를 올려놓는 방식으로 거리 문제를 해결하고 충전 패드 전체에 코일을 배치하여 송수신부 간 전 송 효율을 높임으로써 무선 충전이 가능하도록 하였다. 다만 휴대전화는 직류 전류를 사용하기 때문에 1차 코일로부터 2차 코일에 유도된 교류 전류를 직류 전류로 변환해 주는 정류기가 충전 단계 전에 필요하다.

두 번째 전송 방식은 자기 공명 방식이다. 다양한 소리굽쇠 중에 하나를 두드리면 동일한 고유 진동수를 가지는 소리굽쇠가 같이 진동하는 물리적 현상이 공명이다. 자기장에 공명이 일어나도록 1차 코일과 공진기를 설계하여 공진 주파수를 만든다. 이후 2차 코일과 공진기를 설계하여 공진 주파수가 전달되도록 하는 것이 자기 공명 방식의 원리이다.

이러한 특성으로 인해 자기 공명 방식은 자기 유도 방식과 달리 수 미터 가량 근거리 전력 전송이 가능하다는 장점이 있다. 이 방식이 상용화된다면, 송신부와 공명되는 여러 전자 제품을 전원을 연결하지 않아도 사용할 수 있거나 충전할 수 있다. 그러나 실험 단계의 코일 크기로는 일반 가전제품에 적용할 수 없으므로 코일을 소형화해야 할 필요가 있다. 따라서 이를 해결하기 위한 연구가 필요하다.

① 휴대전화와 자기 유도 방식의 '2차 코일'은 모두 직류 전류 방식이다.
② 자기 공명 방식에서 2차 코일은 공진 주파수를 생성하는 역할을 한다.
③ 자기 유도 방식은 변압기의 핵심인 유도 전류와 철심을 이용한 방식이다.
④ 자기 공명 방식에서 해결이 시급한 것은 전력을 생산하는데 필요한 코일의 크기가 너무 크다는 것이다.
⑤ 자기 유도 방식을 사용하면 무선 전력 전송임에도 어떠한 환경에서든 유실되는 전력이 많이 없다는 장점이 있다.

※ 다음 글의 내용으로 적절하지 않은 것을 고르시오. [13~14]

Easy

13

> 고야의 마녀도 리얼하다. 이는 고야가 인간과 마녀를 분명하게 구별하지 않고, 마녀가 실존하는 것처럼 그렸기 때문이다. 따라서 우리는 고야가 마녀의 존재를 믿었는지 의심할 수 있다. 그러나 그것은 중요한 문제가 아니다. 고야는 마녀를 비이성의 상징으로 그려서 세상이 완전하게 이성에 의해서만 지배되지 않음을 표현하고 있을 뿐이다. 또한 비이성은 사실 인간 자신의 정신 내면에 존재하는 것임을 시사한다. 그것이 바로 가장 유명한 작품인 제43번 「이성이 잠들면 괴물이 나타난다」에서 그려진 것이다.

① 고야는 이성의 존재를 부정하였다.

② 고야는 비이성이 인간 내면에 존재한다고 판단했다.

③ 고야가 마녀의 존재를 믿었는가의 여부는 알 수 없다.

④ 고야는 세상을 이성과 비이성이 뒤섞인 상태로 이해했다.

⑤ 고야는 작품을 통해 비이성이 인간의 정신 내면에 존재하는 점을 시사하였다.

14

> 언어는 배우는 아이들이 있어야 지속된다. 그러므로 성인들만 사용하는 언어가 있다면 그 언어의 운명은 어느 정도 정해진 셈이다. 언어학자들은 이런 방식으로 추리하여 인류 역사에 드리워진 비극에 대해 경고한다. 한 언어학자는 현존하는 북미 인디언 언어의 약 80%인 150개 정도가 빈사 상태에 있다고 추정한다. 알래스카와 시베리아 북부에서는 기존 언어의 90%인 40개 언어, 중앙아메리카와 남아메리카에서는 23%인 160개 언어, 오스트레일리아에서는 90%인 225개 언어, 그리고 전 세계적으로는 기존 언어의 50%인 3,000개의 언어들이 소멸해 가고 있다고 한다. 이 중 사용자 수가 10만 명을 넘는 약 600개의 언어들은 비교적 안전한 상태에 있지만, 그 밖의 언어는 21세기가 끝나기 전에 소멸할지도 모른다.
>
> 언어가 이처럼 대규모로 소멸하는 원인은 중첩적이다. 토착 언어 사용자들의 거주지가 파괴되고, 종족 말살과 동화(同化)교육이 이루어지며 사용 인구가 급격히 감소하는 것 외에 '문화적 신경가스'라고 불리는 전자 매체가 확산되는 것도 그 원인이 된다. 물론 우리는 소멸을 강요하는 사회적, 정치적 움직임들을 중단시키는 한편, 토착어로 된 교육 자료나 문학작품, 텔레비전 프로그램 등을 개발함으로써 언어 소멸을 어느 정도 막을 수 있다. 나아가 소멸 위기에 처한 언어라도 20세기의 히브리어처럼 지속적으로 공식어로 사용할 의지만 있다면 그 언어를 부활시킬 수도 있다.
>
> 합리적으로 보자면, 우리가 지구상의 모든 동물이나 식물종들을 보존할 수 없는 것처럼 모든 언어를 보존할 수는 없으며, 어쩌면 그래서는 안 되는지도 모른다. 가령, 어떤 언어 공동체가 경제적 발전을 보장해 주는 주류 언어로 돌아설 것을 선택할 때, 그 어떤 외부 집단이 이들에게 토착 언어를 유지하도록 강요할 수 있겠는가? 또한, 한 공동체 내에서 이질적인 언어가 사용되면 사람들 사이에 심각한 분열을 초래할 수도 있다. 그러나 이러한 문제가 있더라도 전 세계 언어의 50% 이상이 빈사 상태에 있다면 이를 보고만 있을 수는 없다.

① 소멸 위기에 있는 언어라도 사용자들의 의지에 따라 유지될 수 있다.

② 타의적·물리적 압력에 의해서만 언어 소멸이 이루어지는 것은 아니다.

③ 언어 소멸은 지구상의 동물이나 식물종 수의 감소와 같이 자연스럽고 필연적인 현상이다.

④ 소멸 위기 언어 사용자가 처한 현실적인 문제는 언어의 다양성을 보존하기 어렵게 만들 수 있다.

⑤ 현재 소멸해 가고 있는 전 세계 언어 중 약 2,400여 개의 언어들은 사용자 수가 10만 명 이하이다.

PART 3

15 다음 글의 중심 주장을 강화하는 진술로 가장 적절한 것은?

변호사인 스티븐 와이즈는 그의 저서에서 사람들에 대해서는 권리를 인정하면서도 동물에 대해서는 그렇게 하지 않는 법을 지지할 수 없다고 주장했다. 이렇게 하는 것은 자유인에 대해서는 권리를 인정하면서도 노예에 대해서는 그렇게 하지 않는 법과 마찬가지로 불합리하다는 것이다. 동물학자인 제인 구달은 이 책을 동물의 마그나 카르타라고 극찬했으며, 하버드 대학은 저자인 와이즈를 동물권법 교수로 임용했다.

와이즈는 동물의 권리에 대해 이야기하면서 권리와 의무와 같은 법적 관계를 논의하기 위한 기초가 되는 법철학에 대해서는 별로 다루고 있지 않다. 그가 의존하고 있는 것은 자연과학이다. 특히 유인원이 우리 인간과 얼마나 비슷한지를 알려주는 영장류 동물학의 연구 성과에 기초하여 동물의 권리에 대해 이야기하고 있다.

인간이 권리를 갖는 이유는 우리 인간이 생물학적으로 인간종(種)의 일원이기 때문이기도 하지만, 법적 권리와 의무의 주체가 될 수 있는 '인격체'이기 때문이다. 예를 들어 자연인(自然人)이 아닌 법인(法人)이 권리와 의무의 주체가 되는 것은 그것이 인간종의 일원이기 때문이 아니라 법적으로 인격체로 인정받기 때문이다. 인격체는 생물학에서 논의할 개념이 아니라 법철학에서 다루어야 할 개념이다.

인격체는 공동체의 일원이 될 수 있는 개체를 의미한다. 공동체의 일원이 되기 위해서는 협상, 타협, 동의의 능력이 필요하고, 이런 능력을 지닌 개체에게는 권리와 의무 그리고 책임 등이 부여된다. 이러한 개념을 바탕으로 사회 질서의 근원적 규칙을 마련할 수 있고 이 규칙은 우리가 사회생활을 영위하기 위한 전략을 규정한다. 하지만 이런 전략의 사용은 우리와 마찬가지로 규칙에 기초하여 선택된 전략을 사용할 수 있는 개체를 상대할 경우로 국한된다.

우리 인간이 동물을 돌보거나 사냥하는 것은 공동체의 규칙에 근거하여 선택한 결정이다. 비록 동물이 생명을 갖는 개체라 하더라도 인격체는 아니기 때문에 동물은 법적권리를 가질 수 없다.

① 반려견에게 유산을 상속하는 것도 법적 효력을 갖는다.

② 여우사냥 반대운동이 확산된 결과, 에스키모, 공동체가 큰 피해를 입었다.

③ 동물들은 철학적 사유도 못하고 물리학도 못하지만, 인간들 가운데에도 그러한 지적 능력이 없는 사람은 많다.

④ 어떤 동물은 인간에게 해를 입히거나 인간을 공격하기도 하지만 우리는 그 동물에게 법적 책임을 묻지 않는다.

⑤ 늑대를 지적이고 사회적인 존재라고 생각한 아메리카 인디언들은 자신들의 초기 문명기에 늑대 무리를 모델로 하여 사회를 만들었다.

16 다음 글을 읽고 추론할 수 있는 내용으로 옳지 않은 것은?

> 리플리 증후군이란 허구의 세계를 진실이라 믿고 거짓말과 거짓된 행동을 상습적으로 반복하는 반사회적 인격장애를 뜻한다. 리플리 증후군은 극단적인 감정의 기복을 보이는 등 불안정한 정신상태를 갖고 있는 사람에게서 잘 나타나는 것으로 알려져 있다. 자신의 욕구를 충족시킬 수 없어 열등감과 피해의식에 시달리다가 상습적이고 반복적인 거짓말을 일삼으면서 이를 진실로 믿고 행동하게 된다. 거짓말을 반복하다가 본인이 한 거짓말을 스스로 믿어 버리는 증후군으로서 현재 자신의 상황에 만족하지 못하는 경우에 발생한다. 이는 '만족'이라는 상대적인 개념을 개인이 어떻게 받아들이고 느끼느냐에 따라 달라진다고 할 수 있다.

① 열등감과 피해의식은 리플리 증후군의 원인이 된다.
② 리플리 증후군 환자는 거짓말을 통해 만족감을 얻고자 한다.
③ 리플리 증후군 환자는 자신의 거짓말을 거짓말로 인식하지 못한다.
④ 자신의 상황에 불만족하는 사람은 불안정한 정신 상태를 갖게 된다.
⑤ 상대적으로 자신에게 만족감을 갖지 못한 사람에게 리플리 증후군이 나타난다.

17 다음 글을 읽고 추론할 수 있는 내용으로 가장 적절한 것은?

> 만약 어떠한 불쾌한 것을 인식한다고 하자. 우리가 불쾌한 것을 불쾌하게 인식하는 것은 그것이 불쾌해서가 아니라 우리의 형식이 그것을 불쾌하다고 규정짓기 때문이다. 이렇게 쾌와 불쾌는 대상에 내재하는 성질이 아니라 우리의 형식에 달려 있다. 우리는 대상 그 자체를 감각하는 것이 아니라, 대상의 현상을 우리의 형식에 따라 감각하는 것이다. 대상 그 자체는 감각될 수 없으며, 단지 사유될 수만 있다. 따라서 대상 그 자체가 갖는 성질을 논하는 것은 불가능하고 또한 필요 없는 행위이다. 또한 실제 세계에서 나타나는 대상의 성질은 단지 우리의 형식에 의거하여 감각되므로 감각 행위에서 중요한 것은 대상이 아니라 바로 우리 자신이다.

① 대상 그 자체의 성질을 논하여야 한다.
② 감각의 근거는 오로지 대상에 내재한다.
③ 감각 행위에서 중요한 것은 대상 그 자체이다.
④ 감각 주체에 따라 감각 행위의 내용이 달라진다.
⑤ 불쾌한 것이 불쾌한 것은 그것이 불쾌함을 내재하기 때문이다.

18 다음 글에 대한 비판으로 가장 적절한 것은?

> "향후 은행 서비스(Banking)는 필요하지만 은행(Bank)은 필요 없을 것이다." 최근 4차 산업혁명으로 대변되는 빅데이터, 사물인터넷, AI, 블록체인 등 신기술이 금융업을 강타하면서 빌 게이츠의 20년 전 예언이 화두로 부상했다. 모든 분야에서 초연결화, 초지능화가 진행되고 있는 4차 산업혁명이 데이터 주도 경제를 열어가면서 데이터에 기반을 둔 금융업에도 변화의 물결이 밀려들고 있다. 이미 전통적인 은행, 증권, 보험, 카드업 등 전 분야에서 금융기술인 소위 '핀테크(Fintech)'가 출현하면서 금융서비스의 가치 사슬이 해체되기 시작한 것이다. 이전에는 상상조차 하지 못했던 IT 등 이종기업의 금융업 진출도 활발하게 이루어지면서 전통 금융회사들을 위협하고 있다.
>
> 빅데이터, 사물인터넷, 인공지능, 블록체인 등 새로운 기술로 무장한 4차 산업혁명으로 인해 온라인 플랫폼을 통한 크라우드 펀딩 등 P2P 금융의 출현, 로보 어드바이저에 의한 저렴한 자산관리 서비스의 등장, 블록체인 기술기반의 송금 등 다양한 가치 거래의 탈중계화가 진행되면서 금융 중계, 재산 관리, 위험 관리, 지급 결제 등 금융의 본질적인 요소들이 변화하고 있는 것은 아닌지 의구심이 일어나고 있는 것이다. 혹자는 이들 변화의 종점에 금융의 정체성(Identity) 상실이 기다리고 있다며 금융업 종사자의 입장에서 보면 우울한 전망마저 내놓고 있다. 금융도 디지털카메라의 등장으로 사라진 필름회사 코닥과 같은 비운을 피하기 어렵다며 금융의 종말(The Demise of Banking), 은행의 해체(Unbundling the Banks), 탈중계화, 플랫폼 혁명(Platform Revolution) 등 다양한 화두가 미디어의 전면에 등장하고 있다.

① 로보 어드바이저에 의한 자산관리 서비스는 범죄에 악용될 위험이 크다.

② 금융 발전의 미래를 위해 금융업에 있어 인공지능의 도입을 막아야 한다.

③ 금융의 종말을 방지하기 위해서라도 핀테크 도입의 법적인 제도 마련이 필요하다.

④ 가치 거래의 탈중계화는 금융 거래의 보안성에 심각한 위험 요인으로 작용할 것이다.

⑤ 기술 발전은 금융업에 있어 지금까지처럼 효율성 향상이라는 제한적인 틀에서 크게 벗어나지 못할 것이다.

19 다음 글의 빈칸에 들어갈 내용으로 가장 적절한 것은?

> 어떤 기업체에서 사원을 선발하는 방법으로 끈으로 묶은 꾸러미를 내놓았다. 한 사람은 주머니칼을 꺼내어 끈을 잘라 버렸고, 다른 한 사람은 끈을 풀었는데, 채용된 쪽은 칼을 사용한 사람이었다. 기업주는 물자보다 시간을 아꼈기 때문이다. ＿＿＿＿＿＿＿＿＿＿＿＿＿＿＿＿ 소비자는 낭비된 물자의 대가를 고스란히 떠맡는다. 자원의 임자인 지구나 그 혜택을 받는 뭇 생명들 차원에서 본다면 에너지와 자원의 손실을 떠맡아야 한다. 아주 미세한 얘긴지도 모르겠다. 그러나 도처에서 지속적으로 행해온 그 후유증을 우리는 현재 겪고 있는 것이다. 그것은 보이지 않는 유령이며 그것들로 인하여 지구는 병들어가고 있다. 많은 종(種)들이 하나둘 사라져갔으며 이 활기에 넘쳐 보이는 현실은 실상 자원 고갈을 향해 행진을 멈추지 않고 있는 것이다.

① 왜냐하면 시간을 아껴 써야 기업이 성공할 수 있기 때문이다.
② 물론 기업주는 물자와 시간 가운데 더 중요한 것을 선택했다.
③ 그러나 이러한 선택으로 아껴지는 것은 기업주의 시간일 뿐이다.
④ 이러한 행동은 경제성만을 추구한 데서 비롯된 당연한 결과이다.
⑤ 그런데 이러한 판단으로 생긴 피해를 소비자들은 기꺼이 떠맡았다.

20 다음 중 브레히트가 〈보기〉의 입장을 가진 아리스토텔레스에게 제기할 만한 의문으로 가장 적절한 것은?

오페라는 이른바 수준 있는 사람들이 즐기는 고상한 예술이라고 생각하는 사람들이 많다. 그런데 오페라 앞에 '거지'라든가 '서 푼짜리' 같은 단어를 붙인 '거지 오페라', '서 푼짜리 오페라'라는 것이 있다. 이렇게 어울리지 않는 단어들로 제목을 억지로 조합해 놓은 의도는 무엇일까?

영국 작가 존 게이는 당시 런던 오페라 무대를 점령했던 이탈리아 오페라에 반기를 들고, 1782년에 이와는 완전히 대조적인 성격의 거지 오페라를 만들었다. 그는 이탈리아 오페라가 일반인의 삶과 거리가 먼 신화 나 왕, 귀족들의 이야기를 소재로 한데다가 영국 관객들이 이해하지 못하는 이탈리아어로 불린다는 점에 불만을 품었다. 그는 등장인물의 신분을 과감히 낮추고 음악 형식도 당시의 민요와 유행가를 곁들여 사회 의 부패상을 통렬하게 풍자하였다. 이렇게 만들어진 거지 오페라는 이탈리아 오페라에 대항하는 서민 오 페라로 런던에서 선풍적인 인기를 끌었다.

1928년에 독일의 극작가 브레히트는 작곡가 쿠르트 바일과 손잡고 거지 오페라를 번안한 서 푼짜리 오페 라를 만들었다. 그는 형식과 내용 면에서 훨씬 적극적이고 노골적으로 당시 사회를 비판한다. 이 극은 밑 바닥 사람들의 삶을 통해 위정자들의 부패와 위선을 그려 계급적 갈등과 사회적 모순을 드러내고 있다. 브 레히트는 감정이입과 동시에 근거를 둔 종래의 연극에 반기를 들고 낯선 기법의 서사극을 만들었다. 등 장인물이 극에서 빠져나와 갑자기 해설자의 역할을 하게 함으로써 관객들이 극에 몰입하지 않고 지금 연 극을 보고 있다는 사실을 자각하도록 한 것이다.

이처럼 존 게이와 브레히트는 종전의 극과는 다른 형식과 내용의 극을 지향했다. 제목을 서로 어울리지 않 는 단어들로 조합하고 새로운 형식을 도입한 이유는 기존의 관점을 뒤집어 보게 하려는 의도였다. 그 이면 에는 사회의 부조리를 풍자하고자 하는 의도가 깔려 있었다.

보기

아리스토텔레스는 예술을 통한 관객과 극중 인물과의 감정 교류와 공감을 강조했다. 그는 관객들이 연극 을 통해 타인의 경험과 감정, 상황을 받아들이고 나아가 극에 이입하고 몰두함으로써 쌓여 있던 감정을 분 출하며 느끼는, 이른바 카타르시스를 경험하게 된다고 주장하였다.

① 극과 거리를 두고 보아야 오히려 카타르시스를 경험할 수 있지 않나요?
② 관객이 몰입하게 되면 사건을 객관적으로 바라보기 어려운 것 아닌가요?
③ 해설자 역할을 하는 인물이 있어야 관객의 몰입을 유도할 수 있지 않나요?
④ 낯선 기법을 쓰면 관객들이 극중 인물과 더 쉽게 공감할 수 있지 않을까요?
⑤ 동일시를 통해야만 풍자하고 있는 사회의 모습을 더 잘 알 수 있지 않을까요?

※ 다음 중 밑줄 친 단어의 뜻으로 가장 적절한 것을 고르시오. [1~2]

01

> 전쟁 직후 국가가 나아갈 방향에 대해 다양한 사상과 이념이 <u>각축하고</u> 있었다.

① 이리저리 관련이 되다.
② 요구하거나 반항하느라 맞서서 달려들다.
③ 좁은 공간에 많은 사람이나 자동차 따위가 들끓다.
④ 남에게 돈을 주거나 일을 도와주어서 혜택을 받게 하다.
⑤ 서로 이기려고 다투며 덤벼들다.

PART 3

Hard
02

> 놀이터에서 아이들이 <u>시망스럽게</u> 놀고 있다.

① 몹시 짓궂은 데가 있다.
② 순진하고 어수룩한 듯하다.
③ 얄밉도록 맹랑한 데가 있다.
④ 보기에 뒤죽박죽이 되어 어지럽고 질서가 없는 데가 있다.
⑤ 보기에 희망이나 명망을 잃거나 바라던 일이 뜻대로 되지 아니하여 마음이 몹시 상한 데가 있다.

03 다음 중 밑줄 친 부분의 의미가 나머지 넷과 다른 것은?

① 국수의 <u>발</u>이 너무 가늘다.
② 도둑이 제 <u>발</u> 저리다.
③ 손이 <u>발</u>이 되도록 빌었다.
④ 단골손님마저 <u>발</u>을 끊고 말았다.
⑤ 신이 <u>발</u>에 꼭 맞다.

04

경제성장으로 중산층이 급속히 늘고 있는 인도에서 포도주 바람이 불고 있다. BBC 방송에 의하면 지난해 인도에선 350만 병의 포도주가 소비되었다. 이에 따라 포도주 제조 및 수입 회사들은 인도 전역의 대도시에서 포도주 시음행사를 열고 있다. 인도에서 프랑스산 포도주를 마시는 사람은 대개 영어를 유창하게 하고, 서구에서 교육받은 남녀들이다. 인도 포도주 붐도 일본, 한국에서와 마찬가지로 건강요인이 ___㉠___ 하고 있다는 것이 현지 분석이다. 이제 인도 포도주는 서구 시장으로도 ___㉡___ 하고 있다. 인도에서 처음으로 포도주 생산을 시작한 술라 포도농원의 경우 미국, 이탈리아는 물론 프랑스에까지 수출하고 있다. 이 회사는 현재 생산설비를 대대적으로 ___㉢___ 하고 있다. 현재 연 50만 병 규모를 150만 병으로 늘릴 예정이다. 인도의 포도주 소비가 앞으로 5년간 연 30%씩 증가할 것이란 ___㉣___ 을 바탕으로 한 증설이다.

	㉠	㉡	㉢	㉣
①	창궐	수출	증가	가설
②	만연	복귀	증축	증설
③	작용	진출	확충	예측
④	개설	진입	개편	예언
⑤	침투	확장	재편	사실

05

강력한 국가의 등장, ___㉠___ 경찰이나 안보 기구의 등장은 해방 이후 필연적으로 발생하게 된 '힘의 공백'의 아노미 상태에 대처하는 데에는 나름의 기여를 했다고 볼 수 있을 것이다. ___㉡___ 이 힘이 워낙 강력하다 보니 다양한 세력의 경쟁을 통해 정의로운 체제나 이념을 도출하는 데는 무리가 있었다. ___㉢___ 강한 세력이 약한 세력을 억압하면서 그들의 목소리는 철저하게 배제될 수밖에 없었기 때문이다. ___㉣___ 강력한 국가의 등장은 정의로운 체제를 만드는 것이 아니라 강자의 이익을 중심으로 체제를 형성하게 되는 악영향을 끼치게 되었다.

	㉠	㉡	㉢	㉣
①	그러나	왜냐하면	즉	결과적으로
②	그러나	하지만	즉	다시 말해
③	즉	또는	왜냐하면	결과적으로
④	즉	그러나	왜냐하면	결과적으로
⑤	즉	그러나	특히	따라서

06 다음 제시된 단어와 같거나 유사한 의미를 가진 것은?

한둔

① 하숙   ② 숙박

③ 투숙   ④ 노숙

⑤ 야영

07 다음 제시된 단어와 반대되는 의미를 가진 것은?

느긋하다

① 설면하다   ② 성마르다

③ 평탄하다   ④ 원만하다

⑤ 무사하다

08 다음 글의 밑줄 친 ㉠~㉤ 중 어법에 맞지 않는 것은?

> 여행의 재미 가운데 ㉠ <u>빼놓을 수 없는</u> 것이 자신이 다녀온 곳에 대한 기억을 평생의 추억으로 바꿔 주는 사진 찍기라고 할 수 있다. 사진을 찍을 때 가장 중요한 것은 어떤 카메라로 찍느냐보다는 ㉡ <u>어떻게 찍느냐 하는 것이다. 으리으리한 카메라 장비를 ㉢ <u>둘러메고</u> 다니며 사진을 찍는 사람을 보면서 기가 죽을 필요는 없다. 아무리 ㉣ <u>변변찮은</u> 카메라도 약간의 방법만 익히면 무엇을 ㉤ <u>찍던지</u> 생각 이상으로 멋진 작품을 만들 수 있다.

① ㉠

② ㉡

③ ㉢

④ ㉣

⑤ ㉤

09 다음 글의 밑줄 친 부분을 나타내는 속담으로 가장 적절한 것은?

> 우리는 어떤 공동체 안에서 흔히 일어나는 억압적인 현상을 힘 있는 강자가 명분을 경시하거나 무시하는 데서 기인하는 것으로 볼 필요가 있다. 크게 보아 전통 사회에서는 오히려 위아래의 구성원이 각각 그 역할에 따라 명분의 제약을 받음으로써 공동체의 질서와 결속을 확보해 왔던 것이다. 그러나 실제 전통 사회에서는 신분에 따른 구속에서 벗어나고 싶어 하는 인간의 자연적 욕구를, 명분을 앞세워 억제한 측면도 없지 않았다. 또한 명분론은 기존의 안정적인 질서를 깨뜨리고 역동적인 변화를 추구하고자 하는 인간의 진보적 요구를 억누르는 보수적 성격도 띠고 있었다.
> 이 같은 계층적 명분관은 근대로 내려오면서 신분 제도가 동요하고 붕괴함에 따라 점차 타당성을 잃게 되었다. 그러나 아직도 우리 사회에는 <u>자신의 분수를 지키는 것을 미덕으로 여기면서, 도전과 모험의 진취적 태도를 부정하는 의식</u>의 흔적이 도처에 남아 있음을 볼 수 있다.

① 하늘이 돈 잎만 하다.

② 한강 물도 제 곬으로 흐른다.

③ 못된 송아지 엉덩이에 뿔난다.

④ 송충이가 갈잎을 먹으면 죽는다.

⑤ 양반은 얼어 죽어도 곁불은 안 쬔다.

10 다음 글의 밑줄 친 ⊙을 비판하는 속담으로 가장 적절한 것은?

모든 사람이 행복하기를 원하지만, 실제로 행복을 얻는 사람은 비교적 적은 편이다. 사람들이 행복을 열심히 추구하는 데도 그것을 얻지 못하는 데는 여러 가지 이유가 있을 것이다. 그러나 그 가운데서 가장 근본적인 이유는 행복의 조건에 대한 무지라고 생각된다.

행복의 본질은 삶에 대한 깊은 만족과 마음의 평화에 있으며, 그것을 얻기 위해서는 몇 가지 갖추어야 할 조건들이 있다. 그 행복의 조건이 무엇인지 모르고 행복의 조건을 갖추고자 하는 노력도 게을리하면서, ⊙ 엉뚱한 방향으로 행복을 추구하려 하기 때문에 행복을 얻지 못하는 경우가 많은 것이다. 행복을 얻으려면 행복의 조건을 바르게 알고, 바른 길에서 행복을 찾아야 한다.

① 우물에서 숭늉 찾는 격이군.
② 부뚜막의 소금도 집어넣어야 짜지.
③ 소가 뒷걸음질하다가 쥐 잡은 격이군.
④ 물이 깊어야 고기가 모이는 게 아닌가.
⑤ 호랑이를 잡으려면 호랑이 굴에 가야지.

※ 다음 중 밑줄 친 말의 쓰임이 적절하지 않은 것을 고르시오. [11~12]

Hard

11 ① 그는 어릴 때부터 씨억씨억하게 잘 놀고 이따금 싸움도 하였다.
② 눈물이 고인 채 도로를 바라보니 불빛이 어룽어룽하게 보였다.
③ 그는 화가 나면 아무에게나 귀둥대둥 굴어대는 버릇이 있다.
④ 그는 아무것도 없는 창고를 바라보며 엉기정기 서 있었다.
⑤ 그녀가 놓고 간 종이에는 괴발개발 낙서가 되어 있었다.

12 ① 어려운 문제의 답을 맞혀야 높은 점수를 받을 수 있다.
② 공책에 선을 반듯이 긋고 그 선에 맞춰 글을 쓰는 연습을 해.
③ 생선을 간장에 10분 동안 졸이면 요리가 완성된다.
④ 미안하지만 지금은 바쁘니까 이따가 와서 얘기해.
⑤ 땅 주인은 땅을 사려는 사람에게 흥정을 붙였다.

※ 다음 중 제시된 글과 가장 관련이 있는 한자성어를 고르시오. [13~14]

13

설 연휴마다 기차표를 예매하기 위해 아침 일찍 서울역에 갔던 아버지는 집에서도 인터넷을 통해 표를 예매할 수 있다는 아들의 말을 듣고 깜짝 놀랐다.

① 건목수생(乾木水生)
② 견강부회(牽强附會)
③ 격세지감(隔世之感)
④ 독불장군(獨不將軍)
⑤ 수구초심(首丘初心)

Hard

14

밖에서 계속 싸움을 하고 다니는 학생의 부모님은 전화가 올 때마다 속이 시커멓게 타들어 가고 있다.

① 오매불망(寤寐不忘)
② 이효상효(以孝傷孝)
③ 형설지공(螢雪之功)
④ 구곡간장(九曲肝腸)
⑤ 과유불급(過猶不及)

15 다음 글에서 ⑦~⑩의 수정 방안으로 적절하지 않은 것은?

> 요즘은 안심하고 야외 활동을 즐기기가 어려워졌다. 초미세먼지로 인한 우리나라의 대기 오염이 부쩍 ⑦ 심각해졌다. 공기의 질은 우리 삶의 질과 직결되어 있다. 그렇기 때문에 초미세먼지가 어떤 것이며 얼마나 위험한지를 알아야 한다. 또한 초미세먼지에 대응하는 방안을 알고 생활 속에서 그 방안을 실천할 수 있어야 한다.
>
> 초미세먼지란 입자의 크기가 매우 작은 먼지를 말한다. 입자가 큰 일반적인 먼지는 코나 기관지에서 걸러지지만, 초미세먼지는 걸러지지 않는다. 그래서 초미세먼지가 인체에 미치는 유해성이 매우 크다. ⑥ 초미세먼지는 호흡기의 가장 깊은 곳까지 침투해 혈관으로 들어간다.
>
> 우리나라의 초미세먼지는 중국에서 ⑥ 날라온 것들도 있지만 국내에서 발생한 것들도 많다. 화석 연료를 사용해 배출된 공장 매연이 초미세먼지의 주요한 국내 발생원이다. 현재 정부에서는 매연을 통한 오염 물질의 배출 총량을 규제하고 대체 에너지원 개발을 장려하는 등 초미세먼지를 줄이기 위한 노력을 하고 있다. 초미세먼지를 줄이기 위해서는 우리의 노력도 필요하다. 과도한 난방을 자제하고, ⑧ 주 · 정차시 불필요하게 자동차 시동을 걸어 놓는 공회전을 줄이기 위한 캠페인 활동에 참여하는 것 등이 우리가 할 수 있는 일이다.
>
> 생활 속에서 초미세먼지에 적절히 대응하기 위해서는 매일 알려 주는 초미세먼지에 대한 기상 예보를 확인하는 것을 습관화해야 한다. 특히 초미세먼지가 나쁨 단계 이상일 때는 외출을 삼가고 부득이 외출할 때는 특수 마스크를 착용해야 한다. ⑩ 그리고 초미세먼지로부터 우리 몸을 보호하기 위해 물을 충분히 마시고, 항산화 식품을 자주 섭취하는 것이 좋다. 항산화 식품으로는 과일과 채소가 대표적이다. 자신의 건강도 지키고 깨끗한 공기도 만들기 위한 실천을 시작해 보자.

① ⑦ ― 호응 관계를 고려하여 '심각해졌기 때문이다.'로 고친다.

② ⑥ ― 문장의 연결 관계를 고려하여 앞의 문장과 위치를 바꾼다.

③ ⑥ ― 맞춤법에 어긋나므로 '날아온'으로 고친다.

④ ⑧ ― 띄어쓰기가 올바르지 않으므로 '주 · 정차 시'로 고친다.

⑤ ⑩ ― 앞 문장과의 관계를 고려하여 '그러므로'로 고친다.

※ 다음과 같이 일정한 규칙으로 수를 나열할 때, 빈칸에 들어갈 수로 알맞은 것을 고르시오. **[1~2]**

Easy

01

	-65	( )	-25	-15	-10	-5

① -55 ② -50

③ -45 ④ -40

⑤ -35

02

	$\dfrac{101}{399}$	$\dfrac{126}{374}$	( )	$\dfrac{221}{279}$	$\dfrac{284}{216}$

① $\dfrac{112}{578}$ ② $\dfrac{67}{312}$

③ $\dfrac{19}{481}$ ④ $\dfrac{77}{223}$

⑤ $\dfrac{572}{644}$

03 다음은 일정한 규칙에 따라 나열된 수열이다. ?에 들어갈 수로 가장 알맞은 것은?

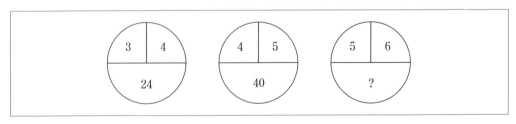

① 30   ② 55

③ 60   ④ 90

⑤ 120

04 남자 4명, 여자 4명으로 이루어진 팀에서 2명의 팀장을 뽑으려고 한다. 이때 팀장 2명이 모두 남자로만 구성될 확률은?

① $\dfrac{1}{14}$

② $\dfrac{1}{7}$

③ $\dfrac{3}{14}$

④ $\dfrac{2}{7}$

⑤ $\dfrac{5}{14}$

05 D기업은 한 달에 한 번씩 부서별로 영화표를 지원해주는데 가족 단위로 참가하도록 장려하고 있다. 이번 달 영업부에서 신청한 인원은 9명이고, 영화표의 가격은 성인이 12,000원, 청소년은 성인의 0.7배일 때, 총무부에서 90,000원을 지불하였다면 영화를 관람한 영업부 가족 중 청소년은 몇 명인가?

① 3명

② 4명

③ 5명

④ 6명

⑤ 7명

Easy

06 A, B 두 개의 톱니가 서로 맞물려 있다. A의 톱니 수는 B의 톱니 수보다 20개 더 많고, A가 6번 회전할 때, B는 10번 회전할 때, A의 톱니 수는?

① 35개

② 40개

③ 45개

④ 50개

⑤ 55개

07 어떤 물건을 원가의 50% 이익을 붙여 팔았는데, 잘 팔리지 않아서 다시 20% 할인해서 팔았더니, 물건 1개당 1,000원의 이익을 얻었다. 이 물건의 원가는?

① 4,000원

② 4,500원

③ 5,000원

④ 6,000원

⑤ 6,500원

08 B대리는 주말마다 집 앞 산책로에서 운동한다. 10km인 산책로를 시속 3km의 속력으로 걷다가 중간에 시속 6km로 뛰어 2시간 만에 완주할 때, 시속 6km로 뛰어간 거리는?

① 4km　　　　　　　　　　　　　　② 6km
③ 8km　　　　　　　　　　　　　　④ 10km
⑤ 12km

09 어른 3명과 어린 아이 3명이 함께 식당에 갔다. 자리가 6개인 원탁에 앉는다고 할 때, 자리에 앉을 수 있는 경우의 수는?(단, 어른들은 아이들의 식사를 돕기 위해 아이들 사이에 앉는다)

① 8가지　　　　　　　　　　　　　② 12가지
③ 16가지　　　　　　　　　　　　④ 20가지
⑤ 24가지

10 다음은 청소년의 경제의식에 대한 설문조사 결과를 정리한 자료이다. 이에 대한 설명으로 옳은 것은? (단, 복수응답과 무응답은 없다)

〈경제의식에 대한 설문조사 결과〉

(단위 : %)

설문 내용	구분	전체	성별		학교별	
			남	여	중학교	고등학교
용돈을 받는지 여부	예	84	83	86	88	80
	아니요	16	17	14	12	20
월간 용돈 금액	5만 원 미만	75	74	76	90	60
	5만 원 이상	25	26	24	10	40
용돈기입장 기록 여부	기록한다	30	23	36	31	28
	기록 안 한다	70	77	64	69	72

① 용돈기입장을 기록하는 비율이 기록 안 하는 비율보다 높다.
② 용돈을 받는 남학생의 비율이 용돈을 받는 여학생의 비율보다 높다.
③ 월간 용돈을 5만 원 미만으로 받는 비율은 중학생이 고등학생보다 높다.
④ 용돈을 받지 않는 중학생 비율이 용돈을 받지 않는 고등학생 비율보다 높다.
⑤ 고등학생 전체 인원을 100명이라고 한다면, 월간 용돈을 5만 원 이상 받는 학생은 40명이다.

11 다음은 D방송사의 매출액 추이에 대한 자료이다. 이에 대한 옳은 설명을 한 사람을 〈보기〉에서 모두 고르면?

〈D방송사 매출액 추이〉

(단위 : 천만 원)

구분		2020년	2021년	2022년	2023년	2024년
방송 사업 매출액	방송수신료	5,645	5,717	5,452	5,325	5,487
	광고	21,990	21,437	23,825	22,785	22,186
	협찬	3,154	3,085	3,306	3,142	3,145
	프로그램 판매	1,202	1,195	1,294	1,322	1,299
	기타 방송 사업	1,961	2,145	2,097	2,018	2,012
기타 사업		4,204	4,219	4,275	4,224	4,281
합계		38,156	37,798	40,249	38,816	38,410

보기

지환 : 방송수신료 매출액의 증감 추이와 반대되는 추이를 보이는 항목이 존재해.
소영 : 5년 동안 모든 항목의 최대 매출액과 최소 매출액의 차이는 10억 원 이상의 변동폭을 보이고 있어.
동현 : 5년간 각 항목의 매출액 순위는 한 번도 변동 없이 동일했구나.
세미 : 2020년과 비교했을 때 2024년에 매출액이 상승하지 않은 항목은 2개뿐이군.

① 지환, 소영
② 소영, 세미
③ 지환, 동현
④ 동현, 세미
⑤ 지환, 동현, 세미

다음은 I공항의 연도별 세관물품 신고 수에 대한 자료이다. 〈보기〉를 바탕으로 A~D에 들어갈 세관물품을 바르게 나열한 것은?

〈연도별 세관물품 신고 수〉

(단위 : 십만 건)

구분	2020년	2021년	2022년	2023년	2024년
A	300	360	425	440	505
B	200	230	325	320	355
C	300	375	405	415	450
D	180	171	205	200	215

보기

ㄱ. 담배류와 주류의 세관물품 신고 수는 2021~2024년에 전년 대비 매년 증가하였다.
ㄴ. 가전류는 2020~2024년 세관물품 중 신고 수가 가장 적었다.
ㄷ. 주류는 전년 대비 2021년 세관물품 신고 수 증가율이 두 번째로 가장 높았다.
ㄹ. 잡화류의 전년 대비 2021~2024년 세관물품 신고 수는 한 번 감소하였다.

	A	B	C	D
①	담배류	주류	잡화류	가전류
②	주류	잡화류	가전류	담배류
③	잡화류	가전류	담배류	주류
④	주류	잡화류	담배류	가전류
⑤	담배류	잡화류	주류	가전류

13 다음은 주요 국가별 자국 영화 점유율에 대한 자료이다. 이에 대한 설명으로 옳지 않은 것은?

<주요 국가별 자국 영화 점유율>

(단위 : %)

구분	2021년	2022년	2023년	2024년
한국	50.8	42.1	48.8	46.5
일본	47.7	51.9	58.8	53.6
영국	28.0	31.1	16.5	24.0
독일	18.9	21.0	27.4	16.8
프랑스	36.5	45.3	36.8	35.7
스페인	13.5	13.3	16.0	12.7
호주	4.0	3.8	5.0	4.5
미국	90.1	91.7	92.1	92.0

① 자국 영화 점유율에서, 독일과 프랑스가 한국을 앞지른 해는 한 번도 없다.
② 지난 4년간 자국 영화 점유율이 매년 꾸준히 상승한 국가는 하나도 없다.
③ 2021년 대비 2024년 자국 영화 점유율이 가장 많이 하락한 국가는 한국이다.
④ 2023년을 제외하고 영국, 독일, 프랑스의 자국 영화 점유율 순위는 매년 같다.
⑤ 2023년 자국 영화 점유율이 해당 국가의 4년간 통계에서 가장 높은 국가가 절반 이상이다.

14 다음은 어느 나라의 부패인식지수(CPI) 연도별 변동 추이에 대한 자료이다. 이에 대한 설명으로 옳지 않은 것은?

〈부패인식지수(CPI) 연도별 변동 추이〉

(단위 : 점)

구분		2018년	2019년	2020년	2021년	2022년	2023년	2024년
CPI	점수	4.5	5.0	5.1	5.1	5.6	5.5	5.4
	조사 대상국	146	159	163	180	180	180	178
	순위	47	40	42	43	40	39	39
	백분율	32.2	25.2	25.8	23.9	22.2	21.6	21.9
OECD	회원국	30	30	30	30	30	30	30
	순위	24	22	23	25	22	22	22

※ 0~10점 : 점수가 높을수록 청렴함을 의미함

① CPI를 확인해 볼 때, 다른 해에 비해 2022년에 가장 청렴했다고 볼 수 있다.

② CPI 순위는 2023년에 처음으로 30위권에 진입했다.

③ 청렴도가 가장 낮은 해와 2024년의 청렴도 점수의 차이는 0.9점이다.

④ CPI 순위와 OECD 순위가 가장 낮은 해는 각각 2018년과 2021년이다.

⑤ OECD 순위는 2018년부터 2024년까지 상위권이라 볼 수 있다.

15 다음은 전국 풍수해 규모에 대한 자료이다. 이에 대한 설명으로 옳은 것은?

〈전국 풍수해 규모〉

(단위 : 억 원)

구분	2015년	2016년	2017년	2018년	2019년	2020년	2021년	2022년	2023년	2024년
태풍	118	1,609	8	–	1,725	2,183	8,037	17	53	134
호우	9,063	435	581	2,549	1,808	5,282	384	1,555	1,400	14
대설	60	74	36	128	663	477	204	119	324	130
강풍	140	69	11	70	2	5	267	9	1	39
풍랑	57	331	–	241	70	3	–	–	–	3
전체	9,438	2,518	636	2,988	4,268	7,950	8,892	1,700	1,778	320

① 2016~2024년 동안 연도별로 발생한 전체 풍수해 규모의 전년 대비 증감 추이는 태풍으로 인한 풍수해 규모의 증감 추이와 같다.

② 풍랑으로 인한 풍수해 규모는 매년 가장 작았다.

③ 2024년 호우로 인한 풍수해 규모의 전년 대비 감소율은 97% 미만이다.

④ 전체 풍수해 규모에서 대설로 인한 풍수해 규모가 차지하는 비중은 2022년이 2020년보다 크다.

⑤ 2015~2024년 동안 연도별로 발생한 전체 풍수해 규모에서 태풍으로 인한 풍수해 규모가 가장 큰 해는 2021년뿐이다.

16 귀하는 D사의 인사관리 부서에서 근무 중이다. 오늘 회의시간에 생산부서의 인사평가 자료를 취합하여 보고해야 하는데 자료 취합 중 파일에 오류가 생겨 일부 자료가 훼손되었다. 다음 중 (가)~(다)에 들어갈 점수로 가장 적절한 것은?(단, 각 평가는 100점 만점이고, 종합순위는 각 평가지표 점수의 총합으로 결정한다)

<인사평가 점수 현황>

(단위 : 점)

구분	역량	실적	자기계발	성실성	종합순위
A사원	70	(가)	80	70	4
B대리	80	85	(나)	70	1
C과장	(다)	85	70	75	2
D부장	80	80	60	70	3

※ 점수는 5점 단위로 부여함

	(가)	(나)	(다)
①	60	70	55
②	65	65	65
③	65	60	65
④	75	65	55
⑤	75	60	65

Hard

17 어항 안에 A금붕어와 B금붕어가 각각 1,675마리, 1,000마리가 있다. 다음과 같은 규칙에 따라 금붕어가 팔리고 있다면, 10일 차에 남아있는 금붕어는 각각 몇 마리인가?

<남은 금붕어의 수>

(단위 : 마리)

구분	1일 차	2일 차	3일 차	4일 차	5일 차
A금붕어	1,675	1,554	1,433	1,312	1,191
B금붕어	1,000	997	992	983	968

	A금붕어	B금붕어
①	560마리	733마리
②	586마리	733마리
③	621마리	758마리
④	700마리	758마리
⑤	782마리	783마리

Easy

18

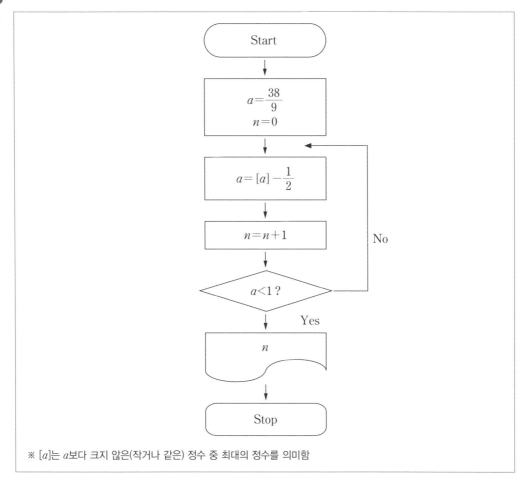

※ [a]는 a보다 크지 않은(작거나 같은) 정수 중 최대의 정수를 의미함

① 5   ② 4

③ 3   ④ 2

⑤ 1

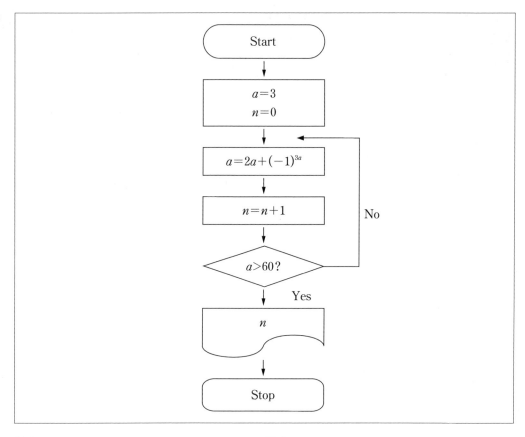

19

① 2
② 3
③ 4
④ 5
⑤ 6

20

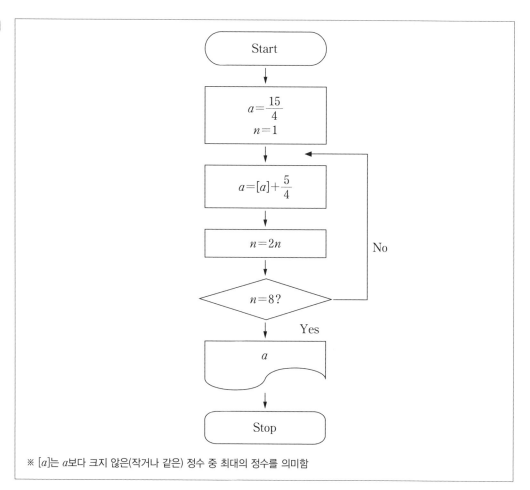

Start

$$a=\dfrac{15}{4}$$
$$n=1$$

$$a=[a]+\dfrac{5}{4}$$

$$n=2n$$

$n=8\,?$

No

Yes

a

Stop

※ $[a]$는 a보다 크지 않은(작거나 같은) 정수 중 최대의 정수를 의미함

① $\dfrac{9}{4}$ ② $\dfrac{22}{8}$

③ $\dfrac{13}{4}$ ④ $\dfrac{29}{8}$

⑤ $\dfrac{25}{4}$

PART 3

01 정면이 다음과 같도록 정육면체의 전개도를 접은 후, 조건에 따라 회전시켰을 때 위에서 바라본 모양으로 알맞은 것은?

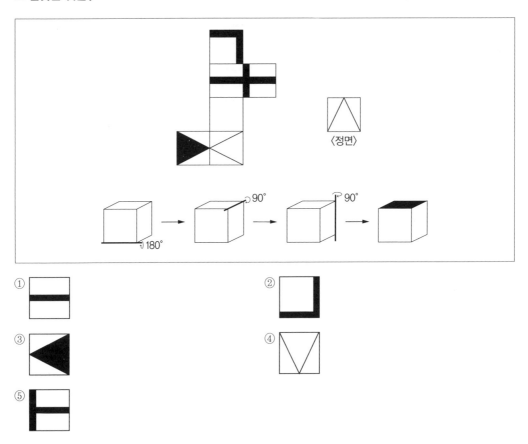

〈정면〉

① ② ③ ④ ⑤

02 정면이 다음과 같도록 정육면체의 전개도를 접은 후, 조건에 따라 회전시켰을 때 정면에서 바라본 모양으로 알맞은 것은?

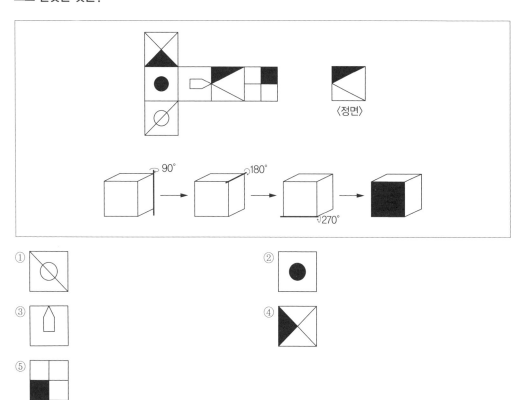

① ② ③ ④

⑤

03 입체도형의 회전규칙이 다음과 같이 정의된다고 할 때, 〈보기〉의 단면과 일치하는 입체도형을 Z축 3회전한 것은?(단, 1회전은 90°이다)

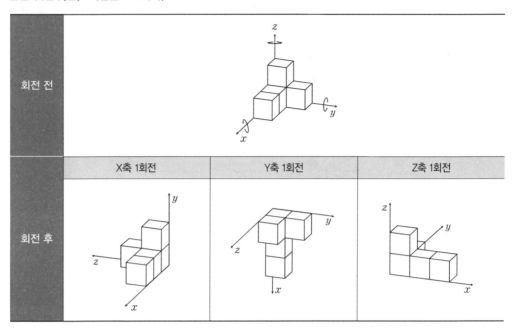

	X축 1회전	Y축 1회전	Z축 1회전

회전 전

회전 후

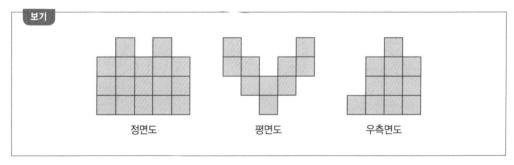

정면도   평면도   우측면도

①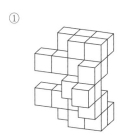

②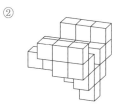

③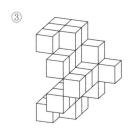

④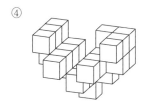

⑤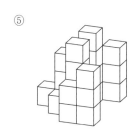

04 3×3×3 큐브를 다음과 같이 정의할 때, 세 번째 가로줄을 시계 방향으로 90°, 세 번째 높이줄을 시계 반대 방향으로 90°, 두 번째 세로줄을 뒤로 90° 돌리면 나오는 모양을 다음과 같이 잘랐을 때의 단면은?

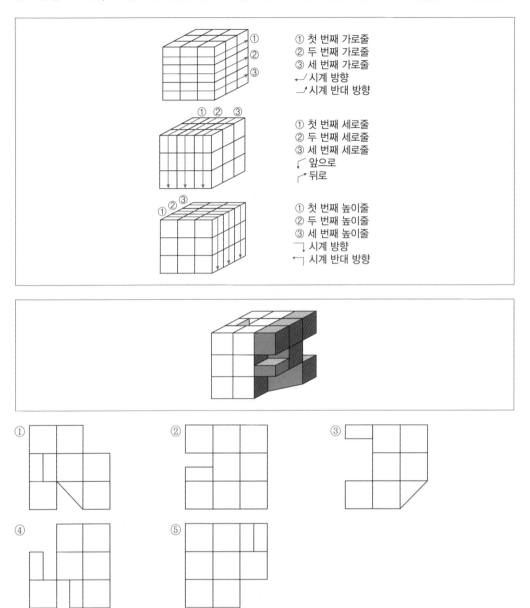

05 다음 제시된 모형을 만들기 위해 필요한 블록의 개수는?(단, 보이지 않는 곳의 블록은 있다고 가정한다)

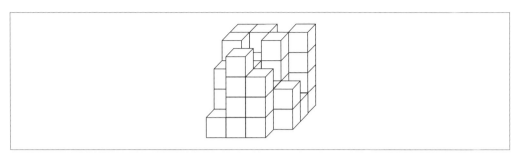

① 43개   ② 44개

③ 45개   ④ 46개

⑤ 47개

06 다음 제시된 단면과 일치하는 입체도형은?

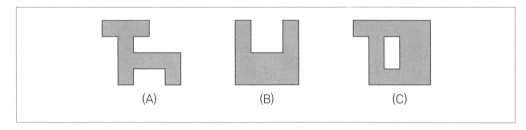

(A)   (B)   (C)

① 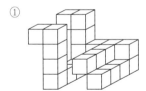   ②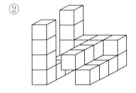

③ 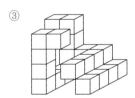   ④

⑤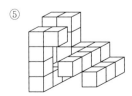

07 제시된 4개의 도형 중 1개의 도형을 방향에 상관없이 90° 회전하고 순서 상관없이 모두 결합하여 2×4 ×4도형을 만들었다. 다음 중 나올 수 없는 도형은?(단, 보이지 않는 곳에 색칠된 블록은 없다)

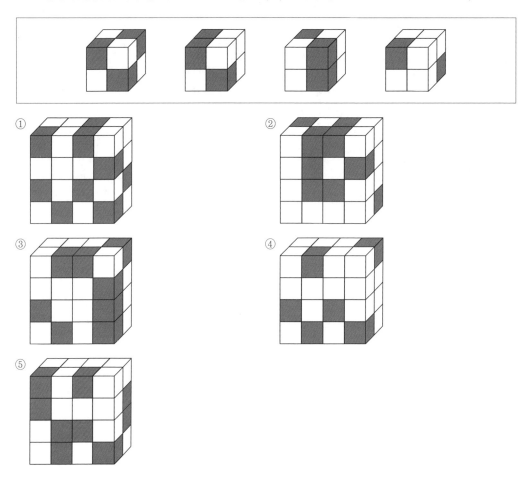

08 절반의 물이 들어 있는 정육면체를 다음과 같이 회전했을 때 물이 묻어 있는 부분의 전개도로 알맞은 것은?

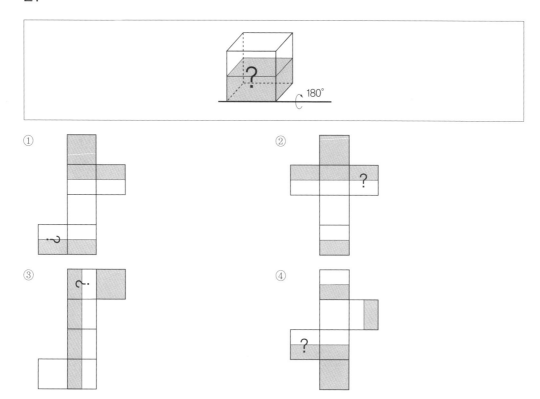

09 다음 Ⓐ, Ⓑ, Ⓒ의 전개도를 면이 전면에 오도록 접은 후 주어진 방향으로 회전하여 아래의 결합 모양과 같이 붙인 그림으로 알맞은 것은?

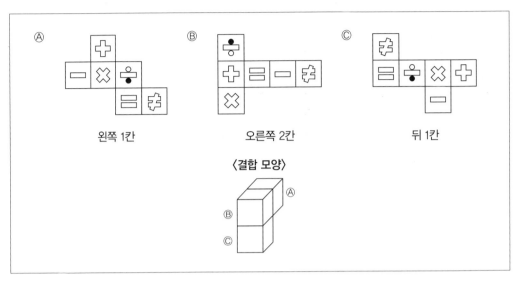

①

②

③

④

⑤

10 다음 두 블록을 합쳤을 때, 나올 수 없는 형태는?

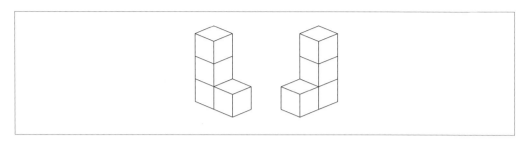

①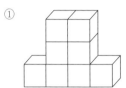

②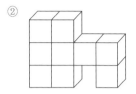

③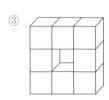

④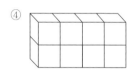

⑤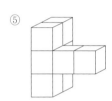

※ 다음 제시된 도형의 규칙을 보고 ?에 들어갈 알맞은 도형을 고르시오. [1~7]

01

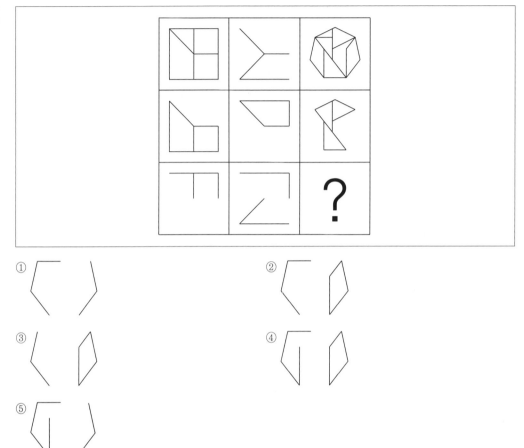

02

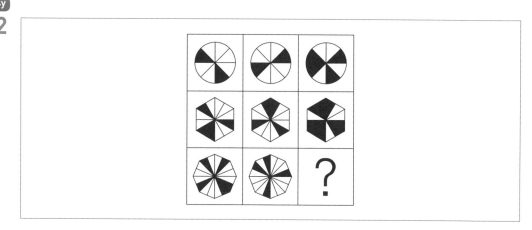

03

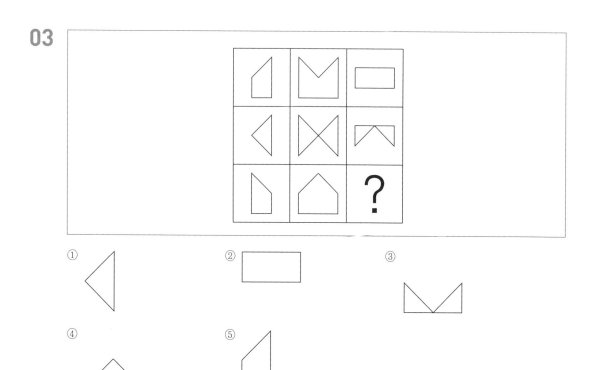

04

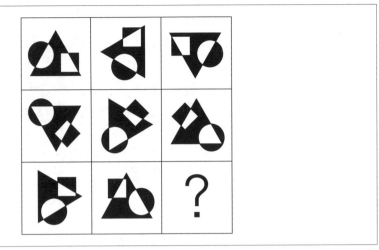

①

②

③

④

⑤

05

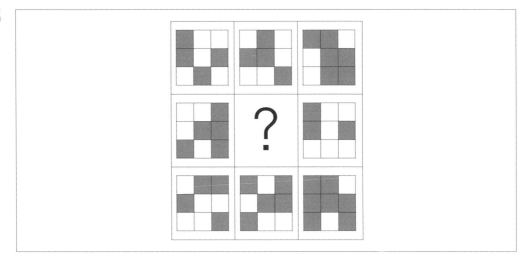

①

②

③

④

⑤

06

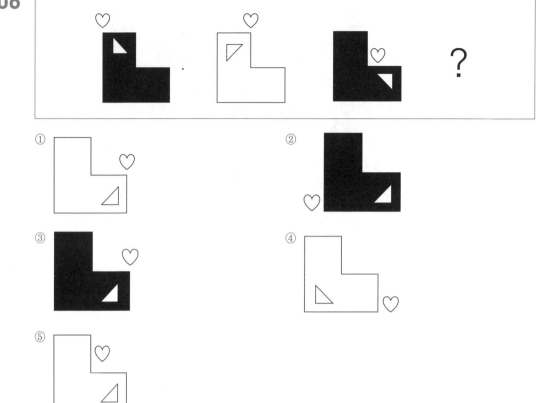

①
♡

②
♡

③
♡

④
♡

⑤
♡

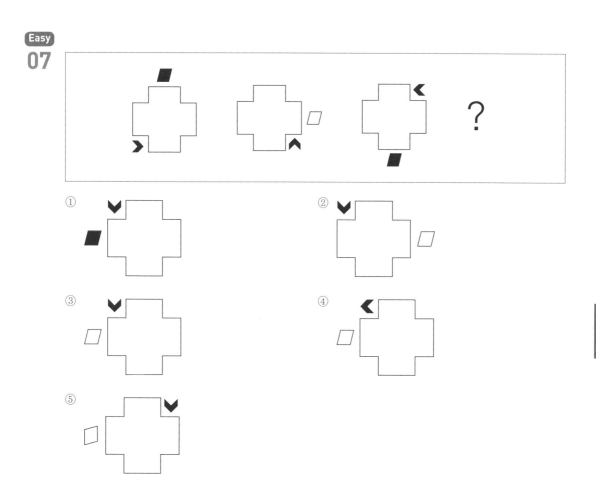

①

②

③

④

⑤

※ 다음 제시된 도형의 규칙을 이용하여 (A), (B)에 들어갈 도형으로 알맞은 것을 고르시오. [8~9]

08

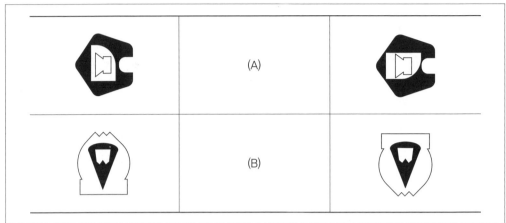

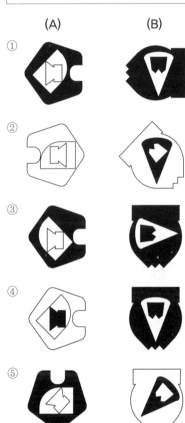

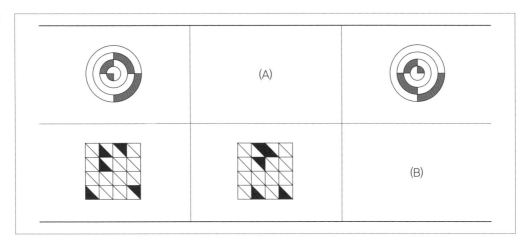

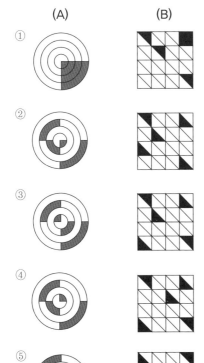

10 다음 제시된 도형의 규칙을 이용하여 ?에 들어갈 도형으로 알맞은 것을 고르면?

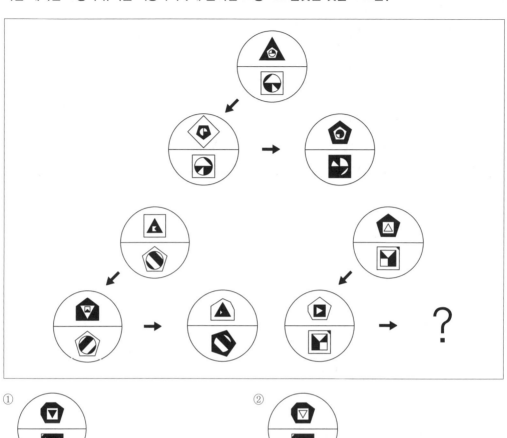

①

②

③

④

⑤

제2회 | 최종점검 모의고사

(time) 응시시간 : 65분 (note) 문항 수 : 75문항

정답 및 해설 p.097

PART 3

01 | 언어논리

Easy

01 다음 중 제시된 명제가 모두 참이라고 할 때, 항상 옳은 것은?

> • 경철이는 윤호보다 바둑을 못 둔다.
> • 윤호는 정래보다 바둑을 못 둔다.
> • 혜미는 윤호보다 바둑을 잘 둔다.

① 정래는 혜미보다 바둑을 잘 둔다.
② 바둑을 가장 잘 두는 사람은 혜미다.
③ 혜미는 경철이보다 바둑을 잘 둔다.
④ 경철이가 정래보다 바둑을 잘 둔다.
⑤ 윤호는 혜미보다 바둑을 잘 둔다.

02 S회사에서는 자사 온라인 쇼핑몰에서 제품을 구매하는 경우 구매 금액 1만 원당 이벤트에 참여할 수 있는 응모권 1장을 준다. 응모권의 개수가 많을수록 이벤트에 당첨될 확률이 높다고 할 때, 다음 중 참이 아닌 것은?

> • A는 S회사의 온라인 쇼핑몰에서 85,000원을 결제하였다.
> • A는 B보다 응모권을 2장 더 받았다.
> • C는 B보다 응모권을 더 많이 받았으나, A보다는 적게 받았다.
> • D는 S회사의 오프라인 매장에서 40,000원을 결제하였다.

① A의 이벤트 당첨 확률이 가장 높다.
② D는 이벤트에 응모할 수 없다.
③ B의 구매 금액은 6만 원 이상 7만 원 미만이다.
④ C의 응모권 개수는 정확히 알 수 없다.
⑤ 구매 금액이 높은 순서는 'A - C - B - D'이다.

03 A~E 5명의 사람이 우산을 쓰고 걸어가고 있다. 다음과 같이 우산을 쓰고 있다고 할 때, 항상 참인 것은?

- A~E 5명이 우산 3개를 썼다.
- 우산 1개는 최대 2명이 함께 쓸 수 있으며, 우산을 쓰지 않은 사람은 없다.
- A는 B와 우산을 같이 쓰지 않았다.
- B는 C와 우산을 같이 쓰지 않았다.
- A와 B 2명은 우산을 혼자 쓰지 않았다.

① A와 C는 항상 우산을 함께 쓴다.
② E는 우산을 혼자 쓴다.
③ A와 D가 우산을 같이 쓴다면 C와 E는 우산을 함께 쓴다.
④ B와 D는 항상 우산을 함께 쓴다.
⑤ C가 혼자 우산을 쓰는 경우가 가장 많다.

04 귀하는 사내 워크숍 준비를 위해 A~E 직원 5명의 참석 여부를 조사하고 있다. 다음 〈조건〉을 참고하여 C가 워크숍에 참석한다고 할 때, 워크숍에 참석하는 직원은?

조건
- B가 워크숍에 참석하면 E는 참석하지 않는다.
- D는 B와 E가 워크숍에 참석하지 않을 때 참석한다.
- A가 워크숍에 참석하면 B 또는 D 중 한 명이 함께 참석한다.
- C가 워크숍에 참석하면 D는 참석하지 않는다.
- C가 워크숍에 참석하면 A도 참석한다.

① A, B, C
② A, C, D
③ A, B, C, D
④ A, B, C, E
⑤ A, C, D, E

05 A~E 5명은 팀을 이루어 총싸움을 하는 온라인 게임에 한 팀으로 참전하였다. 이때, 팀의 개인은 늑대 인간과 드라큘라 중 하나의 캐릭터를 선택할 수 있다. 주어진 〈조건〉이 다음과 같을 때, 다음 중 항상 참인 것은?

조건

- A, B, C는 상대팀을 향해 총을 쏘고 있다.
- D, E는 상대팀에게 총을 맞은 상태로 관전만 가능하다.
- 늑대 인간은 2명만이 살아남아 총을 쏘고 있다.
- A는 늑대 인간 캐릭터를 선택하였다.
- D와 E의 캐릭터는 서로 같지 않다.

① 3명은 늑대 인간 캐릭터를, 2명은 드라큘라 캐릭터를 선택했다.
② B는 드라큘라 캐릭터를 선택했다.
③ C는 늑대 인간 캐릭터를 선택했다.
④ 드라큘라의 수가 늑대 인간의 수보다 많다.
⑤ D는 드라큘라, E는 늑대 인간 캐릭터를 각각 선택했다.

Hard

06 D아파트의 다섯 동 주민들이 만든 쓰레기 배출에 대한 규칙이 다음과 같을 때, 참이 아닌 것은?

(가) 다섯 동 주민들은 모두 다른 날에 쓰레기를 버린다.
(나) 쓰레기 배출은 격일로 이루어진다.
(다) 다섯 동 주민들은 A동, B동, C동, D동, E동 순서대로 쓰레기를 버린다.

위와 같은 규칙은 A동이 월요일에 쓰레기를 버리는 것으로 시작한다.

① 각 동의 주민들이 다시 쓰레기를 버리는 날의 요일은 3일씩 밀린다.
② 첫째 주를 1주라고 할 때, 홀수 주에는 쓰레기를 4번 버린다.
③ 첫째 주를 1주라고 할 때, 짝수 주에는 쓰레기를 3번 버린다.
④ 10주째가 되면 다시 A동이 월요일에 쓰레기를 버린다.
⑤ 첫째 주를 1주라고 할 때, 3주까지는 A동이 쓰레기를 가장 많이 버린다.

07 다음 글을 읽고 추론할 수 있는 내용으로 적절하지 않은 것은?

> 다의어란 두 가지 이상의 의미를 가진 단어로, 기본이 되는 핵심 의미를 중심 의미라고 하고, 중심 의미에서 확장된 의미를 주변 의미라고 한다. 중심 의미는 일반적으로 주변 의미보다 언어 습득의 시기가 빠르며 사용 빈도가 높다.
>
> 다의어가 주변 의미로 사용되었을 때는 문법적 제약이 나타나기도 한다. 예를 들어 '한 살을 먹다.'는 가능하지만, '한 살이 먹히다.'나 '한 살을 먹이다.'는 어법에 맞지 않는다. 또한 '손'이 '노동력'의 의미로 쓰일 때는 '부족하다, 남다' 등 몇 개의 용언과만 함께 쓰여 중심 의미로 쓰일 때보다 결합하는 용언의 수가 적다.
>
> 다의어의 주변 의미는 기존의 의미가 확장되어 생긴 것으로서, 새로 생긴 의미는 기존의 의미보다 추상성이 강화되는 경향이 있다. '손'의 중심 의미가 확장되어 '손이 부족하다.', '손에 넣다.'처럼 각각 '노동력', '권한이나 범위'로 쓰이는 것이 그 예이다.
>
> 다의어의 의미들은 서로 관련성을 갖는다. 예를 들어 '줄'의 중심 의미는 '새끼 따위와 같이 무엇을 묶거나 동이는 데에 쓸 수 있는 가늘고 긴 물건'인데 길게 연결되어 있는 모양이 유사하여 '길이로 죽 벌이거나 늘여 있는 것'의 의미를 갖게 되었다. 또한 연결이라는 속성이나 기능이 유사하여 '사회생활에서의 관계나 인연'의 뜻도 지니게 되었다.
>
> 그런데 다의어의 의미들이 서로 대립적 관계를 맺는 경우가 있다. 예를 들어 '앞'은 '향하고 있는 쪽이나 곳'이 중심 의미인데 '앞 세대의 입장', '앞으로 다가올 일'에서는 각각 '이미 지나간 시간'과 '장차 올 시간'을 가리킨다. 이것은 시간의 축에서 과거나 미래 중 어느 방향을 바라보는지에 따른 차이로서 이들 사이의 의미적 관련성은 유지된다.

① 아이들은 '앞'의 '향하고 있는 쪽이나 곳'의 의미를 '장차 올 시간'의 의미보다 먼저 배울 것이다.

② 동음이의어와 다의어는 단어의 문법적 제약이나 의미의 추상성 및 관련성 등으로 구분할 수 있을 것이다.

③ '손에 넣다.'에서 '손'은 '권한이나 범위'의 의미로 사용될 수 있지만, '노동력'의 의미로 사용될 수 없을 것이다.

④ '줄'의 '사회생활에서의 관계나 인연'의 의미는 '길이로 죽 벌이거나 늘여 있는 것'의 의미보다 사용 빈도가 높을 것이다.

⑤ '먹다'가 중심 의미인 '음식 따위를 입을 통하여 배 속에 들여보내다.'로 사용된다면 '먹히다', '먹이다'로 제약 없이 사용될 것이다.

08 다음 글의 제목으로 가장 적절한 것은?

우리 고유의 발효식품이자 한식 제1의 반찬인 김치는 천 년이 넘는 역사를 함께해 온 우리 삶의 일부이다. 채소를 오래 보관하여 먹기 위한 절임 음식으로 시작된 김치는 양념을 버무리고 숙성시키는 우리만의 발효과학 식품으로 변신하였고, 김장은 우리 민족의 가장 중요한 행사 중 하나가 되었다. 다른 나라에도 소금 등에 채소를 절인 절임 음식이 존재하지만, 절임 후 양념으로 2차 발효시키는 음식으로는 우리 김치가 유일하다. 김치는 발효과정을 통해 원재료보다 영양이 한층 더 풍부하게 변신하며, 암과 노화, 비만 등의 예방과 억제에 효과적인 기능성을 보유한 슈퍼 발효 음식으로 탄생한다.

김치는 지역마다, 철마다, 또 특별한 의미를 담아 다양하게 변신하여 300가지가 넘는 종류로 탄생하는데, 기후와 지역 등에 따라서 다채로운 맛을 담은 김치들이 있으며, 주재료로 채소뿐만 아니라 수산물이나 육류를 이용한 독특한 김치도 있고, 같은 김치라도 사람에 따라 특별한 김치로 재탄생되기도 한다. 지역과 집안마다 저마다의 비법으로 담그기 때문에 유서 깊은 종가마다 비법으로 만든 특별한 김치가 전해오며, 김치를 담고 먹는 일도 수행의 연속이라 여기는 사찰에서는 오신채를 사용하지 않은 김치가 존재한다.

우리 문화의 정수이자 자존심인 김치는 현대에 들어서는 문화와 전통이 결합한 복합 산업으로 펼쳐지고 있다. 김치에 들어가는 수많은 재료에 관련된 산업의 생산액은 3.3조 원이 넘으며, 주로 배추김치로 형성된 김치 생산은 약 2.3조 원의 시장을 형성하고 있고, 시판 김치의 경우 대기업의 시장 주도력이 증가하고 있다. 소비자 요구에 맞춘 다양한 포장 김치가 등장하고, 김치냉장고는 1.1조 원의 시장을 형성하고 있으며, 정성과 기다림을 상징하는 김치는 문화산업의 소재로 활용되며, 김치 문화는 관광 관련 산업으로 활성화되고 있다. 김치의 영양 기능성과 김치 유산균을 활용한 여러 기능성 제품이 개발되고, 부식뿐 아니라 새로운 요리의 식재료로서 김치는 39조 원의 외식산업 시장을 뒷받침하고 있다.

① 김치의 탄생
② 우리 민족의 축제, 김장
③ 김치산업의 활성화 방안
④ 지역마다 다양한 종류의 김치
⑤ 우리 민족의 전통이자 자존심, 김치

다음 중 (가)~(마) 문단에 대한 설명으로 가장 적절한 것은?

(가) 현재 각종 SNS 및 동영상 게재 사이트에서 흔하게 접할 수 있는 콘텐츠 중 하나가 ASMR이다. 그러다 보니 자주 접하는 ASMR의 이름의 뜻에 대해 다수의 네티즌들이 궁금해 하고 있다. ASMR은 자율감각 쾌락반응으로, 뇌를 자극해 심리적인 안정을 유도하는 것을 말한다.

(나) 힐링을 얻고자 하는 청취자들이 ASMR의 특정 소리를 들으면 이 소리가 일종의 트리거(Trigger)로 작용해 틴글(Tingle : 기분 좋게 소름 돋는 느낌)을 느끼게 한다. 트리거로 작용하는 소리는 사람에 따라 다를 수 있다. 이는 청취자마다 삶의 경험이나 취향 등에서 뚜렷한 차이를 보이기 때문이다.

(다) ASMR 현상은 시각적, 청각적 혹은 인지적 자극에 반응한 뇌가 신체 뒷부분에 분포하는 자율 신경계에 신경 전달 물질을 촉진하며 심리적 안정감을 느끼게 한다. 일상생활에서 편안하게 느꼈던 소리를 들으면, 그때 느낀 긍정적인 감정을 다시 느끼면서 스트레스 정도를 낮출 수 있고 불면증과 흥분 상태 개선에 도움이 되며 안정감을 받을 수 있다. 소곤소곤 귓속말하는 소리, 자연의 소리, 특정 사물을 반복적으로 두드리는 소리 등이 담긴 영상 속 소리 등을 예로 들 수 있다.

(라) 최근 유튜버를 비롯한 연예인들이 ASMR 코너를 만들어 대중과 소통 중이다. 요즘은 청포도 젤리나 쿄호 젤리 등 식감이나 씹는 소리가 좋은 음식으로 먹방 ASMR을 하기도 한다. 많은 사람들이 ASMR을 진행하기 때문에 인기 있는 ASMR 콘텐츠가 되기 위해서는 세분화된 분야를 공략하거나 다른 사람들과 차별화하는 전략이 필요하게 되었다.

(마) 독특한 ASMR 채널로 대중의 사랑을 받고 있는 것은 공감각적인 ASMR이다. 공감각은 시각, 청각, 촉각 등 우리의 오감 중에서 하나의 감각만을 자극하는 것이 아니라, 2개 이상의 감각이 결합하여 자극받을 수 있도록 하는 것이다. 공감각적인 ASMR이 많은 인기를 끌고 있는 만큼 앞으로의 ASMR 콘텐츠들은 공감각적인 콘텐츠로 대체될 것이라는 이야기가 대두되었다.

---

① (가) : ASMR을 자주 접하는 사람들의 특징은 일상에 지친 현대인이다.
② (나) : 많은 사람들이 선호하는 트리거는 소곤거리는 소리이다.
③ (다) : 신체의 자율 신경계가 뇌에 특정 신경 전달 물질을 전달한다.
④ (라) : 연예인들은 일반인보다 ASMR에 많이 도전하는 경향이 있다.
⑤ (마) : ASMR 콘텐츠들은 공감각적인 ASMR로 대체될 전망이다.

10 다음 '철학의 여인'의 논지를 따를 때, 밑줄 친 ⊙에 해당하는 것으로 적절한 것을 〈보기〉에서 모두 고르면?

다음은 철학의 여인이 비탄에 잠긴 보에티우스에게 건네는 말이다.

"나는 이제 네 병의 원인을 알겠구나. 이제 네 병의 원인을 알게 되었으니 ⊙ 너의 건강을 회복할 방법을 찾을 수 있게 되었다. 그 방법은 병의 원인이 되는 잘못된 생각을 바로잡아 주는 것이다. 너는 너의 모든 소유물을 박탈당했다고, 사악한 자들이 행복을 누리게 되었다고, 네 운명의 결과가 불의하게도 제멋대로 바뀌었다는 생각으로 비탄에 빠져 있다. 그런데 그런 생각은 잘못된 전제에서 비롯된 것이다. 네가 눈물을 흘리며 너 자신이 추방당하고 너의 모든 소유물을 박탈당했다고 생각하는 것은 행운이 네게서 떠났다고 슬퍼하는 것과 다름없는데, 그것은 네가 운명의 본모습을 모르기 때문이다. 그리고 사악한 자들이 행복을 가졌다고 생각하는 것이나 사악한 자가 선한 자보다 더 행복을 누린다고 한탄하는 것은 네가 실로 만물의 목적이 무엇인지 모르고 있기 때문이다. 다시 말해 만물의 궁극적인 목적이 선을 지향하는 데 있다는 것을 모르고 있기 때문이다. 또한, 너는 세상이 어떤 통치 원리에 의해 다스려지는지 잊어버렸기 때문에 제멋대로 흘러가는 것이라고 믿고 있다. 그러나 만물의 목적에 따르면 악은 결코 선을 이길 수 없으며 사악한 자들이 행복할 수는 없다. 따라서 세상은 결국에는 불의가 아닌 정의에 의해 다스려지게 된다. 그럼에도 불구하고 너는 세상의 통치 원리가 정의와는 거리가 멀다고 믿고 있다. 이는 그저 병의 원인일 뿐 아니라 죽음에 이르는 원인이 되기도 한다. 그러나 다행스럽게도 자연은 너를 완전히 버리지는 않았다. 이제 너의 건강을 회복할 작은 불씨가 생명의 불길로 타올랐으니 너는 조금도 두려워할 필요가 없다."

보기

ㄱ. 만물의 궁극적인 목적이 선을 지향하는 데 있다는 것을 아는 것
ㄴ. 세상이 제멋대로 흘러가는 것이 아니라 정의에 의해 다스려진다는 것을 깨닫는 것
ㄷ. 자신이 박탈당했다고 여기는 모든 것, 즉 재산, 품위, 권좌, 명성 등을 되찾을 방도를 아는 것

① ㄱ
② ㄴ
③ ㄱ, ㄴ
④ ㄴ, ㄷ
⑤ ㄱ, ㄴ, ㄷ

11 다음 글을 내용에 따라 세 부분으로 적절하게 나눈 것은?

(가) '소 잃고 외양간 고친다.'는 닥쳐올 위험을 사전에 막아야 한다는 교훈을 주는 속담이다. 보통 우리는 이 속담을 '아둔함'을 경계하는 것에 사용한다. 하지만 과연 소를 잃고 나서 외양간을 고치는 사람을 아둔한 사람이라고 할 수 있는 것일까? 다르게 생각하면 오히려 그들은 뼈아픈 실수를 바탕으로, 외양간을 더 견고하게 고치는 현명한 사람이 될 수도 있다.

(나) 미국 미시간 주 앤아버에는 로버트 맥메스(Robert McMath)가 설립한 실패 박물관(New Product Works)라는 박물관이 있다. 이 박물관은 보편적으로 가치 있는 물품을 전시하는 기존의 박물관과 다르게, 많은 기업이 야심 차게 출시했지만 시장의 외면을 받은 상품들을 전시하고 있다.

(다) 대표적인 사례는 '크리스탈 펩시'이다. 펩시 사는 1992년에 이 무색의 콜라를 내놓아 소비자들에게 깨끗하다는 인식을 주고, 이를 통해 판매량 확보를 노렸지만, '콜라는 흑갈색이다.'라는 소비자들의 고정관념을 깨지 못하고 쓰디쓴 고배를 마셨다. 또 다른 상품으로는 데어리메틱스 사의 어린이용 분사식 치약 '닥터케어'가 있다. 어린이 고객층을 겨냥하여 분무식의 치약을 만들었지만, 실제로는 욕실이 지저분하게 될 것이라는 의심만 산 채 시장에서 사라졌다. 이 외에도 박물관에는 수많은 기업의 실패작이 전시되어 있다.

(라) 놀라운 사실은 실패작을 진열한 이 박물관에 최근 각국의 여러 기업이 견학을 오는 것이다. 이유는 바로 실패작들의 원인을 분석해서 같은 실수를 반복하지 않고 성공으로 향할 방법을 찾기 위해서이다.

(마) 실패 박물관을 방문하는 사람들을 통해서도 알 수 있듯이, 우리는 실패를 외면하기만 했던 과거와 달리, 실패 사례를 연구하고 이를 성공의 발판으로 삼는 시대를 살고 있다. 따라서 실패에 넋을 놓고 자책하기보다는, 오히려 실패를 발전의 기회로 삼는 것이 더 중요하다.

① (가) / (나) / (다), (라), (마)
② (가) / (나), (다) / (라), (마)
③ (가) / (나), (다), (라) / (마)
④ (가), (나) / (다), (라) / (마)
⑤ (가), (나), (다) / (라) / (마)

오전 7시 20분경 임실역에서 익산으로 향하던 열차가 전기 공급 중단으로 멈추는 사고가 발생해 약 50여 분간 열차 운행이 중단되었다. 원인은 바로 전차선에 지은 까치집 때문이었는데, 까치가 집을 지을 때 사용하는 젖은 나뭇가지나 철사 등이 전선과 닿거나 차로에 떨어져 합선과 단전을 일으키게 된 것이다.

비록 이번 사고는 단전에서 끝났지만, 고압 전류가 흐르는 전차선인 만큼 철사와 젖은 나뭇가지만으로도 자칫하면 폭발사고로 이어질 우려가 있다. 지난 5년간 까치집으로 인한 단전사고는 한 해 평균 3~4건이 발생하고 있으며, H철도는 사고방지를 위해 까치집 방지 설비를 설치하고 설비가 없는 구간은 작업자가 육안으로 까치집 생성 여부를 확인해 제거하고 있는데, 이렇게 제거해 온 까치집 수가 연평균 8,000개에 달하고 있다. 하지만 까치집은 빠르면 불과 4시간 만에 완성되어 작업자들에 큰 곤욕을 주고 있다.

이에 H철도는 전차선로 주변 까치집 제거의 효율성과 신속성을 높이기 위해 인공지능(AI)과 사물인터넷 (IoT) 등 첨단 기술을 활용하기에 이르렀다. 열차 운전실에 영상 장비를 설치해 달리는 열차에서 전차선을 촬영한 화상 정보를 인공지능으로 분석해 까치집 등의 위험 요인을 찾아 해당 위치와 현장 이미지를 작업자에게 실시간으로 전송하는 '실시간 까치집 자동검출시스템'을 개발한 것이다. 하지만 시속 150km로 빠르게 달리는 열차에서 까치집 등의 위험 요인을 실시간으로 판단해 전송하는 것이다 보니 그 정확도는 65%에 불과했다.

이에 H철도는 전차선과 까치집을 정확하게 식별하기 위해 인공지능이 스스로 학습하는 '딥러닝' 방식을 도입했고, 전차선을 구성하는 복잡한 구조 및 까치집과 유사한 형태를 빅데이터로 분석해 이미지를 구분하는 학습을 실시한 결과 까치집 검출 정확도는 95%까지 상승했다. 또한 해당 이미지를 실시간 문자메시지로 작업자에게 전송해 위험 요소를 확인하여 위치를 인지시켜 현장에 적용할 수 있다는 사실도 확인했으며, 이와 더불어 정기열차가 운행하지 않거나 작업자가 접근하기 쉽지 않은 차량 정비 시설 등에 드론을 띄워 전차선의 까치집을 발견 및 제거하는 기술도 시범 운영하고 있다.

① 인공지능도 학습을 통해 그 정확도를 향상시킬 수 있다.

② 빠른 속도에서의 인공지능의 사물 식별 정확도는 낮아진다.

③ 사람의 접근이 불가능한 곳에 위치한 까치집의 제거도 가능해졌다.

④ 까치집 자동검출시스템을 통해 실시간으로 까치집 제거가 가능해졌다.

⑤ 인공지능 등의 스마트 기술 도입으로 까치집 생성의 감소를 기대할 수 있다.

PART 3

13

(가) 세조가 왕이 된 후 술자리에 관한 최초의 기록은 1455년 7월 27일의 "왕이 노산군에게 문안을 드리고 술자리를 베푸니, 종친 영해군 이상과 병조판서 이계전 그리고 승지 등이 모셨다. 음악을 연주하니, 왕이 이계전에게 명하여 일어나 춤을 추게 하고, 지극히 즐긴 뒤에 파하였다. 드디어 영응대군 이염의 집으로 거둥하여 자그마한 술자리를 베풀고 한참 동안 있다가 환궁하였다."라는 기록이다. 술자리에서 음악과 춤을 즐기고, 1차의 아쉬움 때문에 2차까지 가지는 모습은 세조 술자리에서 거의 공통적으로 나타나는 특징이다.

(나) 세조(1417~1468, 재위 1455~1468)하면 어린 조카를 죽이고 왕위에 오른 비정한 군주로 기억하는 경우가 많다. 1453년 10월 계유정난의 성공으로 실질적으로 권력의 1인자가 된 수양대군은 2년 후인 1455년 6월 단종을 압박하여 세조가 되어 왕위에 오른다. 불법적인 방식으로 권력을 잡은 만큼 세조에게는 늘 정통성에 대한 시비가 따라 붙게 되었다. 이후 1456년에 성삼문, 박팽년 등이 중심이 되어 단종 복위운동을 일으킨 것은 세조에게는 정치적으로 큰 부담이 되었다. 이로 인해 세조는 왕이 된 후 문종, 단종 이후 추락된 왕권 회복을 정치적 목표로 삼고, 육조 직계제를 부활시키는가 하면 경국대전과 동국통감 같은 편찬 사업을 주도하여 왕조의 기틀을 잡아 갔다.

(다) 이처럼 세조실록의 기록에는 세조가 한명회, 신숙주, 정인지 등 공신들과 함께 자주 술자리를 마련하고 대화는 물론이고 흥이 나면 함께 춤을 추거나 즉석에서 게임을 하는 등 신하들과 격의 없이 소통하는 장면이 자주 나타난다. 이는 당시에도 칼로 권력을 잡은 이미지가 강하게 남았던 만큼 최대한 소탈하고 인간적인 모습을 보임으로써 자신의 강한 이미지를 희석시켜 나간 것으로 풀이된다. 또한 자신을 왕으로 만들어준 공신 세력을 양날의 검으로 인식했기 때문으로도 보인다. 자신을 위해 목숨을 바친 공신들이지만, 또 다른 순간에는 자신에게 칼끝을 겨눌 위험성을 인식했던 세조는 잦은 술자리를 통해 그들의 기분을 최대한 풀어주고 자신에게 충성을 다짐하도록 했던 것이다.

(라) 세조가 왕권 강화를 바탕으로 자신만의 정치를 펴 나가는 과정에서 특히 주목되는 점은 자주 술자리를 베풀었다는 사실이다. 이것은 세조실록에 '술자리'라는 검색어가 무려 467건이나 나타나는 것에서도 단적으로 확인할 수가 있다. 조선의 왕 중 최고의 기록일 뿐만 아니라 조선왕조실록의 '술자리' 검색어 974건의 거의 절반에 달하는 수치이다. 술자리의 횟수에 관한 한 세조는 조선 최고의 군주라 불릴 만하다.

① (나) - (가) - (다) - (라)
② (나) - (라) - (가) - (다)
③ (다) - (라) - (나) - (가)
④ (라) - (가) - (다) - (나)
⑤ (라) - (나) - (가) - (다)

14

(가) 공공재원 효율적 활용을 지향하기 위해 사회 생산성 기여를 위한 공간정책이 마련되어야 함과 동시에 주민복지의 거점으로서 기능을 해야 한다. 또한 도시체계에서 다양한 목적의 흐름을 발생, 집중시키는 노드로서 다기능·복합화를 실현하여 범위의 경제를 창출하여 이용자 편의성을 증대시키고, 공공재원의 효율적 활용에도 기여해야 한다.

(나) 우리나라도 인구감소 시대에 본격적으로 진입할 가능성이 높아지고 있다. 이미 비수도권의 대다수 시·군에서는 인구가 급속하게 줄어왔으며, 수도권 내 상당수의 시·군에서도 인구정체가 나타나고 있다. 인구감소 시대에 접어들게 되면, 줄어드는 인구로 인해 고령화 및 과소화가 급속하게 진전된 상태가 될 것이요, 그 결과 취약계층, 교통약자 등 주민의 복지수요가 늘어날 것이다.

(다) 앞으로 공공재원의 효율적 활용, 주민복지의 최소 보장, 자원배분의 정의, 공유재의 사회적 가치 및 생산에 대해 관심을 기울여야 할 것이다. 또한 인구감소시대에 대비하여 창조적 축소, 거점 간 또는 거점과 주변 간 네트워크화 등에 관한 논의, 그와 관련되는 국가와 지자체의 역할 분담, 그리고 이해관계 주체의 연대, 참여, 결속에 관한 논의가 계속적으로 다루어져야 할 것이다.

(라) 이러한 상황에서는 공공재원을 확보, 확충하기가 어렵게 되므로 재원의 효율적 활용 요구가 높아질 것이다. 실제로 현재 인구 감소에 따른 과소화, 고령화가 빠르게 전개되어온 지역에서 공공서비스 공급에 제약을 받고 있으며, 비용 효율성을 높여야 한다는 과제에 직면해 있다.

① (가) - (다) - (나) - (라)
② (가) - (라) - (나) - (다)
③ (나) - (가) - (라) - (다)
④ (나) - (라) - (가) - (다)
⑤ (나) - (라) - (다) - (가)

Easy

15 다음 글의 내용으로 가장 적절한 것은?

1899년 베이징의 한 금석학자는 만병통치약으로 알려진 '용골'을 살펴보다가 소스라치게 놀랐다. 용골의 표면에 암호처럼 알 듯 모를 듯한 글자들이 빼곡히 들어차 있었던 것이다. 흥분이 가신 후에 알아보니, 용골은 은 왕조의 옛 도읍지였던 허난성 안양현 샤오툰(小屯)촌 부근에서 나온 것이었다. 바로 갑골문자가 발견되는 순간이었다. 현재 갑골문자는 4천여 자가 확인되었고, 그중 약 절반 정도가 해독되었다. 사마천의 『사기』에는 은 왕조에 대해서 자세히 기록되어 있었으나, 사마천이 살던 시대보다 1천 수백 년 전의 사실이 너무도 생생하게 표현되어 있어 마치 소설처럼 생각되었다. 그런데 갑골문자를 연구한 결과, 거기에는 반경(盤庚) 때부터 은나라 말까지 약 2백여 년에 걸친 내용이 적혀 있었고, 이를 통하여 『사기』에 나오는 은 왕조의 왕위 계보도 확인할 수 있었다.

① 베이징은 은 왕조의 도읍지였다.
② 용골에는 당대의 소설이 생생하게 표현되었다.
③ 현재 갑골문자는 약 2천여 자가 해독되었다.
④ 사마천의 『사기』에 갑골문자에 대한 기록이 나타난다.
⑤ 사마천의 『사기』는 은나라 말에 만들어졌다.

16 다음 글의 내용으로 적절하지 않은 것은?

현재 전해지는 조선시대의 목가구는 대부분 조선 후기의 것들로 단단한 소나무, 느티나무, 은행나무 등의 곧은결을 기둥이나 쇠목으로 이용하고, 오동나무, 느티나무, 먹감나무 등의 늘결을 판재로 사용하여 자연스러운 나뭇결의 재질을 살렸다. 또한 대나무, 혹은 엇갈리거나 소용돌이 무늬를 이룬 뿌리 부근의 목재 등을 활용하여 자연스러운 장식이 되도록 하였다.

조선시대의 목가구는 대부분 한옥의 온돌에서 사용되었기에 온도와 습도 변화에 따른 변형을 최대한 방지할 수 있는 방법이 필요하였다. 그래서 단단하고 가느다란 기둥재로 면을 나누고, 기둥재에 홈을 파서 판재를 끼워 넣는 특수한 짜임과 이음의 방법을 사용하였으며, 꼭 필요한 부위에만 접착제와 대나무 못을 사용하여 목재가 수축 · 팽창하더라도 뒤틀림과 휘어짐이 최소화될 수 있도록 하였다. 조선시대 목가구의 대표적 특징으로 언급되는 '간결한 선'과 '명확한 면 분할'은 이러한 짜임과 이음의 방법에 기초한 것이다. 짜임과 이음은 조선시대 목가구 제작에 필수적인 방법으로, 겉으로 드러나는 아름다움은 물론 보이지 않는 내부의 구조까지 고려한 격조 높은 기법이었다.

한편 물건을 편리하게 사용할 수 있게 해주며, 목재의 결합부위나 모서리에 힘을 보강하는 금속 장석은 장식의 역할도 했지만 기능상 반드시 필요하거나 나무의 질감을 강조하려는 의도에서 사용되어, 조선시대 목가구의 절제되고 간결한 특징을 잘 살리고 있다.

① 금속 장석은 장식의 역할도 했지만, 기능상 필요에 의해서도 사용되었다.
② 나무의 곧은결을 기둥이나 쇠목으로 이용하고, 늘결을 판재로 사용하였다.
③ 목재의 결합부위나 모서리에 힘을 보강하기 위해 금속 장석을 사용하였다.
④ 접착제와 대나무 못을 사용하면 목재의 수축과 팽창이 발생하지 않게 된다.
⑤ 조선시대 목가구는 온도와 습도 변화에 따른 변형을 방지할 방법이 필요했다.

17 다음 글의 주된 내용 전개방식으로 가장 적절한 것은?

서민들의 생활문화에서 생성되고, 향수되었던 민속음악에는 궁중음악이나 선비 풍류 음악과 다른 특성이 깃들어 있다. 먼저 민속음악은 기쁘고, 노엽고, 슬프고, 즐거운 마음의 변화를 드러내는 것을 주저하지 않는다. 풀어질 수 있는 데까지 풀어져 보고, 직접 음악에 뛰어들어 보는 현실적인 음악성을 추구하며, 흥과 신명은 드러내고 한(恨)을 풀어냄으로써 팍팍한 삶의 고비를 흥겹게 넘게 하는 음악, 이것이 민속음악이 지닌 큰 미덕이라고 할 수 있다.

다음으로 민속음악은 일정한 격식이나 외적인 연주 조건에 얽매이지 않기 때문에 악대의 편성과 공연방식이 매우 개방적이다. 일상에서는 한 두 가지 악기로 장단과 가락에 맞추어 노래하거나 춤을 곁들이는 경우가 많고, 또한 음악에서 격식이나 사상을 표출하기보다는 음악에 개인의 생활과 감정을 담기 때문에 표현도 직접적이고 적극적인 경우가 많다. 음악의 농현이나 시김새를 변화 있게 사용하여 흥과 한, 신명을 마음껏 표현한다. 음을 떨어내는 농현을 격렬하게 해서 음악을 극적으로 유도하며 음의 진행에 나타나는 '조이고 푸는' 과정을 뚜렷하게 내보인다. 음악의 속도는 느린 것과 빠른 것이 짝을 이루기도 하고, 음악의 진행에 따라 속도가 조절되기도 하지만, 대체로 느리고 엄숙한 이미지를 지닌 궁중음악이나 선비 풍류 음악에 비해 빠르고 발랄하다. 그런가 하면 민속음악에서는 곱고 예쁘게 다듬어내는 음보다 힘있고 역동적으로 표출되는 음이 아름답다고 여긴다. 판소리 명창이 고함치듯 질러대는 높은 소리에 청중들은 기다렸다는 듯이 '얼씨구'라는 추임새로 호응한다. 이러한 특성은 서양 클래식이나 정악의 개념에서 볼 때 이해하기 어려운 부분이다.

민속음악은 또 즉흥적인 신명성을 추구한다. 악보나 작곡자의 뜻이 강하게 반영되는 음악과 달리 우리의 민속 음악가들은 어느 정도의 음악적 틀을 지키는 가운데 그때그때의 흥을 실어 즉흥적인 음악성을 발휘하는 것이다. 그것은 또 청중의 음악적 기대와도 상통한다. 즉, 민속음악을 듣는 데 귀가 트인 명창들은 판소리 명창들이 매번 똑같이 연주하는 것을 '사진 소리'라 하여 생명력 없는 음악으로 여겼다는 것은 널리 알려진 사실이다. 이러한 점은 산조에서도 마찬가지고 시나위 연주에서도 마찬가지여서 민속음악은 '배운 대로 잘하면 대가가 되는 것'이 아니라 자기가 음악을 자유자재로 이끌어 갈 수 있도록 민속 음악의 어법에 완전히 달통한 경지에 이르러야 비로소 좋은 연주를 하게 되는 것이다.

또한 민속음악이 지닌 가장 큰 특징 중 하나는 지역에 따라 음악의 표현요소가 많이 다르다는 것이다. 마치 각 지역의 방언이 다르듯, 민속음악은 서도와 남도, 동부, 경기 지역에 따라 다른 음악언어를 갖는다. 민요와 풍물, 무속음악을 말할 때 반드시 지역을 구분하는 것은 민속음악이 지닌 지역적 특징 때문이다.

① 특정 주장에 대해 비판하고 있다.
② 대상이 가진 특징에 대해 설명하고 있다.
③ 여러 가지 대상들을 비교 분석하고 있다.
④ 현상이 나타나게 된 원인을 제시하고 있다.
⑤ 여러 가지 대상들의 차이점을 제시하고 있다.

오늘날 의학계에서 사용하고 있는 기술과 도구는 수없이 많다. 그중에서 가장 알맞은 것을 선택하여 사용하는 것은 의료인의 지혜요, 능력이며 그러한 혜택을 제한 없이 누리는 것이 인류의 행복이라고 할 수 있다. 그러나 의학 기술과 도구를 구분해 놓고 서로 상대방의 것을 사용하지 않으려는 배타적인 태도를 보이는 사회에 사는 것은 불행한 일이라 아니할 수 없다. 의학은 기술의 일종이다. 다시 말해서 의술은 사람을 고치는 기술인 것이다. 동서양을 막론하고 의학에 얽힌 현상들을 이해하기 위해 예로부터 많은 기술과 이론을 동원하였다. 어떤 때는 무속의 의식을 이용하기도 하였고, 어떤 때는 종교적 설명을 이끌어 들이기도 하였다. 여기서 철학적이며 형이상학적인 것을 의술에 접합시킨 것이 동양 의학이요, 과학과 기술을 이용하여 형성된 것이 서양 의학이다. 서양 의학에서는 인체의 기본 단위를 세포로 본다. 모든 세포가 정상적인 상태를 유지하고 있으면 '건강'이라고 부르고 세포들이 비정상적인 상태라면 '병'이라고 부른다. 그리하여 모든 병의 근원을 세포에서 찾는다. 세포의 수가 비정상적으로 늘어나거나 줄어드는 것이 병적인 상태이며, 또 세포의 수는 변하지 않으면서 낱개의 세포가 비정상적으로 비대해지거나 위축되는 것도 병적인 상태이다.

이러한 세포의 변화를 종양, 결손, 염증, 퇴행성 변화로 나누어 이런 병명이 어디에 생기느냐에 따라 임상적 병명을 붙이게 된다. 예를 들어 염증이 관절에 생기면 관절염이요, 신장에 생기면 신장염이라 부르는 것이다. 이처럼 병에 대한 서양 의학적 관점은 다분히 해부학적이며 과학적이다. 그렇다면 동양 의학의 관점은 어떠한가? 우리 몸 안에는 항상 몸의 상태를 정상적으로 유지시키려는 자연 치유 에너지가 내재해 있는데 이 에너지가 바로 '기(氣)'이다. 기의 기능이 정상적이면 이를 '건강'이라고 부르고, 기의 기능이 비정상적이면 이를 '병'이라고 부른다. 기가 건강하게 조화를 이루고 있는 상태를 제1단계, 기의 부조화 상태를 제2단계, 기가 비정상적인 상태를 제3단계라고 한다면, 제2단계인 기의 부조화 상태가 바로 건강하지 않은 상태이다. 이것을 보면 병에 대한 동양 의학적 관점으로 다분히 가설적이며 철학적임을 알 수 있다. 병의 발생 과정은 가스 파이프에 비유할 수 있다. 처음에는 파이프가 깨끗하고 단단한 상태이나(제1단계), 가스 파이프에 녹이 슬거나 구멍이 뚫리면 가스가 새게 되고(제2단계), 이 상태가 지속되면 언젠가는 화재가 일어나게 될 것이다(제3단계). 병인(病因)과 치료 면에서 제2단계인 예방을 중시하는 것이 동양 의학이요, 제3단계를 중시하는 것이 서양 의학이라 할 수 있다. 따라서 서양 의학과 동양 의학은 병인을 보는 관점과 그에 대한 치료방법이 다른 것일 뿐 별개의 존재로 볼 수 없는 것이다.

현재 우리나라에는 동양 의학과 서양 의학을 별도로 인정하는 의료 제도가 정착되어 있다. 그러나 앞에서 보았듯이 동양 의학과 서양 의학은 서로 별개의 것이 아니다.

서양 의학과 동양 의학은 동전의 양면과 같은 것으로서 그저 의학이라는 한 분야의 두 측면일 뿐이다. 그러므로 서양 의학과 동양 의학은 새의 양 날개와 같이 서로 조화를 이루어 동시에 펄럭거리는 날갯짓을 할 때, 비로소 새로운 종합 의학으로 비상하게 될 것이다.

① 현대 의학의 특징
② 우리 의학이 나아갈 방향
③ 동양 의학의 현대화 방안
④ 동양 의학과 서양 의학의 딜레마
⑤ 동양 의학과 서양 의학의 장점과 단점

19 다음 글의 빈칸에 들어갈 문장을 〈보기〉에서 찾아 순서대로 바르게 나열한 것은?

우리가 사용하는 플라스틱은 석유를 증류하는 과정에서 얻어진 휘발유나 나프타를 기반으로 생산된다. _____ (가) _____ 특히 폐기물의 불완전 연소에 의한 대기 오염은 심각한 환경오염의 원인으로 대두되었다. 이로 인해 자연 분해가 거의 불가능한 난분해성 플라스틱 제품에 대한 정부의 규제가 강화되었고, 플라스틱 소재 분야에서도 환경 보존을 위한 노력을 하고 있다.

'바이오 플라스틱'은 옥수수, 사탕수수 등 식물체를 가공한 바이오매스를 원료로 만든 친환경 플라스틱이다. 바이오 플라스틱은 바이오매스 함유 정도에 따라, 바이오매스가 50% 이상인 '생분해성 플라스틱'과 25% 이상인 '바이오 베이스 플라스틱'으로 크게 구분된다. 생분해성 플라스틱은 일정한 조건에서 시간의 경과에 따라 완전 분해될 수 있는 플라스틱이고, 바이오 베이스 플라스틱은 바이오매스와 석유 화학 유래 물질 등을 이용하여 생산되는 플라스틱이다. 생분해성 플라스틱은 보통 3~6개월 정도의 빠른 기간에, 미생물에 의해 물과 이산화탄소 등으로 자연 분해된다. 분해 과정에서 다이옥신 등 유해 물질이 방출되지 않으며, 탄소 배출량도 적어 친환경적이다. _____ (나) _____ 이로 인해 생분해성보다는 이산화탄소 저감에 중점을 두고 있는 바이오 베이스 플라스틱의 개발이 빠르게 진행되고 있다. 바이오 베이스 플라스틱은 식물 유래의 원료와 일반 플라스틱 수지를 중합하거나 결합하는 방식으로 생산되지만, 이산화탄소의 총량을 기준으로 볼 때는 환경 문제가 되지 않는다. _____ (다) _____ 바이오매스 원료 중에서 가장 대표적인 것은 옥수수 전분이다. 그런데 최근에는 바이오매스 원료 중에서도 볏짚, 왕겨, 옥수숫대, 콩 껍질 등 비식용 부산물을 사용하는 기술이 발전하고 있다. 이는 지구상 곳곳에서 많은 사람들이 굶주리는 상황에서 제기된 비판이 있었기 때문이다.

바이오 베이스 플라스틱은 생분해성 플라스틱보다 내열성 및 가공성이 우수하고, 분해 기간 조절이 가능하기 때문에 비닐봉지와 음료수병, 식품 포장기는 물론 다양한 산업용품 개발에 활용되고 있다. 근래에는 전자 제품에서부터 건축 자재, 자동차용품까지 적용 분야가 확대되는 추세이다. 하지만 바이오매스와 배합되는 원료들이 완전히 분해되지는 않으므로, 바이오 베이스 플라스틱이 진정한 의미의 환경친화적 대체재라고 볼 수는 없다.

보기

ㄱ. 왜냐하면 플라스틱을 폐기할 때 화학 분해가 되어도 그 플라스틱의 식물성 원료가 이산화탄소를 흡수하며 성장했기 때문이다.

ㄴ. 하지만 내열성 및 가공성이 취약하고, 바이오매스의 가격이 비싸며, 생산 비용이 많이 드는 단점이 있다.

ㄷ. 석유로 플라스틱을 만드는 과정이나 소각 또는 매립하여 폐기하는 과정에서 유독 물질, 이산화탄소 등의 온실가스가 많이 배출된다.

	(가)	(나)	(다)
①	ㄱ	ㄴ	ㄷ
②	ㄱ	ㄷ	ㄴ
③	ㄴ	ㄱ	ㄷ
④	ㄴ	ㄷ	ㄱ
⑤	ㄷ	ㄴ	ㄱ

법은 사회적 · 경제적 · 정치적 기타 사회 제도들을 반영하는 동시에 이에 대해 영향을 준다. '합의 이론'은 사회 규범과 도덕 규범에 대한 전반적 합의와 사회의 모든 요소들과 관련된 공통적 이해관계를 언급함으로써 법의 내용과 운용을 설명한다. '갈등 이론'은 법과 형사 사법 체계가 전체적인 사회의 이해관계나 규범보다는 사회에서 가장 힘 있는 집단의 이해관계와 규범을 구체화시킨다고 주장한다. 그렇기 때문에 법은 사회에서 힘없는 집단을 부당하게 낙인찍고 처벌하는 형사 사법 체계에 의해 집행되는 것으로 주장한다.

합의 이론과 갈등 이론에 대한 경험적 자료는 법의 제정에 대한 연구, 범죄에 대한 연구, 검거 · 유죄 판결 · 형벌에서의 인종 · 계급 · 성별 · 연령에 의한 불공정성에 대한 연구로부터 나온다. 경험적 연구는 다원적 갈등 이론을 뒷받침하는 경향이 있는데, 그 내용을 보면 핵심적 법 규범에 대해서는 합의가 있지만, 입법과 법의 집행에서는 경쟁적 이익 집단들 사이에 갈등이 있다는 것이다. 경험적 자료를 통해서는 인종 차별주의와 성 차별주의가 형사 사법 체계에서 횡행하고 있는 것으로 나타나지는 않는다. 그러나 형사 사법 체계가 편견으로부터 자유롭다는 것도 보여 주지 못한다. 그럼에도 불구하고 다수의 경험적 연구 결과들은 형사 사법 체계가 법 외적 변수보다는 법적으로 관련된 변수들에 입각하여 운용된다는 결론을 지지하는데 이는 극단적 갈등 이론과는 대조적인 것이며 다원적 갈등 이론과 일치하는 것이다.

갈등 이론은 범죄를 문화적 갈등이나 집단 갈등 속에 휩쓸린 개인의 행동으로 설명한다. 그러나 범죄 행위에 대한 이러한 이론을 검증한 연구는 거의 없다. 정치적 혹은 이데올로기적 동기로 인한 범죄는 갈등 이론과 잘 맞는 것으로 보인다. 하지만 청소년 비행이나 살인, 절도, 방화, 화이트칼라 범죄, 조직범죄와 같은 대다수의 범죄에는 갈등 이론이 설득력을 갖지 못한다. 갈등 이론은 형사 사법 체계의 운용이나 범죄 행위에 대한 설명으로서보다는 법 제정에 대한 설명으로서 더 큰 경험적 지지를 받는다.

갈등 이론과 합의 이론은 모두 다양한 이해와 가치가 공정하게 대표되고, 법과 형사 사법 체계가 비차별적이라는 점을 암시적으로 지지하지만 갈등 이론이 범죄 행위에 대해 갖는 구체적인 정책적 함의는 찾아보기 어렵다.

① 외국인 이주자가 이전에 살던 나라의 특수한 관습에 따라 행동한다면 이주해 온 국가의 법을 위반하게 될 수 있다.

② 다원적 갈등 이론은 경쟁적 이익 집단이 입법과 통치를 통해 그들의 가치를 실현시키려는 사회에 적용된다.

③ 한 국가 내에서 농촌 이주자들이 도시에서 자신들의 규범과 가치에 맞는 행동을 하게 되면, 도시의 법과 갈등 관계에 놓일 수 있다.

④ 갈등 이론은 입법, 법 위반, 법 집행의 모든 과정이 사회적 · 경제적 · 정치적 이익 집단들 사이의 갈등과 권력 차이에 관련되는 것으로 본다.

⑤ 합의된 규범과 사회 가치, 사회 체계의 질서 정연한 균형, 사회 통합이라는 법의 궁극적 기능을 강조하는 기능주의는 극단적 갈등 이론의 경험적인 사례를 잘 보여주는 것으로 해석할 수 있다.

01 다음 글에서 ㉠~㉤의 수정 방안으로 적절하지 않은 것은?

학생들이 과제물이나 보고서를 작성할 때 무심코 타인의 글을 따오는 경우가 흔하다. '시간이 부족하니까', '남들도 다 하니까', '좋은 점수를 받고 싶어서' 등의 핑계를 대면서 추호의 죄책감도 없이 표절을 한다. 한 층 더 심각한 것은 자신의 행위가 범죄에 해당한다는 사실조차 모른다는 점이다.

한 전문가의 조사에 의하면, 우리나라 학생들의 상당수가 실제로 표절을 해 본 경험을 가지고 있다고 한다. 또한 인터넷이 보편화되면서 학습과 관련된 표절 행위가 급증했을 뿐만 아니라, 학생들이 자주 범하는 표절의 유형도 더욱 다양해진 것으로 조사되었다. ㉠ 우리나라 학생들의 표절 실태는 매우 심각한 수준이다.

1990년대에 들어서면서부터 선진국에서는 학생들의 표절 행위에 대해 무관용 정책을 펼치고 있다. ㉡ 우연한 실수이든 의도적 행위이든 간에 표절 의혹이 제기된 경우에는 학교 차원에서 엄격하게 조사를 실시하고, 만약 표절로 밝혀질 경우에는 반드시 처벌하도록 규정을 ㉢ 완화했다. 최근 들어 우리나라의 일부 학교에서도 학생들의 표절 행위를 근절하기 위한 교육을 실시하는 등 표절 방지를 위한 작지만 큰 변화의 움직임이 일어나고 있다.

이러한 시대적 추세에 ㉣ 발 맞추어 모든 학교에서 표절 방지 운동을 전개할 필요가 있다. 우리에게 실질적으로 도움이 되고, 우리가 실천할 수 있는 작은 일부터 시작해야 한다. 우선 표절 방지 캠페인을 펼쳐 표절에 대한 우리의 잘못된 인식을 ㉤ 바뀌어야 한다. 표절은 범법 행위에 해당한다는 사실을 깨닫고, 표절을 하지 않겠다는 마음을 갖는 것이 필요하다. 또한 표절 예방 교육을 실시하여 학생들이 자주 범하는 표절의 유형을 알려 주고, 다른 사람의 글을 올바르게 인용하는 방법을 가르쳐 준다면 과제를 작성하면서 표절을 하지 않도록 스스로 주의하게 될 것이다.

① ㉠ — 문장을 자연스럽게 연결하기 위해 문장 앞에 '이처럼'을 추가한다.
② ㉡ — 맞춤법에 어긋나므로 '우연한 실수이던 의도적 행위이던'으로 수정한다.
③ ㉢ — 문맥의 흐름을 고려하여 '강화'로 고친다.
④ ㉣ — 띄어쓰기가 올바르지 않으므로 '발맞추어'로 수정한다.
⑤ ㉤ — 목적어와 서술어의 호응 관계를 고려하여 '바꾸어야'로 수정한다.

PART 3

02 다음 중 빈칸 ㉠~㉢에 들어갈 단어가 바르게 연결된 것은?

> • 희소금속은 매장량이 적지만 산업적 수요가 큰 금속원소로, 극소수 국가에 ＿＿＿＿㉠＿＿＿＿ 된 금속을 말한다.
> • 어느 폐자원재활용업체의 대표는 2,100년이 되면 지하자원이 거의 사라질 것이므로 나머지 부분을 도시 곳곳에 ＿＿＿＿㉡＿＿＿＿ 한 지상자원(스마트폰 같은 '도시광산')이 채울 것이라고 예견했다.
> • 많은 전문가들이 투자에는 투기적 성격이 ＿＿＿＿㉢＿＿＿＿ 되어 있고, 투기 역시 투자적 기능을 가지고 있어서 상호 교집합적 성격의 투자와 투기를 구별하는 것은 별 의미가 없다고 말한다.

	㉠	㉡	㉢
①	혼재(混在)	편재(偏在)	산재(散在)
②	편재(偏在)	산재(散在)	혼재(混在)
③	혼재(混在)	산재(散在)	편재(偏在)
④	편재(偏在)	혼재(混在)	잔재(殘在)
⑤	잔재(殘在)	산재(散在)	혼재(混在)

03 다음 중 어미 '－지'의 쓰임을 연결한 것으로 적절하지 않은 것은?

> ㉠ '－지' : 상반되는 사실을 서로 대조적으로 나타내는 연결 어미
> ㉡ '－지' : (용언 어간이나 어미 '－으시－', '－었－', '－겠－' 뒤에 붙어) 해할 자리에 쓰여, 어떤 사실을 긍정적으로 서술하거나 묻거나 명령하거나 제안하는 따위의 뜻을 나타내는 종결 어미. 서술, 의문, 명령, 제안 따위로 두루 쓰인다.
> ㉢ '－지' : (용언의 어간이나 어미 '－으시－', '－었－' 뒤에 붙어) 그 움직임이나 상태를 부정하거나 금지하려 할 때 쓰이는 연결 어미. '않다', '못하다', '말다' 따위가 뒤따른다.

① ㉠ : 콩을 심으면 콩이 나지 팥이 날 수는 없다.
② ㉡ : 그는 이름난 효자이지.
③ ㉡ : 그는 어떤 사람이지?
④ ㉢ : 쓰레기를 버리지 마시오.
⑤ ㉢ : 그는 얼마나 부지런한지 세 사람 몫의 일을 해낸다.

04 다음 제시된 단어와 같거나 유사한 의미를 가진 것은?

창출

① 발췌   ② 추출
③ 구출   ④ 창조
⑤ 참조

05 다음 제시된 단어와 반대되는 의미를 가진 것은?

용이하다

① 이해하다
② 난해하다
③ 분별하다
④ 무난하다
⑤ 무던하다

06 다음 중 밑줄 친 부분의 띄어쓰기가 적절하지 않은 것은?

① 아는 만큼 보인다.
② 먹을 만큼만 담으시오.
③ 네 생각 만큼 어렵지 않을 거야.
④ 나만큼 빨리 뛸 수 있는 사람은 없어.
⑤ 그 핸드폰은 비싼 만큼 오래 쓸 수 있을 거야.

07 다음 밑줄 친 부분의 맞춤법 수정 방안으로 적절하지 않은 것은?

> 옛것을 <u>본받는</u> 사람은 옛 자취에 <u>얽메이는</u> 것이 문제다. 새것을 만드는 사람은 이치에 <u>합당지</u> 않은 것이 걱정이다. 진실로 능히 옛것을 <u>변화할줄</u> 알고, 새것을 만들면서 법도에 맞을 수만 있다면 지금 글도 <u>옛글 만큼</u> 훌륭하게 쓸 수 있을 것이다.

① 본받는 → 본 받는
② 얽메이는 → 얽매이는
③ 합당지 → 합당치
④ 변화할줄 → 변화할 줄
⑤ 옛글 만큼 → 옛글만큼

08 다음 글과 관련 있는 한자성어로 가장 적절한 것은?

> TV 드라마에는 주인공이 어릴 적 헤어졌던 가족 혹은 연인을 바로 눈앞에 두고도 알아보지 못하는 안타까운 상황이 자주 등장한다.

① 누란지위(累卵之危)
② 등하불명(燈下不明)
③ 사면초가(四面楚歌)
④ 조족지혈(鳥足之血)
⑤ 지란지교(芝蘭之交)

09 다음은 우리말의 높임 표현에 대한 설명이다. 이를 바탕으로 〈보기〉를 바르게 분석한 것은?

> 화자와 청자, 말하는 대상의 관계에 따라 높임 관계를 달리 표현하는 것을 높임 표현이라 한다. 이때 사용되는 문법 요소가 높임법으로, 선어말어미 '−시−', 조사 '−께', '주무시다, 잡수시다' 등과 같은 특수 어휘를 통해 실현된다.
>
> | 상대높임법 | 화자가 청자를 높이거나 낮추는 표현 |
> |---|---|
> | 주체높임법 | 서술상의 주체가 화자보다 나이가 많거나 사회적 지위가 높을 때 서술의 주체를 높이는 표현 |
> | 객체높임법 | 목적어나 부사어가 지시하는 대상, 즉 서술의 객체를 높이는 표현 |

> **보기**
>
> ㉠ 여러분, 모두 자리에 앉아 주십시오.
> ㉡ 여러분, 모두 자리에 앉아요.
> ㉢ 영희는 선생님께 책을 드렸다.
> ㉣ 그녀는 시어머니를 모시고 병원에 갔다.
> ㉤ 할아버지께서 노인정에 가시려고 한다.

① ㉠은 비격식체, ㉡은 격식체로 각각 화자가 청자를 높이고 있다.
② ㉢은 특수한 어휘를 통해 높임 표현을 실현하고 있다.
③ ㉢은 조사와 선어말어미를 활용하여 높임 표현을 실현하고 있다.
④ ㉢과 ㉣은 주체높임법이 실현된 문장이다.
⑤ ㉤은 객체높임법이 실현된 문장이다.

10 다음 중 밑줄 친 ㉠과 바꾸어 쓸 수 있는 말은?

'명명덕'은 '밝은 덕을 밝힌다.'라는 뜻이다. 밝은 덕이란 사람이 태어날 때부터 갖추고 있는 도덕적 이성을 말한다. 주희는 사람의 이같은 이성을 최대한 발휘해서 온 세상으로 그 범위를 넓혀야 한다고 말한다. '신민'은 '백성을 새롭게 한다.'라는 뜻이다.

세상을 다스리는 통치자들이 끝없이 도덕적 수련을 통해 스스로 덕을 밝히면, 백성들이 그 영향을 받아 구태의연한 삶에서 벗어날 수 있다는 것이다. 구태의연한 삶에서 벗어날 때까지 백성들은 계몽의 대상이 된다. 이때의 계몽은 강제적인 것이 아니라 자발적인 것이다. 그런데 문제는 통치자가 덕을 밝힌다고 해서 반드시 백성들이 새로운 생활을 하는 것은 아니므로 통치자가 스스로 모범이 되어야만 한다는 것이다. 즉 통치자가 ㉠ 모범을 보이면 백성들이 자연히 따라온다는 것이다. 이처럼 자신의 도덕적 이성을 밝히는 일과 백성을 교화하는 일이 완전히 하나가 될 때 가장 완성된 형태의 도덕에 이르는데 그것이 '지어지선', 즉 지극한 선(올바름)에 머무는 것이다.

① 결자해지하면
② 솔선수범하면
③ 박람강기하면
④ 일취월장하면
⑤ 자화자찬하면

11

공공부조와 사회보험은 이미 널리 알려진 _____ ㉠ _____ 이다. 공공부조는 국민 혹은 시민의 기초 생활을 보장하기 위하여 국가가 최저생계가 불가능한 사람들을 대상으로 생계비, 생필품 혹은 기본 서비스를 _____ ㉡ _____ 하는 것을 가리킨다. 이때 공공부조의 재원은 일반조세를 통해 마련되며, 수급자는 수혜 받은 것에 상응하는 의무를 지지 않는다. 그런데 공공부조의 경우 국가가 수급 대상자를 선별하기 위해 대상자의 소득이나 자산을 조사하는 과정에서 수급자의 자존감을 떨어뜨려 이들에게 사회적 _____ ㉢ _____ 을 안겨 줄 가능성이 있다. 이와 달리 사회보험은 기본적으로 수급자의 기여를 토대로 이루어지는 복지제도라고 할 수 있다. 현재 대부분의 복지국가는 미래의 불확실성과 불안정성에 대비해서 일정한 소득과 재산이 있는 시민들과 관련 기업에 보험금을 납부하도록 강제하는 법의 _____ ㉣ _____ 을 통해 사회보험제도를 시행하고 있다.

	㉠	㉡	㉢	㉣
①	체계	수여	소외감	제정
②	제도	수여	소외감	개정
③	체계	지급	자신감	제정
④	제도	제공	소외감	제정
⑤	관습	제공	자신감	개정

12

유추에 의해 단어가 형성되는 과정은 보통 네 가지 단계로 이루어진다. 첫째, 새로운 개념을 나타내는 어떤 단어가 필요한 경우 그것을 만들겠다고 _____ ㉠ _____ 한다. 둘째, 머릿속에 들어 있는 수많은 단어 가운데 근거로 이용할 만한 단어들을 찾는다. 셋째, 수집한 단어들과 만들려는 단어의 개념과 형식을 비교하여 공통성을 _____ ㉡ _____ 한다. 이 단계에서 근거로 삼을 단어를 확정한다. 넷째, 근거로 삼은 단어의 개념과 형식 관계를 _____ ㉢ _____ 해서 단어 형성을 완료한다. 이렇게 형성된 단어는 처음에는 신어로 다루어지지만 이후에 널리 쓰이게 되면 국어사전에 _____ ㉣ _____ 된다.

	㉠	㉡	㉢	㉣
①	판결	포획	적용	등재
②	결정	포착	도입	등제
③	판결	포착	도입	등재
④	확인	포획	개선	등제
⑤	결정	포착	적용	등재

※ 다음 중 제시된 글의 밑줄 친 단어와 같은 의미로 쓰인 것을 고르시오. [13~14]

Hard
13

특수한 이론도 그 도착점은 보편적인 것이어야 하며, 보편적인 이론도 그 출발점은 특수한 곳이다. 그 둘은 학문하는 사람이라면 마땅히 갖추어야 할 태도를 지적하고 있을 뿐이다. 따라서 그것은 문제 제기가 잘 못된 것이다. 특수성이냐 보편성이냐 하는 추상적이고 형식적인 문제가 아니라 구체적인 문제, 예컨대 인간 사회를 따져야 한다. 지금 여기 우리의 이성은 무엇인가, 그것의 구체적인 표현으로서 우리의 언어는 무엇인가, 혹은 우리의 사회 구성체의 현재와 미래는 무엇인가 등등 이런 것을 따져야 할 것이다. 그리고 우리의 학문은 이 단계에 들어서고 있다.

① 집에 들어서자 아이들이 달려 나왔다.
② 열차가 들어올 때면 한 발 들어서야 한다.
③ 그 숲에는 소나무가 울창하게 들어서 있다.
④ 새 정권이 들어섰으니 우리 사회도 많이 바뀔 것이다.
⑤ 신학기에 들어서 가장 변화된 것은 교복 자율화이다.

14

예술가들 개인의 입장에서 볼 때, 과학자나 기술자 혹은 경제학자에 비해서 자신의 직업에 보다 전인간적인 투자를 하고 있거나 한 번뿐인 자신의 삶을 온통 자신의 창작 작업에 몰두하는 예를 허다하게 찾아볼 수 있다. 그들에게 예술은 단순히 어떤 목표를 성취하기 위한 수단에 그치지 않고 그 자체로서 가치가 있는 실존적 의미를 지닌다. 예술을 위하여 물질적인 풍요나 사회적인 명예를 버리고 경제적으로나 사회적으로 비참한 소외자가 되기를 스스로 선택했던 수많은 예술가들이 있어 왔음을 우리는 잘 알고 있다.

① 방에 널려 있는 쓰레기를 버리고 오너라.
② 그는 속세를 버리고 깊은 산속으로 들어갔다.
③ 아내와 헤어지더라도 아들을 버리기 쉽지 않습니다.
④ 우리는 모든 희망을 버리고 죽을 날만을 기다렸다.
⑤ 가정을 버리고 떠난 사람이 다시 돌아오기는 어렵다.

15 다음 중 글쓴이가 ㉠과 같이 주장하는 이에게 할 만한 말을 표현한 관용어로 가장 적절한 것은?

우리나라에도 몇몇 도입종들이 활개를 치고 있다. 예전엔 청개구리가 울던 연못에 요즘은 미국에서 건너온 황소개구리가 들어 앉아 이것저것 닥치는 대로 삼키고 있다. 어찌나 먹성이 좋은지 심지어는 우리 토종 개구리들을 먹고 살던 뱀까지 잡아먹는다. 토종 물고기들 역시 미국에서 들여온 블루길에게 물길을 빼앗기고 있다. 이들이 어떻게 자기 나라보다 남의 나라에서 더 잘 살게 된 것일까?

도입종들이 모두 잘 적응하는 것은 결코 아니다. 사실, 절대 다수는 낯선 땅에 발도 제대로 붙여 보지 못하고 사라진다. 정말 아주 가끔 남의 땅에서 들풀에 붙은 불길처럼 무섭게 번져 나가는 것들이 있어 우리의 주목을 받을 뿐이다. 그렇게 남의 땅에서 의외의 성공을 거두는 종들은 대개 그 땅의 특정 서식지에 마땅히 버티고 있어야 할 종들이 쇠약해진 틈새를 비집고 들어온 것들이다. 토종이 제자리를 당당히 지키고 있는 곳에 쉽사리 뿌리 내릴 수 있는 외래종은 거의 없다.

제아무리 대원군이 살아 돌아온다 하더라도 더는 타문명의 유입을 막을 길은 없다. 어떤 문명들은 서로 만났을 때 충돌을 면치 못할 것이고, 어떤 것들은 비교적 평화롭게 공존하게 될 것이다. 결코 일반화할 수 있는 문제는 아니겠지만 스스로 아끼지 못한 문명은 외래 문명에 텃밭을 빼앗기고 말 것이라는 예측을 해도 큰 무리는 없을 듯싶다. 내가 당당해야 남을 수용할 수 있다.

영어만 잘 하면 성공한다는 믿음에 온 나라가 야단법석이다. 배워서 나쁠 것 없고, 영어는 국제 경쟁력을 키우는 차원에서 반드시 배워야 한다. 하지만 영어보다 더 중요한 것은 우리 한글이다. 한술 더 떠 ㉠ 일본을 따라 영어를 공용어로 하자는 주장이 심심찮게 들리고 있다. 그러나 우리글을 제대로 세우지 않고 영어를 들여오는 일은 우리 개구리들을 돌보지 않은 채 황소개구리를 들여온 우를 또다시 범하는 것이다.

영어를 자유롭게 구사하는 일은 새 시대를 살아가는 필수 조건이다. 하지만 우리 한글을 바로 세우는 일에도 소홀해서는 절대 안 된다. 황소개구리의 황소 울음 같은 소리에 익숙해져 청개구리의 소리를 잊어서는 안되는 것처럼.

① 우리말 표현에는 이력이 난 사람이군.
② 괜히 딴죽을 걸어 상대를 괴롭게 할 사람이군.
③ 뒷다리를 잡히면 꼼짝도 못할 사람이 큰 소리는.
④ 영어를 전가의 보도(寶刀)처럼 사용할 사람이군.
⑤ 언어를 빼앗기고 설움을 겪어야 했던 전철을 또 밟고 싶소?

※ 다음과 같이 일정한 규칙으로 수를 나열할 때, 빈칸에 들어갈 수로 알맞은 것을 고르시오. [1~2]

Easy

01

345 307 269 231 193 ( )

① 151   ② 153

③ 155   ④ 157

⑤ 159

02

1 3 11 43 171 ( )

① 232   ② 459

③ 683   ④ 855

⑤ 927

03 초콜릿 한 상자를 만드는 데 명훈이는 30시간, 우진이는 20시간이 걸린다. 명훈이가 3시간, 우진이가 5시간 동안 만든 후, 둘이서 같이 한 상자를 완성한다고 할 때, 두 사람이 같이 초콜릿을 만드는 시간은?

① $\dfrac{37}{5}$시간   ② $\dfrac{39}{5}$시간

③ 8시간   ④ $\dfrac{42}{5}$시간

⑤ $\dfrac{44}{5}$시간

04 농도가 다른 두 소금물 A와 B를 각각 100g씩 섞으면 농도 10%의 소금물이 되고, 소금물 A를 100g, 소금물 B를 300g 섞으면 농도 9%의 소금물이 된다. 소금물 A의 농도는?

① 10%
② 12%
③ 14%
④ 16%
⑤ 18%

Hard

05 고등학생 8명이 래프팅을 하러 여행을 떠났다. 보트는 3명, 5명 두 팀으로 나눠 타기로 했다. 이때 8명 중 반장, 부반장은 서로 다른 팀이 된다고 할 때, 가능한 경우의 수는 몇 가지인가?(단, 반장과 부반장은 각각 한 명이다)

① 15가지
② 18가지
③ 30가지
④ 32가지
⑤ 40가지

PART 3

06 동전 1개와 주사위 2개를 던져서 동전의 앞면이 나올 때 주사위 2개의 곱이 홀수가 되는 확률은?

① $\dfrac{1}{3}$
② $\dfrac{1}{4}$
③ $\dfrac{1}{5}$
④ $\dfrac{1}{6}$
⑤ $\dfrac{1}{8}$

07 어느 중학교의 작년 학생 수는 500명이었다. 올해는 남학생이 10% 증가하고, 여학생은 20% 감소하여 작년보다 총 10명 감소하였을 때, 올해 남학생 수는?

① 300명
② 315명
③ 330명
④ 350명
⑤ 370명

다음은 성별 국민연금 가입자 현황에 대한 자료이다. 이에 대한 설명으로 옳은 것은?

〈성별 국민연금 가입자 수〉

(단위 : 명)

구분	사업장 가입자	지역 가입자	임의 가입자	임의계속 가입자	합계
남성	8,059,994	3,861,478	50,353	166,499	12,138,324
여성	5,775,011	3,448,700	284,127	296,644	9,804,482
합계	13,835,005	7,310,178	334,480	463,143	21,942,806

① 남성 사업장 가입자 수는 남성 지역 가입자 수의 2배 미만이다.

② 여성 사업장 가입자 수는 나머지 여성 가입자 수를 모두 합친 것보다 적다.

③ 전체 지역 가입자 수는 전체 사업장 가입자 수의 50% 미만이다.

④ 전체 가입자 중 여성 가입자 수의 비율은 40% 이상이다.

⑤ 가입자 수가 많은 순서대로 나열하면 '사업장 가입자 - 지역 가입자 - 임의 가입자 - 임의계속 가입자' 순서이다.

09 다음은 1년 동안 D병원을 찾은 당뇨병 환자에 대한 자료이다. 이에 대한 설명으로 옳지 않은 것은?

〈당뇨병 환자 현황〉

(단위 : 명)

나이 / 당뇨병	경증		중증	
	여자	남자	여자	남자
50세 미만	9	13	8	10
50세 이상	10	18	8	24

① 50세 이상의 환자 수는 50세 미만 환자 수의 1.5배이다.

② 전체 여자 환자 중 중증인 환자의 비율은 45% 이상이다.

③ 중증인 여자 환자의 비율은 전체 당뇨병 환자의 16%이다.

④ 경증 환자 중 남자 환자의 비율은 중증 환자 중 남자 환자의 비율보다 높다.

⑤ 50세 미만 남자 중에서 경증 환자 비율은 50세 이상 여자 중에서 경증 환자 비율보다 높다.

10 다음은 OECD 회원국의 고용률을 조사한 자료이다. 이에 대한 설명으로 옳지 않은 것은?

<OECD 회원국 고용률 추이>

(단위 : %)

구분	2020년	2021년	2022년	2023년				2024년	
				1분기	2분기	3분기	4분기	1분기	2분기
OECD 전체	65.0	65.0	66.5	66.5	65.0	66.0	66.5	67.0	66.3
미국	67.5	67.5	68.7	68.5	68.7	68.7	69.0	69.3	69.0
일본	70.6	72.0	73.3	73.0	73.5	73.5	73.7	73.5	74.5
영국	70.0	70.5	73.0	72.5	72.5	72.7	73.5	73.7	74.0
독일	73.0	73.5	74.0	74.0	73.0	74.0	74.5	74.0	74.5
프랑스	64.0	64.5	63.5	64.5	63.0	63.0	64.5	64.0	64.0
한국	64.5	64.5	65.7	65.7	64.6	65.0	66.0	66.0	66.0

① 2020년부터 영국의 고용률은 계속 증가하고 있다.

② 2024년 2분기 OECD 전체 고용률은 전년 동분기 대비 2% 증가하였다.

③ 2024년 1분기와 2분기에서 고용률이 변하지 않은 국가는 프랑스와 한국이다.

④ 2024년 1분기 6개 국가의 고용률 중 가장 높은 국가와 가장 낮은 국가의 고용률 차이는 10%p이다.

⑤ 2020년부터 2024년 2분기까지 프랑스와 한국의 고용률은 OECD 전체 고용률을 넘은 적이 한 번도 없었다.

11 다음은 전년 동월 대비 특허 심사 건수 증감 및 등록률 증감 추이에 대한 자료이다. 이에 대한 설명으로 옳은 것은?

<A, B국의 이민자 수 추이>

(단위 : 명)

년 / 월	A국	B국
2023년 12월	3,400	2,600
2024년 1월	3,800	2,800
2024년 2월	4,000	2,800

① 2023년 12월 B국 이민자 수는 A국 이민자 수의 75% 미만이다.
② 2024년 1월 A국과 B국 이민자 수의 차이는 A국 이민자 수의 33% 이상이다.
③ 2024년 2월 A국 이민자 수는 A, B국의 이민자 수의 평균보다 800명 더 많다.
④ A국 이민자 수에 대한 B국 이민자 수의 비는 2023년 12월이 가장 크다.
⑤ 월별 이민자 수 차이는 2023년 12월이 가장 크다.

Easy

12 다음은 D잡지에서 인터넷 이용동향을 조사할 목적으로 700명의 표본을 골라 실시한 조사 결과의 일부이다. 이에 대한 〈보기〉의 설명 중 옳은 것을 모두 고르면?

〈성별에 따른 인터넷 이용동향〉

구분	자주 이용	가끔 이용	이용하지 않음	합계
남	113	145	92	350
여	99	175	76	350
합계	212	320	168	700

〈연령에 따른 인터넷 이용동향〉

구분	자주 이용	가끔 이용	이용하지 않음	합계
30세 미만	135	159	56	350
30세 이상	77	161	112	350
합계	212	320	168	700

보기

ㄱ. 인터넷을 자주 이용하는 사람은 30세 이상의 남성층이 30세 미만의 여성층보다 약간 많다.

ㄴ. 인터넷을 이용하는 사람은 여성보다 남성이 더 많다.

ㄷ. 인터넷을 이용하지 않는 사람은 여성보다 남성이 많으며, 30세 이상보다 30세 미만이 더 많다.

① ㄱ

② ㄴ

③ ㄷ

④ 모두 틀림

⑤ 모두 맞음

13 다음은 출생아 수 및 합계 출산율을 나타낸 그래프이다. 이에 대한 설명으로 가장 적절한 것은?

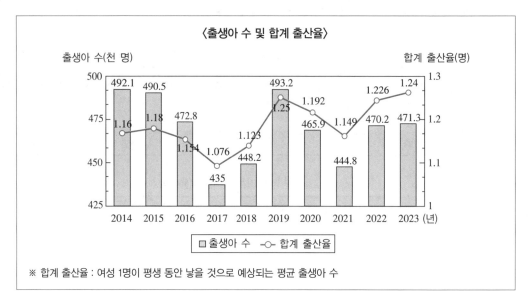

① 2017년의 출생아 수는 2015년에 비해 약 0.6배로 감소하였다.
② 우리나라의 합계 출산율은 지속적으로 상승하고 있다.
③ 한 여성이 평생 동안 낳을 것으로 예상되는 평균 출생아 수는 2017년에 가장 낮다.
④ 2022년에 비해 2023년에는 합계 출산율이 0.024명 증가했다.
⑤ 2021년 이후 합계 출산율이 상승하고 있으므로 2024년에도 전년보다 증가할 것이다.

14 다음은 2020~2024년 국가공무원 및 지방자치단체공무원 현황에 대한 자료이다. 이에 대한 설명으로 옳지 않은 것은?

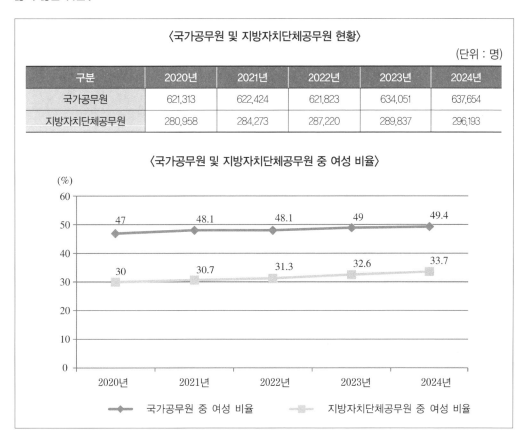

〈국가공무원 및 지방자치단체공무원 현황〉

(단위 : 명)

구분	2020년	2021년	2022년	2023년	2024년
국가공무원	621,313	622,424	621,823	634,051	637,654
지방자치단체공무원	280,958	284,273	287,220	289,837	296,193

① 매년 국가공무원 중 여성 수는 지방자치단체공무원 중 여성 수의 3배 이상이다.
② 지방자치단체공무원 중 여성 수는 매년 증가하였다.
③ 매년 국가공무원 중 여성 수는 지방자치단체공무원 중 여성 수보다 많다.
④ 국가공무원 중 남성 수는 2022년이 2021년보다 적다.
⑤ 국가공무원 중 여성 비율과 지방자치단체공무원 중 여성 비율의 차이는 매년 감소한다.

15 다음은 사교육의 과목별 동향에 대한 자료이다. 이에 대한 〈보기〉의 설명 중 옳은 것을 모두 고르면?

〈과목별 동향〉

(단위 : 명, 만 원)

구분		2019년	2020년	2021년	2022년	2023년	2024년
국·영·수	월 최대 수강자 수	350	385	379	366	360	378
	월 평균 수강자 수	312	369	371	343	341	366
	월 평균 수업료	55	65	70	70	70	75
탐구	월 최대 수강자 수	241	229	281	315	332	301
	월 평균 수강자 수	218	199	253	289	288	265
	월 평균 수업료	35	35	40	45	50	50

보기

ㄱ. 2020~2024년 동안 전년 대비 국·영·수의 월 최대 수강자 수와 월 평균 수강자 수는 같은 증감 추이를 보인다.

ㄴ. 2020~2024년 동안 전년 대비 국·영·수의 월 평균 수업료는 월 최대 수강자 수와 같은 증감 추이를 보인다.

ㄷ. 국·영·수의 월 최대 수강자 수의 전년 대비 증가율은 2020년에 가장 높다.

ㄹ. 2019~2024년 동안 월 평균 수강자 수가 국·영·수 과목이 최대였을 때는 탐구 과목이 최소였고, 국·영·수 과목이 최소였을 때는 탐구 과목이 최대였다.

① ㄴ
② ㄷ
③ ㄱ, ㄷ
④ ㄱ, ㄹ
⑤ ㄴ, ㄹ

※ 다음은 일정한 규칙에 따라 나열된 수열이다. ?에 들어갈 값으로 알맞은 수를 고르시오. [16~17]

Easy

16

8	27	132
32	?	156
56	75	180

① 39

② 43

③ 47

④ 49

⑤ 51

17

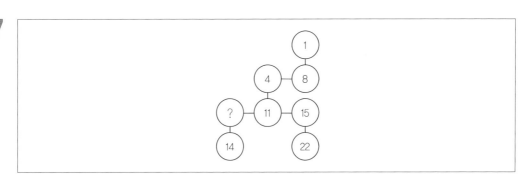

① 6

② 7

③ 8

④ 9

⑤ 10

※ 제시된 순서에 따라 출력되는 값을 구하시오. [18~20]

Hard

18

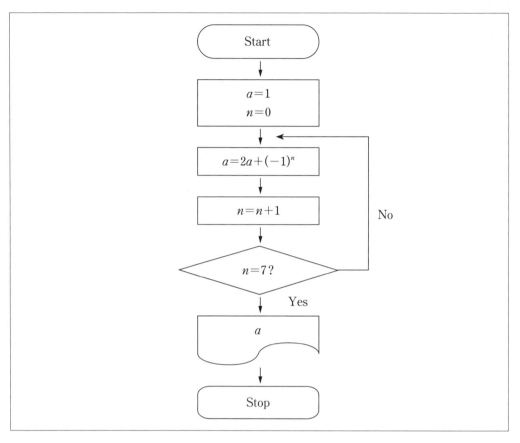

① 170   ② 171

③ 172   ④ 173

⑤ 174

19

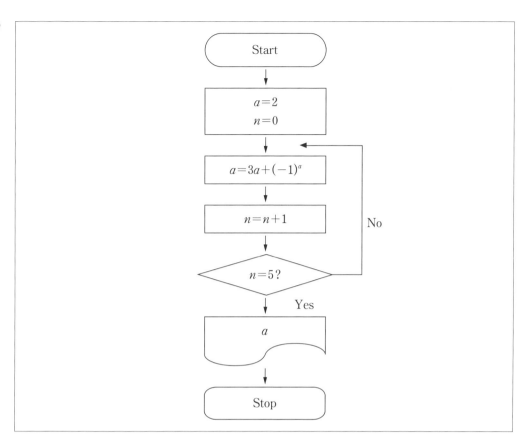

① 547 ② 545

③ 543 ④ 541

⑤ 539

PART 3

20

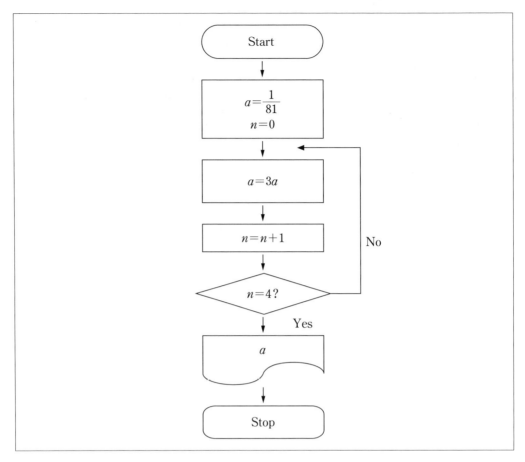

① 1

② 2

③ 3

④ 4

⑤ 5

01 다음 제시된 모형을 만들기 위해 필요한 블록의 개수는?(단, 보이지 않는 곳의 블록은 있다고 가정한다)

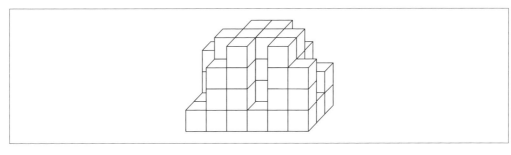

① 51개　　　　　　② 52개　　　　　　③ 53개
④ 54개　　　　　　⑤ 55개

02 다음 제시된 단면과 일치하는 입체도형은?

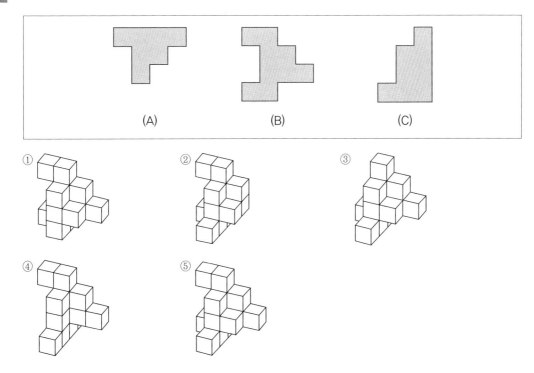

03 입체도형의 회전규칙이 다음과 같이 정의된다고 할 때, 〈보기〉의 단면과 일치하는 입체도형을 Z축 1회전한 것은?(단, 1회전은 90°이다)

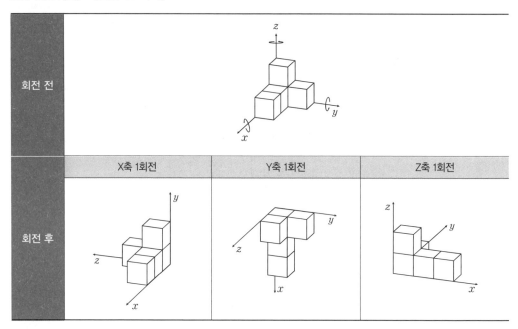

회전 전			
회전 후	X축 1회전	Y축 1회전	Z축 1회전

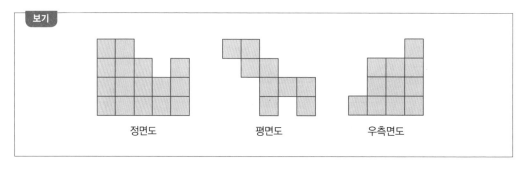

정면도   평면도   우측면도

①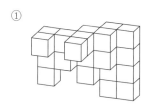

②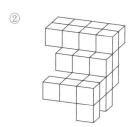

③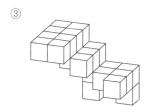

④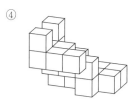

⑤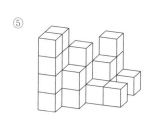

04 3×3×3 큐브를 다음과 같이 정의할 때, 세 번째 가로줄을 시계 반대 방향으로 90°, 세 번째 세로줄을 180°, 두 번째 가로줄을 시계 반대방향으로 90° 돌리면 나오는 모양을 〈보기〉와 같이 잘랐을 때의 단면은?

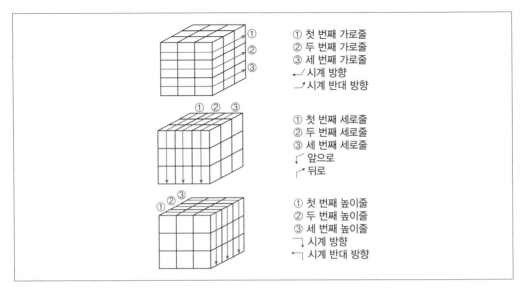

① 첫 번째 가로줄
② 두 번째 가로줄
③ 세 번째 가로줄
↙ 시계 방향
↗ 시계 반대 방향

① 첫 번째 세로줄
② 두 번째 세로줄
③ 세 번째 세로줄
↙ 앞으로
↗ 뒤로

① 첫 번째 높이줄
② 두 번째 높이줄
③ 세 번째 높이줄
↳ 시계 방향
↰ 시계 반대 방향

보기

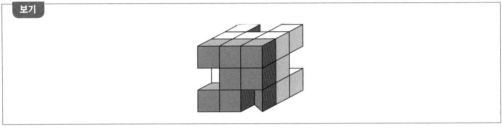

①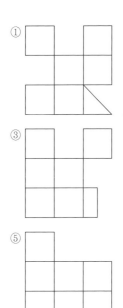

②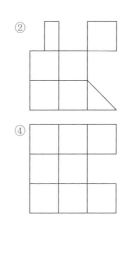

③

④

⑤

※ 절반의 물이 들어 있는 정육면체를 다음과 같이 회전했을 때 물이 묻어 있는 부분의 전개도로 알맞은 것을 고르시오. [5~6]

05

①

②

③

④

⑤

06

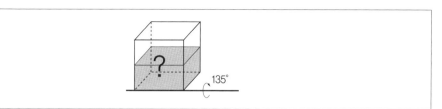

①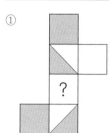

②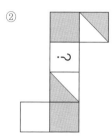

③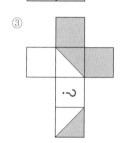

④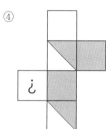

⑤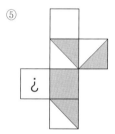

07 다음 두 블록을 합쳤을 때, 나올 수 있는 형태는?

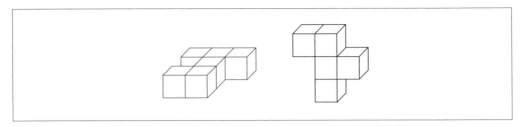

①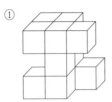

②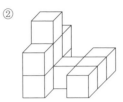

③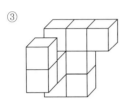

④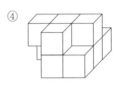

⑤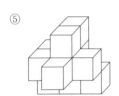

08 정면이 다음과 같도록 정육면체의 전개도를 접은 후, 조건에 따라 회전시켰을 때 우측에서 바라본 모양으로 알맞은 것은?

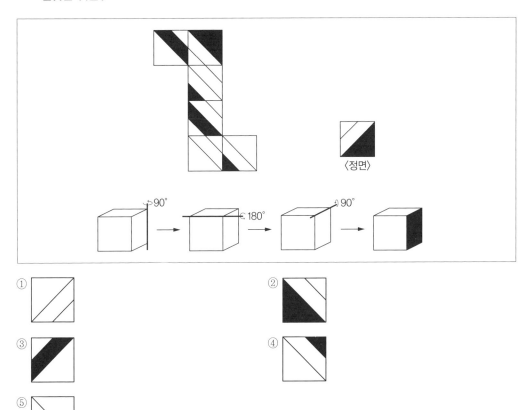

①

②

③

④

⑤

09 다음 Ⓐ, Ⓑ, Ⓒ의 전개도를 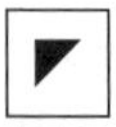 면이 전면에 오도록 접은 후 주어진 방향으로 회전하여 아래의 결합 모양과 같이 붙인 그림으로 알맞은 것은?

Ⓐ

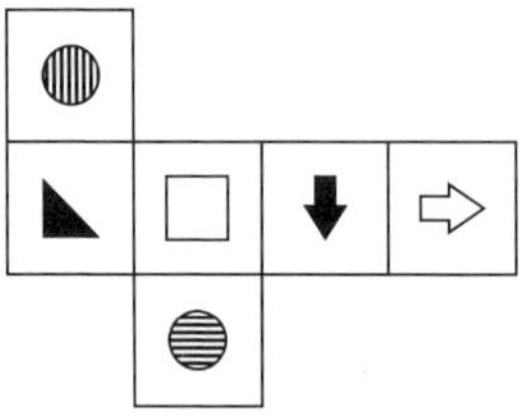

뒤 1칸

Ⓑ

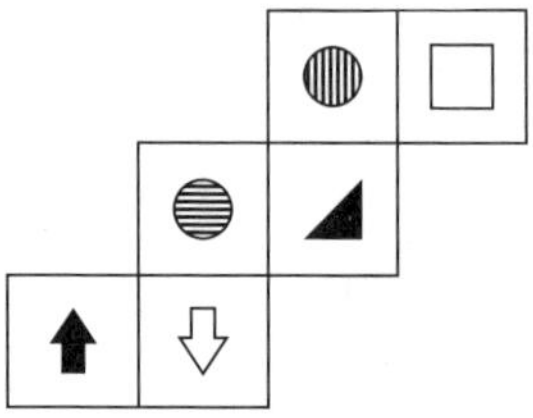

왼쪽 1칸

Ⓒ

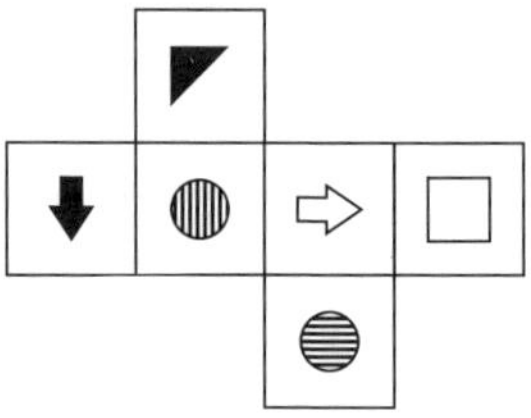

앞 1칸, 오른쪽 2칸

〈결합 모양〉

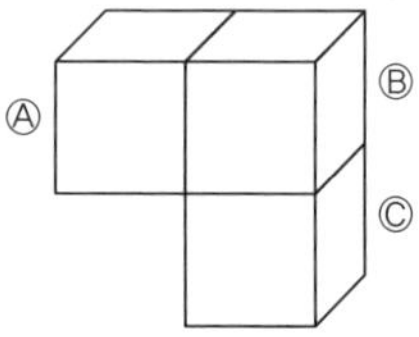

①

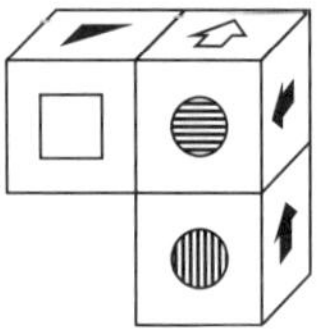

②

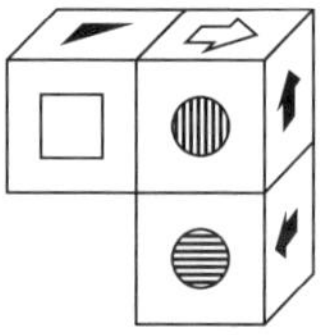

③

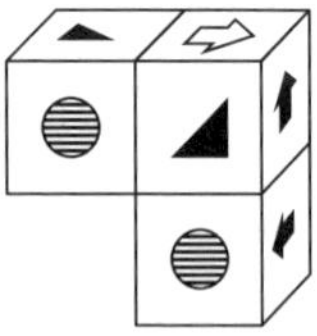

④

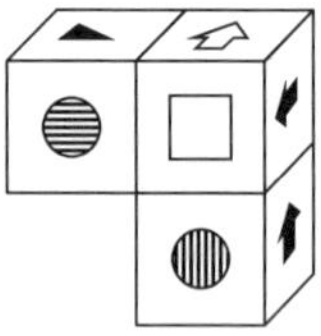

⑤

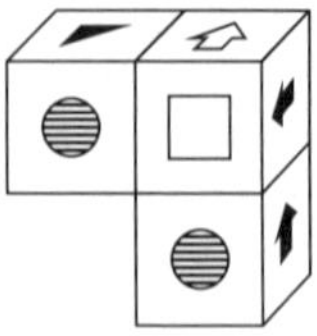

10 다음 Ⓐ, Ⓑ, ©의 전개도를 ♣ 면이 전면에 오도록 접은 후 주어진 방향으로 회전하여 붙인 그림으로 알맞은 것은?

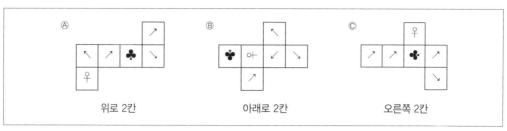

위로 2칸   아래로 2칸   오른쪽 2칸

①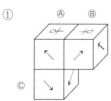

②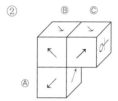

③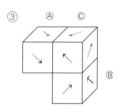

④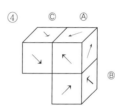

⑤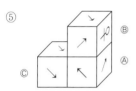

※ 다음 제시된 도형의 규칙을 보고 ?에 들어갈 알맞은 도형을 고르시오. [1~7]

01

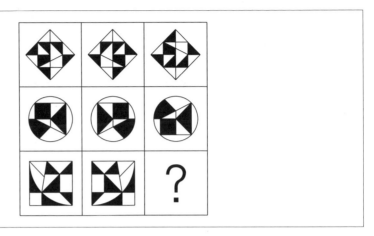

①

②

③

④

⑤

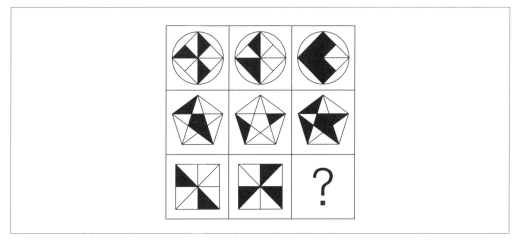

①

②

③

④

⑤

03

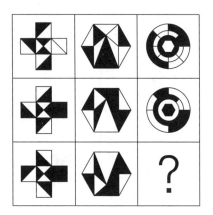

①

②

③

④

⑤

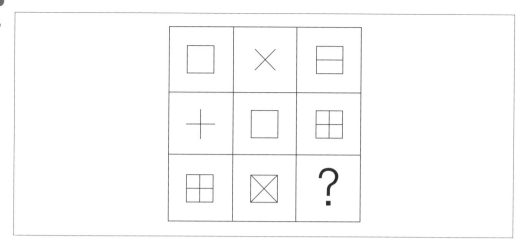

①

②

③

④

⑤

05

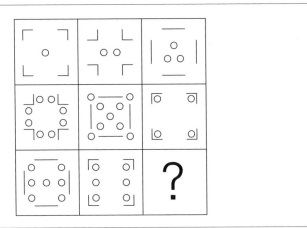

① ┘○○└
○　　○
○　　○
┐○○┌

② ┘○└
○○○
┐○┌

③ ┘○└
○　○
┐○┌

④ 으│○│으
○　○
으│○│으

⑤ 으│○│으
○○○
으│○│으

06

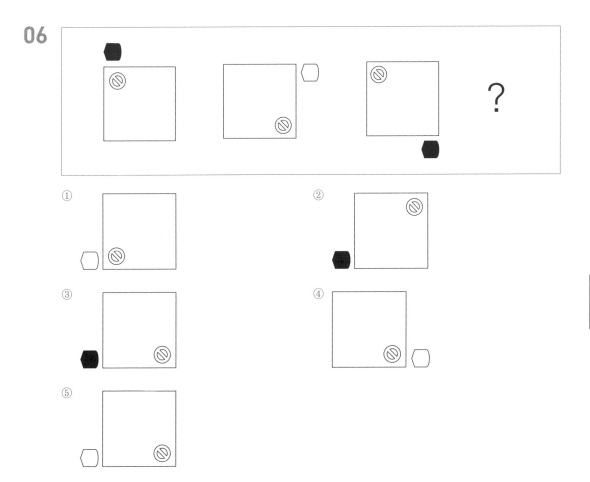

①

②

③

④

⑤

PART 3

07

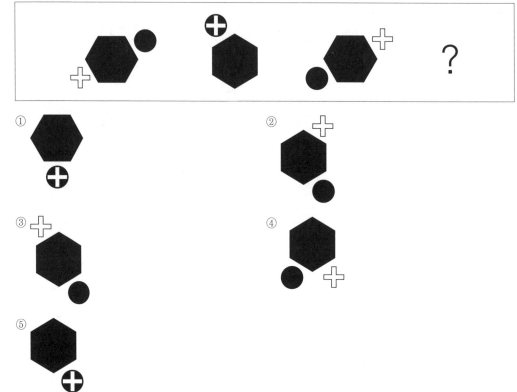

①

②

③

④

⑤

08 다음 제시된 도형의 규칙을 이용하여 (A), (B)에 들어갈 도형으로 알맞은 것을 고르면?

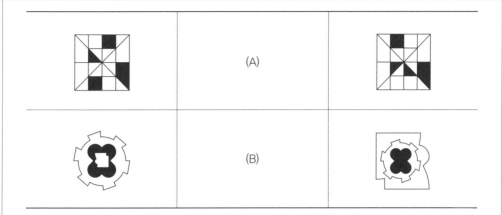

(A)　(B)

①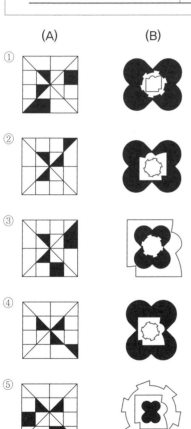

②

③

④

⑤

※ 다음 제시된 도형의 규칙을 이용하여 ?에 들어갈 도형으로 알맞은 것을 고르시오. [9~10]

09

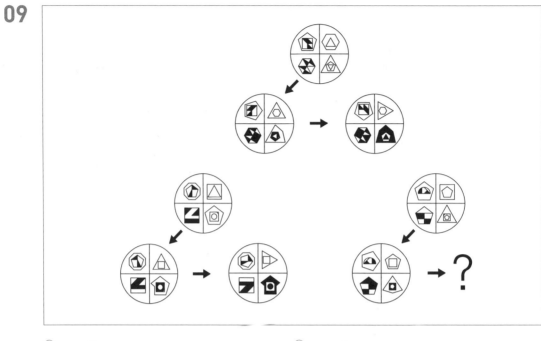

①

②

③

④

⑤

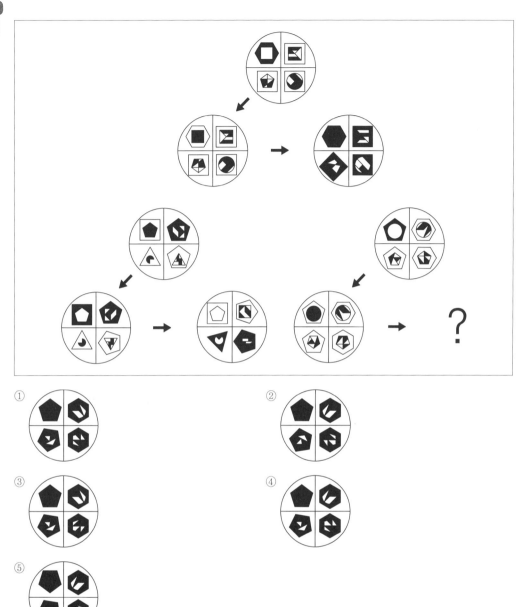

나에 대한 자신감을 잃으면 온 세상이 나의 적이 된다.

– 랄프 왈도 에머슨 –

PART 4

인성검사

4 인성검사

개인이 업무를 수행하면서 능률적인 성과물을 만들기 위해서는 개인의 능력과 경험 그리고 회사에서의 교육 및 훈련 등이 필요하지만, 개인의 성격이나 성향 역시 중요하다. 여러 직무분석 연구에서 나온 결과들에 따르면, 직무에서의 성공과 관련된 특성들 중 최고 70% 이상이 능력보다는 성격과 관련이 있다고 한다. 따라서 최근 기업들은 인성검사의 비중을 높이고 있는 추세이다. 현재 기업들은 인성검사를 KIRBS(한국행동과학연구소)나 SHR(에스에이치알) 등의 전문기관에 의뢰해서 시행하고 있다. 전문기관에 따라서 인성검사 방법에 차이가 있고, 보안을 위해서 인성검사를 의뢰한 기업을 공개하지 않을 수 있기 때문에 특정 기업의 인성검사를 정확하게 판단할 수 없지만, 자기 성향에 일관성을 가지고 답변하는 것이 좋다. 인성검사는 적성검사만큼이나 중요하다.

1. 두산그룹 인성검사

두산그룹의 인재상과 적합한 인재인지 평가하는 테스트로, 지원자의 개인 성향이나 인성에 관한 질문으로 구성되어 있다.

(1) 문항 수 : 272문항

(2) 응시시간 : 55분

(3) 출제유형 : 질문에 대하여 '① 전혀 그렇지 않다, ② 그렇지 않다, ③ 보통이다, ④ 그렇다, ⑤ 매우 그렇다' 중 한 개를 각각 선택 후 각 문항을 비교하여 상대적으로 자신의 성격과 가장 가까운 문항 '하나'와 가장 거리가 먼 문항 '하나'를 선택하는 유형이다.

2. 인성검사 수검 요령

인성검사는 특별한 수검요령이 없다. 다시 말하면 모범답안이 없고, 정답이 없다는 이야기이다. 국어 문제처럼 말의 뜻을 풀이하는 것도 아니다. 굳이 수검요령을 말하자면, 진실하고 솔직한 자신의 생각이 최고의 답변이라고 할 수 있을 것이다.

인성검사에서 가장 중요한 것은 첫째, 솔직한 답변이다. 지금까지 경험을 통해서 축적되어온 자신의 생각과 행동을 거짓 없이 솔직하게 기재를 하는 것이다. 예를 들어, '나는 타인의 물건을 훔치고 싶은 충동을 느껴본 적이 있다.'란 질문에 피검사자들은 많은 생각을 하게 된다. 생각해 보라. 유년기에 또는 성인이 되어서도 타인의 물건을 훔치는 일을 저지른 적은 없더라도, 훔치고 싶은 충동은 누구나 조금이라도 느껴보았을 것이다. 그런데 이 질문에 고민을 하는 사람이 간혹 있다. 이 질문에 '예'라고 대답하면 담당 검사관들이 나를 사회적으로 문제가 있는 사람으로 여기지는 않을까 하는 생각에 '아니요'라는 답을 기재하게 된다. 이런 솔직하지 않은 답변이 답변의 신뢰성과 솔직함을 나타내는 타당성 척도에 좋지 않은 점수를 주게 된다.

둘째, 일관성 있는 답변이다. 인성검사의 수많은 질문 문항 중에는 비슷한 뜻의 질문이 여러 개 숨어 있는 경우가 많이 있다. 그 질문들은 피검사자의 솔직한 답변과 심리적인 상태를 알아보기 위해 내포되어 있는 문항들이다. 가령 '나는 유년시절 타인의 물건을 훔친 적이 있다.'라는 질문에 '예'라고 대답했는데, '나는 유년시절 타인의 물건을 훔쳐보고 싶은 충동을 느껴본 적이 있다.'라는 질문에는 '아니요'라는 답을 기재한다면 어떻겠는가. 일관성 없이 '대충 기재하자'라는 식의 심리적 무성의성 답변이 되거나, 정신적으로 문제가 있는 사람으로 보일 수 있다.

인성검사는 많은 문항 수를 풀어나가기 때문에 피검사자들은 지루함과 따분함, 반복된 뜻의 질문에 의한 인내 상실 등이 나타날 수 있다. 인내를 가지고 솔직하게 내 생각을 대답하는 것이 무엇보다 중요한 요령이 될 것이다.

3. 인성검사 시 유의사항

(1) 충분한 휴식으로 불안을 없애고 정서적인 안정을 취한다. 심신이 안정되어야 자신의 마음을 표현할 수 있다.

(2) 생각나는 대로 솔직하게 응답한다. 자신을 너무 과대포장하지도, 너무 비하시키지도 마라. 답변을 꾸며서 하면 앞뒤가 맞지 않게끔 구성돼 있어 불리한 평가를 받게 되므로 솔직하게 답한다.

(3) 검사문항에 대해 지나치게 생각해서는 안 된다. 지나치게 몰두하면 엉뚱한 답변이 나올 수 있으므로 불필요한 생각은 삼간다.

(4) 검사시간에 너무 신경 쓸 필요는 없다. 인성검사는 시간제한이 없는 경우가 많으며 시간제한이 있다 해도 충분한 시간이다.

(5) 인성검사는 대개 문항 수가 많기에 자칫 건너뛰는 경우가 있는데, 가능한 한 모든 문항에 답해야 한다. 응답하지 않은 문항이 많을 경우 평가자가 정확한 평가를 내리지 못해 불리한 평가를 내릴 수 있기 때문이다.

4. 인성검사 모의연습

※ 각 문항을 읽고, ①~⑤ 중 자신의 성향과 가까운 정도에 따라 ① 전혀 그렇지 않다, ② 그렇지 않다, ③ 보통이다, ④ 조금 그렇다, ⑤ 매우 그렇다 중 하나를 선택하시오. 그리고 4개의 문장 중 자신의 성향에 비추어볼 때 가장 먼 것(멀다)과 가장 가까운 것(가깝다)을 하나씩 선택하시오. [1~65]

※ 인성검사는 정답이 따로 없는 유형의 검사이므로 결과지를 제공하지 않습니다.

01

질문	답안 1					답안 2	
	①	②	③	④	⑤	멀다	가깝다
A. 사물을 신중하게 생각하는 편이라고 생각한다.	☐	☐	☐	☐	☐	☐	☐
B. 포기하지 않고 노력하는 것이 중요하다.	☐	☐	☐	☐	☐	☐	☐
C. 자신의 권리를 주장하는 편이다.	☐	☐	☐	☐	☐	☐	☐
D. 컨디션에 따라 기분이 잘 변한다.	☐	☐	☐	☐	☐	☐	☐

02

질문	답안 1					답안 2	
	①	②	③	④	⑤	멀다	가깝다
A. 노력의 여하보다 결과가 중요하다.	☐	☐	☐	☐	☐	☐	☐
B. 자기주장이 강하다.	☐	☐	☐	☐	☐	☐	☐
C. 어떠한 일이 있어도 출세하고 싶다.	☐	☐	☐	☐	☐	☐	☐
D. 반성하는 일이 거의 없다.	☐	☐	☐	☐	☐	☐	☐

03

질문	답안 1					답안 2	
	①	②	③	④	⑤	멀다	가깝다
A. 다른 사람의 일에 관심이 없다.	☐	☐	☐	☐	☐	☐	☐
B. 때로는 후회할 때도 있다.	☐	☐	☐	☐	☐	☐	☐
C. 진정으로 마음을 허락할 수 있는 사람은 없다.	☐	☐	☐	☐	☐	☐	☐
D. 고민이 생겨도 심각하게 생각하지 않는다.	☐	☐	☐	☐	☐	☐	☐

04

질문	답안 1					답안 2	
	①	②	③	④	⑤	멀다	가깝다
A. 한번 시작한 일은 반드시 끝을 맺는다.	☐	☐	☐	☐	☐	☐	☐
B. 다른 사람들이 하지 못하는 일을 하고 싶다.	☐	☐	☐	☐	☐	☐	☐
C. 좋은 생각이 떠올라도 실행하기 전에 여러모로 검토한다.	☐	☐	☐	☐	☐	☐	☐
D. 슬럼프에 빠지면 좀처럼 헤어나지 못한다.	☐	☐	☐	☐	☐	☐	☐

05

질문	답안 1					답안 2	
	①	②	③	④	⑤	멀다	가깝다
A. 다른 사람에게 항상 움직이고 있다는 말을 듣는다.	☐	☐	☐	☐	☐	☐	☐
B. 옆에 사람이 있으면 싫다.	☐	☐	☐	☐	☐	☐	☐
C. 친구들과 남의 이야기를 하는 것을 좋아한다.	☐	☐	☐	☐	☐	☐	☐
D. 자신의 소문에 관심을 기울인다.	☐	☐	☐	☐	☐	☐	☐

06

질문	답안 1					답안 2	
	①	②	③	④	⑤	멀다	가깝다
A. 모두가 싫증을 내는 일에도 혼자서 열심히 한다.	☐	☐	☐	☐	☐	☐	☐
B. 완성된 것보다 미완성인 것에 흥미가 있다.	☐	☐	☐	☐	☐	☐	☐
C. 능력을 살릴 수 있는 일을 하고 싶다.	☐	☐	☐	☐	☐	☐	☐
D. 항상 무슨 일을 해야만 한다.	☐	☐	☐	☐	☐	☐	☐

07

질문	답안 1					답안 2	
	①	②	③	④	⑤	멀다	가깝다
A. 번화한 곳에 외출하는 것을 좋아한다.	☐	☐	☐	☐	☐	☐	☐
B. 다른 사람에게 자신이 소개되는 것을 좋아한다.	☐	☐	☐	☐	☐	☐	☐
C. 다른 사람보다 쉽게 우쭐해진다.	☐	☐	☐	☐	☐	☐	☐
D. 여간해서 흥분하지 않는 편이다.	☐	☐	☐	☐	☐	☐	☐

08

질문	답안 1					답안 2	
	①	②	③	④	⑤	멀다	가깝다
A. 다른 사람의 감정에 민감하다.	☐	☐	☐	☐	☐	☐	☐
B. 다른 사람들이 나에게 남을 배려하는 마음씨가 있다는 말을 한다.	☐	☐	☐	☐	☐	☐	☐
C. 사소한 일로 우는 일이 많다.	☐	☐	☐	☐	☐	☐	☐
D. 매일 힘든 일이 너무 많다.	☐	☐	☐	☐	☐	☐	☐

09

질문	답안 1					답안 2	
	①	②	③	④	⑤	멀다	가깝다
A. 통찰력이 있다고 생각한다.	☐	☐	☐	☐	☐	☐	☐
B. 몸으로 부딪혀 도전하는 편이다.	☐	☐	☐	☐	☐	☐	☐
C. 감정적으로 될 때가 많다.	☐	☐	☐	☐	☐	☐	☐
D. 걱정거리가 생기면 머릿속에서 떠나지 않는 편이다.	☐	☐	☐	☐	☐	☐	☐

10

질문	답안 1					답안 2	
	①	②	③	④	⑤	멀다	가깝다
A. 타인에게 간섭받는 것을 싫어한다.	☐	☐	☐	☐	☐	☐	☐
B. 신경이 예민한 편이라고 생각한다.	☐	☐	☐	☐	☐	☐	☐
C. 난관에 봉착해도 포기하지 않고 열심히 한다.	☐	☐	☐	☐	☐	☐	☐
D. 휴식시간에도 일하고 싶다.	☐	☐	☐	☐	☐	☐	☐

11

질문	답안 1					답안 2	
	①	②	③	④	⑤	멀다	가깝다
A. 해야 할 일은 신속하게 처리한다.	☐	☐	☐	☐	☐	☐	☐
B. 매사에 느긋하고 차분하다.	☐	☐	☐	☐	☐	☐	☐
C. 끙끙거리며 생각할 때가 있다.	☐	☐	☐	☐	☐	☐	☐
D. 사는 것이 힘들다고 느낀 적은 없다.	☐	☐	☐	☐	☐	☐	☐

12

질문	답안 1					답안 2	
	①	②	③	④	⑤	멀다	가깝다
A. 하나의 취미를 오래 지속하는 편이다.	☐	☐	☐	☐	☐	☐	☐
B. 낙천가라고 생각한다.	☐	☐	☐	☐	☐	☐	☐
C. 일주일의 예정을 만드는 것을 좋아한다.	☐	☐	☐	☐	☐	☐	☐
D. 시험 전에도 노는 계획이 세워진다.	☐	☐	☐	☐	☐	☐	☐

13

질문	답안 1					답안 2	
	①	②	③	④	⑤	멀다	가깝다
A. 자신의 의견을 상대에게 잘 주장하지 못한다.	☐	☐	☐	☐	☐	☐	☐
B. 좀처럼 결단하지 못하는 경우가 있다.	☐	☐	☐	☐	☐	☐	☐
C. 행동으로 옮기기까지 시간이 걸린다.	☐	☐	☐	☐	☐	☐	☐
D. 실패해도 또 다시 도전한다.	☐	☐	☐	☐	☐	☐	☐

14

질문	답안 1					답안 2	
	①	②	③	④	⑤	멀다	가깝다
A. 돌다리도 두드리며 건너는 타입이라고 생각한다.	☐	☐	☐	☐	☐	☐	☐
B. 굳이 말하자면 시원시원하다.	☐	☐	☐	☐	☐	☐	☐
C. 토론에서 이길 자신이 있다.	☐	☐	☐	☐	☐	☐	☐
D. 남보다 쉽게 우위에 서는 편이다.	☐	☐	☐	☐	☐	☐	☐

PART 4

15

질문	답안 1					답안 2	
	①	②	③	④	⑤	멀다	가깝다
A. 쉽게 침울해진다.	☐	☐	☐	☐	☐	☐	☐
B. 쉽게 싫증을 내는 편이다.	☐	☐	☐	☐	☐	☐	☐
C. 도덕/윤리를 중시한다.	☐	☐	☐	☐	☐	☐	☐
D. 자신의 입장을 잊어버릴 때가 있다.	☐	☐	☐	☐	☐	☐	☐

16

질문	답안 1					답안 2	
	①	②	③	④	⑤	멀다	가깝다
A. 매사에 신중한 편이라고 생각한다.	☐	☐	☐	☐	☐	☐	☐
B. 실행하기 전에 재확인할 때가 많다.	☐	☐	☐	☐	☐	☐	☐
C. 반대에 부딪혀도 자신의 의견을 바꾸는 일은 없다.	☐	☐	☐	☐	☐	☐	☐
D. 일을 하는 데도 자신이 없다.	☐	☐	☐	☐	☐	☐	☐

17

질문	답안 1					답안 2	
	①	②	③	④	⑤	멀다	가깝다
A. 전망을 세우고 행동할 때가 많다.	☐	☐	☐	☐	☐	☐	☐
B. 일에는 결과가 중요하다고 생각한다.	☐	☐	☐	☐	☐	☐	☐
C. 다른 사람으로부터 지적받는 것은 싫다.	☐	☐	☐	☐	☐	☐	☐
D. 목적이 없으면 마음이 불안하다.	☐	☐	☐	☐	☐	☐	☐

18

질문	답안 1					답안 2	
	①	②	③	④	⑤	멀다	가깝다
A. 다른 사람에게 위해를 가할 것 같은 기분이 들 때가 있다.	☐	☐	☐	☐	☐	☐	☐
B. 인간관계가 폐쇄적이라는 말을 듣는다.	☐	☐	☐	☐	☐	☐	☐
C. 친구들로부터 줏대 없는 사람이라는 말을 듣는다.	☐	☐	☐	☐	☐	☐	☐
D. 싸움으로 친구를 잃은 경우가 있다.	☐	☐	☐	☐	☐	☐	☐

19

질문	답안 1					답안 2	
	①	②	③	④	⑤	멀다	가깝다
A. 누구와도 편하게 이야기할 수 있다.	☐	☐	☐	☐	☐	☐	☐
B. 다른 사람을 싫어한 적은 한 번도 없다.	☐	☐	☐	☐	☐	☐	☐
C. 리더로서 인정을 받고 싶다.	☐	☐	☐	☐	☐	☐	☐
D. 친구 말을 듣는 편이다.	☐	☐	☐	☐	☐	☐	☐

20

질문	답안 1					답안 2	
	①	②	③	④	⑤	멀다	가깝다
A. 기다리는 것에 짜증내는 편이다.	☐	☐	☐	☐	☐	☐	☐
B. 지루하면 마구 떠들고 싶어진다.	☐	☐	☐	☐	☐	☐	☐
C. 남과 친해지려면 용기가 필요하다.	☐	☐	☐	☐	☐	☐	☐
D. 신호대기 중에도 조바심이 난다.	☐	☐	☐	☐	☐	☐	☐

21

질문	답안 1					답안 2	
	①	②	③	④	⑤	멀다	가깝다
A. 사물을 과장해서 말한 적은 없다.	☐	☐	☐	☐	☐	☐	☐
B. 항상 천재지변을 당하지는 않을까 걱정하고 있다.	☐	☐	☐	☐	☐	☐	☐
C. 어떤 일이 있어도 의욕을 가지고 열심히 하는 편이다.	☐	☐	☐	☐	☐	☐	☐
D. 아는 사람이 많아지는 것이 즐겁다.	☐	☐	☐	☐	☐	☐	☐

22

질문	답안 1					답안 2	
	①	②	③	④	⑤	멀다	가깝다
A. 그룹 내에서는 누군가의 주도하에 따라가는 경우가 많다.	☐	☐	☐	☐	☐	☐	☐
B. 내성적이라고 생각한다.	☐	☐	☐	☐	☐	☐	☐
C. 모르는 사람과 이야기하는 것은 용기가 필요하다.	☐	☐	☐	☐	☐	☐	☐
D. 모르는 사람과 말하는 것은 귀찮다.	☐	☐	☐	☐	☐	☐	☐

23

질문	답안 1					답안 2	
	①	②	③	④	⑤	멀다	가깝다
A. 집에서 가만히 있으면 기분이 우울해진다.	☐	☐	☐	☐	☐	☐	☐
B. 당황하면 갑자기 땀이 나서 신경 쓰일 때가 있다.	☐	☐	☐	☐	☐	☐	☐
C. 차분하다는 말을 듣는다.	☐	☐	☐	☐	☐	☐	☐
D. 매사에 심각하게 생각하는 것을 싫어한다.	☐	☐	☐	☐	☐	☐	☐

24

질문	답안 1					답안 2	
	①	②	③	④	⑤	멀다	가깝다
A. 어색해지면 입을 다무는 경우가 많다.	☐	☐	☐	☐	☐	☐	☐
B. 융통성이 없는 편이다.	☐	☐	☐	☐	☐	☐	☐
C. 이유도 없이 화가 치밀 때가 있다.	☐	☐	☐	☐	☐	☐	☐
D. 자신이 경솔하다고 자주 느낀다.	☐	☐	☐	☐	☐	☐	☐

25

질문	답안 1					답안 2	
	①	②	③	④	⑤	멀다	가깝다
A. 자질구레한 걱정이 많다.	☐	☐	☐	☐	☐	☐	☐
B. 다른 사람을 의심한 적이 한 번도 없다.	☐	☐	☐	☐	☐	☐	☐
C. 지금까지 후회를 한 적이 없다.	☐	☐	☐	☐	☐	☐	☐
D. 충동적인 행동을 하지 않는 편이다.	☐	☐	☐	☐	☐	☐	☐

26

질문	답안 1					답안 2	
	①	②	③	④	⑤	멀다	가깝다
A. 무슨 일이든 자신을 가지고 행동한다.	☐	☐	☐	☐	☐	☐	☐
B. 자주 깊은 생각에 잠긴다.	☐	☐	☐	☐	☐	☐	☐
C. 가만히 있지 못할 정도로 불안해질 때가 많다.	☐	☐	☐	☐	☐	☐	☐
D. 어떤 상황에서나 만족할 수 있다.	☐	☐	☐	☐	☐	☐	☐

27

질문	답안 1					답안 2	
	①	②	③	④	⑤	멀다	가깝다
A. 스포츠 선수가 되고 싶다고 생각한 적이 있다.	☐	☐	☐	☐	☐	☐	☐
B. 유명인과 서로 아는 사람이 되고 싶다.	☐	☐	☐	☐	☐	☐	☐
C. 연예인에 대해 동경한 적이 없다.	☐	☐	☐	☐	☐	☐	☐
D. 싫은 사람과도 협력할 수 있다.	☐	☐	☐	☐	☐	☐	☐

28

질문	답안 1					답안 2	
	①	②	③	④	⑤	멀다	가깝다
A. 휴일은 세부적인 예정을 세우고 보낸다.	☐	☐	☐	☐	☐	☐	☐
B. 잘하지 못하는 것이라도 자진해서 한다.	☐	☐	☐	☐	☐	☐	☐
C. 이유도 없이 다른 사람과 부딪힐 때가 있다.	☐	☐	☐	☐	☐	☐	☐
D. 주체할 수 없을 만큼 여유가 많은 것을 싫어한다.	☐	☐	☐	☐	☐	☐	☐

29

질문	답안 1					답안 2	
	①	②	③	④	⑤	멀다	가깝다
A. 타인의 일에는 별로 관여하고 싶지 않다.	☐	☐	☐	☐	☐	☐	☐
B. 자신만의 의견이 확고하다.	☐	☐	☐	☐	☐	☐	☐
C. 주위의 영향을 받기 쉽다.	☐	☐	☐	☐	☐	☐	☐
D. 즐거운 일보다는 괴로운 일이 많다.	☐	☐	☐	☐	☐	☐	☐

30

질문	답안 1					답안 2	
	①	②	③	④	⑤	멀다	가깝다
A. 지인을 발견해도 만나고 싶지 않을 때가 많다.	☐	☐	☐	☐	☐	☐	☐
B. 굳이 말하자면 자의식 과잉이다.	☐	☐	☐	☐	☐	☐	☐
C. 몸을 움직이는 것을 좋아한다.	☐	☐	☐	☐	☐	☐	☐
D. 사소한 일에도 신경을 많이 쓰는 편이다.	☐	☐	☐	☐	☐	☐	☐

31

질문	답안 1					답안 2	
	①	②	③	④	⑤	멀다	가깝다
A. 무슨 일이든 생각해 보지 않으면 만족하지 못한다.	☐	☐	☐	☐	☐	☐	☐
B. 다수의 반대가 있더라도 자신의 생각대로 행동한다.	☐	☐	☐	☐	☐	☐	☐
C. 지금까지 다른 사람의 마음에 상처준 일이 없다.	☐	☐	☐	☐	☐	☐	☐
D. 어떤 일을 실패하면 두고두고 생각한다.	☐	☐	☐	☐	☐	☐	☐

32

질문	답안 1					답안 2	
	①	②	③	④	⑤	멀다	가깝다
A. 실행하기 전에 재고하는 경우가 많다.	☐	☐	☐	☐	☐	☐	☐
B. 완고한 편이라고 생각한다.	☐	☐	☐	☐	☐	☐	☐
C. 작은 소리도 신경 쓰인다.	☐	☐	☐	☐	☐	☐	☐
D. 비교적 말이 없는 편이다.	☐	☐	☐	☐	☐	☐	☐

33

질문	답안 1					답안 2	
	①	②	③	④	⑤	멀다	가깝다
A. 다소 무리를 하더라도 피로해지지 않는다.	☐	☐	☐	☐	☐	☐	☐
B. 다른 사람보다 고집이 세다.	☐	☐	☐	☐	☐	☐	☐
C. 성격이 밝다는 말을 듣는다.	☐	☐	☐	☐	☐	☐	☐
D. 일을 꼼꼼하게 하는 편이다.	☐	☐	☐	☐	☐	☐	☐

34

질문	답안 1					답안 2	
	①	②	③	④	⑤	멀다	가깝다
A. 다른 사람이 부럽다고 생각한 적이 한 번도 없다.	☐	☐	☐	☐	☐	☐	☐
B. 자신의 페이스를 잃지 않는다.	☐	☐	☐	☐	☐	☐	☐
C. 굳이 말하자면 이상주의자다.	☐	☐	☐	☐	☐	☐	☐
D. 나를 기분 나쁘게 한 사람을 쉽게 잊지 못하는 편이다.	☐	☐	☐	☐	☐	☐	☐

35

질문	답안 1					답안 2	
	①	②	③	④	⑤	멀다	가깝다
A. 가능성에 눈을 돌린다.	☐	☐	☐	☐	☐	☐	☐
B. 튀는 것을 싫어한다.	☐	☐	☐	☐	☐	☐	☐
C. 방법이 정해진 일은 안심할 수 있다.	☐	☐	☐	☐	☐	☐	☐
D. 혼자 지내는 시간이 즐겁다.	☐	☐	☐	☐	☐	☐	☐

36

질문	답안 1					답안 2	
	①	②	③	④	⑤	멀다	가깝다
A. 매사에 감정적으로 생각한다.	☐	☐	☐	☐	☐	☐	☐
B. 스케줄을 짜고 행동하는 편이다.	☐	☐	☐	☐	☐	☐	☐
C. 지나치게 합리적으로 결론짓는 것은 좋지 않다.	☐	☐	☐	☐	☐	☐	☐
D. 낯선 사람과 만나는 것을 꺼리는 편이다.	☐	☐	☐	☐	☐	☐	☐

37

질문	답안 1					답안 2	
	①	②	③	④	⑤	멀다	가깝다
A. 다른 사람의 의견에 귀를 기울인다.	☐	☐	☐	☐	☐	☐	☐
B. 사람들 앞에 잘 나서지 못한다.	☐	☐	☐	☐	☐	☐	☐
C. 임기응변에 능하다.	☐	☐	☐	☐	☐	☐	☐
D. 나는 연예인이 되고 싶은 마음이 조금도 없다.	☐	☐	☐	☐	☐	☐	☐

38

질문	답안 1					답안 2	
	①	②	③	④	⑤	멀다	가깝다
A. 꿈을 가진 사람에게 끌린다.	☐	☐	☐	☐	☐	☐	☐
B. 직감적으로 판단한다.	☐	☐	☐	☐	☐	☐	☐
C. 틀에 박힌 일은 싫다.	☐	☐	☐	☐	☐	☐	☐
D. 꾸준하고 참을성이 있다는 말을 자주 듣는다.	☐	☐	☐	☐	☐	☐	☐

39

질문	답안 1					답안 2	
	①	②	③	④	⑤	멀다	가깝다
A. 친구가 돈을 빌려달라고 하면 거절하지 못한다.	☐	☐	☐	☐	☐	☐	☐
B. 어려움에 처한 사람을 보면 원인을 생각한다.	☐	☐	☐	☐	☐	☐	☐
C. 매사에 이론적으로 생각한다.	☐	☐	☐	☐	☐	☐	☐
D. 공부할 때 세부적인 내용을 암기할 수 있다.	☐	☐	☐	☐	☐	☐	☐

40

질문	답안 1					답안 2	
	①	②	③	④	⑤	멀다	가깝다
A. 혼자 꾸준히 하는 것을 좋아한다.	☐	☐	☐	☐	☐	☐	☐
B. 튀는 것을 좋아한다.	☐	☐	☐	☐	☐	☐	☐
C. 굳이 말하자면 보수적이라 생각한다.	☐	☐	☐	☐	☐	☐	☐
D. 상상만으로 이야기를 잘 만들어 내는 편이다.	☐	☐	☐	☐	☐	☐	☐

41

질문	답안 1					답안 2	
	①	②	③	④	⑤	멀다	가깝다
A. 다른 사람과 만났을 때 화제에 부족함이 없다.	☐	☐	☐	☐	☐	☐	☐
B. 그때그때의 기분으로 행동하는 경우가 많다.	☐	☐	☐	☐	☐	☐	☐
C. 현실적인 사람에게 끌린다.	☐	☐	☐	☐	☐	☐	☐
D. '왜?'라는 질문을 자주 한다.	☐	☐	☐	☐	☐	☐	☐

42

질문	답안 1					답안 2	
	①	②	③	④	⑤	멀다	가깝다
A. 병이 아닌지 걱정이 들 때가 있다.	☐	☐	☐	☐	☐	☐	☐
B. 자의식 과잉이라는 생각이 들 때가 있다.	☐	☐	☐	☐	☐	☐	☐
C. 막무가내라는 말을 들을 때가 많다.	☐	☐	☐	☐	☐	☐	☐
D. 의지와 끈기가 강한 편이다.	☐	☐	☐	☐	☐	☐	☐

43

질문	답안 1					답안 2	
	①	②	③	④	⑤	멀다	가깝다
A. 푸념을 한 적이 없다.	□	□	□	□	□	□	□
B. 수다를 좋아한다.	□	□	□	□	□	□	□
C. 부모에게 불평을 한 적이 한 번도 없다.	□	□	□	□	□	□	□
D. 참을성이 있다는 말을 자주 듣는다.	□	□	□	□	□	□	□

44

질문	답안 1					답안 2	
	①	②	③	④	⑤	멀다	가깝다
A. 친구들이 나를 진지한 사람으로 생각하고 있다.	□	□	□	□	□	□	□
B. 엉뚱한 생각을 잘한다.	□	□	□	□	□	□	□
C. 이성적인 사람이라는 말을 듣고 싶다.	□	□	□	□	□	□	□
D. 양보를 쉽게 하는 편이다.	□	□	□	□	□	□	□

45

질문	답안 1					답안 2	
	①	②	③	④	⑤	멀다	가깝다
A. 예정에 얽매이는 것을 싫어한다.	□	□	□	□	□	□	□
B. 굳이 말하자면 장거리주자에 어울린다고 생각한다.	□	□	□	□	□	□	□
C. 여행을 가기 전에는 세세한 계획을 세운다.	□	□	□	□	□	□	□
D. 음식을 선택할 때 쉽게 결정을 못 내릴 때가 많다.	□	□	□	□	□	□	□

46

질문	답안 1					답안 2	
	①	②	③	④	⑤	멀다	가깝다
A. 굳이 말하자면 기가 센 편이다.	□	□	□	□	□	□	□
B. 신중하게 생각하는 편이다.	□	□	□	□	□	□	□
C. 계획을 생각하기보다는 빨리 실행하고 싶어한다.	□	□	□	□	□	□	□
D. 대개 먼저 할 일을 해 놓고 나서 노는 편이다.	□	□	□	□	□	□	□

47

질문	답안 1					답안 2	
	①	②	③	④	⑤	멀다	가깝다
A. 자신을 쓸모없는 인간이라고 생각할 때가 있다.	□	□	□	□	□	□	□
B. 아는 사람을 발견해도 피해버릴 때가 있다.	□	□	□	□	□	□	□
C. 앞으로의 일을 생각하지 않으면 진정이 되지 않는다.	□	□	□	□	□	□	□
D. 싹싹하다는 소리를 자주 듣는다.	□	□	□	□	□	□	□

48

질문	답안 1					답안 2	
	①	②	③	④	⑤	멀다	가깝다
A. 격렬한 운동도 그다지 힘들어하지 않는다.	□	□	□	□	□	□	□
B. 무슨 일이든 먼저 해야 이긴다고 생각한다.	□	□	□	□	□	□	□
C. 예정이 없는 상태를 싫어한다.	□	□	□	□	□	□	□
D. 계획에 따라 규칙적인 생활을 하는 편이다.	□	□	□	□	□	□	□

49

질문	답안 1					답안 2	
	①	②	③	④	⑤	멀다	가깝다
A. 잘하지 못하는 게임은 하지 않으려고 한다.	□	□	□	□	□	□	□
B. 다른 사람에게 의존적이 될 때가 많다.	□	□	□	□	□	□	□
C. 대인관계가 귀찮다고 느낄 때가 있다.	□	□	□	□	□	□	□
D. 자신의 소지품을 덜 챙기는 편이다.	□	□	□	□	□	□	□

50

질문	답안 1					답안 2	
	①	②	③	④	⑤	멀다	가깝다
A. 장래의 일을 생각하면 불안해질 때가 있다.	□	□	□	□	□	□	□
B. 가만히 있지 못할 정도로 침착하지 못할 때가 있다.	□	□	□	□	□	□	□
C. 침울해지면 아무것도 손에 잡히지 않는다.	□	□	□	□	□	□	□
D. 몇 번이고 생각하고 검토한다.	□	□	□	□	□	□	□

51

질문	답안 1					답안 2	
	①	②	③	④	⑤	멀다	가깝다
A. 새로운 일에 처음 한 발을 좀처럼 떼지 못한다.	☐	☐	☐	☐	☐	☐	☐
B. 다른 사람이 나를 어떻게 생각하는지 궁금할 때가 많다.	☐	☐	☐	☐	☐	☐	☐
C. 미리 행동을 정해두는 경우가 많다.	☐	☐	☐	☐	☐	☐	☐
D. 여러 번 생각한 끝에 결정을 내린다.	☐	☐	☐	☐	☐	☐	☐

52

질문	답안 1					답안 2	
	①	②	③	④	⑤	멀다	가깝다
A. 혼자 생각하는 것을 좋아한다.	☐	☐	☐	☐	☐	☐	☐
B. 다른 사람과 대화하는 것을 좋아한다.	☐	☐	☐	☐	☐	☐	☐
C. 하루의 행동을 반성하는 경우가 많다.	☐	☐	☐	☐	☐	☐	☐
D. 앞에 나서기를 꺼려한다.	☐	☐	☐	☐	☐	☐	☐

53

질문	답안 1					답안 2	
	①	②	③	④	⑤	멀다	가깝다
A. 어린 시절로 돌아가고 싶을 때가 있다.	☐	☐	☐	☐	☐	☐	☐
B. 인생에서 중요한 것은 높은 목표를 갖는 것이다.	☐	☐	☐	☐	☐	☐	☐
C. 커다란 일을 해보고 싶다.	☐	☐	☐	☐	☐	☐	☐
D. 급진적인 변화를 좋아한다.	☐	☐	☐	☐	☐	☐	☐

54

질문	답안 1					답안 2	
	①	②	③	④	⑤	멀다	가깝다
A. 작은 일에 신경 쓰지 않는다.	☐	☐	☐	☐	☐	☐	☐
B. 동작이 기민한 편이다.	☐	☐	☐	☐	☐	☐	☐
C. 소외감을 느낄 때가 있다.	☐	☐	☐	☐	☐	☐	☐
D. 규칙을 반드시 지킬 필요는 없다.	☐	☐	☐	☐	☐	☐	☐

55

질문	답안 1					답안 2	
	①	②	③	④	⑤	멀다	가깝다
A. 혼자 여행을 떠나고 싶을 때가 자주 있다.	☐	☐	☐	☐	☐	☐	☐
B. 눈을 뜨면 바로 일어난다.	☐	☐	☐	☐	☐	☐	☐
C. 항상 활력이 있다.	☐	☐	☐	☐	☐	☐	☐
D. 혼자서 일하는 것을 좋아한다.	☐	☐	☐	☐	☐	☐	☐

56

질문	답안 1					답안 2	
	①	②	③	④	⑤	멀다	가깝다
A. 싸움을 한 적이 없다.	☐	☐	☐	☐	☐	☐	☐
B. 끈기가 강하다.	☐	☐	☐	☐	☐	☐	☐
C. 변화를 즐긴다.	☐	☐	☐	☐	☐	☐	☐
D. 미래에 대해 별로 염려하지 않는다.	☐	☐	☐	☐	☐	☐	☐

57

질문	답안 1					답안 2	
	①	②	③	④	⑤	멀다	가깝다
A. 굳이 말하자면 혁신적이라고 생각한다.	☐	☐	☐	☐	☐	☐	☐
B. 사람들 앞에 나서는 데 어려움이 없다.	☐	☐	☐	☐	☐	☐	☐
C. 스케줄을 짜지 않고 행동하는 편이다.	☐	☐	☐	☐	☐	☐	☐
D. 새로운 변화를 싫어한다.	☐	☐	☐	☐	☐	☐	☐

58

질문	답안 1					답안 2	
	①	②	③	④	⑤	멀다	가깝다
A. 학구적이라는 인상을 주고 싶다.	☐	☐	☐	☐	☐	☐	☐
B. 조직 안에서는 우등생 타입이라고 생각한다.	☐	☐	☐	☐	☐	☐	☐
C. 이성적인 사람 밑에서 일하고 싶다.	☐	☐	☐	☐	☐	☐	☐
D. 조용한 분위기를 좋아한다.	☐	☐	☐	☐	☐	☐	☐

59

질문	답안 1					답안 2	
	①	②	③	④	⑤	멀다	가깝다
A. 정해진 절차에 따르는 것을 싫어한다.	☐	☐	☐	☐	☐	☐	☐
B. 경험으로 판단한다.	☐	☐	☐	☐	☐	☐	☐
C. 틀에 박힌 일을 싫어한다.	☐	☐	☐	☐	☐	☐	☐
D. 도전적인 직업보다는 안정된 직업이 좋다.	☐	☐	☐	☐	☐	☐	☐

60

질문	답안 1					답안 2	
	①	②	③	④	⑤	멀다	가깝다
A. 그때그때의 기분으로 행동하는 경우가 많다.	☐	☐	☐	☐	☐	☐	☐
B. 시간을 정확히 지키는 편이다.	☐	☐	☐	☐	☐	☐	☐
C. 융통성이 있다.	☐	☐	☐	☐	☐	☐	☐
D. 남의 명령을 듣기 싫어한다.	☐	☐	☐	☐	☐	☐	☐

61

질문	답안 1					답안 2	
	①	②	③	④	⑤	멀다	가깝다
A. 이야기하는 것을 좋아한다.	☐	☐	☐	☐	☐	☐	☐
B. 회합에서는 소개를 받는 편이다.	☐	☐	☐	☐	☐	☐	☐
C. 자신의 의견을 밀어붙인다.	☐	☐	☐	☐	☐	☐	☐
D. 모든 일에 앞장서는 편이다.	☐	☐	☐	☐	☐	☐	☐

62

질문	답안 1					답안 2	
	①	②	③	④	⑤	멀다	가깝다
A. 현실적이라는 이야기를 듣는다.	☐	☐	☐	☐	☐	☐	☐
B. 계획적인 행동을 중요하게 여긴다.	☐	☐	☐	☐	☐	☐	☐
C. 창의적인 일을 좋아한다.	☐	☐	☐	☐	☐	☐	☐
D. 나쁜 일을 오래 생각하지 않는다.	☐	☐	☐	☐	☐	☐	☐

63

질문	답안 1					답안 2	
	①	②	③	④	⑤	멀다	가깝다
A. 회합에서는 소개를 하는 편이다.	☐	☐	☐	☐	☐	☐	☐
B. 조직 안에서는 독자적으로 움직이는 편이다.	☐	☐	☐	☐	☐	☐	☐
C. 정해진 절차가 바뀌는 것을 싫어한다.	☐	☐	☐	☐	☐	☐	☐
D. 사람들의 이름을 잘 기억하는 편이다.	☐	☐	☐	☐	☐	☐	☐

64

질문	답안 1					답안 2	
	①	②	③	④	⑤	멀다	가깝다
A. 일을 선택할 때에는 인간관계를 중시한다.	☐	☐	☐	☐	☐	☐	☐
B. 굳이 말하자면 현실주의자이다.	☐	☐	☐	☐	☐	☐	☐
C. 지나치게 온정을 표시하는 것은 좋지 않다고 생각한다.	☐	☐	☐	☐	☐	☐	☐
D. 대인관계에서 상황을 빨리 파악하는 편이다.	☐	☐	☐	☐	☐	☐	☐

65

질문	답안 1					답안 2	
	①	②	③	④	⑤	멀다	가깝다
A. 상상력이 있다는 말을 듣는다.	☐	☐	☐	☐	☐	☐	☐
B. 틀에 박힌 일은 너무 딱딱해서 싫다.	☐	☐	☐	☐	☐	☐	☐
C. 다른 사람이 나를 어떻게 생각하는지 신경 쓰인다.	☐	☐	☐	☐	☐	☐	☐
D. 친구들과 노는 것보다 혼자 노는 것이 편하다.	☐	☐	☐	☐	☐	☐	☐

PART 5

합격의 공식 시대에듀 www.sdedu.co.kr

면접

01 | 면접 유형 및 실전 대책

01 면접 주요사항

면접의 사전적 정의는 면접관이 지원자를 직접 만나보고 인품(人品)이나 언행(言行) 따위를 시험하는 일로, 흔히 필기시험 후에 최종적으로 심사하는 방법이다.

최근 주요 기업의 인사담당자들을 대상으로 채용 시 면접이 차지하는 비중을 설문조사했을 때, 50~80% 이상이라고 답한 사람이 전체 응답자의 80%를 넘었다. 이와 대조적으로 지원자들을 대상으로 취업 시험에서 면접을 준비하는 기간을 물었을 때, 대부분의 응답자가 2~3일 정도라고 대답했다.

지원자는 서류전형과 인적성검사를 통과해야만 면접을 볼 수 있기 때문에 자연스럽게 면접은 그 비중이 작아질 수밖에 없다. 하지만 아이러니하게도 실제 채용 과정에서 면접이 차지하는 비중은 절대적이라고 해도 과언이 아니다.

기업들은 채용 과정에서 토론 면접, 인성 면접, 프레젠테이션 면접, 역량 면접 등의 다양한 면접을 실시한다. 1차 커트라인라고 할 수 있는 서류전형을 통과한 지원자들의 스펙이나 능력은 서로 엇비슷하다고 판단하기 때문에 지원자의 인성을 파악하기 위해 면접을 더욱 강화하는 것이다.

면접의 기본은 자기 자신을 면접관에게 알기 쉽게 표현하는 것이다. 이러한 표현을 바탕으로 자신의 단점을 극복할 수 있는 연습을 한다면 좋은 결과를 얻을 수 있을 것이다.

1. 자기소개

자기소개를 시키는 이유는 면접자가 지원자의 자기소개서를 압축해서 듣고, 지원자의 첫인상을 평가할 시간을 가질 수 있기 때문이다. 면접을 위한 워밍업이라고 할 수 있으며, 첫인상을 결정하는 과정이므로 매우 중요한 순간이다. 자신을 잘 소개할 수 있는 문구의 1분 자기소개를 미리 준비해서 연습해야 한다.

2. 1분 자기소개 시 주의사항

(1) 자기소개서와 자기소개가 똑같다면 감점일까?

자기소개서의 내용을 잘 정리한 자기소개는 좋은 결과를 만들 수 있다. 하지만 자기소개서와 상반된 내용을 말하는 것은 적절하지 않다. 지원자의 신뢰성을 의심받을 수 있기 때문이다.

(2) 말하는 자세를 바르게 익혀라.

면접에서 바른 자세가 중요하다는 것은 익히 알고 있다. 하지만 문제는 무의식적으로 나오는 흐트러진 자세 때문에 나쁜 인상을 줄 수 있다는 것이다. 이러한 습관을 고칠 수 있는 가장 좋은 방법은 캠코더로 녹화하거나 스터디를 통해 모의 면접을 해보면서 끊임없이 피드백을 받는 것이다.

3. 대화법

전문가들이 말하는 대화법의 핵심은 '상대방을 배려하면서 이야기하라.'는 것이다. 대화는 나와 다른 사람의 소통이다. 내용에 대한 공감이나 이해가 없다면 대화는 더 이상 진전되지 않는다.

4. 첫인상

취업을 위해 성형수술을 받는 사람들에 대한 이야기는 더 이상 뉴스거리가 되지 않는다. 그만큼 많은 사람이 좁은 취업문을 뚫기 위해 이미지 향상에 신경을 쓰고 있다. 이는 면접관에게 좋은 첫인상을 주기 위한 것으로, 지원서에 올리는 증명사진을 이미지 프로그램을 통해 수정하는 이른바 '사이버 성형'이 유행하는 것과 같은 맥락이다. 실제로 외모가 채용 과정에서 영향을 끼치는가에 대한 설문조사에서도 60% 이상의 인사담당자들이 그렇다고 답변했다.

하지만 외모와 첫인상을 절대적인 관계로 이해하는 것은 잘못된 판단이다. 외모가 첫인상에서 많은 부분을 차지하지만, 외모 외에 다른 결점이 발견된다면 그로 인해 장점들이 가려질 수도 있다. 첫인상은 말 그대로 한 번밖에 기회가 주어지지 않으며 몇 초 안에 결정된다. 첫인상을 결정짓는 요소 중 시각적인 요소가 80% 이상을 차지한다. 첫눈에 들어오는 생김새나 복장, 표정 등에 의해서 결정되는 것이다. 면접을 시작할 때 자기소개를 시키는 것도 지원자별로 첫인상을 평가하기 위해서이다. 첫인상이 중요한 이유는 만약 첫인상이 부정적으로 인지될 경우, 지원자의 다른 좋은 면까지 거부당하기 때문이다. 이러한 현상을 심리학에서는 초두효과(Primacy Effect)라고 한다.

이는 먼저 제시된 정보가 추후 알게 된 정보보다 더 강력한 영향을 미치는 현상으로, 앞서 제시된 정보가 나중의 것보다 기억이 더 잘 되고, 인출도 더 잘 된다는 것이다. 예를 들어 첫인상이 착하게 기억되면 나중에 나쁜 행동을 하더라도 순간의 실수로 생각되는 반면, 첫인상이 나쁘다면 착한 행동을 하더라도 그 진위에 의심을 사게 되는 것이다. 이처럼 한 번 형성된 첫인상은 여간해서 바꾸기 힘들다. 따라서 평소에 첫인상을 좋게 만들기 위한 노력을 꾸준히 해야만 한다.

좋은 첫인상이 반드시 외모에만 집중되는 것은 아니다. 오히려 깔끔한 옷차림과 부드러운 표정 그리고 말과 행동 등에 의해 전반적인 이미지가 만들어진다. 누구나 이러한 것 중에 한두 가지 단점을 가지고 있다. 요즈음은 이미지 컨설팅을 통해서 자신의 단점들을 보완하는 지원자도 있다. 특히, 표정이 밝지 않은 지원자는 평소 웃는 연습을 의식적으로 하여 면접을 받는 동안 계속해서 여유 있는 표정을 짓는 것이 중요하다. 성공한 사람들은 인상이 좋다는 것을 명심하자.

1. 면접의 유형

과거 천편일률적인 일대일 면접과 달리 현재는 면접에 다양한 유형이 도입되어 "면접은 이렇게 보는 것이다."라고 말할 수 있는 정해진 유형이 없어졌다. 그러나 대부분의 기업에서 현재까지는 집단 면접과 다대일 면접이 진행되고 있으므로 어느 정도 유형을 파악하여 사전에 대비가 가능하다. 면접의 기본인 단독 면접부터 다대일 면접, 집단 면접, PT 면접 유형과 그 대책에 대해 알아보자.

(1) 단독 면접

단독 면접이란 응시자와 면접관이 일대일로 마주하는 형식을 말한다. 면접위원 한 사람과 응시자 한사람이 마주 앉아 자유로운 화제를 가지고 질의응답을 되풀이하는 방식이다. 이 방식은 면접의 가장 기본적인 방법으로 소요시간은 10~20분 정도가 일반적이다.

① 단독 면접의 장점

필기시험 등으로 판단할 수 없는 성품이나 능력을 알아내는 데 가장 적합하다고 평가받아 온 면접방식으로 응시자 한 사람 한 사람에 대해 여러 면에서 비교적 폭넓게 파악할 수 있다. 응시자의 입장에서는 한 사람의 면접관만을 대하는 것이므로 상대방에게 집중할 수 있으며, 긴장감도 다른 면접방식에 비해서는 적은 편이다.

② 단독 면접의 단점

면접관의 주관이 강하게 작용해 객관성을 저해할 소지가 있으며, 면접 평가표를 활용한다 하더라도 일면적인 평가에 그칠 가능성을 배제할 수 없다. 또한 시간이 많이 소요되는 것도 단점이다.

> **단독 면접 준비 Point**
>
> 단독 면접에 대비하기 위해서는 평소 일대일로 논리 정연하게 대화를 나눌 수 있는 능력을 기르는 것이 중요하다. 그리고 면접장에서는 면접관을 선배나 선생님 혹은 아버지를 대하는 기분으로 면접에 임하는 것이 부담도 훨씬 적고 실력을 발휘할 수 있는 방법이 될 것이다.

(2) 다대일 면접

다대일 면접은 일반적으로 가장 많이 사용되는 면접방법으로 보통 2~5명의 면접관이 1명의 응시자에게 질문하는 형태의 면접방법이다. 면접관이 여러 명이므로 다각도에서 질문을 하여 응시자에 대한 정보를 많이 알아낼 수 있다는 점 때문에 선호하는 면접방법이다.

하지만 응시자의 입장에서는 면접관에 따라 질문도 각양각색이고 동료 응시자가 없으므로 숨 돌릴 틈도 없게 느껴진다. 또한 관찰하는 눈도 많아서 조그만 실수라도 지나치는 법이 없기 때문에 정신적 압박과 긴장감이 높은 면접방법이다. 따라서 응시자는 긴장을 풀고 한 명의 면접관이 질문하더라도 면접관 전원을 향해 대답한다는 기분으로 또박또박 대답하는 자세가 필요하다.

① 다대일 면접의 장점

면접관이 집중적인 질문과 다양한 관찰을 통해 응시자가 과연 조직에 필요한 인물인가를 완벽히 검증할 수 있다.

② 다대일 면접의 단점

면접시간이 보통 10~30분 정도로 긴 편이고 응시자에게 지나친 긴장감을 조성하는 면접방법이다.

다대일 면접 준비 Point

질문을 들을 때 시선은 면접위원을 향하고 다른 데로 돌리지 말아야 하며, 대답할 때에도 고개를 숙이거나 입속에서 우물거리는 소극적인 태도는 피하도록 한다. 면접위원과 대등하다는 마음가짐으로 편안한 태도를 유지하면 대답도 자연스러운 상태에서 좀 더 충실히 할 수 있고, 이에 따라 면접위원이 받는 인상도 달라진다.

(3) 집단 면접

집단 면접은 다수의 면접관이 여러 명의 응시자를 한꺼번에 평가하는 방식으로 짧은 시간에 능률적으로 면접을 진행할 수 있다. 각 응시자에 대한 질문 내용, 질문 횟수, 시간 배분이 똑같지는 않으며, 모두에게 같은 질문이 주어지기도 하고, 각각 다른 질문을 받기도 한다.

또 어떤 응시자가 한 대답에 대한 의견을 묻는 등 그때그때의 분위기나 면접관의 의향에 따라 변수가 많다. 집단 면접은 응시자의 입장에서는 개별 면접에 비해 긴장감은 다소 덜한 반면에 다른 응시자들과 확실하게 비교되므로 응시자는 몸가짐이나 표현력·논리성 등이 결여되지 않도록 자신의 생각이나 의견을 솔직하게 발표하여 집단 속에 묻히거나 밀려나지 않도록 주의해야 한다.

① 집단 면접의 장점

집단 면접의 장점은 면접관이 응시자 한 사람에 대한 관찰시간이 상대적으로 길고, 비교 평가가 가능하기 때문에 결과적으로 평가의 객관성과 신뢰성을 높일 수 있다는 점이며, 응시자는 동료들과 함께 면접을 받기 때문에 긴장감이 다소 덜하다는 것을 들 수 있다. 또한 동료가 답변하는 것을 들으며, 자신의 답변 방식이나 자세를 조정할 수 있다는 것도 큰 이점이다.

② 집단 면접의 단점

응답하는 순서에 따라 응시자마다 유리하고 불리한 점이 있고, 면접위원의 입장에서는 각각의 개인적인 문제를 깊게 다루기가 곤란하다는 것이 단점이다.

집단 면접 준비 Point

너무 자기 과시를 하지 않는 것이 좋다. 대답은 자신이 말하고 싶은 내용을 간단명료하게 말해야 한다. 내용이 없는 발언을 한다거나 대답을 질질 끄는 태도는 좋지 않다. 또 말하는 중에 내용이 주제에서 벗어나거나 자기중심적으로만 말하는 것도 피해야 한다. 집단 면접에 대비하기 위해서는 평소에 설득력을 지닌 자신의 논리력을 계발하는 데 힘써야 하며, 다른 사람 앞에서 자신의 의견을 조리 있게 개진할 수 있는 발표력을 갖추는 데에도 많은 노력을 기울여야 한다.

• 실력에는 큰 차이가 없다는 것을 기억하라.
• 동료 응시자들과 서로 협조하라.
• 답변하지 않을 때의 자세가 중요하다.
• 개성 표현은 좋지만 튀는 것은 위험하다.

---

(4) 집단 토론식 면접

집난 토론식 면접은 집단 면접과 형태는 유사하지만 질의응답이 아니라 응시자들끼리의 토론이 중심이 되는 면접방법으로 최근 들어 급증세를 보이고 있다.

이는 공통의 주제에 대해 다양한 견해들이 개진되고 결론을 도출하는 과정, 즉 토론을 통해 응시자의 다양한 면에 대한 평가가 가능하다는 집단 토론식 면접의 장점이 널리 확산된 데 따른 것으로 보인다.

사실 집단 토론식 면접을 활용하면 주제와 관련된 지식 정도와 이해력, 판단력, 설득력, 협동성은 물론 리더십, 조직 적응력, 적극성과 대인관계 능력 등을 파악하는 것이 용이하다고 한다. 토론식 면접에서는 자신의 의견을 명확히 제시하면서도 상대방의 의견을 경청하는 토론의 기본자세가 필수적이며, 지나친 경쟁심이나 자기 과시욕은 접어두는 것이 좋다.

또한 집단 토론의 목적이 결론을 도출해 나가는 과정에 있다는 것을 감안하여 무리하게 자신의 주장을 관철시키기보다 오히려 토론의 질을 높이는 데 기여하는 것이 좋은 인상을 줄 수 있다는 점을 알아야 한다. 취업 희망자들은 토론식 면접이 급속도로 확산되는 추세임을 감안해 특히 철저한 준비를 해야 한다.

평소에 신문의 사설이나 매스컴 등의 토론 프로그램을 주의 깊게 보면서 논리 전개 방식을 비롯한 토론 과정을 익히도록 하고, 친구들과 함께 간단한 주제를 놓고 토론을 진행해 볼 필요가 있다. 또한 사회 · 시사문제에 대해 자기 나름대로의 관점을 정립해두는 것도 꼭 필요하다.

- 토론은 정답이 없다는 것을 명심한다.
- 내 주장을 강조하지 않는다.
- 남이 말할 때 끼어들지 않는다.
- 필기구를 준비하여 메모하면서 면접에 임한다.
- 주제에 자신이 없다면 첫 번째 발언자가 되지 않는다.
- 자신의 입장을 먼저 밝힌다.
- 상대측의 사소한 발언에 집착하지 않고 전체적인 의미에 초점을 놓치지 않아야 한다.
- 남의 의견을 경청한다.
- 예상 밖의 반론에 당황스럽다 하더라도 유연함을 잃지 않아야 한다.

(5) PT 면접

PT 면접, 즉 프레젠테이션 면접은 최근 들어 집단 토론 면접과 더불어 그 활용도가 점차 커지고 있다. PT 면접은 기업마다 특성이 다르고 인재상이 다른 만큼 인성 면접만으로는 알 수 없는 지원자의 문제해결 능력, 전문성, 창의성, 기본 실무능력, 논리성 등을 관찰하는 데 중점을 두는 면접으로, 지원자 간의 변별력이 높아 대부분의 기업에서 적용하고 있으며, 확산하는 추세이다.

면접 시간은 기업별로 차이가 있지만, 전문지식, 시사성 관련 주제를 제시한 다음 보통 20~50분 정도 준비하여 5분가량 발표할 시간을 준다. 단순히 질의응답으로 이루어지는 것이 아니라 면접관은 주제에 대해 일정 시간 동안 지원자의 발언과 발표하는 모습 등을 관찰하게 된다. 정확한 답이나 지식보다는 논리적 사고와 의사표현력이 더 중시되기 때문에 자신의 생각을 어떻게 설명하느냐가 매우 중요하다.

PT 면접에서 같은 주제라도 직무별로 평가요소가 달리 나타난다. 예를 들어, 영업직은 설득력과 의사소통 능력에 중점을 둘 수 있겠고, 관리직은 신뢰성과 창의성 등을 더 중요하게 평가한다.

PT 면접 준비 Point

- 면접관의 관심과 주의를 집중시키고, 발표 태도에 유의한다.
- 모의 면접이나 거울 면접으로 미리 점검한다.
- PT 내용은 세 가지 정도로 정리해서 말한다.
- PT 내용에는 자신의 생각이 담겨 있어야 한다.
- PT 중간에 자문자답 방식을 활용한다.
- 평소 지원하는 업계의 동향이나 직무에 대한 전문지식을 쌓아둔다.
- 부적절한 용어 사용이나 무리한 주장 등은 하지 않는다.

2. 면접의 실전 대책

(1) 면접 대비사항

① 지원 회사에 대한 사전지식을 충분히 갖는다.

필기시험 또는 서류전형의 합격통지가 온 후 면접시험 날짜가 정해지는 것이 보통이다. 이때 지원자는 면접시험을 대비해 사전에 본인이 지원한 계열사 또는 부서에 대해 폭넓은 지식을 가질 필요가 있다.

지원 회사에 대해 알아두어야 할 사항

- 회사의 연혁
- 회장 또는 사장의 이름, 그의 출신학교, 그의 관심사
- 회장 또는 사장이 요구하는 신입사원의 인재상
- 회사의 사훈, 사시, 경영이념, 창업정신
- 회사의 대표적 상품, 특색
- 업종별 계열회사의 수
- 해외지사의 수와 그 위치
- 신 개발품에 대한 기획 여부
- 자신이 생각하는 회사의 장단점
- 회사의 잠재적 능력개발에 대한 제언

② 충분한 수면을 취한다.

충분한 수면으로 안정감을 유지하고 첫 출발의 신선한 마음가짐을 갖는다.

③ 얼굴을 생기있게 한다.

첫인상은 면접에 있어서 가장 결정적인 당락요인이다. 면접관들은 생기있는 얼굴과 눈동자가 살아있는 사람, 즉 기가 살아있는 사람을 선호한다.

④ 아침에 인터넷에 의한 정보나 신문을 읽는다.

그날의 뉴스가 질문 대상에 오를 수가 있다. 특히 경제면, 정치면, 문화면 등을 유의해서 보아 둘 필요가 있다.

출발 전 확인할 사항

이력서, 자기소개서, 지갑, 신분증(주민등록증), 손수건, 휴지, 필기도구, 잔돈 등을 준비하자.

(2) 면접 시 옷차림

면접에서 옷차림은 간결하고 단정한 느낌을 주는 것이 가장 중요하다. 색상과 디자인면에서 지나치게 화려한 색상이나, 노출이 심한 디자인은 자칫 면접관의 눈살을 찌푸리게 할 수 있다. 단정한 차림을 유지하면서 자신만의 독특한 멋을 연출하는 것, 지원하는 회사의 분위기를 파악했다는 센스를 보여주는 것 등이 면접 복장의 포인트다.

> **복장 점검**
>
> • 구두는 잘 닦여 있는가?
> • 옷은 깨끗이 다려져 있으며 스커트 길이는 적당한가?
> • 손톱은 길지 않고 깨끗한가?
> • 머리는 흐트러짐 없이 단정한가?

(3) 면접요령

① 첫인상을 중요시한다.

상대에게 인상을 좋게 주지 않으면 어떠한 이야기를 해도 이쪽의 기분이 충분히 전달되지 않을 수 있다. 예를 들면 '저 친구는 표정이 없고 무엇을 생각하고 있는지 전혀 알 길이 없다.'라고 생각하게 만들면 최악의 상태다. 청결한 복장과 바른 자세로 면접장에 침착하게 들어가 건강하고 신선한 이미지를 주도록 한다.

② 좋은 표정을 짓는다.

이야기할 때의 표정은 중요한 사항 중 하나다. 거울 앞에서는 웃는 얼굴의 연습을 해본다. 웃는 얼굴은 상대를 편안하게 만들고 특히 면접 등 긴박한 분위기에서는 큰 효과를 나타낼 것이다. 그렇다고 하여 항상 웃고만 있어서는 안 된다. 본인이 할 이야기를 진정으로 전하고 싶을 때는 진지한 표정으로 상대의 눈을 바라보며 이야기한다.

③ 결론부터 이야기한다.

본인의 의사나 생각을 상대에게 정확하게 전달하기 위해서는 먼저 무엇을 말하고자 하는가를 명확히 결정해 두어야 한다. 대답을 할 경우에는 결론을 먼저 이야기하고 나서 그에 따르는 설명과 이유를 나중에 덧붙이면 논지(論旨)가 명확해지고 이야기가 깔끔하게 정리된다. 보통 한 가지 사실을 이야기하거나 설명하는 데는 3분이면 충분하다. 복잡한 이야기도 어느 정도의 길이로 요약해서 이야기하면 상대도 이해하기 쉽고 자기도 정리할 수 있다. 긴 이야기는 오히려 상대를 불쾌하게 할 수가 있다.

④ 질문의 요지를 파악한다.

면접 때의 이야기는 간결성만으로 부족하다. 상대의 질문이나 이야기에 대해 적절하고 필요한 대답을 하지 않으면 대화는 끊어지고 자기의 생각도 제대로 표현하지 못한다. 이는 면접관이 지원자의 인품이나 사고방식 등을 명확히 파악할 수 없도록 만들게 된다. 면접에서는 면접관이 무엇을 묻고 있는지, 무슨 이야기를 하고 있는지 그 요점을 정확히 알아내야 한다.

(4) 면접 시 주의사항

① 지각은 있을 수 없다.

면접 당일에 시간을 맞추지 못하여 지각하는 것은 있을 수 없는 일이다. 약속을 못 지키는 사람은 좋은 평가를 받을 수 없다. 면접 당일에는 지정시간 10~20분쯤 전에 미리 면접장에 도착해 마음을 가라앉히고 준비해야 한다.

② 손가락을 움직이지 마라.

면접 시에 손가락을 까딱거리거나 만지작거리는 행동은 유난히 눈에 띌 뿐만 아니라 면접관의 눈에 거슬리기 마련이다. 다리를 떠는 행동은 말할 것도 없다. 불안정하거나 산만하다는 느낌을 줄 수 있으므로 주의할 필요가 있다.

③ 옷매무새를 자주 고치지 마라.

외모에 너무 신경 쓴 나머지 머리를 계속 쓸어 올리거나, 깃과 치마 끝을 만지작거리지 않도록 한다. 인사담당자의 말에 의하면 이런 사람이 의외로 많다고 한다. 집중을 하지 못하고 어수선한 사람처럼 보일 수 있으니 이러한 행동을 삼가도록 한다.

④ 적당한 목소리 톤으로 말해라.

면접관과의 거리가 어느 정도 떨어져 있기 때문에 작은 소리로 웅얼거리는 것은 좋지 않다. 그러나 너무 큰 소리로 소리를 질러가며 말하는 사람은 오히려 거북스럽게 느껴진다.

⑤ 성의 있는 응답 자세를 보여라.

질문에 대해 너무 "예, 아니요"로만 답변하면 성의 없다는 인상을 심어주게 된다. 따라서 설명을 덧붙일 수 있는 질문에 대해서는 지루하지 않을 만큼의 설명을 붙인다.

⑥ 구두를 깨끗이 닦는다.

앉아있는 사람의 구두는 면접관의 위치에서 보면 눈에 잘 띈다. 그러나 의외로 구두에 대해 신경써서 미리 깨끗이 닦아둔 사람은 드물다. 면접 전날 반드시 구두를 깨끗이 닦아준다.

⑦ 지나친 화장은 피한다.

지나치게 짙은 화장은 거부감을 불러일으킬 수 있다. 또한 머리도 단정히 정리해서 이마가 가급적이면 드러나 보이게 하는 것이 좋다. 여기저기 흘러나온 머리는 지저분하고 답답한 느낌을 준다. 지나친 액세서리도 금물이다.

⑧ 기타 사항

㉠ 앉으라고 할 때까지 앉지 마라. 의자로 재빠르게 다가와 앉으면 무례한 사람처럼 보이기 쉽다.

㉡ 응답 시 너무 말을 꾸미지 마라.

㉢ 질문이 떨어지자마자 답변을 외운 것처럼 바쁘게 대답하지 마라.

㉣ 혹시 잘못 대답하였다고 해서 혀를 내밀거나 머리를 긁지 마라.

㉤ 머리카락에 손대지 마라. 정서불안으로 보이기 쉽다.

㉥ 면접실에 다른 지원자가 들어올 때 절대로 일어서지 마라.

㉦ 동종업계나 라이벌 회사에 대해 비난하지 마라.

㉧ 면접관 책상에 있는 서류를 보지 마라.

ⓩ 농담을 하지 마라. 쾌활한 것은 좋지만 지나치게 경망스러운 태도는 취업에 대한 의지가 부족하게 보인다.

ⓐ 질문에 대해 대답할 말이 생각나지 않는다고 천장을 쳐다보거나 고개를 푹 숙이고 바닥을 내려다보지 마라.

㉠ 면접관이 서류를 검토하는 동안 말하지 마라.

㉤ 과장이나 허세로 면접관을 압도하려 하지 마라.

㉥ 최종 결정이 이루어지기 전까지 급여에 대해 언급하지 마라.

ⓗ 은연중에 연고를 과시하지 마라.

면접 전 마지막 체크 사항

- 기업이나 단체의 소재지(본사 · 지사 · 공장 등)를 정확히 알고 있다.
- 기업이나 단체의 정식 명칭(Full Name)을 알고 있다.
- 약속된 면접시간 10분 전에 도착하도록 스케줄을 짤 수 있다.
- 면접실에 들어가서 공손히 인사한 후 또렷한 목소리로 자기 수험번호와 성명을 말할 수 있다.
- 앉으라고 할 때까지는 의자에 앉지 않는다는 것을 알고 있다.
- 자신에 대해 3분간 이야기할 수 있는 준비가 되어 있다.
- 자신의 긍정적인 면을 상대방에게 바르게 전달할 수 있다.

02 | 두산그룹 실제 면접

두산에서 요구하는 인재는 능력과 의사를 가지고 이를 실천하며 자신의 능력을 끊임없이 향상시키고자 노력하는 모든 구성원을 의미한다. 두산은 이에 적합한 인재를 선발하기 위하여 두산만의 면접 방식을 사용하고 있다.

(1) 1차 면접(SI 및 DISE 면접)

① SI 면접
각 계열사의 실무진으로 구성된 구조화 면접이며 지원자의 역량보유 정도를 평가한다. 면접을 준비하기 위해서는 현재까지 어떻게 살아왔는지, 무엇을 했었는지 등을 곰곰이 되돌아보면서 본인의 에피소드를 정리 해 두는 것이 좋다.
- ㉠ 면접위원 : 3명
- ㉡ 면접시간 : 인성 면접(40분), 상황판단능력평가(6분), 질의응답(4분)
- ㉢ 면접형태 : 다대일

② DISE 면접
두산 그룹의 PT 면접으로 두꺼운 자료집 한 권을 나눠준 뒤 이 자료를 바탕으로 1시간가량 발표를 준비하여 진행된다.
- ㉠ 면접위원 : 2명
- ㉡ 면접시간 : 역량 면접(1시간)

1차 면접 기출 질문
- 끈기 있게 무언가를 노력한 경험이 있는가?
- 누군가를 배려한 경험이 있는지 말해 보시오.
- 두산의 장·단점을 말해 보시오.
- 회사에 대해 아는 정보를 모두 말해 보시오.
- 품질이란 무엇이라고 생각하는가?
- 자신의 역량보다 높은 목표를 설정하고 수행한 경험을 말해 보시오.
- 본인과 팀원의 의견이 서로 다를 때 어떻게 하겠는가?
- 윤리적으로 꼭 지키는 본인의 원칙이 있는가?
- 규칙을 어긴 경험이 있는가?
- 협업을 통해 좋은 성과를 이룬 경험이 있으면 말해 보시오.
- 자신의 의도와 상관없이 주변 환경이 바뀐 경험이 있는가?
- 단기적인 계획에 대해 검토하는 방법이 있는가?

- 지금까지 살면서 문제 상황을 창의적으로 해결한 적이 있는가? 그때의 상황을 구체적으로 말해 보시오.
- 본인이 가장 힘들었던 경험과 그것을 어떻게 극복했는지 말해 보시오.
- 케비테이션이란 무엇인가?
- 레이놀드수란 무엇인가?
- 자신이 가장 열정적으로 임했던 일에 대해서 말해 보시오. 열정적으로 임한 이유는 무엇인가?
- 본인 스스로 대인관계가 어떻다고 생각하는가? 그렇게 생각하는 근거는 무엇인가?
- 타인을 도와준 경험이 있는가?
- 졸업 학점에 대해 어떻게 생각하는가?
- 응력이란 무엇인가?
- 아르바이트를 해본 적이 있는가? 아르바이트 중 인상적이었던 일을 말해 보시오.
- 리더로 활동할 때와 리더를 따라 활동할 때 차이점은 무엇이라 생각하는가?
- 창의적인 경험이 있다면 어떤 것이 있는가?
- 안전계수란 무엇인가?
- 아르바이트를 해 본 경험이 있는가? 있다면 어떤 것을 해 보았는가?
- 달성하기 힘든 목표를 가지고 도전했던 경험이 있는가? 결과적으로 그 목표를 달성했는가?
- 팀 프로젝트 중 갈등을 겪어본 적이 있는가? 그 갈등을 어떻게 해결했는가?
- 본인이 진행했던 프로젝트 중 가장 기억에 남는 것은 무엇인가? 그 프로젝트를 통해 배운 것은 무엇이며, 어떤 시행착오를 겪었고, 어떻게 해결해 나갔는가?
- 환상의 팀워크를 이루었던 경험이 있는가?
- 자기계발을 위해 지금까지 어떤 노력을 해왔는가?
- 열역학 1~3법칙에 대해 말해 보시오.
- 보일-샤를의 법칙에 대해 말해 보시오.
- 과거에 의지와 상관없이 한 일은 어떠한 것이 있는가?
- 공부 이외에 했던 교외활동을 말해 보시오.
- 리스크관리를 어떻게 할 것인가?
- Creep에 대해 말해 보시오.
- 동료가 노조가입을 권유한다면 어떻게 할 것인가?
- 캐드(CAD)를 다룰 줄 아는가?
- 리더로 활동해 본 경험이 있는가?
- 하루에 팔리는 소주의 양은 얼마나 되겠는가?
- 응력-변형 선도에 대해 말해 보시오.
- 지원 분야와 전공과의 연관성에 대해 말해 보시오.
- 창의력을 발휘했던 경험을 말해 보시오.
- 자신이 CEO라면 회사를 어떻게 이끌 것인가?
- 변화를 주도한 경험을 말해 보시오.
- 디자인이란 무엇이라 생각하는가?
- 베르누이의 정리에 대해 말해 보시오.
- 자신의 한계를 극복한 경험에 대해 말해 보시오.
- 환경이 크게 변했을 때 어떻게 적응하는지 말해 보시오.
- Arm에 설계 시 고려해야 하는 것은 무엇인가?

(2) 2차 면접(임원 면접)

① 면접위원 : 3명

② 면접형태 : 다대다

2차 면접 기출 질문

- 전공은 스스로 결정했는가? 아니면 결정에 영향을 끼친 사람은 누구인가?
- 자신의 장점과 단점을 한 가지씩 말해 보시오.
- 본인이 회사를 선택할 때 우선시하는 것은 어떤 것인가?
- 두산에 지원한 이유가 무엇인가?
- 자신을 평가한다면 어떤 유형의 리더라고 생각하는가?
- 회사의 경영자가 된다면 가장 먼저 무엇을 하겠는가?
- 회사에 입사한다면 어떤 부분에 기여할 수 있다고 생각하는가?
- 직업 선택 기준은 무엇인가?
- 지원동기를 말해 보시오.
- 창원 근무도 괜찮은가?
- 다른 회사에 지원했는가? 어떤 곳이 있는가?
- 기업의 기본적인 목적은 무엇이라고 생각하는가?
- (이력서 · 자소서 관련 질문) 해외에서 한 경험에 대해 말해보고, 그 경험을 통해 무엇을 배웠는가?
- 지금까지 리더를 했던 경험이 있는가?
- 지원한 직무에 본인이 적합하다고 생각하는가?
- 지방근무도 가능한가?
- 두산에 지원한 이유는 무엇인가?
- 부모님의 직업은 무엇인가?
- 영어 성적이 낮은 이유는 무엇인가?
- 자신이 남들과 다르다고 생각하는 것을 말해 보시오.
- 자신의 장단점을 말해 보시오.
- 학교생활은 어떠했는지 말해 보시오.

앞선 정보 제공! 도서 업데이트

언제, 왜 업데이트될까?

도서의 학습 효율을 높이기 위해 자료를 추가로 제공할 때!
공기업 · 대기업 필기시험에 변동사항 발생 시 정보 공유를 위해!
공기업 · 대기업 채용 및 시험 관련 중요 이슈가 생겼을 때!

01 시대에듀 도서
www.sdedu.co.kr/book
홈페이지 접속

02 상단 카테고리
「도서업데이트」
클릭

03 해당
기업명으로
검색

참고자료, 시험 개정사항 등 정보 제공으로 학습효율을 높여 드립니다.

시대에듀

대기업 인적성검사 시리즈

신뢰와 책임의 마음으로 수험생 여러분에게 다가갑니다.

2025
최신판

판매량
1위
YES24 두산그룹
부문

DCAT
두산그룹
온라인 종합적성검사

정답 및 해설

최신기출유형+모의고사 4회
+무료두산특강

형분석 및 모의고사로
최종합격까지

한 권으로
마무리!

SDC
SDC는 시대에듀 데이터 센터의 약자로
약 30만 개의 NCS·적성 문제 데이터를
바탕으로 최신 출제경향을 반영하여
문제를 출제합니다.

시대에듀

PART 1

6개년 기출복원문제

끝까지 책임진다! 시대에듀!

QR코드를 통해 도서 출간 이후 발견된 오류나 개정법령, 변경된 시험 정보, 최신기출문제, 도서 업데이트 자료 등이 있는지 확인해 보세요! **시대에듀 합격 스마트 앱**을 통해서도 알려 드리고 있으니 구글 플레이나 앱 스토어 에서 다운받아 사용하세요. 또한, 파본 도서인 경우에는 구입하신 곳에서 교환해 드립니다.

01 | 2024년 기출복원문제

01 언어논리

01	02	03	04	05	06	07	08	09	10
②	④	⑤	③	⑤	③	②	⑤	④	②

11	12
①	②

01　　　　정답 ②

주어진 조건에 따라 월~금의 평균 낮 기온을 정리하면 다음과 같다.

월	화	수	목	금	평균
25도	26도	23도		25도	25도

이번 주 월~금요일의 평균 낮 기온은 25도이므로 목요일의 낮 기온을 x도라고 하면, 다음과 같은 식이 성립한다.

$$\frac{25+26+23+25+x}{5}=25$$

$$\therefore x=25\times5-99=26$$

따라서 목요일의 낮 기온은 평균 26도로 예상할 수 있다.

02　　　　정답 ④

지원자 4의 진술이 거짓이면 지원자 5의 진술도 거짓이고, 지원자 4의 진술이 참이면 지원자 5의 진술도 참이다. 문제에서 1명의 진술만 거짓이므로 지원자 4, 5의 진술은 참이다. 이에 따라 지원자 5는 D부서에 선발되므로, 지원자 2 또는 3이 A부서에 선발되었다고 동일하게 진술하는 지원자 1과 지원자 2의 진술이 모순이다.

ⅰ) 지원자 1의 진술이 거짓인 경우
　　지원자 3은 A부서에 선발이 되었고, 지원자 2는 B 또는 C부서에 선발되었다. 이때, 지원자 3의 진술에 따라 지원자 4가 B부서, 지원자 2가 C부서에 선발되었다.
　　∴ A부서 : 지원자 3, B부서 : 지원자 4, C부서 : 지원자 2, D부서 : 지원자 5

ⅱ) 지원자 2의 진술이 거짓인 경우
　　지원자 2는 A부서에 선발이 되었고, 지원자 3은 B 또는 C부서에 선발되었다. 이때, 지원자 3의 진술에 따라 지원자 4가 B부서, 지원자 3이 C부서에 선발되었다.
　　∴ A부서 : 지원자 2, B부서 : 지원자 4, C부서 : 지원자 3, D부서 : 지원자 5

따라서 지원자 4는 항상 B부서에 선발된다.

03　　　　정답 ⑤

A와 B의 진술은 모순된다. 문제에서 1명이 거짓말을 한다고 하였으므로, A와 B 중 1명이 거짓말을 하였다.

ⅰ) A가 거짓말을 했을 경우

1층	2층	3층	4층	5층
C	D	B	A	E

ⅱ) B가 거짓말을 했을 경우

1층	2층	3층	4층	5층
B	D	C	A	E

따라서 두 경우를 고려했을 때, A는 항상 D보다 높은 층에서 내린다.

04　　　　정답 ③

a는 'A가 외근을 나감', b는 'B가 외근을 나감', c는 'C가 외근을 나감', d는 'D가 외근을 나감', e는 'E가 외근을 나감'이라고 할 때, 네 번째 명제와 다섯 번째 명제의 대우인 $b \rightarrow c$, $c \rightarrow d$에 따라 $a \rightarrow b \rightarrow c \rightarrow d \rightarrow e$가 성립한다.

따라서 'A가 외근을 나가면 E도 외근을 나간다.'는 항상 참이 된다.

05　　　　정답 ⑤

월요일부터 토요일까지 각 팀의 회의 진행 횟수가 같으므로 6일 동안 6개 팀은 각각 두 번씩 회의를 진행해야 한다. 주어진 조건에 따라 A~F팀의 회의 진행 요일을 정리하면 다음과 같다.

월	화	수	목	금	토
C, B	D, B	C, E / D, E	A, F	A, F	D, E / C, E

따라서 F팀은 목요일과 금요일에 회의를 진행한다.

오답분석
① E팀은 수요일과 토요일에 모두 회의를 진행한다.
② 화요일에 회의를 진행한 팀은 B팀과 D팀이다.
③ C팀과 E팀은 수요일과 토요일 중 하루는 함께 회의를 진행한다.
④ C팀은 월요일에 한 번 회의를 진행하였고, 수요일 또는 토요일 중 하루만 회의를 진행한다.

06　　정답 ③

제시된 조건에 따르면, 1층에는 남성인 주임을 배정해야 하므로 C주임이 배정된다. 그러면 3층에 배정 가능한 직원은 남성인 B사원 또는 E대리이다. 먼저 3층에 B사원을 배정하는 경우, 5층에는 A사원이 배정된다. 그리고 D주임은 2층에, E대리는 이보다 위층인 4층에 배정된다. 다음으로 3층에 E대리를 배정하는 경우, 5층에 A사원이 배정되면 4층에 B사원이 배정되고, 5층에 B사원이 배정되면 4층에 A사원이 배정된다. 그리고 D주임은 항상 E대리보다 아래층인 2층에 배정된다. 이를 정리하면 다음과 같다.

층수	경우 1	경우 2	경우 3
5층	A사원	A사원	B사원
4층	E대리	B사원	A사원
3층	B사원	E대리	E대리
2층	D주임	D주임	D주임
1층	C주임	C주임	C주임

따라서 5층에 A사원이 배정되더라도, 4층에는 B사원이 아닌 E대리가 배정될 수도 있다.

오답분석
① D주임은 항상 2층에 배정된다.
② C주임은 항상 1층에 배정된다.
④ · ⑤ 5층에 B사원이 배정되면 3층에는 E대리, 4층에는 A사원이 배정된다.

07　　정답 ②

수직 계열화에서 사용자 중심으로 산업 패러다임이 변화되고 있음을 제시하는 (나) 문단이 가장 먼저 오는 것이 적절하며, 그 다음으로 가스 경보기를 예로 들어 수평적 연결에 대해 설명하는 (다) 문단이 적절하다. 그 뒤를 이어 이러한 수

평적 연결이 사물인터넷 서비스로 새롭게 성장한다는 (가) 문단이, 마지막으로는 다양해지는 사물인터넷 서비스에 대해 설명하는 (라) 문단 순으로 나열하는 것이 가장 적절하다.

08　　정답 ⑤

모듈러 로봇은 외부 자극에 대한 반응이 제대로 작동되지 않는 부분을 다른 모듈로 교체하거나 제거하는 작업을 스스로 진행하여 치유할 수 있는 것이 특징이다.

09　　정답 ④

제시문의 첫 문단에서 '장애인 편의 시설에 대한 새로운 시각'이 필요하다고 밝히고, 장애인 편의 시설이 '우리 모두에게 유용함'을 강조했으며, 마지막 문단에서 보편적 디자인의 시각으로 바라볼 때 '장애인 편의 시설은 우리 모두에게 편리하고 안전한 시설로 인식될 것'이라고 하였다. 따라서 제시문의 주제로 ④가 가장 적절하다.

10　　정답 ②

제시문의 요지, 즉 핵심은 ②로 볼 수 있다. ① · ③ · ④는 ②의 주장을 드러내기 위해 현재의 상황을 서술한 내용이며, ⑤는 제시문의 내용으로 적절하지 않다.

11　　정답 ①

제시문에 따르면 최근 수면장애 환자의 급격한 증가를 통해 한국인의 수면의 질이 낮아지고 있음을 알 수 있다. 또한 현재 한국인의 짧은 수면시간도 문제지만, 수면의 질 저하도 심각한 문제가 되고 있다.

오답분석
② 40 · 50대 중 · 장년층 수면장애 환자는 전체의 36.6%로 가장 큰 비중을 차지한다.
③ 다른 국가에 비해 근무 시간이 많아 수면시간이 짧은 것일 뿐, 수면시간이 근무 시간보다 짧은지는 알 수 없다.
④ 수면장애 환자는 여성이 42만 7,000명으로 29만 1,000명의 남성보다 1.5배 정도 더 많다.
⑤ 폐경기 여성의 경우 여성호르몬인 에스트로겐이 줄어들면서 아세틸콜린 신경전달 물질의 분비가 저하됨에 따라 여러 형태의 불면증이 동반된다. 즉, 에스트로겐의 증가가 아닌 감소가 불면증에 영향을 미친다.

12

정답 ②

마지막 문단에 따르면 우리 눈은 원추세포를 통해 밝은 곳에서의 노란색 빛을 인식하고, 어두운 곳에서는 막대세포를 통해 초록색 물체를 더 민감하게 인식한다. 따라서 밝은 곳에서 눈에 잘 띄던 노란색 경고 표지판은 날이 어두워지면 무용지물이 될 수도 있으므로 어두운 터널 내에는 초록색의 경고 표지판을 설치하는 것이 더 효과적일 것이다.

오답분석

① 우리 눈에는 파장이 500나노미터 부근인 노란 빛에 민감한 원추세포의 수가 많지 않아 어두운 곳보다 밝은 곳에서 인식 기능이 발휘된다. 따라서 밝은 곳에서 눈에 잘 띄는 노란색이나 붉은색으로 경고나 위험 상황을 나타내는 것은 막대세포가 아닌 원추세포의 수와 관련이 있다.

③ 원추세포는 노란빛에 민감하며, 초록빛에 민감한 세포는 막대세포이다.

④ 막대세포의 로돕신은 빛을 받으면 분해되어 시신경을 자극하고, 이 자극이 대뇌에 전달되어 초록색 빛을 민감하게 인식하지만, 색을 인식하지는 못한다.

⑤ 눈조리개의 초점 부근 좁은 영역에 주로 분포되어 있는 세포는 원뿔 모양의 원추세포이다.

---

02 언어표현

01	02	03	04	05	06	07	08	09	10
③	③	③	④	①	②	①	④	②	⑤

01

정답 ③

제시문과 ③의 '벗어나다'는 '어려운 일이나 처지에서 헤어나다.'는 의미이다.

오답분석

① 규범이나 이치, 체계 따위에 어긋나다.

② 남의 눈에 들지 못하다.

④ 신분 따위를 면하다.

⑤ 공간적 범위나 경계 밖으로 빠져나오다.

02

정답 ③

㉠ 막다 — 허용하다(용인하다)

㉡ 막다 — 발생시키다(야기하다)

㉢ 막다 — 개방하다

03

정답 ③

'붙게 하다'란 뜻을 의미하므로 '붙였다'로 써야 한다.

- 부치다 : 편지 · 물건 등을 상대에게로 보내다, 힘이 미치지 못하다.
- 붙이다 : 붙게 하다, 이름을 가지게 하다, 조건 · 이유 · 구실 따위가 따르다.

04

정답 ④

의존 명사는 반드시 관형어가 있어야 문장에 쓰일 수 있는 명사이지만, 다른 명사들과 마찬가지로 독립된 어절로 띄어쓰기를 해야 한다.

오답분석

① '지'는 '어떤 일이 있었던 때로부터 지금까지의 동안'을 나타내는 의존 명사이므로 띄어 쓴다.

② '-ㄴ데다가'는 '동시 연발'을 나타내는 어미이므로 붙여 쓴다.

③ '뿐'은 '다만 어떠하거나 어찌할 따름'이란 뜻의 의존 명사이므로 띄어 쓴다.

⑤ '커녕'은 '어떤 사실을 부정하는 것은 물론 그보다 덜하거나 못한 것까지 부정함'을 뜻하는 보조사이므로 붙여 쓴다.

05 정답 ①

- 십벌지목(十伐之木): '열 번 찍어 아니 넘어가는 나무가 없다.'는 뜻으로 어떤 어려운 일이라도 여러 번 계속(繼續)하여 끊임없이 노력하면 기어이 이루어 내고야 만다는 말
- 반복무상(反覆無常) : 언행이 이랬다저랬다 하며 일정하지 않거나 일정한 주장이 없음을 이르는 말

오답분석

② 마부작침(磨斧作針) : '도끼를 갈아 바늘을 만든다.'는 뜻으로, 아무리 어려운 일이라도 끈기 있게 노력하면 이룰 수 있음을 비유하는 말

③ 우공이산(愚公移山) : '우공이 산을 옮긴다.'는 말로, 남이 보기엔 어리석은 일처럼 보이지만 한 가지 일을 끝까지 밀고 나가면 언젠가는 목적을 달성할 수 있다는 말

④ 적진성산(積塵成山) : 티끌 모아 태산을 뜻하는 말

⑤ 철저성침(鐵杵成針) : '철 절굿공이로 바늘을 만든다.'는 뜻으로, 아주 오래 노력하면 성공한다는 말

06 정답 ②

'마음에 들 만하지 아니하다.'는 의미를 가진 어휘는 '마뜩잖다'이다.

- 마뜩찮게 → 마뜩잖게

오답분석

① 가무잡잡하다 : 약간 짙게 가무스름하다.

③ 불그스름하다 : 조금 붉다.

④ 괘념하다 : 마음에 두고 걱정하거나 잊지 아니하다.

⑤ 흐리멍덩하다 : 정신이 맑지 못하고 흐리다.

07 정답 ①

- 유례 : 같거나 비슷한 예
- 유래 : 사물이나 일이 생겨남. 또는 그 사물이나 일이 생겨난 바
- 공약 : 정부, 정당, 입후보자 등이 어떤 일에 대하여 국민에게 실행할 것을 약속함. 또는 그런 약속
- 공략 : 적극적인 자세로 나서 어떤 영역 따위를 차지하거나 어떤 사람 등을 자기편으로 만듦을 비유적으로 이르는 말

08 정답 ④

빈칸 ㉠에는 앞뒤 문장의 내용이 반대이기 때문에 '그러나'가 적절하고, 빈칸 ㉡에는 앞 문장의 예가 뒤 문장에 제시되고 있기 때문에 '예컨대'가 적절하다.

09 정답 ②

용해는 '물질이 액체 속에서 균일하게 녹아 용액이 만들어지는 현상'이고, 융해는 '고체에 열을 가했을 때 액체로 되는 현상'을 의미한다. 따라서 글의 맥락상 '용해되지'가 적절하다.

10 정답 ⑤

㉤은 결론 부분이므로 '소비자 권익 증진'이라는 문제에 대한 해결책을 포괄적으로 드러내야 한다. 그러나 ㉤의 '소비자 의식 함양'은 '3'의 (2)에서 다룰 수 있는 대책에 불과하다. 따라서 앞에서 논의된 대책을 모두 포괄할 수 있도록 ⑤와 같이 수정하는 것이 적절하다.

오답분석

① ㉠에서 '(1) 실태'는 소비자 권익 침해의 실태를 말한다. 그러나 '소비자 상품 선호도의 변화'는 '소비자 권익 침해 실태'와 관련이 없다.

② ㉡은 '2 - (1) 실태 - ㉮'의 원인에 해당하며 실태와 원인을 관련 지어 설명하는 것이 바람직하므로 ㉡을 생략하는 것은 적절하지 않다.

③ ㉢은 '(2) - ㉯'를 해소하기 위한 대책으로 적절하며 '사업자 간 경쟁의 규제'는 오히려 '소비자 권익 증진'이라는 주제를 저해한다.

④ '3 - (3)'은 '2 - (2) - ㉰'라는 원인을 해결할 수 있는 대책으로 적절하며, ㉣을 '소비자 피해 실태 조사를 위한 기구 설치'로 바꾸면 하위 항목인 ㉮와 ㉯를 포괄하지 못하게 된다.

01	02	03	04	05	06	07	08	09	10
②	③	②	②	①	②	③	④	③	①

01

정답 ②

탁구공 12개 중에서 4개를 꺼내는 경우의 수는 $_{12}C_4 = \dfrac{12 \times 11 \times 10 \times 9}{4 \times 3 \times 2 \times 1} = 495$가지이다.

흰색 탁구공이 노란색 탁구공보다 많은 경우는 흰색 탁구공 3개, 노란색 탁구공 1개 또는 흰색 탁구공 4개를 꺼내는 경우이다.

- 흰색 탁구공 3개, 노란색 탁구공 1개를 꺼내는 경우의 수 : $_7C_3 \times _5C_1 = 35 \times 5 = 175$가지
- 흰색 탁구공 4개를 꺼내는 경우의 수 : $_7C_4 = 35$가지

따라서 구하고자 하는 확률은 $\dfrac{175 + 35}{495} = \dfrac{210}{495} = \dfrac{14}{33}$이다.

02

정답 ③

10명의 학생들 중 2명의 임원을 뽑고 남은 학생들 중 2명의 주번을 뽑는 경우의 수는 다음과 같다.

$_{10}C_2 \times _8C_2 = \dfrac{10 \times 9}{2 \times 1} \times \dfrac{8 \times 7}{2 \times 1} = 1,260$가지

따라서 구하고자 하는 경우의 수는 1,260가지이다.

03

정답 ②

두 소금물을 합하면 소금물의 양은 800g이 된다.

이 소금물을 농도 10% 이상인 소금물로 만들기 위한 물의 증발량을 xg이라고 하면 다음 식이 성립된다.

$\dfrac{(300 \times 0.07) + (500 \times 0.08)}{800 - x} \times 100 \geq 10$

$\rightarrow (21 + 40) \times 10 \geq 800 - x$

$\rightarrow x \geq 800 - 610$

$\therefore x \geq 190$

따라서 800g인 소금물에서 최소 190g 이상의 물을 증발시켜야 농도 10% 이상인 소금물을 얻을 수 있다.

04

정답 ②

경림이와 소정이가 $2\dfrac{1}{3}$시간 걸어갔을 때 둘 사이의 거리가 24.5km가 되었으므로, 경림이의 걸음 속도를 구하는 식은 다음과 같다.

$(6 + x) \times 2\dfrac{1}{3} = 24.5$

$\rightarrow \dfrac{7}{3}x = 10.5$

$\therefore x = 4.5$

따라서 경림이의 걸음 속도는 4.5km/h이다.

05

상품의 원가를 x원이라 하면 처음 판매가격은 $1.23x$원이다.

여기서 1,300원을 할인하여 판매했을 때 얻은 이익은 원가의 10%이므로 다음과 같은 식이 성립한다.

$(1.23x-1,300)-x=0.1x$

$\rightarrow 0.13x=1,300$

$\therefore x=10,000$

따라서 상품의 원가는 10,000원이다.

06

갑과 을이 1시간 동안 만들 수 있는 곰 인형의 수는 각각 $\dfrac{100}{4}=25$개, $\dfrac{25}{10}=2.5$개이다.

함께 곰 인형 132개를 만드는 데 걸린 시간을 x시간이라고 하자.

$(25+2.5)\times0.8\times x=132$

$\rightarrow 27.5x=165$

$\therefore x=6$

따라서 갑과 을이 곰 인형 132개를 함께 만드는 데 걸리는 시간은 6시간이다.

07

ㄱ. 근로자가 총 100명이고 전체에게 지급된 임금의 총액이 2억 원이므로 근로자 1명당 평균 월 급여액은 $\dfrac{2억\ 원}{100명}=200$만 원이다.

ㄴ. 월 210만 원 이상 급여를 받는 근로자 수는 $26+22+8+4=60$명이다. 따라서 총 100명의 절반인 50명보다 많으므로 옳은 설명이다.

오답분석

ㄷ. 월 180만 원 미만의 급여를 받는 근로자 수는 $6+4=10$명이다. 따라서 전체 근로자 중 $\dfrac{10}{100}\times100=10\%$의 비율을 차지하고 있으므로 옳지 않은 설명이다.

08

2018년부터 2023년까지 전년에 비해 1일 평균 판매량이 증가한 연도는 2019년, 2020년, 2022년, 2023년이다.

연도별 증가율은 다음과 같다.

- 2019년 : $\dfrac{120-105}{105}\times100 ≒14.3\%$

- 2020년 : $\dfrac{150-120}{120}\times100 =25\%$

- 2022년 : $\dfrac{180-130}{130}\times100 ≒38.5\%$

- 2023년 : $\dfrac{190-180}{180}\times100 ≒5.6\%$

따라서 2022년에 전년 대비 판매량 증가율이 가장 높다.

09

A와 B음식점 간 가장 큰 차이를 보이는 부문은 분위기이다(A : 약 4.5, B : 1).

따라서 A와 B음식점 간 가장 큰 차이를 보이는 부문이 서비스라고 한 ③은 옳지 않다.

10

ㄱ. 해외연수 경험이 있는 지원자의 합격률은 $\dfrac{95}{95+400+5}\times100=\dfrac{95}{500}\times100=19\%$로, 해외연수 경험이 없는 지원자의 합격

률인 $\dfrac{25+15}{25+80+15+130}\times100=\dfrac{40}{250}\times100=16\%$보다 높다.

ㄴ. 인턴 경험이 있는 지원자의 합격률은 $\dfrac{95+25}{95+400+25+80}\times100=\dfrac{120}{600}\times100=20\%$로, 인턴 경험이 없는 지원자의 합격률인

$\dfrac{15}{5+15+130}\times100=\dfrac{15}{150}\times100=10\%$보다 높다.

오답분석

ㄷ. 인턴 경험과 해외연수 경험이 모두 있는 지원자 합격률(19.2%)은 인턴 경험만 있는 지원자 합격률(23.8%)보다 낮다.

ㄹ. 인턴 경험과 해외연수 경험이 모두 없는 지원자와 인턴 경험만 있는 지원자 간 합격률 차이는 23.8−10.3=13.5%p이다.

04   공간추리

01	02	03	04	05	06				
②	④	③	②	①	②				

01

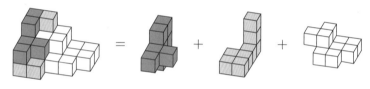

02

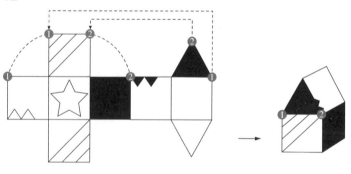

03

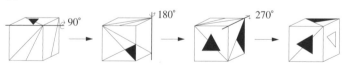

04

- 1층 : $5 \times 5 = 25$개
- 2층 : $25 - 4 = 21$개
- 3층 : $25 - 9 = 16$개
- 4층 : $25 - 10 = 15$개
- ∴ $25 + 21 + 16 + 15 = 77$개

05

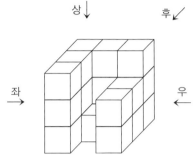

- 상

 : 8개

- 전

 : 9개

- 후

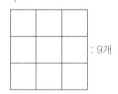 : 9개

- 좌

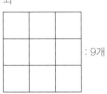 : 9개

- 우

 : 9개

∴ $8 + 9 + 9 + 9 + 9 = 44$개

06

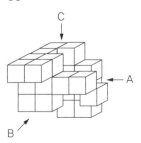

01	02	03	04						
③	①	①	①						

01

정답 ③

• 윗줄 − 가장 작은 도형을 큰 도형으로 변환
• 아랫줄 − 전체 도형 시계 방향으로 60° 회전 후, 상하 대칭

02

정답 ①

규칙은 세로로 적용된다.
첫 번째 도형과 두 번째 도형을 비교했을 때, 모양이 서로 같으면 ○, 다르면 ◇로 나타낸 도형이 세 번째 도형이다.

03

정답 ①

규칙은 세로로 적용된다.
첫 번째 도형과 두 번째 도형의 겹치는 부분을 제외하면 세 번째 도형이다.

04

정답 ①

정사각형 4개의 칸을 기준으로 바깥쪽에 있는 직각삼각형은 정사각형의 변을 따라 시계 방향으로 한 칸씩 이동하고, 시계 방향으로 90° 회전한다. 또한 오각형은 정사각형 4개의 칸 안에서 시계 반대 방향으로 한 칸씩 이동하고, 180° 회전하며 정사각형 회색 칸은 시계 방향으로 한 칸씩 이동한다. 이때 오각형이 회색 칸에 있게 되면 색이 반전한다.

01 언어논리

01	02	03	04	05	06	07	08	09	10
⑤	④	⑤	⑤	④	①	④	①	⑤	④

11	12
④	②

01
정답 ⑤

직원 A~E 중 직원 C는 직원 E의 성과급이 늘었다고 하였고, 직원 D는 직원 E의 성과급이 줄었다고 하였으므로 직원 C와 D 중 1명은 거짓말을 하고 있다.

ⅰ) 직원 C가 거짓말을 하고 있는 경우
직원 B − A − D 순으로 성과급이 늘었고, 직원 E와 C는 성과급이 줄어들었다.

ⅱ) 직원 D가 거짓말을 하고 있는 경우
직원 B − A − D 순으로 성과급이 늘었고, 직원 C와 E도 성과급이 늘었지만, 순위는 알 수 없다.

따라서 어떤 경우이든 ⑤의 경우가 항상 참이다.

02
정답 ④

8조각으로 나누어져 있는 피자 3판을 6명이 같은 양만큼 나누어 먹으려면 한 사람당 $8 \times 3 \div 6 = 4$조각씩 먹어야 한다. A, B, E는 같은 양을 먹었으므로 A, B, E가 1조각, 2조각, 3조각, 4조각을 먹었을 때로 나누어볼 수 있다.

ⅰ) A, B, E가 1조각을 먹었을 때
A, B, E를 제외한 나머지는 모두 먹은 양이 달랐으므로 D, F, C는 각각 4, 3, 2조각을 먹었을 것이다. 하지만 6조각이 남았다고 했으므로 $24 - 6 = 18$조각을 먹었어야 하는데 총 $1 + 1 + 1 + 4 + 3 + 2 = 12$조각이므로 옳지 않다.

ⅱ) A, B, E가 2조각을 먹었을 때
$2 + 2 + 2 + 4 + 3 + 1 = 14$조각이므로 옳지 않다.

ⅲ) A, B, E가 3조각을 먹었을 때
$3 + 3 + 3 + 4 + 2 + 1 = 16$조각이므로 옳지 않다.

ⅳ) A, B, E가 4조각을 먹었을 때
$4 + 4 + 4 + 3 + 2 + 1 = 18$조각이므로 A, B, E는 4조각씩 먹었음을 알 수 있다.

F는 D보다 적게 먹었으며, C보다는 많이 먹었다고 하였으므로 C가 1조각, F가 2조각, D가 3조각을 먹었다. 따라서 2조각을 더 먹어야 하는 사람은 현재 2조각을 먹은 F이다.

03
정답 ⑤

주어진 조건에 따라 앞서 달리고 있는 순서대로 나열하면 'A − D − C − E − B'가 된다. 따라서 이 순위대로 결승점까지 달린다면 C는 3등을 할 것이다.

04
정답 ⑤

첫 번째 결과에 따라 A과장은 네 지역으로 모두 출장을 가므로 E사원과 함께 광주광역시로 출장을 가는 직원은 A과장임을 알 수 있다. 다음으로 두 번째 결과에 따라 모든 특별시에는 A과장과 B대리가 출장을 가므로 C대리와 D대리는 특별시로 함께 출장을 갈 수 없다. 결국 세 번째 결과에서의 C대리와 D대리가 함께 출장을 가는 지역은 인천광역시임을 알 수 있다. 또한 마지막 결과에 따라 한 지역으로만 출장을 가는 사람은 E사원뿐이므로 C대리와 D대리는 세종특별시 또는 서울특별시 중 한 곳으로 더 출장을 가야 한다.

출장 지역에 따른 팀원을 정리하면 다음과 같다.

구분	세종특별시	서울특별시	광주광역시	인천광역시
경우 1	A과장, B대리, C대리	A과장, B대리, D대리	A과장, E사원	A과장, C대리, D대리
경우 2	A과장, B대리, D대리	A과장, B대리, C대리	A과장, E사원	A과장, C대리, D대리

따라서 항상 참이 되는 것은 'D대리는 E사원과 함께 출장을 가지 않는다.'의 ⑤이다.

05

C는 첫 번째, 세 번째 결과에 따라 A 바로 전 또는 바로 뒤의 순서로 출근한 E보다 먼저 출근하였으므로 A보다도 먼저 출근한 것을 알 수 있다. 마찬가지로 D 역시 두 번째, 다섯 번째 결과에 따라 F 바로 뒤에 출근한 B보다 먼저 출근하였으므로 F보다도 먼저 출근한 것을 알 수 있다.

또한 E는 네 번째 결과에 따라 F보다 늦게 출근하였으므로 결국 C, D, B보다도 늦게 출근하였음을 알 수 있다. 그러므로 E가 다섯 번째 또는 마지막 순서로 출근하였음을 알 수 있으나, 꼴찌에는 해당하지 않으므로 결국 E는 다섯 번째로 출근하였고, A가 마지막 여섯 번째로 출근하였음을 알 수 있다.

이때 주어진 결과만으로는 C와 D의 순서를 비교할 수 없으므로 A~F의 출근 순서는 다음과 같이 나타낼 수 있다.

구분	첫 번째	두 번째	세 번째	네 번째	다섯 번째	여섯 번째
경우 1	D	F	B	C	E	A
경우 2	D	C	F	B	E	A
경우 3	C	D	F	B	E	A

따라서 D가 C보다 먼저 출근했다면, D는 반드시 첫 번째로 출근하므로 자신을 포함한 A~F의 출근 순서를 알 수 있다.

오답분석
① A는 마지막에 출근하므로 B의 출근 시각을 알 수 없다.
② 경우 2와 경우 3에서 B가 C보다 나중에 출근하므로 C의 출근 시각을 알 수 없다.
③ 경우 1에서 C는 자신과 E, A의 출근 순서를 알 수 있으나, D, F, B의 출근 순서는 알 수 없다.
⑤ F는 어떤 경우에도 D보다 늦게 출근하므로 앞서 출근한 D의 출근 시각을 알 수 없다.

06

D의 진술에 대한 A와 C의 진술이 상반되므로 둘 중 1명이 거짓을 말하고 있음을 알 수 있다.
ⅰ) C의 진술이 거짓인 경우
   C와 D 2명의 진술이 거짓이 되므로 성립하지 않는다.
ⅱ) A의 진술이 거짓인 경우
   B, C, D, E의 진술이 모두 참이 되며, 사탕을 먹은 사람은 A이다.
따라서 거짓을 말하는 사람은 A이다.

07

제시문은 임베디드 금융에 대한 정의와 장점 및 단점, 그리고 이에 대한 개선 방안을 설명하는 글이다. 따라서 (라) 임베디드 금융의 정의 - (나) 임베디드 금융의 장점 - (다) 임베디드 금융의 단점 - (가) 단점에 대한 개선 방안 순으로 나열하는 것이 가장 적절하다.

08

마지막 문단에서 비열은 변하는 것이 아니라 고유한 특성이라는 정보를 확인할 수 있으므로 제시문의 내용으로 ①이 적절하지 않다.

09

마지막 문단의 '정부도 규제와 의무보다는 사업자의 자율적인 부분을 인정해주고 사업자 노력을 드라이브 걸 수 있는 지원책을 마련하여야 한다.'라는 내용을 통해 정부는 OTT 플랫폼에 장애인 편의 기능과 관련한 규제와 의무를 지어줬지만, 이에 대한 지원책은 없었음을 유추할 수 있다.

오답분석
① 세 번째 문단을 통해 장애인들의 국내 OTT 플랫폼의 이용이 어려움을 짐작할 수는 있지만, 국내 OTT 플랫폼이 장애인을 위한 서비스를 제공하는지의 여부는 확인하기 어렵다.
② 세 번째 문단의 '재생 버튼에 대한 설명이 제공되는 N사도 영상 재생 시점을 10초 앞으로, 또는 뒤로 이동하는 버튼은 이용하기 어렵다.'라는 내용을 통해 국내 OTT 플랫폼보다는 장애인을 위한 서비스 기능이 더 제공되고 있지만, 여전히 충분히 제공되고 있지 않음을 알 수 있다.
③ 제시문에서는 우리나라 장애인이 외국의 장애인보다 OTT 플랫폼의 이용이 어렵다기보다는 우리나라 OTT 플랫폼이 외국의 OTT 플랫폼보다 장애인이 이용하기 어렵다고 말하고 있다.
④ 외국 OTT 플랫폼은 국내 OTT 플랫폼보다 상대적으로 장애인 편의 기능을 더 제공하고 있는 것으로 보아 장애인을 수동적인 시혜자가 아닌 능동적인 소비자로 보고 있음을 알 수 있다.

10

장피에르 교수 외 고대 그리스 수학자들의 학문에 대한 공통적 입장은 새로운 진리를 찾는 기쁨이라는 것이다.

오답분석
① · ② 제시문과 반대되는 내용이므로 옳지 않다.
③ · ⑤ 제시문에 언급되어 있지 않아 알 수 없다.

11

충전지를 최대 용량을 넘어서 충전할 경우 발열로 인한 누액이나 폭발의 위험이 있다. 충전지를 충전하는 과정에서 충전지의 온도가 과도하게 상승한다면 최대 용량을 넘은 과충전을 의심할 수 있으므로 충전을 중지하는 것이 좋다.

오답분석

① 충전지를 크게 만들면 충전 용량과 방전 전류 세기를 증가시킬 수 있으나, 전극의 물질을 바꾸지 않는 한 공칭 전압은 변하지 않는다.

② 충전기의 전원 전압은 충전지의 공칭 전압보다 높아야 한다. 이때, 용량과 관계없이 리튬 충전지의 공칭 전압은 3.6V이므로 전원 전압이 3.6V보다 높은 충전기를 사용해야 한다.

③ 충전지를 방전 하한 전압 이하까지 방전시키면 충전지의 수명이 줄어들기 때문에 오래 사용하기 위해서는 방전 하한 전압 이하까지 방전시키지 않는 것이 좋으나, 니켈 카드뮴 충전지의 경우 메모리 효과로 인해 완전히 방전되기 전 충전을 반복하면 충·방전 용량이 줄어든다.

⑤ 충전기로 리튬 충전지를 충전할 경우 만충전 전압에 이르면 정전압 회로로 전환하여 정해진 시간 동안 충전지에 공급하는 전압을 일정하게 유지한다. 그러나 공칭 전압은 변화하는 단자 전압의 평균일 뿐이므로 리튬 충전지의 만충전 전압이 3.6V인 것은 아니다.

12

질소가 무조건 많이 함유된 것이 좋은 비료가 아니라 탄소와 질소의 비율이 잘 맞는 것이 중요하다.

오답분석

① 비료를 만드는 데 발생하는 열로 유해 미생물을 죽일 수 있다고 언급하였다.

③ 커피박을 이용해서 비료를 만들면 커피박을 폐기하는 데 필요한 비용을 절약할 수 있기 때문에 경제적으로도 이득이라고 할 수 있다.

④ 비료에서 중요한 요소로 질소를 언급하고 있고, 유기 비료이기 때문에 유기물의 함량 또한 중요하다. 그리고 제시문에서도 질소와 유기물 함량을 분석하고 있기에 중요한 고려 요소라고 할 수 있다.

⑤ 부재료로 언급된 것 중에서 한약재 찌꺼기가 가장 질소 함량이 높다고 하였다.

PART 1

01	02	03	04	05	06	07	08	09	10
⑤	③	⑤	②	①	①	①	②	④	④

01

정답 ⑤

탁상공론(卓上空論)은 현실성이나 실천 가능성이 없는 허황(虛荒)된 이론을 이르는 말이다.

오답분석

① 토사구팽(兔死狗烹) : '토끼 사냥이 끝나면 사냥개를 삶아 먹는다.'는 뜻으로, 쓸모가 없어지면 버려짐을 이르는 말이다.

② 계명구도(鷄鳴狗盜) : '닭의 울음소리와 개 도둑'이라는 뜻으로, 하찮은 재주도 쓸모가 있음을 이르는 말이다.

③ 표리부동(表裏不同) : '겉과 속이 같지 않다.'는 뜻으로, 겉으로 드러나는 언행과 속으로 가지는 생각이 다름을 이르는 말이다.

④ 사면초가(四面楚歌) : '사방이 초나라 노래'라는 뜻으로, 도움을 받을 수 없는 고립된 상태를 이르는 말이다.

02

정답 ③

수주대토(守株待兔)는 '그루터기를 지켜 토끼를 기다린다.'는 뜻으로, 요행만 기다리는 어리석은 사람을 이르는 말이다.

오답분석

① 사필귀정(事必歸正) : '무슨 일이든 반드시 옳은 이치대로 돌아간다.'는 뜻으로, 무슨 일이든 결국 옳은 이치대로 됨을 이르는 말이다.

② 조삼모사(朝三暮四) : '아침에 세 개, 저녁에 네 개'라는 뜻으로, 눈앞에 보이는 것만 알고 결과가 같은 것을 모르는 어리석음을 이르는 말이다.

④ 새옹지마(塞翁之馬) : '변방 노인의 말'이라는 뜻으로, 세상만사는 변화가 많아 어느 것이 화(禍)가 되고, 어느 것이 복(福)이 될지 예측하기 어려움을 이르는 말이다.

⑤ 호사다마(好事多魔) : '좋은 일에는 탈이 많다.'는 뜻으로, 좋은 일에는 방해가 많이 따른다거나 좋은 일이 실현되기 위해서는 많은 풍파를 겪어야 함을 이르는 말이다.

03

정답 ⑤

1인 가구들이 주택을 계약하는 과정에서 어려움을 겪은 인터뷰 내용은 결론보다 서론의 주거지원 정책의 필요성에 추가하는 것이 적절하다.

04

정답 ②

'그날'은 관형사인 '그'와 '자정에서 다음 자정까지 동안'을 뜻하는 명사 '날'이 합쳐져서 만들어진 합성어로 붙여 써야 하며, '밤'은 하나의 단어로 '그날'과 각각의 단어이므로 띄어 써야 한다. 따라서 '그날 밤에'라고 써야 옳다.

05

정답 ①

오답분석

② 으시시 → 으스스

③ 치루고 → 치르고

④ 잠궜다 → 잠갔다

⑤ 땅겼다 → 당겼다

06

정답 ①

'시간적인 사이를 두고서 가끔씩'이라는 의미의 어휘는 '간간이'이다.

오답분석

② 왠지 : 왜 그런지 모르게. 또는 뚜렷한 이유도 없이

③ 박이다 : 손바닥, 발바닥 따위에 굳은살이 생기다.

④ -든지 : 나열된 동작이나 상태, 대상 중에서 어느 것이든 선택될 수 있음을 나타내는 연결 어미

⑤ 깊숙이 : 위에서 밑바닥까지, 또는 겉에서 속까지의 거리가 멀고 으슥하게

07

정답 ①

'참석'은 비교적 작은 규모의 모임이나 행사, 회의 등에 단순히 출석하는 것을 뜻한다.

반면, '참가'와 '참여'는 단순한 출석 이상으로 그 일에 관계하여 개입한다는 의미가 있다. 둘 모두 행사나 모임 등이 이루어지도록 하는 일에 적극적으로 관여한다는 것을 뜻하지만, '참여'는 주로 '참가'보다 관여 대상이 다소 추상적이고 규모가 클 때 사용한다.

㉠ 참석(參席) : 모임이나 회의 따위의 자리에 참여함

㉡ 참가(參加) : 모임이나 단체 또는 일에 관계하여 들어감

㉢ 참여(參與) : 어떤 일에 끼어들어 관계함

08

• (가)를 기준으로 앞의 문장과 뒤의 문장이 서로 일치하지 않는 상반되는 내용을 담고 있으므로 가장 적절한 접속어는 '하지만'이다.
• (나)를 기준으로 앞의 문장은 기차의 냉난방시설을 다루고 있지만 뒤의 문장은 지하철의 냉난방시설에 대해 다루고 있으므로 가장 적절한 접속어는 '반면'이다.
• (다)의 앞 뒤 내용을 살펴보면, 앞선 내용의 과정들이 끝나고 이후의 내용이 이어지므로 이를 이어주는 접속어인 '마침내'가 들어가는 것이 가장 적절하다.

09

정답 ④

'투영하다'는 '어떤 상황이나 자극에 대한 해석, 판단, 표현 따위에 심리 상태나 성격을 반영하다.'의 의미로, '투영하지'가 적절한 표기이다.

오답분석
① 문맥상 '(내가) 일을 시작하다.'의 관형절로 '시작한'으로 수정해야 한다.
② '못' 부정문은 주체의 능력을 부정하는 데 사용된다. 문맥상 단순 부정의 '안' 부정문이 사용되어야 하므로 '않았다'로 수정해야 한다.
③ '안건을 결재하여 허가함'의 의미를 지닌 '재가'로 수정해야 한다.
⑤ '칠칠하다'는 '성질이나 일 처리가 반듯하고 야무지다.'는 의미를 가지므로 문맥상 '칠칠하다'의 부정적 표현인 '칠칠하지 못한'으로 수정해야 한다.

10

정답 ④

• 뿐 : '그것만이고 더는 없음'을 의미하는 보조사로 붙여 쓴다.
• 바 : '방법, 일'의 뜻을 의미하는 의존 명사로 띄어 쓴다.

오답분석
① 만난지도 → 만난 지도 / 3년 째다 → 3년째다
  • 지 : '어떤 일이 있었던 때로부터 지금까지의 동안'을 의미하는 의존 명사이므로 띄어 쓴다.
  • 째 : '계속된 그동안'을 의미하는 접미사이므로 붙여 쓴다.
② 공부 밖에 → 공부밖에 / 한 번 → 한번
  • 밖 : '그것 말고는'을 의미하는 조사이므로 붙여 쓴다.
  • 한번 : '기회 있는 어떤 때'를 의미하는 명사이므로 붙여 쓴다.
③ 나타 난 → 나타난 / 안된다는 → 안 된다는
  • 나다 : 명사나 명사성 어근 뒤에 붙어 그런 성질이 있음을 더하고 형용사를 만드는 접미사처럼 사용될 때는 붙여 쓴다.
  • 안 : 부정의 뜻인 '아니 되다'로 쓸 경우에는 띄어 쓴다.
⑤ 있는만큼만 → 있는 만큼만 / 고객님 께는 → 고객님께는
  • 만큼 : '정도'를 의미하는 의존 명사이므로 띄어 쓴다.
  • 께 : '에게'의 높임말을 의미하는 조사이므로 붙여 쓴다.

01	02	03	04	05	06	07	08	09	10
④	②	⑤	③	③	②	④	③	③	④

01

정답 ④

E과제에 대한 전문가 3의 점수는 $70 \times 5 - (100 + 40 + 70 + 80) = 60$점이고, A~E과제의 평균점수와 최종점수를 구하면 다음과 같다.

구분	평균점수	최종점수
A	$\dfrac{100+70+60+50+80}{5}=72$점	$\dfrac{70+60+80}{3}=70$점
B	$\dfrac{80+60+40+60+60}{5}=60$점	$\dfrac{60+60+60}{3}=60$점
C	$\dfrac{60+50+100+90+60}{5}=72$점	$\dfrac{60+90+60}{3}=70$점
D	$\dfrac{80+100+90+70+40}{5}=76$점	$\dfrac{80+90+70}{3}=80$점
E	70점	$\dfrac{60+70+80}{3}=70$점

따라서 평균점수와 최종점수가 같은 과제는 B, E이다.

02

정답 ②

유효슈팅 대비 골의 비율은 울산이 $\dfrac{18}{60} \times 100 = 30\%$, 상주가 $\dfrac{12}{30} \times 100 = 40\%$로 상주가 울산보다 높다.

오답분석

① 슈팅 개수의 상위 3개 구단은 '전북, 울산, 대구'이나 유효슈팅 개수의 상위 3개 구단은 '전북, 울산, 포항'이다.

③ 슈팅 대비 골의 비율은 전북이 $\dfrac{27}{108} \times 100 = 25\%$, 성남이 $\dfrac{12}{60} \times 100 = 20\%$로 그 차이는 $25 - 20 = 5\%$p이므로 10%p 이하이다.

④ 골의 개수가 적은 하위 두 팀은 9개인 포항과 10개인 서울로 골 개수의 합은 $9 + 10 = 19$개이다. 이는 전체 골 개수인 $18 + 27 + 12 + 9 + 12 + 10 + 12 = 100$개의 $\dfrac{19}{100} \times 100 = 19\%$이므로 15% 이상이다.

⑤ 경기당 평균 슈팅 개수가 가장 많은 구단은 18개로 전북이고, 가장 적은 구단은 7개로 서울이므로 그 차이는 $18 - 7 = 11$개이다. 또한 경기당 평균 유효슈팅 개수가 가장 많은 구단은 12개로 전북이고, 가장 적은 구단은 3개로 서울이므로 그 차이는 $12 - 3 = 9$개이다.

03

정답 ⑤

2016~2021년 평균 지진 발생 횟수는 $(42 + 52 + 56 + 93 + 49 + 44) \div 6 = 56$회이다. 2022년에 발생한 지진은 2016~2021년 평균 지진 발생 횟수에 비해 $492 \div 56 ≒ 8.8$배 증가했으므로 옳은 설명이다.

오답분석

① 2020년부터 2년간 지진 횟수는 감소했다.

② 2019년의 지진 발생 횟수는 93회이고 2018년의 지진 발생 횟수는 56회이다. 2019년에는 2018년보다 지진이 $93 - 56 = 37$회 더 발생했다.

③ 2017년보다 2018년에 지진 횟수는 증가했지만 최고 규모는 감소했다.

④ 2022년에 일어난 규모 5.8의 지진이 2016년 이후 우리나라에서 발생한 지진 중 가장 강력한 규모이다.

04

회화(영어 · 중국어) 중 한 과목을 수강하고, 지르박을 수강하면 2과목 수강이 가능하고 지르박을 수강하지 않고, 차차차와 자이브를 수강하면 최대 3과목 수강이 가능하다.

오답분석

① 자이브의 강좌 시간이 3시간 30분으로 가장 길다.

② 차차차의 강좌 시간은 12:30 ~ 14:30이고, 자이브의 강좌 시간은 14:30 ~ 18:00이므로 둘 다 수강할 수 있다.

⑤ 중국어 회화의 한 달 수강료는 $60,000 \div 3 = 20,000$원이고, 차차차의 한 달 수강료는 $150,000 \div 3 = 50,000$원이므로 한 달 수강료는 70,000원이다.

05

기타 해킹 사고가 가장 많았던 연도는 2021년이고, 전년 대비 감소했으므로 증감률은 $\frac{16,135 - 21,230}{21,230} \times 100 \fallingdotseq -24\%$이다.

06

전년 대비 소각 증가율은 다음과 같다.

• 2020년 : $\frac{11,604 - 10,609}{10,609} \times 100 \fallingdotseq 9.4\%$

• 2021년 : $\frac{12,331 - 11,604}{11,604} \times 100 \fallingdotseq 6.3\%$

전년 대비 2020년 소각 증가율은 2021년 소각 증가율의 2배인 약 12.6%보다 작으므로 옳지 않다.

오답분석

① 매년 재활용량은 전체 생활 폐기물 처리량 중 50% 이상을 차지한다.

③ 5년간 소각량 대비 매립량 비율은 다음과 같다.

• 2018년 : $\frac{9,471}{10,309} \times 100 \fallingdotseq 91.9\%$ • 2019년 : $\frac{8,797}{10,609} \times 100 \fallingdotseq 82.9\%$

• 2020년 : $\frac{8,391}{11,604} \times 100 \fallingdotseq 72.3\%$ • 2021년 : $\frac{7,613}{12,331} \times 100 \fallingdotseq 61.7\%$

• 2022년 : $\frac{7,813}{12,648} \times 100 \fallingdotseq 61.8\%$

따라서 매년 소각량 대비 매립량 비율은 60% 이상임을 알 수 있다.

④ 2018년부터 2021년까지 매립은 감소하고 있다.

⑤ 2022년 재활용된 폐기물 비율은 $\frac{30,454}{50,915} \times 100 \fallingdotseq 59.8\%$로, 2018년 소각 비율인 $\frac{10,309}{50,906} \times 100 \fallingdotseq 20.3\%$의 3배인 60.9%보다 작으므로 옳은 설명이다.

07

구간 '육식률 80% 이상'과 '육식률 50% 이상 80% 미만'에서의 사망률 1위 암은 위암으로 동일하나, '육식률 30% 이상 50% 미만'에서의 사망률 1위 암은 대장암이다. 따라서 옳지 않은 설명이다.

오답분석

① '육식률 80% 이상'에서의 위암 사망률(85%)과 '채식률 100%'에서의 위암 사망률(4%) 차이는 81%로 유일하게 80%가 넘게 차이 난다.

② • '육식률 80% 이상'에서 사망률이 50% 미만인 암 : 전립선암(42%), 폐암(48%), 난소암(44%)
  • '육식률 50% 이상 80% 미만'에서 사망률이 50% 이상인 암 : 대장암(64%), 방광암(52%), 위암(76%)
  따라서 각각 3개로 동일하다.

③ 전립선암은 '채식률 100%'에서 사망률 8%로 '육식률 30% 미만' 구간의 사망률 5%보다 높다.
⑤ '채식률 100%'에서 사망률이 10%를 초과하는 암은 폐암(11%)뿐이다.

08

정답 ③

늘어난 A소금물과 줄어든 B소금물을 합친 소금물의 양은 500g이며, 농도는 10%라고 하였으므로 다음과 같은 두 식이 성립한다.

$(200+a)+(300-b)=500 \rightarrow a-b=0 \cdots \bigcirc$

$(200 \times 0.1)+(300-b) \times 0.2=500 \times 0.1 \rightarrow 20+60-0.2b=50 \rightarrow 0.2b=30 \rightarrow b=150 \cdots \bigcirc$

$\bigcirc$과 $\bigcirc$을 연립하면 $a=150$이다.
따라서 소금물에 첨가한 물의 양은 150g이다.

09

정답 ③

집에서 회사까지의 거리를 xm라 하자.

$$\frac{x}{16}-\frac{x}{40}=\frac{45}{60}$$

$$\rightarrow 3x=60$$

$$\therefore x=20$$

따라서 집에서 회사까지의 거리는 20km이므로 집에서 회사까지 자전거를 타고 가는 데 걸리는 시간은 $\frac{20}{16} \times 60=75$분이다.

10

정답 ④

작년 교통비를 x원, 작년 숙박비를 y원이라 하자.

$1.15x+1.24y=1.2(x+y) \cdots \bigcirc$

$x+y=36 \cdots \bigcirc$

$\bigcirc$과 $\bigcirc$을 연립하면 다음과 같다.

$\therefore x=16, y=20$

따라서 올해 숙박비는 $20 \times 1.24=24.8$만 원이다.

01	02	03	04	05					
④	④	⑤	④	③					

01

정답 ④

위에서 봤을 때 쌓을 수 있는 블록의 최대 개수는 다음과 같다.

1	2	1	2
1	3	1	2
1	1	1	1
1	3	1	2

← 옆면

↑
앞면

따라서 $1 \times 10 + 2 \times 4 + 3 \times 2 = 24$개이다.

02

정답 ④

 ← +  +

03

정답 ⑤

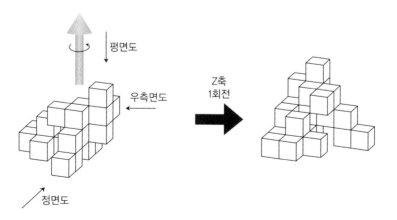

04

정답 ④

- 1층 : 4×4－3＝13개
- 2층 : 16－5＝11개
- 3층 : 16－11＝5개
- ∴ 13＋11＋5＝29개

05

정답 ③

- 1층 : 6×5－6＝24개
- 2층 : 30－8＝22개
- 3층 : 30－12＝18개
- 4층 : 30－17＝13개
- ∴ 24＋22＋18＋13＝77개

05 도형추리

01	02	03	04	05					
③	②	⑤	④	②					

01

정답 ③

오각형과 내부 도형은 시계 방향으로 90° 회전, 외부 도형은 오각형의 회전과 관계없이 시계 반대 방향으로 오각형의 변을 따라 한 칸씩 이동하는 규칙이다.

02

정답 ②

사다리꼴은 상하 대칭, 외부 도형은 시계 방향으로 90° 회전하면서 사다리꼴의 변을 기준으로 상하로 이동, 내부 도형은 가장 큰 도형의 꼭짓점을 기준으로 시계 방향으로 이동하는 규칙이다.

03

정답 ⑤

규칙은 가로로 적용된다.
첫 번째 도형을 좌우로 펼치면 두 번째 도형이 되고, 두 번째 도형을 상하로 펼치면 세 번째 도형이 된다.

04

정답 ④

규칙은 가로로 적용된다.
첫 번째 도형을 180° 회전시킨 도형이 두 번째 도형이고, 두 번째 도형을 색 반전시킨 도형이 세 번째 도형이다.

05

정답 ②

(A) 위 칸 － 큰 도형을 가장 작은 도형으로 변환 후, 전체 시계 방향으로 90° 회전
(B) 아래 칸 － 큰 도형은 상하 대칭, 작은 도형은 시계 반대 방향으로 45° 회전

01 언어논리

01	02	03	04	05	06	07	08	09	10
④	①	③	④	④	④	④	①	②	③
11	12								
④	①								

01　　　　정답 ④

D가 산악회원인 경우와 산악회원이 아닌 경우로 나누어보면 다음과 같다.

ⅰ) D가 산악회원인 경우

네 번째 조건에 따라 D가 산악회원이면 B와 C도 산악회원이 되며, A는 두 번째 조건의 대우에 따라 산악회원이 될 수 없다. 따라서 B, C, D가 산악회원이다.

ⅱ) D가 산악회원이 아닌 경우

세 번째 조건에 따라 D가 산악회원이 아니면 B가 산악회원이 아니거나 C가 산악회원이어야 한다. 그러나 첫 번째 조건의 대우에 따라 C는 산악회원이 될 수 없으므로 B가 산악회원이 아님을 알 수 있다. 따라서 B, C, D 모두 산악회원이 아니다. 이때 최소 한 명 이상은 산악회원이어야 하므로 A는 산악회원이다.

따라서 항상 참인 것은 ④이다.

02　　　　정답 ①

'회의장 세팅'을 p, '회의록 작성'을 q, '회의 자료 복사'를 r, '자료 준비'를 s라고 하면, $p \rightarrow \sim q \rightarrow \sim s \rightarrow \sim r$이 성립한다.

따라서 A는 옳고, B는 틀리다.

03　　　　정답 ③

주어진 조건에 따라 A∼D업체가 유통하는 재료를 정리하면 다음과 같다.

구분	A업체	B업체	C업체	D업체
커피 원두	○	○	○	
우유	○	○	×	×
아이스크림	×	×	○	
팥	○	×		○
딸기	×	○	×	○

위와 같이 D업체가 유통하는 재료가 전부 정해지지 않았어도, 모든 업체가 유통하는 재료는 커피 원두임을 알 수 있다. 따라서 D업체는 커피 원두를 유통하고, 아이스크림을 유통하지 않는다.

이를 바탕으로 A∼D업체가 담당할 수 있는 메뉴는 다음과 같다.

- A업체 : 카페라테
- B업체 : 카페라테, 딸기라테
- C업체 : 아포가토, 팥빙수
- D업체 : 없음

따라서 서로 다른 메뉴를 담당하면서 4가지 종류의 재료를 유통할 수 있는 업체는 B업체와 C업체뿐이므로 S씨는 B업체와 C업체를 선정한다.

04　　　　정답 ④

주어진 조건을 정리하면 다음과 같다.

⟨A동⟩

구분	1호	2호	3호
5층	영희(1) / 은희(1)		창고
4층	신혼부부(2)		
3층			
2층			
1층			

3인 가구(3), 4인 가구(4)

〈B동〉

구분	1호	2호	3호
5층			
4층			
3층			
2층			
1층	노부부(2) / 중년부부(2)	창고	중년부부(2) /노부부(2)
	1인 가구(남), 1인 가구(남)		

따라서 A동에는 영희·은희(여자 1인 가구), 신혼부부(2인 가구), 3인 가구, 4인 가구가 거주하고(총 11명), B동에는 노부부(2인 가구), 중년부부(2인 가구), 남자 1인 가구 2가구가 거주한다(총 6명).

오답분석
① 얼마 전에 결혼한 희수는 신혼부부로 A동 4층에 거주한다(B동에 거주할 경우 1층의 4명, 남자 1인 가구 2명과 더해 B동 인원이 초과하기 때문이다).
② 3인 가구와 4인 가구가 서로 위아래층에 사는 것을 알 수 있지만, 정확한 호수는 주어진 조건만으로는 알 수 없다.
③ 두 번째와 여섯 번째 조건에 따라 노부부와 중년부부는 B동 1층에 거주한다(B동 전체인원은 6명이고 1층 인원은 4명이라고 했으므로 노부부가 있는 상태에서는 남자 1인 가구는 올 수 없다).
⑤ B동은 1인 가구 2가구(모두 남자), 노부부, 중년부부가 거주한다. 따라서 총인원 6명 중 남자는 4명, 여자는 2명으로 남자가 여자의 2배이다.

05
정답 ④

주어진 명제를 정리하면 다음과 같다.
· A : 에어컨을 과도하게 쓴다.
· B : 프레온 가스가 나온다.
· C : 오존층이 파괴된다.
· D : 지구 온난화가 진행된다.
첫 번째 명제는 $\sim$C → $\sim$B, 세 번째 명제는 $\sim$D → $\sim$C, 네 번째 명제는 $\sim$D → $\sim$A이므로 네 번째 명제가 도출되기 위해서는 빈칸에 $\sim$B → $\sim$A가 필요하다. 따라서 그 대우의 명제인 ④가 가장 적절하다.

06
정답 ④

첫 번째 명제의 대우와 두 번째 명제를 정리하면 '모든 학생 → 국어 수업 → 수학 수업'이 되어 '모든 학생은 국어 수업과 수학 수업을 듣는다.'가 성립한다. 또한 세 번째 명제에서 수학 수업을 듣는 '어떤' 학생들이 영어 수업을 듣는다고 했으므로, '어떤 학생들은 국어, 수학, 영어 수업을 듣는다.'가 성립한다.

07
정답 ④

제시문에 따르면 신약 개발의 전문가가 되기 위해서는 해당 분야에서 오랫동안 연구한 경험이 필요하므로 석사나 박사 학위를 취득하는 것이 유리하다고 하였다. 그러나 석사나 박사 학위가 신약 개발 전문가가 되는 데 도움을 준다는 것일 뿐이므로 반드시 필요한 필수 조건인지는 알 수 없다.

오답분석
① 제약 연구원은 약을 만드는 모든 단계에 참여한다고 하였으므로 일반적으로 약을 만드는 과정에 포함되는 약품 허가 요청 단계에도 제약 연구원이 참여하는 것을 알 수 있다.
② 오늘날 제약 분야가 성장함에 따라 도전 의식, 호기심, 탐구심 등도 제약 연구원에게 필요한 능력이 되었다고 하였으므로 과거에 비해 요구되는 능력이 많아졌음을 알 수 있다.
③ 약학 전공자 이외에도 생명 공학·화학 공학·유전 공학 전공자들도 제약 연구원으로 활발하게 참여하고 있다고 하였다.
⑤ 일반적으로 제약 연구원이 되기 위해서는 약학을 전공해야 한다고 생각하기 쉽다고 하였으므로 제약 연구원에 대한 정보가 부족한 사람이라면 약학을 전공해야만 제약 연구원이 될 수 있다고 생각할 수 있다.

08
정답 ①

A사원은 계획적이고 순차적으로 업무를 수행하므로 효율적인 업무 수행을 하고 있다.

오답분석
② 다른 사람의 업무에 지나칠 정도로 책임감을 느끼며 괴로워하는 B대리는 '배려적 일중독자'에 해당한다.
③ 음식을 과다 섭취하는 폭식처럼 일을 한 번에 몰아서 하는 C주임은 '폭식적 일중독자'에 해당한다.
④ 휴일이나 주말에도 일을 놓지 못하는 D사원은 '지속적인 일중독자'에 해당한다.
⑤ 한 번에 소화할 수 없을 만큼 많은 업무를 담당하는 E대리는 '주의결핍형 일중독자'에 해당한다.

09

정답 ②

제시문을 통해 산업 및 가정에서 배출된 생활폐기물을 바이오매스 자원으로 활용하여 에너지를 생산하기 위한 화이트 바이오 연구가 진행되고 있음을 알 수 있다.

오답분석

① 화이트 바이오 산업이 대체하려는 기존 화학 산업의 경우 화석원료를 이용하는 제조방식으로 인한 이산화탄소 배출이 문제가 되고 있음을 추측할 수 있다.

③ 보건 및 의료 분야의 바이오산업인 레드 바이오나 농업 및 식량 분야의 그린 바이오보다 늦게 발전을 시작했다는 점에서 앞선 두 바이오산업에 비해 규모가 작을 것임을 추측할 수 있다.

④ 바이오매스를 살아있는 유기물로 정의하는 생태학과 달리, 산업계에서는 산업용 폐자재나 가축의 분뇨, 생활폐기물과 같이 죽은 유기물이라 할 수 있는 유기성 폐자원 또한 바이오매스로 정의하고 있다.

⑤ 산업계는 미생물을 활용한 화이트 바이오를 통해 온실가스 배출, 악취 발생, 수질오염 등 환경적 문제를 해결할 것으로 기대하고 있다.

10

정답 ③

'최고의 진리는 언어 이전, 혹은 언어 이후의 무언(無言)의 진리이다.', '동양 사상의 정수(精髓)는 말로써 말이 필요 없는 경지'라고 한 부분을 보았을 때 동양 사상은 언어적 지식을 초월하는 진리를 추구한다는 것이 제시문의 핵심 내용이다.

11

정답 ④

제시문의 마지막 문단에서 '말이란 결국 생각의 일부분을 주워 담는 작은 그릇'이며, '말을 통하지 않고는 생각을 전달할 수가 없는 것'이라고 하며 말은 생각을 전달하기 위한 수단임을 주장하고 있다.

12

정답 ①

일반적인 의미와 다른 나라의 사례를 통해 대체의학의 정의를 설명하고, 크게 세 가지 유형으로 대체의학의 종류를 설명하고 있기 때문에 대체의학의 의미와 종류가 제시문의 제목으로 가장 적절하다.

오답분석

② 대체의학의 문제점은 언급되지 않았다.

③ 대체의학이 무엇인지 설명하고 있지, 개선방향에 대해 언급하지 않았다.

④ 대체의학으로 인한 부작용 사례는 언급되지 않았다.

⑤ 대체의학의 종류 등은 있지만 연구 현황과 미래는 언급되지 않았다.

02 언어표현

01	02	03	04						
④	④	②	①						

01

정답 ④

'물, 가스 따위가 흘러나오지 않도록 차단하다.' 등의 뜻을 가진 동사는 '잠그다'이다. '잠구다'는 '잠그다'의 잘못된 표현으로 '잠구다'의 활용형인 '잠궈' 역시 틀린 표기이다. 따라서 '잠그다'의 올바른 활용형은 '잠가'이며, '사용 후 수도꼭지는 꼭 잠가 주세요.'가 옳은 문장이다.

02

정답 ④

㉠ 앞의 문장은 직원들 사이의 소통과 중재가 필요하다는 주장의 근거가 되므로 ㉠에는 '그러므로'가 적절하다. 다음으로 ㉡ 뒤의 문장은 앞 문장의 D사가 인권센터를 설립했다는 내용에 이어 상담 창구를 통일했다는 내용을 추가로 이야기하므로 ㉡에는 '또한'이 적절하다. 마지막으로 상담 전 과정에서 보안을 최우선으로 한다는 ㉢ 앞의 문장은 모든 상담 접수를 온라인으로 받는다는 ㉢ 뒤 문장의 이유가 되므로 ㉢에는 '따라서'가 적절하다.

03

정답 ②

'발(이) 빠르다'는 '알맞은 조치를 신속히 취하다.'는 의미의 관용구로 띄어 쓴다.

오답분석

① 손 쉽게 → 손쉽게

  : '손쉽다'는 '어떤 것을 다루거나 어떤 일을 하기가 퍽 쉽다.'의 의미를 지닌 한 단어이므로 붙여 써야 한다.

③ 언마음이 → 언 마음이

  : '언'은 동사 '얼다'에 관형사형 어미인 'ㅡㄴ'이 결합한 관형어이므로 '언 마음'과 같이 띄어 써야 한다.

④ 한 데 뭉치자. → 한데 뭉치자.

  : '한데'는 '한곳이나 한군데'의 의미를 지닌 한 단어이므로 붙여 써야 한다.

⑤ 도농간 → 도농 간

  : '간'은 '관계'의 의미를 지닌 의존 명사로 앞말과 띄어 쓴다.

04

정답 ①

• ㉮－ⓛ 기틀 : 어떤 일의 가장 중요한 계기나 조건
• ㉯－㉠ 전개(展開) : 내용을 진전시켜 펴 나감
• ㉰－ⓞ 연출(演出) : 연극이나 방송극 따위에서, 각본을 바탕으로 배우의 연기, 무대 장치, 의상, 조명, 분장 따위의 여러 부분을 종합적으로 지도하여 작품을 완성하는 일
• ㉱－ⓗ 주역(主役) : 주된 역할

오답분석

ⓒ 조연(助演) : 한 작품에서 주역을 도와 극을 전개해 나가는 역할

ⓔ 상연(上椽) : 연극 따위를 무대에서 하여 관객에게 보이는 일

ⓜ 터전 : 집터가 되는 땅

ⓢ 전환(轉換) : 다른 방향이나 상태로 바뀌거나 바꿈

03 수리자료분석

01	02	03	04	05					
④	②	③	④	④					

01

정답 ④

철수가 농구코트의 모서리에 서 있으며, 농구공은 농구코트 안에서 철수한테서 가장 멀리 떨어진 곳에 있다고 하였다. 즉, 농구공과 철수는 대각선으로 마주 보고 있으므로 농구코트의 가로와 세로 길이를 이용하여 대각선의 길이를 구한다.
따라서 피타고라스의 정리를 이용하면 대각선의 길이는 $\sqrt{5^2+12^2}=13$m이다.

02

정답 ②

내려가는 데 걸린 시간을 x시간이라 하면, 올라가는 데 걸린 시간은 $2.4x$시간이다.

$x+2.4x+\dfrac{24}{60}=5+\dfrac{30}{60} \to 10x+24x+4=50+5 \to 34x=51$

$\therefore x=1.5$

그러므로 내려가는 데 걸린 시간은 1.5시간이고, 올라가는 데 걸린 시간은 $2.4\times1.5=3.6$시간이다.

또한 A지점에서 B지점까지의 거리를 $a$km, 흐르지 않는 물에서의 보트의 속력을 $b$km/h이라 하면

$1.5\times(b+5)=a \to 1.5b+7.5=a \cdots \bigcirc$

정지한 보트는 0.4시간 동안 물에 의해 떠내려가므로

$3.2\times(b-5)=a+5\times0.4 \to 3.2b-18=a \cdots \bigcirc$

$\bigcirc$과 $\bigcirc$을 연립하면 다음과 같다.

$1.5b+7.5=3.2b-18 \to 1.7b=25.5$

$\therefore b=15$

따라서 흐르지 않는 물에서의 보트의 속력은 15km/h이다.

03

정답 ③

2013~2021년까지 전년 대비 사기와 폭행의 범죄건수 증감추이는 다음과 같다.

구분	2013년	2014년	2015년	2016년	2017년	2018년	2019년	2020년	2021년
사기	감소	감소	감소	감소	감소	감소	증가	증가	감소
폭행	증가	증가	증가	증가	증가	증가	감소	감소	증가

따라서 2013~2021년까지 전년 대비 사기와 폭행의 범죄건수 증감추이는 서로 반대이다.

오답분석

① 2012~2021년 범죄별 발생건수의 1~5위는 '절도 – 사기 – 폭행 – 살인 – 방화' 순이나 2012년의 경우 '절도 – 사기 – 폭행 – 방화 – 살인' 순으로 다르다.

② 2012~2021년 동안 발생한 방화의 총 발생건수는 $5+4+2+1+2+5+2+4+5+3=33$천 건으로 3만 건 이상이다.

④ 2014년 전체 범죄발생건수는 $270+371+148+2+12=803$천 건이며, 이 중 절도의 범죄건수가 차지하는 비율은 $\dfrac{371}{803}\times 100≒46.2\%$로 50% 미만이다.

⑤ 2012년 전체 범죄발생건수는 $282+366+139+5+3=795$천 건이고, 2021년에는 $239+359+156+3+14=771$천 건이다.

2012년 대비 2021년 전체 범죄발생건수 감소율은 $\dfrac{771-795}{795}\times100≒-3\%$로 5% 미만이다.

04

정답 ④

도표에 나타난 프로그램 수입비용을 모두 합하면 $26+0.3+0.7+189+14+150=380$만 달러이며, 이 중 영국에서 수입하는 액수는 150만 달러이다. 따라서 그 비중은 $\frac{150}{380}\times100 ≒ 39.5\%$에 달한다.

05

정답 ④

A기계와 B기계 생산대수의 증감 규칙은 다음과 같다.

· A기계

앞의 항에 $+3$을 하는 등차수열이다.

· B기계

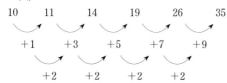

주어진 수열의 계차는 공차가 $+2$인 등차수열이다.

2026년의 A기계 생산량은 $35+5\times3=50$대이고, B기계 생산량은 $35+\displaystyle\sum_{t=1}^{5}(9+2k)=35+9\times5+2\times\frac{5\times6}{2}=110$대이다.

따라서 2026년 A기계와 B기계의 총 생산량은 $50+110=160$대이다.

01	02	03	04						
④	①	④	②						

01

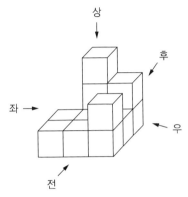

• 상

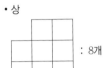

: 8개

• 전

: 7개

• 후

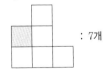

: 7개

• 좌

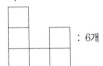

: 6개

• 우

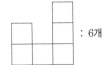

: 6개

∴ 8+7+7+6+6＝34개

02

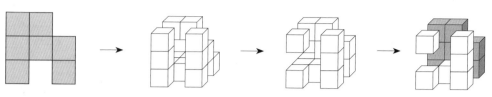

∴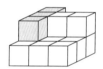

03

- 1층 : $5 \times 4 - 3 = 17$개
- 2층 : $20 - 4 = 16$개
- 3층 : $20 - 11 = 9$개
- ∴ $17 + 16 + 9 = 42$개

04

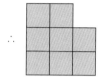

05 도형추리

01	02	03							
①	④	②							

01

정답 ①

규칙은 세로로 적용된다.

첫 번째 도형에서 두 번째 도형과 겹치는 부분을 제외하면 세 번째 도형이 된다.

02

정답 ④

규칙은 가로로 적용된다.

첫 번째 도형을 시계 방향으로 90°만큼 회전시키고 수평으로 자른 윗부분이 두 번째 도형이고, 두 번째 도형을 수직으로 자른 후 오른쪽 부분을 y축 대칭시키면 세 번째 도형이다.

03

정답 ②

규칙은 가로로 적용된다.

첫 번째 도형과 두 번째 도형의 색칠된 부분을 합친 도형이 세 번째 도형이다.

04 | 2021년 기출복원문제

01 | 언어논리

01	02	03	04	05	06	07	08	09	10
④	④	①	⑤	④	①	①	①	③	①
11	12	13							
⑤	④	④							

01
정답 ④

주어진 명제를 정리하면 다음과 같다.

- a : 치킨을 판매하는 푸드트럭이 선정된다.
- b : 핫도그를 판매하는 푸드트럭이 선정된다.
- c : 커피를 판매하는 푸드트럭이 선정된다.
- d : 피자를 판매하는 푸드트럭이 선정된다.
- e : 솜사탕을 판매하는 푸드트럭이 선정된다.
- f : 떡볶이를 판매하는 푸드트럭이 선정된다.

- $a \rightarrow \sim b$
- $\sim c \rightarrow d$
- $e \rightarrow a$
- $d \rightarrow \sim f$ or $f \rightarrow \sim d$
- $\sim e \rightarrow f$

핫도그를 판매하는 푸드트럭이 선정되면 $b \rightarrow \sim a \rightarrow \sim e \rightarrow f \rightarrow \sim d \rightarrow c$가 성립한다.
따라서 사업에 선정되는 푸드트럭은 커피, 핫도그, 떡볶이를 판매한다.

02
정답 ④

D는 102동 또는 104동에 살며, A와 B가 서로 인접한 동에 살고 있으므로 E는 101동 또는 105동에 산다. 이를 통해 101동부터 (A, B, C, D, E), (B, A, C, D, E), (E, D, C, A, B), (E, D, C, B, A)의 네 가지 경우를 추론할 수 있다.
따라서 'A가 102동에 산다면 E는 105동에 산다.'는 반드시 참이다.

03
정답 ①

- A : 수첩과 바지는 앨범보다 아래에 있는 서랍에 들어있는데, 윗옷은 가장 위에 있는 서랍에 들어있지 않다고 했으므로 앨범이 가장 위에 있는 서랍에 들어있다.
- B : 바지와 수첩의 서랍 순서는 알 수 없다.

따라서 A만 옳다.

04
정답 ⑤

ⓒ과 ⓔ·ⓐ은 모순되며, ⓒ과 ⓗ·ⓞ·ⓧ 역시 모순된다.
ⅰ) 김대리가 짬뽕을 먹은 경우
ⓗ, ⓞ, ⓧ 3개의 진술이 참이 되므로 성립하지 않는다.
ⅱ) 박과장이 짬뽕을 먹은 경우
ⓐ, ⓒ, ⓗ 3개의 진술이 참이 되므로 성립하지 않는다.
ⅲ) 최부장이 짬뽕을 먹은 경우
최부장이 짬뽕을 먹었으므로 ⓐ, ⓗ, ⓞ은 반드시 거짓이 된다. 이때, ⓒ은 반드시 참이 되므로 모순되는 ⓗ, ⓧ은 반드시 거짓이 되고, ⓔ, ⓐ 또한 반드시 거짓이 되므로 모순되는 ⓒ이 참이 되는 것을 알 수 있다.
따라서 짬뽕을 먹은 사람은 최부장이고, 참인 진술은 ⓒ·ⓒ이다.

05
정답 ④

생리활성 물질은 항암 효과를 가지고 있는데 새싹채소와 성체 모두 이를 함유하고 있다.

오답분석
① 종자 안에는 성체로 자라기 위한 각종 영양소가 포함되어 있다.
② 새싹은 성숙한 채소에 비하여 영양성분이 약 3~4배 정도 더 많이 함유되어 있으며, 종류에 따라서는 수십 배 이상의 차이를 보이기도 한다.
③ 무싹은 새싹채소로 기존에 많이 이용되어 왔다.
⑤ 바로 나왔을 때가 아닌 어린잎이 두세 개 달릴 즈음이 생명유지와 성장에 필요한 생리활성 물질을 가장 많이 만들어내는 때이다.

06

정답 ①

제시문은 들이마신 공기를 정맥혈액에 전달하여 혈액을 산소화시키는 허파의 기능에 대해 말하고 있다.

07

정답 ①

'늦잠을 자다.'를 p, '부지런하다.'를 q, '건강하다.'를 r, '비타민을 챙겨먹다.'를 s라고 하면, 각각 $\sim p \to q$, $p \to \sim r$, $s \to r$이다. 어떤 명제가 참이면 그 대우도 참이므로, 첫 번째, 세 번째, 두 번째 명제의 대우를 연결하면 $s \to r \to \sim p \to q$가 된다. 따라서 $s \to q$는 참이다.

오답분석

② $s \to q$의 역이며, 참인 명제의 역은 참일 수도, 거짓일 수도 있다.

③ $p \to s$이므로 참인지 거짓인지 알 수 없다.

④ $\sim p \to q$의 이이며, 참인 명제의 이는 참일 수도, 거짓일 수도 있다.

⑤ $r \to q$의 역이며, 참인 명제의 역은 참일 수도, 거짓일 수도 있다.

08

정답 ①

'커피를 마신다.'를 p, '치즈케이크를 먹는다.'를 q, '마카롱을 먹는다.'를 r, '요거트를 먹는다.'를 s, '초코케이크를 먹는다.'를 t, '아이스크림을 먹는다.'를 u라고 하면, $r \to \sim s \to p \to q \to \sim t \to u$가 성립한다. 따라서 $r \to u$는 참이다.

09

정답 ③

'A세포가 있다.'를 p, '물체의 상을 감지하다.'를 q, 'B세포가 있다.'를 r, '빛의 유무를 감지하다.'를 s라 하면, 첫 번째, 두 번째, 마지막 명제는 각각 $p \to \sim q$, $\sim r \to q$, $p \to s$이다. 두 번째 명제의 대우와 첫 번째 명제에 따라 $p \to \sim q \to r$이 되어 $p \to r$이 성립하고, 마지막 명제가 $p \to s$가 되기 위해서는 $r \to s$가 추가로 필요하다. 따라서 빈칸에 들어갈 명제는 $r \to s$인 'B세포가 있는 동물은 빛의 유무를 감지할 수 있다.'이다.

10

정답 ①

제시문은 주로 '한 번 문이 열리면 다시 그 문을 닫기란 매우 어렵다.', '철학의 모험은 자주 거칠고 무한한 혼돈의 바다에 표류하는 작은 뗏목에 비유된다.' 등 비유적 표현으로 논의의 대상인 '철학의 특성(모험적 성격)'을 밝히고 있다.

11

정답 ⑤

제시문은 철학의 특성인 '모험성'과 '대가'를 알리기 위해 '동굴의 비유'를 인용하였다. 즉, '동굴 안'은 기존의 세계를, '동굴 밖'은 기존의 세계를 뛰어넘은 곳(진리의 세계)을, 동굴 안과 동굴 밖까지를 지나는 과정은 '모험'을 뜻한다고 볼 수 있다. 또한 동굴의 밖에 도달하여 과거 세계의 허구성을 아는 것을 '지식 획득'으로, 무지의 장막에 휩싸인 자들에게 받는 불신과 박해를 혹독한 '대가'라고 할 수 있는 것이다.

12

정답 ④

제시문은 인간의 표정을 통해 감정을 읽는 것은 비과학적이므로 감정인식 기술을 채용이나 법 집행 등의 민감한 상황에서 사용하는 것을 금지해야 한다고 주장한다. 따라서 AI가 제공하는 데이터를 통해 지원자의 감정을 자세하게 파악할 수 있다는 내용의 ④는 글쓴이의 주장과 반대되는 입장이므로 근거로 적절하지 않다.

13

정답 ④

향후 에너지 서비스 산업의 핵심 활동은 대상별(고객, 설비 등) 맞춤형 서비스를 통한 소비자 가치증진에 있으며 데이터가 중심인 에너지 플랫폼이 그 핵심이 될 것으로 보고 있다. 따라서 향후 에너지 서비스 산업의 핵심 활동이 생산자 가치증진에 있다는 ④가 제시문의 내용으로 적절하지 않다.

01	02	03	04	05	06	07	08	09	10
④	②	③	①	①	④	③	③	①	⑤

01 　　　　　　　　　　　정답 ④

개과불린(改過不吝)은 '허물을 고침에 인색하지 말라.'는 뜻으로, 잘못된 것이 있으면 고치는 데 주저하지 않고 빨리 바로잡아 반복하지 말자는 의미이다.

오답분석
① 유비무환(有備無患) : 준비가 있으면 근심이 없다.
② 유유상종(類類相從) : 같은 무리끼리 서로 사귐
③ 회자정리(會者定離) : 만남이 있으면 헤어짐도 있다.
⑤ 개세지재(蓋世之才) : 세상을 마음대로 다스릴 만한 뛰어난 재기(才氣) 또는 그러한 재기(才氣)를 가진 사람

02 　　　　　　　　　　　정답 ②

'썩이다'는 '걱정이나 근심으로 몹시 괴로운 상태가 되게 하다.'라는 뜻으로, '물건이나 사람 또는 사람의 재능 따위가 쓰여야 할 곳에 제대로 쓰이지 못하고 내버려진 상태에 있게 하다.'라는 뜻의 '썩히다'로 고쳐야 한다.

03 　　　　　　　　　　　정답 ③

'산을 밀어 도로를 만든다.'에서 '밀다'는 허물어 옮기거나 깎아 없앤다는 의미로 쓰인 것으로 적절하지 않다. '나무 따위의 거친 표면을 반반하고 매끄럽게 깎다.'의 의미의 '밀다'는 '대패로 송판을 밀다.'와 같이 활용된다.

04 　　　　　　　　　　　정답 ①

- 그녀는 숙명/운명에 대항해 힘껏 싸웠다.
- 그는 딸의 죽음을 운명/숙명으로 받아들였다.
- 각자 맡은 바 사명을 다하다.
- 그분의 고명은 나도 들은 바 있소.

• 임명(任命) : 일정한 지위나 임무를 남에게 맡김

오답분석
② 사명(使命) : 맡겨진 임무
③ 운명(運命) : 인간을 포함한 모든 것을 지배하는 초인간적인 힘
④ 고명(高名) : 높이 알려진 이름이나 높은 명예
⑤ 숙명(宿命) : 날 때부터 타고난 정해진 운명. 또는 피할 수 없는 운명

05 　　　　　　　　　　　정답 ①

'천재일우(千載一遇)'란 '천 년에 한 번 만날 만한 기회'로 좀처럼 만나기 어려운 좋은 기회(機會)라는 뜻이다.

오답분석
② 인연(因緣)
③ 노력(努力)
④ 시간(時間)
⑤ 조건(條件)

06 　　　　　　　　　　　정답 ④

• 가웃 : 되, 말, 자의 수를 셀 때 그 단위의 약 반에 해당하는 남는 분량을 이르는 접미사

07 　　　　　　　　　　　정답 ③

'가랑비에 옷 젖는 줄 모른다.'는 속담에 '낙숫물이 댓돌 뚫는다.'는 속담이 대응한다.

08 　　　　　　　　　　　정답 ③

제시된 단어는 유의 관계이다.
'황공하다'의 유의어는 '황름하다'이고, '아퀴짓다'의 유의어는 '마무리하다'이다.
• 황름하다 : 위엄이나 지위 따위에 눌리어 두렵다.
• 아퀴짓다 : 일을 끝마무리하다.

09 　　　　　　　　　　　정답 ①

등화가친(燈火可親)은 '등불을 가까이 할 만하다.'는 뜻으로 가을밤에 등불을 가까이하여 글 읽기에 좋은 계절임을 뜻한다.

오답분석
② 형설지공(螢雪之功) : 반딧불과 눈빛으로 책을 읽어서 이룬 공으로 고생을 하면서 공부하여 얻은 보람을 뜻한다.
③ 천고마비(天高馬肥) : '하늘이 높고 말이 살찐다.'는 뜻으로 하늘이 맑아 높푸르게 보이고 온갖 곡식이 익어가는 가을철을 뜻한다.
④ 위편삼절(韋編三絶) : 공자가 읽었던 책 끈이 세 번이나 끊어졌다는 이야기에서 유래된 것으로 열심히 공부함을 뜻한다.
⑤ 주경야독(晝耕夜讀) : '낮에는 밭을 갈고, 밤에는 책을 읽는다.'는 뜻으로 어려운 여건 속에서 꿋꿋이 공부함을 뜻한다.

10

망우보뢰(亡牛補牢)는 '소 잃고 외양간 고친다.'는 뜻으로, 실패(失敗)한 후(後)에 일을 대비(對備)함을 이르는 말이다.

오답분석

① 십벌지목(十伐之木) : '열 번 찍어 베는 나무'라는 뜻으로, 열 번 찍어 안 넘어가는 나무가 없음을 이르는 말

② 정저지와(井底之蛙) : '우물 안의 개구리'란 뜻으로, 소견이나 견문이 몹시 좁은 것을 이르는 말

③ 견문발검(見蚊拔劍) : '모기를 보고 칼을 뺀다.'는 뜻으로, 보잘것없는 작은 일에 지나치게 큰 대책(對策)을 세움을 이르는 말

④ 조족지혈(鳥足之血) : '새발의 피'란 뜻으로, 극히 적은 분량(分量)을 이르는 말

01	02	03	04	05	06	07	08	09	10
⑤	②	②	④	⑤	③	③	②	④	②

01

정답 ⑤

ㄷ. 전체 품목 중 화장품의 비율은 $\frac{62,733}{122,757} \times 100 ≒ 51.1\%$이며, 국산품 합계 중 국산 화장품의 비율은 $\frac{35,286}{48,717} \times 100 ≒ 72.4\%$로 국산 화장품 비율이 더 높다.

ㄹ. 전체 품목 중 가방류의 비율은 $\frac{17,356}{122,757} \times 100 ≒ 14.1\%$이며, 외국산품 합계 중 외국산 가방류의 비율은 $\frac{13,224}{74,040} \times 100 ≒$ 17.9%로 외국산 가방류의 비율이 더 높다.

오답분석

ㄱ. 도표에서 품목별 외국산품 비중이 높은 주요 제품은 의류, 향수, 시계, 주류 그리고 신발류이다. 품목별 전체 비중을 계산하면 다음과 같다.

구분	외국산품 비율
의류	약 89.7%
향수	약 96.0%
시계	약 98.9%
주류	약 97.4%
신발류	약 98.0%

ㄴ. 인 · 홍삼류의 대기업 비중은 $\frac{2,148}{2,899} \times 100 ≒ 74.1\%$로 가장 높다.

02

정답 ②

전체 단속 건수에서 광주 지역과 대전 지역이 차지하는 비율은 다음과 같다.

- 광주 : $\frac{1,090}{20,000} \times 100 = 5.45\%$

- 대전 : $\frac{830}{20,000} \times 100 = 4.15\%$

따라서 광주 지역이 대전 지역보다 1.3%p 더 높다.

오답분석

① 울산 지역의 단속 건수는 1,250건으로 전체 단속 건수에서 차지하는 비중은 $\frac{1,250}{20,000} \times 100 = 6.25\%$이다.

③ 수도권 지역의 단속 건수는 3,010+2,650+2,820=8,480건으로 전체 단속 건수에서 차지하는 비중은 $\frac{8,480}{20,000} \times 100 = 42.4\%$이다. 따라서 수도권 지역의 단속 건수는 전체 단속 건수의 절반 미만이다.

④ 신호위반이 가장 많이 단속된 지역은 980건인 제주이지만, 과속이 가장 많이 단속된 지역은 1,380건인 인천이다.

⑤ 경기의 무단횡단 · 신호위반 · 과속 · 불법주정차 위반 건수는 서울보다 적지만, 음주운전 위반 건수는 서울보다 많다.

03

2020년과 2021년 사기업의 수도권 지역과 수도권 외 지역의 월평균 방역횟수 차이를 구하면 다음과 같다.

구분	대기업	중소기업	개인기업
2020년	18.2−15.4=2.8회	8.8−4.2=4.6회	3.4−1.8=1.6회
2021년	21.8−16.2=5.6회	13.9−11.2=2.7회	10.1−6.5=3.6회

따라서 수도권 지역과 수도권 외 지역의 월평균 방역횟수의 차이가 가장 큰 곳은 2020년에는 중소기업이고, 2021년에는 대기업이다.

오답분석

① 수도권 지역과 수도권 외 지역의 2020년 대비 2021년 공공기관의 월평균 방역횟수 증가율을 구하면 다음과 같다.

- 수도권 : $\dfrac{19.25-12.5}{12.5}\times100=54\%$

- 수도권 외 : $\dfrac{11.34-8.4}{8.4}\times100=35\%$

따라서 월평균 방역횟수 증가율은 수도권 지역이 수도권 외 지역보다 54−35=19%p 더 높다.

③ 2021년 수도권 지역의 월평균 방역횟수가 가장 많은 곳은 병원이고, 가장 적은 곳은 유흥업소이다.

따라서 두 업소의 월평균 방역횟수 차이는 88.2−3.8=84.4회이다.

④ 2020년 수도권 지역과 수도권 외 지역의 월평균 방역횟수의 차이를 정리하면 다음과 같다.

구분	수도권 지역	수도권 외 지역	수도권 − 수도권 외
공공기관	12.5	8.4	4.1
대기업	18.2	15.4	2.8
중소기업	8.8	4.2	4.6
개인기업	3.4	1.8	1.6
학교	10.8	7.2	3.6
병원	62.4	58.2	4.2
학원 · 독서실	6.6	4.5	2.1
카페	8.4	6.8	1.6
식당	11.2	7.2	4
PC방	7.1	5.8	1.3
목욕탕 · 찜질방	5.9	1.2	4.7
노래방	2.8	1.4	1.4
유흥업소	1.8	1.1	0.7

따라서 2020년 수도권 지역과 수도권 외 지역의 월평균 방역횟수의 차이가 가장 큰 곳은 4.7회인 목욕탕 · 찜질방이다.

⑤ 2020년 수도권 외 지역의 카페와 식당의 월평균 방역횟수의 평균횟수는 $\dfrac{6.8+7.2}{2}=7$회이다. 따라서 PC방의 월평균 방역횟수인 5.8회보다 크다.

04

2019년과 2020년은 모든 지역에서 최고기온이 전년 대비 증가하였지만, 2019년 광주의 최저기온(2.1℃)은 전년인 2018년(2.2℃) 대비 감소하였다.

① 수도권의 최고기온이 높은 순으로 나열하면 다음과 같다.
- 2018년 : 경기(29.2℃)−인천(28.9℃)−서울(28.5℃)
- 2019년 : 경기(31.4℃)−인천(30.5℃)−서울(30.1℃)
- 2020년 : 경기(31.9℃)−인천(31.5℃)−서울(31.4℃)

수도권의 최저기온이 높은 순으로 나열하면 다음과 같다.
- 2018년 : 서울(−2.8℃)−인천(−3.4℃)−경기(−5.2℃)
- 2019년 : 서울(−0.5℃)−인천(−0.9℃)−경기(−1.2℃)
- 2020년 : 서울(0.9℃)−인천(0.5℃)−경기(−0.3℃)

따라서 최고기온은 '경기−인천−서울' 순으로 높고, 최저기온은 '서울−인천−경기' 순으로 높다.

② 2018~2020년에 영하기온이 있는 지역은 다음과 같다.
- 2018년 : 서울(−2.8℃), 경기(−5.2℃), 인천(−3.4℃), 대전(−1.1℃)
- 2019년 : 서울(−0.5℃), 경기(−1.2℃), 인천(−0.9℃)
- 2020년 : 경기(−0.3℃)

따라서 영하기온이 있는 지역의 수는 매년 감소하고 있다.

③ 2018~2020년에 대구와 부산의 최고기온은 다음과 같다.
- 2018년 최고기온 : 대구 31.8℃, 부산 33.5℃
- 2019년 최고기온 : 대구 33.2℃, 부산 34.1℃
- 2020년 최고기온 : 대구 35.2℃, 부산 34.8℃

따라서 2020년에 대구의 최고기온이 부산보다 높아졌다.

⑤ 2019년 대비 2020년 평균기온은 인천(15.2−14.2=1.0℃), 대구(17.9−16.8=1.1℃) 두 지역만 1℃ 이상 증가하였다.

05

정답 ⑤

a	n
5	50
5+(5+1)=11	50−1=49
11+(11+1)=23	49−1=48
23+(23+1)=47	48−1=47
47+(47+1)=95	47−1=46

$\therefore 95 \times 46 = 4{,}370$

06

정답 ③

a	n
1	$\dfrac{5}{4}$
$1 \times 2 + 2 = 4$	$\dfrac{5}{4} + 1 = \dfrac{9}{4}$
$4 \times 2 + 2 = 10$	$\dfrac{9}{4} + 2 = \dfrac{17}{4}$
$10 \times 2 + 2 = 22$	$\dfrac{17}{4} + 4 = \dfrac{33}{4}$
$22 \times 2 + 2 = 46$	$\dfrac{33}{4} + 8 = \dfrac{65}{4}$

$\therefore \dfrac{65}{4} \times 4 = 65$

07

ㄱ. 초등학생에서 중학생. 고등학생으로 올라갈수록 스마트폰(7.2% → 5.5% → 3.1%)과 PC(42.5% → 37.8% → 30.2%)의 이용률은 감소하고, 태블릿PC(15.9% → 19.9% → 28.5%)와 노트북(34.4% → 36.8% → 38.2%)의 이용률은 증가하고 있다.

ㄷ. 태블릿PC와 노트북의 남학생 · 여학생 이용률의 차이는 다음과 같다.
- 태블릿PC : $28.1 - 11.7 = 16.4$%p
- 노트북 : $39.1 - 30.9 = 8.2$%p

따라서 태블릿PC는 노트북의 $16.4 \div 8.2 = 2$배이다.

오답분석

ㄴ. 초 · 중 · 고등학생의 노트북과 PC의 이용률의 차이는 다음과 같다.
- 초등학생 : $42.5 - 34.4 = 8.1$%p
- 중학생 : $37.8 - 36.8 = 1$%p
- 고등학생 : $38.2 - 30.2 = 8$%p

따라서 중학생이 가장 작다.

08

- 김사원 : 전체 경쟁력 점수는 E국이 D국보다 1점 높다. 이때 E국과 D국의 총합을 각각 계산하는 것보다 D국을 기준으로 E국의 편차를 부문별로 계산하여 판단하는 것이 좋다. 부문별 편차는 변속감 -1, 내구성 -2, 소음 -4, 경량화 $+10$, 연비 -2이므로 총합은 E국이 $+1$이다.
- 최대리 : C국을 제외하고 국가 간 차이가 가장 큰 부문은 경량화 21점. 가장 작은 부분은 연비 9점이다.
- 오사원 : 내구성이 가장 높은 국가는 B, 경량화가 가장 낮은 국가는 D이다.

09

2019년에 제주의 등락률이 상승했고, 2020년에 서울과 경남의 등락률이 상승했다.

오답분석

① 2018년부터 부산의 등락률은 2.4% → 1.5% → 1.3% → 0.8%로 하락하고 있다.
② 2020년에 등락률이 가장 높은 곳은 등락률이 1.6%인 서울이다.
③ 2018년에 경남은 제주(1.2%)에 이어 1.9%로 등락률이 두 번째로 낮다.
⑤ 2021년에 충북은 등락률이 -0.1%로 가장 낮다.

10

중국의 의료 빅데이터 예상 시장 규모의 전년 대비 성장률을 구하면 다음과 같다.

구분	2015년	2016년	2017년	2018년	2019년	2020년	2021년	2022년	2023년	2024년
성장률(%)	−	56.3	90.0	60.7	93.2	64.9	45.0	35.0	30.0	30.0

2023년과 2024년의 증감률은 전년 대비 비슷한 감소폭을 보이는 것에 비해 ①의 그래프는 증감률이 크게 차이를 보이므로 ②의 그래프가 적절하다.

	01	02	03							
	②	③	②							

01

정답 ②

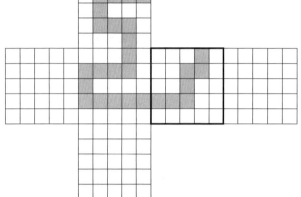

02

정답 ③

03

정답 ②

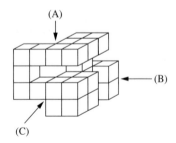

01 언어논리

01	02	03	04	05	06				
④	③	①	④	①	③				

01
정답 ④

주어진 조건을 정리하면 다음과 같다.

제네시스	그랜저	투싼	에쿠스	소나타
흰색	검은색	흰색	파란색	흰색

따라서 주어진 조건을 통해 에쿠스는 파란색, 그랜저는 검은색임을 알 수 있다.

오답분석
① 흰색 차량은 제네시스, 투싼, 소나타 총 3대이다.
② 그랜저는 제네시스의 바로 오른쪽으로, 왼쪽에서 두 번째에 있다.
③ 그랜저는 검은색, 에쿠스는 파란색으로, 검은색과 파란색 차량은 각각 1대씩 있다.
⑤ 그랜저는 검은색 차량으로, 나머지 차량의 색상과 다르다.

02
정답 ③

다섯 번째, 여섯 번째 조건을 통해 생일이 빠른 순서로 정렬하면 '정 — 을 — 병 — 갑' 또는 '을 — 병 — 갑 — 정'이다. 그러나 네 번째 조건에 따라 '정 — 을 — 병 — 갑'은 될 수 없다. 따라서 '을 — 병 — 갑 — 정' 순으로 생일이 빠르다. 또한 세 번째, 네 번째 조건에 따라 을은 법학, 병은 의학, 갑은 수학, 정은 철학을 전공했다.

03
정답 ①

오른쪽 끝자리에는 30대 남성이, 왼쪽에서 두 번째 자리에는 40대 남성이 앉고, 네 번째 조건에 따라 30대 여성은 왼쪽에서 네 번째 자리에 앉아야 한다. 이때, 40대 여성은 세 번째 조건에 의해 왼쪽에서 첫 번째 자리에 앉아야 하므로 남은 자리에 20대 남녀가 앉을 수 있다.

경우 1

40대 여성	40대 남성	20대 여성	30대 여성	20대 남성	30대 남성

경우 2

40대 여성	40대 남성	20대 남성	30대 여성	20대 여성	30대 남성

따라서 항상 옳은 것은 ①이다.

04
정답 ④

기술을 통한 제조 주기의 단축과 하나의 공장에서 다양한 제품군을 생산하는 것은 '기술적 혁명'을 통한 생산성 향상, 생산 공정 최적화 등과 관련이 있다. 따라서 GE의 제조 공장은 ⓒ 제조업의 스마트화 사례에 해당한다.

05
정답 ①

제시문에서 인간은 직립보행을 계기로 후각이 생존에 상대적으로 덜 영향을 주게 되면서, 시각을 발달시키는 대신 후각을 현저히 퇴화시켰다는 사실을 설명하고 있다. 다만 후각은 여전히 감정과 긴밀히 연계되어 있고 관련 기억을 불러일으킨다는 사실을 언급하며 마무리하고 있다. 따라서 인간은 후각을 퇴화시켜 부수적인 기능으로 남겨두었다는 것이 제시문의 요지이다.

06
정답 ③

제시문은 현재 에너지 비용을 지원하는 단기적인 복지 정책은 효과가 지속되지 않고, 오히려 에너지 사용량이 늘어나 에너지 절감과 같은 환경 효과를 볼 수 없으므로 '효율형'과 '전환형'의 복합적인 에너지 복지 정책을 추진해야 한다는 내용의 글이다. 따라서 에너지 비용을 지원하는 정책의 효과가 지속되지 않는다는 데에는 ㄴ이, 일자리 창출 효과의 '효율형' 정책과 환경 보호 효과의 '전환형' 정책을 복합적으로 추진해야 한다는 데에는 ㄷ이 각각 필자의 논거로 사용될 수 있다.

01	02	03	04	05	06			
②	①	⑤	③	④	①			

01
정답 ②

'미쁘다'는 '믿음성이 있다.'는 뜻으로 사용된다.

02
정답 ①

'효시(嚆矢)'는 어떤 사물이나 현상이 시작되어 나온 맨 처음을 비유적으로 이르는 말로, 전쟁을 시작할 때 우는살을 먼저 쏘았다는 데에서 유래됐다.

03
정답 ⑤

'만'은 횟수를 나타내는 말 뒤에 쓰여 '앞말이 가리키는 횟수를 끝으로'의 뜻을 나타내는 의존 명사이므로 '한 번 만에'와 같이 띄어 써야 한다.

오답분석
① '등'은 두 개 이상의 사물을 나열할 때, 그 열거한 사물 모두를 가리키거나 그 밖에 같은 종류의 사물이 더 있음을 나타내는 의존 명사이므로 앞말과 띄어 쓴다.
② 용언의 관형사형 뒤에 나타나는 '뿐'은 다만 어떠하거나 어찌할 따름이라는 뜻을 나타내는 의존 명사이므로 앞말과 띄어 쓴다.
③ 체언 바로 뒤에 붙어 나타나는 '-만큼'은 앞말과 비슷한 정도나 한도임을 나타내는 격조사이므로 붙여 쓴다.
④ '듯하다'는 앞말이 뜻하는 사건이나 상태 따위를 짐작하거나 추측함을 나타내는 보조 형용사이므로 한 단어로 붙여 쓴다.

04
정답 ③

• 부화뇌동(附和雷同) : '우레 소리에 맞춰 함께 한다.'는 뜻으로, 자신의 뚜렷한 소신 없이 그저 남이 하는 대로 따라가는 것을 의미한다.
• 서낭에 가 절만 한다 : '서낭신 앞에 가서 아무 목적도 없이 절만 한다.'는 뜻으로, 영문도 모르고 남이 하는 대로만 따라함을 비유적으로 이르는 말이다.

오답분석
① 서른세 해 만에 꿈 이야기 한다 : 까맣게 잊어버린 지난 일을 새삼스럽게 들추어내서 상기시키는 쓸데없는 행동을 비유적으로 이르는 말

② 누운 소 똥 누듯 한다 : 무슨 일을 힘들이지 않고 쉽게 하는 것을 비유적으로 이르는 말
④ 차돌에 바람 들면 석돌보다 못하다 : 오달진 사람일수록 한 번 타락하면 걷잡을 수 없게 된다는 말
⑤ 팔 고쳐주니 다리 부러졌다 한다 : 체면이 없이 무리하게 계속 요구를 하는 경우를 이르는 말

05
정답 ④

오답분석
① '소위'는 '이른바(세상에서 말하는 바)'라는 뜻으로, '말하는'과 의미가 중복된다.
② '미리'와 '예측(미리 헤아려 짐작함)'이 의미가 중복된다.
③ '올해 추수한'과 '햅쌀(그 해에 새로 난 쌀)'이 의미가 중복된다.
⑤ '전진'은 '앞으로 나아감'이라는 뜻으로, '앞으로'와 의미가 중복된다.

06
정답 ①

제시문에서는 대형마트와 백화점 중 판매되는 곳에 따라 나타나는 상품에 대한 구매 선호도의 차이를 이야기하고 있다. 따라서 제시문과 관련 있는 한자성어로는 '회남의 귤을 회북에 옮겨 심으면 탱자가 된다.'는 뜻의 '환경에 따라 사람이나 사물의 성질이 변함'을 의미하는 '귤화위지(橘化爲枳)'이다.

오답분석
② 좌불안석(坐不安席) : '앉아도 자리가 편안하지 않다.'는 뜻으로, 마음이 불안하거나 걱정스러워서 한군데에 가만히 앉아 있지 못하고 안절부절못하는 모양을 이르는 말
③ 불문가지(不問可知) : 묻지 아니하여도 알 수 있음을 이르는 말
④ 전화위복(轉禍爲福) : 재앙과 근심, 걱정이 바뀌어 오히려 복이 됨을 이르는 말
⑤ 일망타진(一網打盡) : '한 번 그물을 쳐서 고기를 다 잡는다.'는 뜻으로, 어떤 무리를 한꺼번에 모조리 다 잡음을 이르는 말

01	02	03	04	05	06				
②	③	⑤	③	②	③				

01

정답 ②

제주공항 화물은 김해공항 화물의 $\dfrac{23,245}{14,469} \fallingdotseq 1.6$배이다.

오답분석

① 제주공항, 대구공항은 도착 여객보다 출발 여객의 수가 많다.

③ 인천공항 운항은 전체 공항 운항의 $\dfrac{31,721}{70,699} \times 100 \fallingdotseq 44.9\%$를 차지한다.

④ 김해공항 운항은 9,094편, 제주공항 운항은 14,591편이다. 김해공항 운항과 제주공항 운항을 합하면 $9,094 + 14,591 = 23,685$편이므로, 김포공항 화물인 23,100톤 숫자보다 크다.

⑤ 도착 운항이 두 번째로 많은 공항은 제주공항이나 도착 화물이 두 번째로 많은 공항은 김포공항이다.

02

정답 ③

2015년과 2020년을 비교했을 때, 국유지 면적의 차이는 $24,087 - 23,033 = 1,054 km^2$이고, 법인 면적의 차이는 $6,287 - 5,207 = 1,080 km^2$이므로 법인 면적의 차이가 더 크다.

오답분석

① 국유지 면적은 매년 증가하고, 민유지 면적은 매년 감소하는 것을 확인할 수 있다.

② 전년 대비 2016~2020년 군유지 면적의 증가량은 다음과 같다.
 • 2016년 : $4,788 - 4,741 = 47 km^2$
 • 2017년 : $4,799 - 4,788 = 11 km^2$
 • 2018년 : $4,838 - 4,799 = 39 km^2$
 • 2019년 : $4,917 - 4,838 = 79 km^2$
 • 2020년 : $4,971 - 4,917 = 54 km^2$
 따라서 군유지 면적의 증가량은 2019년에 가장 많다.

④ 제시된 자료를 통해 전체 국토면적은 매년 증가하고 있는 것을 확인할 수 있다.

⑤ 전년 대비 2020년 전체 국토면적의 증가율은 $\dfrac{100,033 - 99,897}{99,897} \times 100 \fallingdotseq 0.14\%$이므로 1% 미만이다.

03

정답 ⑤

2015~2019년 동안 매년 생산량은 두류가 잡곡보다 많음을 알 수 있다.

오답분석

① 잡곡의 생산량이 가장 적은 해는 2016년이고, 재배면적이 가장 적은 해는 2019년이다.

② 2019년의 경우 잡곡의 재배면적은 208ha이며, 서류 재배면적의 2배인 $138 \times 2 = 276$ha보다 작다.

③ 두류의 생산량이 가장 많은 해는 2015년이고, 같은 해에 재배면적이 가장 큰 곡물은 미곡이다.

④ 2017~2019년 동안 미곡의 전년 대비 생산량 증감 추이는 '감소 - 증가 - 증가'이고, 두류의 경우 계속 증가했다.

04

정답 ③

(1항)-(3항)=(2항), (2항)-(4항)=(3항), (3항)-(5항)=(4항) …이 반복되는 수열이다.
따라서 ( )$=11 - (-15) = 26$이다.

05

-5, $\times(-2)$가 반복되는 수열이다.

따라서 (　　)$=14-5=9$이다.

06

맨 처음 접시에 있었던 과자의 개수를 x개라고 하면, 먹은 과자의 개수와 먹고 난 후 남은 과자의 개수는 다음과 같다.

(단위 : 개)

구분	먹은 과자개수	남은 과자개수
민우	$\dfrac{1}{2}x$	$\dfrac{1}{2}x$
지우	$\dfrac{1}{2}x\times\dfrac{1}{2}=\dfrac{1}{4}x$	$\dfrac{1}{2}x-\dfrac{1}{4}x=\dfrac{1}{4}x$
경태	$\dfrac{1}{4}x\times\dfrac{1}{4}=\dfrac{1}{16}x$	$\dfrac{1}{4}x-\dfrac{1}{16}x=\dfrac{3}{16}x$
수인과 진형	$\dfrac{3}{16}x=6$	0

따라서 $\dfrac{3}{16}x=6 \rightarrow x=32$이므로 처음 접시에 있었던 과자의 개수는 32개이다.

04 공간추리

01	02	03	04						
①	③	⑤	④						

01

전개도를 앞에서 바라보았을 때 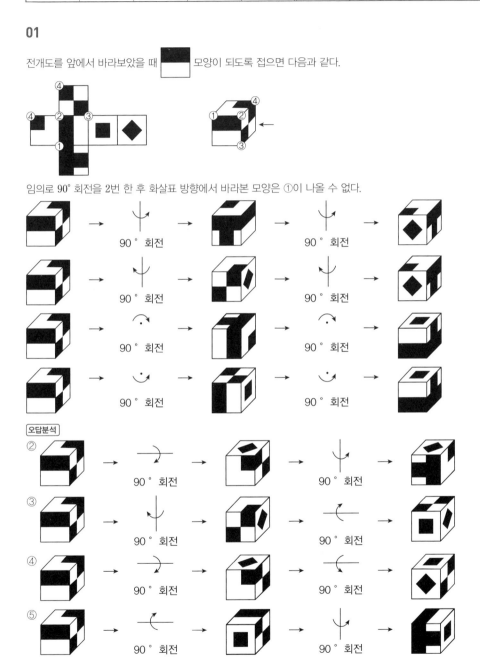 모양이 되도록 접으면 다음과 같다.

임의로 90° 회전을 2번 한 후 화살표 방향에서 바라본 모양은 ①이 나올 수 없다.

오답분석

다음 전개도를 앞에서 바라보았을 때  모양이 되도록 접으면 다음과 같다.

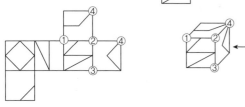

임의로 90° 회전을 2번 한 후 화살표 방향에서 바라본 모양은 ③이 나올 수 없다.

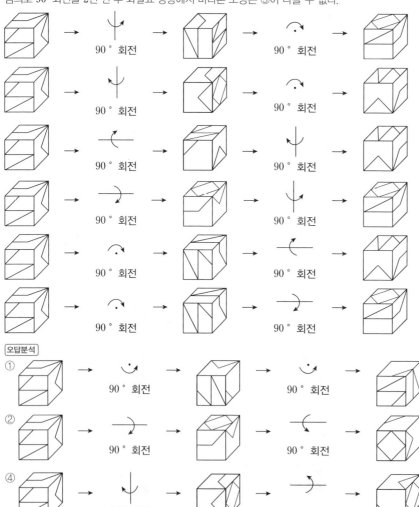

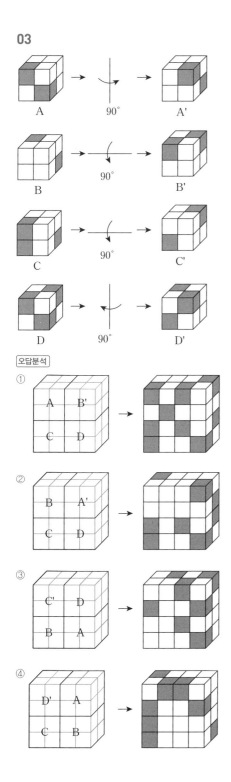

오답분석

① A B'
   C D

② B A'
   C D

③ C' D
   B   A

④ D' A
   C   B

PART 1

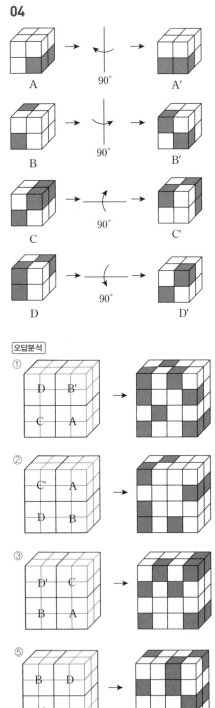

오답분석

01 언어논리

01	02	03	04	05	06			
⑤	③	③	⑤	④	②			

01

정답 ⑤

작품상을 p, 감독상을 q, 각본상을 r, 편집상을 s라고 한다면 심사위원의 진술은 다음과 같이 도식화할 수 있다.

- A심사위원 : $\sim s \rightarrow \sim q$ and $\sim s \rightarrow r$
- B심사위원 : $p \rightarrow q$
- C심사위원 : $\sim q \rightarrow \sim s$
- D심사위원 : $\sim s$ and $\sim r$

이때, D의 진술에 따라 편집상과 각본상을 모두 받지 못한다면, 편집상을 받지 못한다면 대신 각본상을 받을 것이라는 A의 진술이 성립하지 않으므로 A와 D의 진술 중 하나는 반드시 거짓임을 알 수 있다.

ⅰ) D의 진술이 참이고 A의 진술이 거짓인 경우
최대 개수를 구하기 위해 편집상과 각본상을 모두 받지 못하며, 작품상을 받는다고 가정하면 B의 진술에 따라 감독상도 받을 수 있으므로 최대 2개의 상을 수상할 수 있다.

ⅱ) D의 진술이 거짓이고 A의 진술이 참인 경우
최대 개수를 구하기 위해 편집상과 각본상을 모두 받으며, 작품상을 받는다고 가정하면 감독상도 받을 수 있기 때문에 최대 4개의 상을 수상할 수 있다.

따라서 해당 작품이 수상할 수 있는 상의 최대 개수는 4개이다.

02

정답 ③

제시된 조건을 정리하면 밀크시슬을 월요일에 섭취하는 경우 1과 목요일에 섭취하는 경우 2로 나눌 수 있다.

구분	월	화	수	목	금
경우 1	밀크시슬	비타민B	비타민C	비타민E	비타민D
경우 2	비타민B	비타민E	비타민C	밀크시슬	비타민D

따라서 수요일에는 항상 비타민C를 섭취한다.

① 월요일에는 비타민B 또는 밀크시슬을 섭취한다.
② 화요일에는 비타민E 또는 비타민B를 섭취한다.
④ 경우 1에서는 비타민E를 비타민C보다 나중에 섭취한다.
⑤ 비타민D는 밀크시슬보다 나중에 섭취한다.

03

정답 ③

조건에 따라 각 부서원이 준비한 과일과 접시를 정리하면 다음과 같다.

구분	A사원	B사원	C주임	D주임	E대리
과일	사과	바나나	참외	배	수박
접시	초록색 빨간색	검정색	회색	노란색	빨간색 초록색

B사원이 바나나를 준비하였으므로 A사원과 C주임 중 한 명이 사과를 준비하였다. 그런데 양쪽 끝 접시는 빨간색, 초록색이고 참외는 회색 접시에 담겨있으므로 양쪽 끝에 담긴 과일은 두 글자인 과일 중 참외를 제외한 사과, 수박이다. A사원은 사과를, E대리는 수박을 준비하였다. 수박과 참외는 이웃하지 않으므로 D주임이 준비한 과일은 참외일 수 없다. 따라서 C주임이 준비한 과일은 참외이다.

C주임은 참외를 준비했으므로 회색 접시를 준비했고, D주임은 노란색 접시에 배를 준비했음을 알 수 있다. 그러므로 B사원이 준비한 접시의 색깔은 검정색임을 알 수 있다.

04

정답 ⑤

제시문은 '발전'에 대한 개념을 설명하고 있다. 빈칸 앞에는 발전에 대해 '모든 형태의 변화가 전부 발전에 해당하는 것은 아니다.'라고 하면서 교통신호등을 예로 들고, 빈칸 뒤에는 '사태의 진전 과정에서 나중에 나타나는 것은 적어도 그 이전 단계에 내재적으로나마 존재했던 것의 전개에 해당한다는 것이다.'라고 서술하고 있다. 여기에 첫 번째 문장까지 고려한다면, 빈칸에 들어갈 내용으로 가장 적절한 것은 ⑤이다.

05

㉠의 '고속도로'는 그래핀이 사용된 선로를 의미하며, ㉢의 '코팅'은 비정질 탄소로 그래핀을 둘러싼 것을 의미한다. ㉠의 그래핀은 전자의 이동속도가 빠른 대신 저항이 높고 전하 농도가 낮다. 연구팀은 이러한 그래핀의 단점을 해결하기 위해, 즉, 저항을 감소시키고 전하 농도를 증가시키기 위해 그래핀에 비정질 탄소를 얇게 덮는 방법을 생각해냈다.

오답분석

① ㉡의 '도로'는 기존 금속 재질의 선로를 의미한다. 연구팀은 기존의 금속 재질(㉡) 대신 그래핀(㉠)을 반도체 회로에 사용하였다.
② 반도체 내에 많은 소자가 집적되면서 금속 재질의 선로(㉡)에 저항이 기하급수적으로 증가하였다.
③ 그래핀(㉠)은 구리보다 전기 전달 능력이 뛰어나고 전자 이동속도가 100배 이상 빠르다.
⑤ ㉠의 '고속도로'는 그래핀, ㉡의 '도로'는 금속 재질, ㉢의 '코팅'은 비정질 탄소를 의미한다.

06

글의 내용을 요약하여 필자가 주장하는 핵심을 파악해야 한다. 따라서 제시문은 텔레비전의 언어가 개인의 언어 습관에 미치는 악영향을 경계하면서, 올바른 언어 습관을 길들이기 위한 방법으로 문학 작품의 독서를 강조하고 있다.

02   언어표현

01	02	03	04	05	06				
④	④	④	⑤	⑤	⑤				

01

'가열차다'는 '싸움이나 경기 따위가 가혹하고 격렬하다.'는 의미를 지닌 '가열하다'의 잘못된 표기이므로 '가열하게'가 올바른 표기이다.

오답분석

① 가납사니 : 쓸데없는 말을 지껄이기 좋아하는 수다스러운 사람
② 느껍다 : 어떤 느낌이 마음에 북받쳐서 벅차다.
③ 무람없이 : 예의를 지키지 않으며 삼가고 조심하는 것이 없게
⑤ 댓바람 : ('댓바람에', '댓바람부터' 꼴로 쓰여) 아주 이른 시간

02

보조 용언이 거듭 나타나는 경우 앞의 보조 용언만을 붙여 쓸 수 있다. 즉, '가다'와 '듯하다'는 본용언 '되다'의 보조 용언이므로 앞의 보조 용언인 '가다'만 본용언과 붙여 쓸 수 있다. 따라서 '일이 그럭저럭 되어가는 듯하다.'가 옳은 표기이다.

오답분석

① · ② 보조 용언은 띄어 씀을 원칙으로 하되, 경우에 따라 붙여 씀도 허용한다. 따라서 보조 용언인 '듯하다'는 ①과 같이 앞말과 띄어 쓰는 것이 원칙이나, ②와 같이 붙여 쓰는 것도 허용한다.
③ '돌아오다'는 합성 용언으로 앞말이 합성 용언인 경우 보조 용언 '듯하다'는 띄어 써야 한다.
⑤ 의존 명사 '듯' 뒤에 보조사 '도'가 쓰이면 '듯도 하다'와 같이 띄어 쓴다.

03

> • 많은 사람이 이번 결정에 대해 공정성과 객관성이 <u>결여</u>됐다고 비판하였다.
> • 드디어 기업이 <u>결손</u>을 충당하고 이익을 내기 시작했다.
> • 겨울철에는 야외 활동이 적어 비타민 D의 <u>결핍/결여</u>이/가 오기 쉽다.
> • 유명 컴퓨터 회사는 일부 제품에서 배터리 <u>결함</u>이 발견되자 리콜을 시행하였다.

• 결렬(決裂)
1. 갈래갈래 찢어짐
2. 교섭이나 회의 따위에서 의견이 합쳐지지 않아 각각 갈라서게 됨

오답분석
① 결핍(缺乏) : 있어야 할 것이 없어지거나 모자람
② 결함(缺陷) : 부족하거나 완전하지 못하여 흠이 되는 부분
③ 결여(缺如) : 마땅히 있어야 할 것이 빠져서 없거나 모자람
⑤ 결손(缺損)
1. 어느 부분이 없거나 잘못되어서 불완전함
2. 수입보다 지출이 많아서 생기는 금전상의 손실

04

• 시종여일(始終如一) : 처음부터 끝까지 변함없이 한결같음을 이르는 말

오답분석
① 거재두량(車載斗量) : '수레에 싣고 말로 된다.'는 뜻으로, 물건이나 인재 따위가 많아서 그다지 귀하지 않음을 이르는 말
② 득롱망촉(得隴望蜀) : '농(隴)을 얻고서 촉(蜀)까지 취하고자 한다.'는 뜻으로, 만족할 줄을 모르고 계속 욕심을 부리는 경우를 비유적으로 이르는 말
③ 교주고슬(膠柱鼓瑟) : '아교풀로 비파나 거문고의 기러기 발을 붙여 놓으면 음조를 바꿀 수 없다.'는 뜻으로, 고지식하여 조금도 융통성이 없음을 이르는 말
④ 격화소양(隔靴搔癢) : '신을 신고 발바닥을 긁는다.'는 뜻으로, 하는 행동에 비해 그 효과가 적거나 없음을 이르는 말

05

한글 맞춤법에 따르면 '덮치다'는 '덮다'에 사동 접미사 '-치-'가 결합한 형태로 그 어간을 밝혀 적어야 한다. 따라서 ⑤의 '덥쳤던'은 '덮쳤던'이 올바른 표기이다.

06

'오랜'은 '이미 지난 동안이 긴'의 의미를 지닌 관형사이므로 뒷말과 띄어 써야 한다. 따라서 ⑩은 '오랜 세월'로 쓰는 것이 가장 적절하다.

01	02	03	04	05					
④	②	③	②	④					

01

15주 동안 A그룹의 몬스터 스트리밍 지수가 B그룹의 블러드 스트리밍 지수보다 높은 지수였던 주는 2주, 10주~15주까지 총 7번이다.

오답분석

① A, B그룹의 모든 곡의 1주부터 3주까지 스트리밍 지수 합을 각각 구하면 다음과 같다.

구분	A그룹			B그룹		
	몬스터	로또	라이프	파이어	블러드	스프링
1주	80,426	75,106	73,917	62,653	84,355	95,976
2주	89,961	78,263	76,840	66,541	86,437	94,755
3주	70,234	70,880	74,259	64,400	88,850	86,489
합계	240,621	224,249	225,016	193,594	259,642	277,220

따라서 스트리밍 지수 합이 높은 곡의 순서는 '스프링-블러드-몬스터-라이프-로또-파이어'이다.

② 라이프의 10주 스트리밍 지수는 68,103이고, 블러드의 14주 스트리빙 지수의 1.2배는 $56,663 \times 1.2 = 67,995.6$이므로 라이프의 스트리밍 지수는 블러드의 스트리밍 지수의 1.2배 이상이다.

③ 8주 대비 9주의 스트리밍 지수가 증가한 곡은 A그룹의 몬스터와 로또이며, 나머지는 감소했으므로 두 곡의 증가율은 다음과 같다.

- 몬스터 : $\dfrac{66,355-65,719}{65,719} \times 100 ≒ 0.97\%$

- 로또 : $\dfrac{69,447-67,919}{67,919} \times 100 ≒ 2.25\%$

따라서 두 곡의 8주 대비 9주의 스트리밍 지수 증가율을 비교하면 로또의 증가율이 더 높다.

⑤ 6주일 때와 15주일 때, 6곡의 스트리밍 지수 합을 구하면 다음과 같다.

- 6주 : $62,447+69,467+74,077+62,165+78,191+75,362=421,709$
- 15주 : $59,222+47,991+30,218+26,512+54,253+67,518=285,714$

그러므로 두 주의 스트리밍 지수 합의 차이는 $421,709-285,714=135,995$이다.

02

2018년 1위 흑자국 중국의 흑자액은 10위 흑자국 인도 흑자액의 $\dfrac{47,779}{4,793} ≒ 9.97$배이므로 10배 미만이다.

오답분석

① 2016년부터 2018년까지 폴란드, 슬로바키아, 브라질을 제외한 9개국은 모두 흑자국에 2번 이상 포함되었다.

③ 싱가포르의 2016년 대비 2018년의 흑자액은 $\dfrac{11,890}{5,745} ≒ 2.07$배이므로 옳은 설명이다.

④ 2016년 대비 2018년 베트남의 흑자 증가율은 $\dfrac{8,466-4,780}{4,780} \times 100 ≒ 77.1\%$로 싱가포르를 제외하고 가장 높다.

⑤ 조사기간 동안 싱가포르와 베트남 2개국이 매년 순위가 상승했다.

03

첫 번째 조건에 따르면, 국가연구개발 사업비가 2017년부터 2019년까지 매년 증가한 항목은 A~D 중 A와 D이다. 따라서 사회질서 및 안전 분야는 A 또는 D이다.

두 번째 조건에 따르면, A~D 중 2018~2019년 동안 매년 국가연구개발 사업비가 우주개발 및 탐사 분야와 환경 분야의 국가연구개발 사업비의 합의 2배보다 컸던 항목은 A이므로 A가 국방 분야이고, 사회질서 및 안전 분야는 D가 된다.

네 번째 조건은 C와 B가 에너지 또는 지구개발 및 탐사 분야에 해당되는 것만 추론할 수 있다.

세 번째 조건에 따르면 2017년과 2019년에 지구개발 및 탐사 분야와 우주개발 및 탐사 분야의 국가연구개발 사업비의 합은 에너지 분야의 사업비보다 작다고 했다. 따라서 지구개발 및 탐사 분야는 C로 가정하여 각각 $5,041+3,256=8,297$억 원, $5,069+3,043=8,112$억 원이 나오고, 나머지 에너지 분야를 B라고 가정하면 각각 15,311억 원, 11,911억 원이다. 조건을 정리하면 다음과 같다.

기호	분야
A	국방
B	에너지
C	지구개발 및 탐사
D	사회질서 및 안전

그러므로 B가 에너지 분야이고, C가 지구개발 및 탐사 분야임을 알 수 있다.

04

영희가 집에서 할머니를 기다린 10분을 제외하면 학교에서 병원까지 총 이동시간은 1시간 40분이고, 1시간 40분은 $1+\dfrac{40}{60}=1+\dfrac{2}{3}=\dfrac{5}{3}$ 시간이다.

병원과 집 사이의 거리를 $x$km라고 하자.

$$\frac{2x}{4}+\frac{x}{3}=\frac{5}{3}$$

$$\rightarrow \frac{5}{6}x=\frac{5}{3}$$

$$\therefore x=2$$

따라서 병원에서 집까지의 거리는 2km이다.

05

- 원금 : 1,000,000원
- 첫째 날 주식가격(10% 상승) : $1,000,000\times1.1=1,100,000$원
- 둘째 날 주식가격(20% 상승) : $1,100,000\times1.2=1,320,000$원
- 셋째 날 주식가격(10% 하락) : $1,320,000\times0.9=1,188,000$원
- 넷째 날 주식가격(20% 하락) : $1,188,000\times0.8=950,400$원

따라서 A씨는 최종적으로 $1,000,000-950,400=49,600$원만큼 손실을 입었다.

오답분석

① 둘째 날 매도하였을 경우 매도가격은 1,320,000원이므로 수익률은 $\dfrac{1,320,000-1,000,000}{1,000,000}\times100=32\%$이다.

② 셋째 날의 수익률은 $\dfrac{1,188,000-1,000,000}{1,000,000}\times100=18.8\%$이다.

③·⑤ A씨는 최종적으로 49,600원만큼 손실을 입었으므로 옳지 않은 설명이다.

01	02	03	04						
③	③	①	②						

01

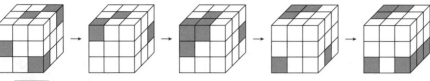

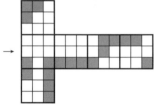

02

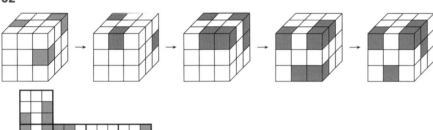

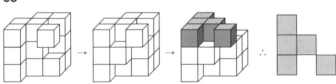

03

04

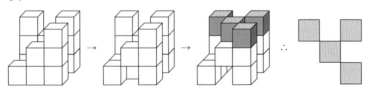

PART **2**

대표기출유형

01 | 언어논리

대표기출유형 01 | 기출응용문제

01

B의 진술이 진실이면 E의 진술도 진실이고, B의 진술이 거짓이면 E의 진술도 거짓이다.

ⅰ) B와 E가 모두 진실을 말하는 경우 : E는 범인이고, 나머지 3명은 모두 거짓을 말해야 한다. D의 진술이 거짓이므로 D는 범인인데, C와 E가 D가 범인이라고 했으므로 C는 진실을 말하는 것이 되어 2명만 진실을 말한다는 조건에 위배된다. 따라서 B와 E는 거짓을 말한다.

ⅱ) B와 E가 모두 거짓을 말하는 경우 : E는 범인이 아니고, A·C·D 중 1명만 거짓을 말하고, 나머지 2명은 진실을 말한다. 만약 A가 거짓을 말한다면 B와 C가 모두 범인이거나 모두 범인이 아니어야 한다. 그런데 A의 말이 거짓이고 B와 C가 모두 범인이라면 C의 말 역시 거짓이 되어 조건에 위배된다. 따라서 A의 말은 진실이고, C가 지목한 범인 중에 B나 C가 없으므로 C의 진술은 거짓, D의 진술은 진실이다. 그러므로 범인은 A와 B 또는 A와 C이므로 이를 만족하는 ①이 가장 적절하다.

02

1명만 거짓말을 하고 있기 때문에 모두의 말을 참이라고 가정하고, 모순이 어디서 발생하는지 생각해 보자.

5명의 말에 따르면, 1등을 할 수 있는 사람은 C밖에 없는데, E의 진술과 모순이 생기는 것을 알 수 있다.

만약 C의 진술이 거짓이라고 가정하면 1등을 할 수 있는 사람이 없게 되므로 모순이다.

따라서 E의 진술이 거짓이므로 나올 수 있는 순위는 C − A − E − B − D, C − A − B − D − E, C − E − B − A − D임을 알 수 있다.

03

ⅰ) 연경이의 증언이 참인 경우

효진이의 증언도 참이다. 그런데 효진이의 증언이 참이라면 지현이의 증언은 거짓이 된다.

ⅱ) 지현이의 증언이 거짓인 경우

'나와 연경이는 꽃을 꽂아두지 않았다.'는 말 역시 거짓이 되어 연경이와 지현이 중 적어도 한 명은 꽃을 꽂아두었다고 볼 수 있다. 그런데 효진이의 증언은 지민이를 지적하고 있으므로 역시 모순이다. 그러므로 연경이와 효진이의 증언이 거짓이다.

따라서 다솜, 지민, 지현이의 증언이 참이 되고, 이들이 언급하지 않은 다솜이가 꽃을 꽂아두었다.

04

①

ⅰ) C가 참이면 D도 참이므로 C, D는 모두 참을 말하거나 모두 거짓을 말한다. 그런데 A와 E의 진술이 서로 상반되므로 둘 중에 1명의 진술은 참이고 다른 1명의 진술은 거짓이다. 만약 C, D가 모두 참이면 참을 말한 사람이 적어도 3명이 되므로 2명만 참을 말한다는 조건에 맞지 않는다. 따라서 C, D는 모두 거짓을 말한다.

ⅱ) ⅰ)에서 C와 D가 모두 거짓을 말하고, A와 E 중 1명은 참, 다른 한 명은 거짓을 말한다. 따라서 B는 참을 말한다.

ⅲ) ⅱ)에 따라 A와 B가 참이거나 B와 E가 참이다. 그런데 A는 '나와 E만 범행 현장에 있었다.'라고 했으므로 B의 진술(참)인 '목격자는 2명이다'와 모순된다(목격자가 2명이면 범인을 포함해서 3명이 범행 현장에 있어야 하므로). 또한 A가 참일 경우, A의 진술 중 '나와 E만 범행 현장에 있었다.'는 참이면서 E의 '나는 범행 현장에 있었고'는 거짓이 되므로 모순이 된다.

따라서 B와 E가 참이므로, E의 진술에 따라 A가 범인이다.

대표기출유형 02 | 기출응용문제

01

④

주어진 명제를 정리하면 다음과 같다.

명제	문자화
아침에 시리얼을 먹는 사람은 두뇌 회전이 빠르다.	A → B
아침에 토스트를 먹는 사람은 피곤하다.	C → D
에너지가 많은 사람은 아침에 밥을 먹는다.	E → F
피곤하면 회사에 지각한다.	D → G
두뇌 회전이 빠르면 일 처리가 빠르다.	B → H

따라서 A → B → H, C → D → G, E → F가 되므로 C → G의 대우인 ~G → ~C인 '회사에 지각하지 않으면 아침에 토스트를 먹지 않는다.'는 반드시 참이다.

오답분석

① '회사에 가장 일찍 오는 사람은 피곤하지 않다.'는 어느 명제에서든 추론할 수 없다.

② '두뇌 회전이 느리면 아침에 시리얼을 먹는다.'는 ~B → A로 첫 번째 명제 A → B에서 추론할 수 없다.

③ '아침에 밥을 먹는 사람은 에너지가 많다.'는 F → E로 세 번째 명제의 역이므로 반드시 참이라고 할 수 없다.

⑤ '일 처리가 느리면 아침에 시리얼을 먹는다.'는 ~H → A로 A → H에서 참으로 추론될 수 없다.

02

③

명제가 참이면 대우 명제도 참이다. 즉, '유민이가 좋아하는 과일은 신혜가 싫어하는 과일이다.'가 참이면 '신혜가 좋아하는 과일은 유민이가 싫어하는 과일이다.'도 참이다. 따라서 신혜는 딸기를 좋아하고, 유민이는 사과와 포도를 좋아한다.

03

③

가장 큰 B종 공룡보다 A종 공룡은 모두 크다. 일부의 C종 공룡은 가장 큰 B종 공룡보다 작다. 따라서 일부의 C종 공룡은 A종 공룡보다 작다.

01

정답 ③

제시문은 주식에 투자할 때 나타나는 비체계적 위험과 체계적 위험에 대해 각각 설명하고, 이러한 위험에 대응하는 방법도 함께 설명하고 있다. 따라서 제시문의 제목으로 ③이 가장 적절하다.

02

정답 ⑤

제시문은 위성영상지도 서비스인 구글어스로 건조지대에도 숲이 존재한다는 사실을 발견했다는 글이다. 첫 문장에서 '구글어스가 세계 환경 보안관 역할을 톡톡히 하고 있어 화제다.'라고 하였으므로 제목으로 ⑤가 가장 적절하다.

03

정답 ③

제시된 기사에서는 대기업과 중소기업 간의 상생경영의 중요성을 강조하고 있다. 기존에는 대기업이 시혜적 차원에서 중소기업에게 베푸는 느낌이 강했지만, 현재는 협력사의 경쟁력 향상이 곧 기업의 성장으로 이어질 것으로 보고, 상생경영의 중요성을 높이고 있다. 대기업이 지원해 준 업체의 기술력 향상으로 더 큰 이득을 보상받는 등 상생협력이 대기업과 중소기업 모두에게 효과적임을 알 수 있다. 따라서 '시혜적 차원에서의 대기업 지원의 중요성'은 기사 제목으로 적절하지 않다.

01

정답 ②

국내 바이오헬스의 전체 기술력은 바이오헬스 분야에서 최고 기술을 보유하고 있는 미국 대비 78% 수준으로 약 3.8년의 기술격차를 보인다. 이는 기술격차를 줄이는 데 필요한 시간을 나타내는 것이므로 미국이 우리나라보다 3.8년 앞서 투자를 시작했다는 의미로 볼 수 없다. 따라서 미국이 우리나라보다 3년 이상 앞서 투자했다는 내용은 적절하지 않다.

02

정답 ⑤

개념에 대해 충분히 이해하면서도 개념의 사례를 제대로 구별하지 못할 수 있다. 따라서 비둘기와 참새를 구별하지 못했다고 해서 비둘기 개념을 이해하지 못하고 있다고 평가할 수는 없다.

오답분석

① 개념의 사례를 식별하는 능력이 개념을 이해하는 능력을 함축하는 것은 아니므로 정사각형을 구별했다고 해서 정사각형의 개념을 이해하고 있다고 볼 수 없다.
②·④ 개념을 이해하는 능력이 개념의 사례를 식별하는 능력을 함축하는 것은 아니므로 개념을 이해했다고 해서 개념의 사례를 완벽하게 식별할 수 있는 것은 아니다.
③ 개념을 충분히 이해하면서도 개념의 사례를 제대로 구별하지 못할 수 있으므로 개념의 사례를 구별하지 못했다고 해서 개념을 충분히 이해하지 못했다고 판단할 수 없다.

03

정답 ⑤

제시문은 미술 작품을 올바르게 감상하기 위해 필요한 태도에 대해 언급하고 있다. 작품을 올바르게 이해하기 위해서는 기존의 편협한 사고방식이나 태도에 얽매이지 말고 나름대로의 날카로운 안목과 감수성을 길러야 함을 강조하고 있다.

04

정답 ③

차를 자주 마셔 보지 않은 사람은 여러 종류의 차가 지닌 독특한 맛을 구분할 수 없다. 마찬가지로 미술 작품을 자주 접할 기회가 없는 사람은 미의 본질에 대한 이해가 부족하기 때문에 여러 종류의 미술 작품에 대한 안목과 감상 능력이 부족하다.

02 | 언어표현

대표기출유형 01 | 기출응용문제

01

정답 ①

제시문은 친환경 농업이 무엇인지, 농약과 제초제가 인체에 미치는 영향에 대해 설명하고 있다. 따라서 (가) 친환경 농업은 건강과 직결되어 있기 때문에 각광받고 있음 - (나) 병충해를 막기 위해 사용된 농약은 완전히 제거하기 어려우며 신체에 각종 손상을 입힘 - (다) 생산량 증가를 위해 사용한 농약과 제초제가 오히려 인체에 해를 입힐 수 있음 순으로 나열하는 것이 가장 적절하다.

02

정답 ②

제시문은 사회 윤리의 중요성과 특징, 향후 발전 방법에 대해 설명하고 있다. 이때 글의 구조를 파악해 보면, (가)는 대전제, (다)는 소전제, (나)는 결론의 구조를 취하고 있으며, (마)는 (다)에 대한 보충 설명, (라)는 (마)에 대한 보충 설명을 하고 있다. 따라서 (가) 현대 사회에서 대두되는 사회 윤리의 중요성 - (다) 개인의 윤리와 다른 사회 윤리의 특징 - (마) 개인 윤리와 사회 윤리의 차이점 - (라) 개인과 사회의 차이와 특성 - (나) 현대 사회의 특성에 맞는 사회 윤리의 정의 순으로 나열하는 것이 가장 적절하다.

03

정답 ④

제시문은 나전칠기의 개념을 제시하고 우리나라 나전칠기의 특징, 제작방법 그리고 더 나아가 국내의 나전칠기 특산지에 대해 설명하고 있다. 따라서 (라) 나전칠기의 개념 - (가) 우리나라 나전칠기의 특징 - (다) 나전칠기의 제작방법 - (나) 나전칠기의 특산지 소개 순으로 나열하는 것이 가장 적절하다.

04

정답 ④

제시문은 이산화탄소 흡수원의 하나인 연안 생태계와 그 장점에 대해 설명하고 있다. 따라서 (다) 이산화탄소 흡수원의 하나인 연안 생태계를 소개 - (나) 연안 생태계의 장점을 소개 - (가) 연안 생태계의 장점 중 갯벌의 역할에 대한 부연 설명 - (라) 연안 생태계의 또 다른 장점인 탄소 저장에 대한 설명 순으로 나열하는 것이 가장 적절하다.

01

정답 ①, ③

- 실하다 : 든든하고 튼튼하다.
- 야무지다 : 사람의 성질이나 행동. 생김새 따위가 빈틈이 없이 꽤 단단하고 굳세다.

02

정답 ①, ⑤

- 비호 : 편들어서 감싸 주고 보호하다.
- 변호 : 남의 이익을 위하여 변명하고 감싸서 도와주다.

03

정답 ④, ⑤

- 차용(借用) : 돈이나 물건을 빌려 씀
- 반제(返濟) : 빌린 돈을 전부 갚음

04

정답 ③, ④

- 좀스럽다 : 사물의 규모가 보잘것없이 작다.
- 관대하다 : 마음이 너그럽고 크다.

01
정답 ③

㉠ 혼재(混在) : 뒤섞여 있음
㉡ 편재(偏在) : 한곳에 치우쳐 있음
㉢ 산재(散在) : 여기저기 흩어져 있음

오답분석
• 잔재(殘在) : 남아 있음

02
정답 ①

㉠ 함량(含量) : 물질이 어떤 성분을 포함하고 있는 분량
㉡ 성분(成分) : 유기적인 통일체를 이루고 있는 것의 한 부분
㉢ 원료(原料) : 어떤 물건을 만드는 데 들어가는 재료
㉣ 함유(含有) : 물질이 어떤 성분을 포함하고 있음

오답분석
• 분량(分量) : 수효, 무게 따위의 많고 적음이나 부피의 크고 작은 정도
• 성질(性質) : 사물이나 현상이 가지고 있는 고유의 특성
• 원천(源泉) : 사물의 근원
• 내재(內在) : 어떤 사물이나 범위의 안에 들어 있음. 또는 그런 존재

03
정답 ②

㉠ 문맥상 최근의 이야기가 나오므로 이러한 시점을 표현해주는 말인 '최근에는'이 적절하다.
㉡ 앞의 내용과 연결되는 문장이므로 연결의 의미가 있는 접속어인 '또한'이 적절하다.
㉢ 결론에 해당하므로 '그러므로'가 적절하다.

04
정답 ③

㉠ 뒤의 문장에서는 앞 문장에서 언급한 교통수단 사업자와 여객시설 사업자가 제공해야 하는 탑승 보조 서비스를 예시를 통해 이야기하므로 '예를 들어'가 적절하다.
㉡ 뒤의 문장에서 시내버스나 시외버스 등과 달리 교통수단 사업자가 없는 도시철도 등에서는 여객시설 사업자가 보조해야 한다고 이야기하므로 '반면에'가 적절하다.

05
정답 ③

문맥의 흐름으로 볼 때 빈칸에는 '유쾌한 건망증'의 예가 될 만한 속담이 들어가야 한다. 따라서 빈칸 뒷부분에서 소개되고 있는 일화와 비슷한 성격의 내용이 담긴 속담인 ③이 가장 적절하다.

01 　

의존 명사는 띄어 쓴다는 규정에 따라 '나간지 → 나간 지'로 띄어 써야 한다.

조사 · 의존 명사의 띄어쓰기
- 조사는 그 앞말에 붙여 쓴다.
  → 꽃이, 꽃마저, 웃고만 등
- 의존 명사는 띄어 쓴다.
  → 아는 것이 힘이다. 나도 할 수 있다. 먹을 만큼 먹어라 등

02 　

'-던'은 '어떤 일이 과거에 완료되지 않고 중단됨'을 의미하는 어미로 옳게 쓰였다.

오답분석

① · ③ · ⑤ 던지 → 든지

　'어느 것이 선택되어도 차이가 없는 둘 이상의 일을 나열'하는 조사로, '든'이 옳다.

④ 할 만하겠든? → 할 만하겠던?

　'과거에 경험하여 새로이 알게 된 사실에 대한 물음'을 나타내는 종결 어미로, '-던'이 옳다.

03 　

결제 → 결재 / 의임 → 위임 / 부필요한 → 불필요한

대표기출유형 05 기출응용문제

01
정답 ⑤

관용구 '눈 위의 혹'은 '몹시 미워서 눈에 거슬리는 사람을 비유하는 말'로 문맥상 어울리지 않는 표현이다.

[오답분석]
① 난장을 치다 : 함부로 마구 떠들다.
② 달다 쓰다 말이 없다 : 아무런 반응도 나타내지 않다.
③ 한몫 잡다 : 단단히 이득을 취하다.
④ 간을 꺼내어 주다 : 비위를 맞추기 위해 중요한 것을 아낌없이 주다.

02
정답 ⑤

'산에 가야 범을 잡고, 물에 가야 고기를 잡는다.'는 속담은 '어떤 일을 성공하려면 가만히 앉아 있지 않고 직접 나서야 한다.'는 의미이다.

03
정답 ④

• 감탄고토(甘呑苦吐) : '달면 삼키고 쓰면 뱉는다.'는 뜻으로, 자신의 비위에 따라서 사리의 옳고 그름을 판단함을 이르는 말

[오답분석]
① 감언이설(甘言利說) : 귀가 솔깃하도록 남의 비위를 맞추거나 이로운 조건을 내세워 꾀는 말
② 당랑거철(螳螂拒轍) : 제 역량을 생각하지 않고, 강한 상대나 되지 않을 일에 덤벼드는 무모한 행동거지를 비유적으로 이르는 말
③ 무소불위(無所不爲) : 하지 못하는 일이 없음
⑤ 속수무책(束手無策) : 손을 묶은 것처럼 어찌할 도리가 없어 꼼짝 못 함

04
정답 ⑤

제시문은 웃음치료의 효과에 대해서 이야기하며 웃음의 긍정적인 역할에 대해 설명하는 글이다. 따라서 '웃으면 젊어지고 성내면 빨리 늙어짐'을 뜻하는 '일소일소 일노일로(一笑一少 一怒一老)'가 적절하다.

[오답분석]
① 망운지정(望雲之情) : 멀리 떨어진 곳에서 부모님을 그리는 마음
② 소문만복래(掃門萬福來) : 집 안을 깨끗이 쓸고 청소하면 만복이 들어옴
③ 출필고반필면(出必告反必面) : '나갈 때는 반드시 아뢰고, 돌아오면 반드시 얼굴을 뵌다.'는 뜻으로, 외출할 때와 귀가했을 때 부모에 대한 자식의 도리
④ 맹모삼천지교(孟母三遷之敎) : 맹자의 어머니가 자식을 위해 세 번 이사했다는 뜻으로, 인간의 성장에 있어 그 환경이 중요함을 가리키는 말

03 | 수리자료분석

대표기출유형 01 기출응용문제

01
정답 ②

ㄱ. 영어 관광통역 안내사 자격증 취득자 수는 2022년에 345명으로 전년 대비 감소하였으며, 스페인어 관광통역 안내사 자격증 취득자 수는 2022년에 전년 대비 동일하였고, 2023년에 3명으로 전년 대비 감소하였다.

ㄹ. 2021년에 불어 관광통역 안내사 자격증 취득자 수는 전년 대비 동일한 반면, 독어 관광통역 안내사 자격증 취득자 수는 전년 대비 감소하였다.

오답분석

ㄴ. 2023년 중국어 관광통역 안내사 자격증 취득자 수는 일어 관광통역 안내사 자격증 취득자 수의 $\frac{1,350}{150}$=9배이다.

ㄷ. 2020년과 2021년의 태국어 관광통역 안내사 자격증 취득자 수 대비 베트남어 관광통역 안내사 자격증 취득자 수의 비율은 다음과 같다.

- 2020년 : $\frac{4}{8} \times 100 = 50\%$

- 2021년 : $\frac{14}{35} \times 100 = 40\%$

따라서 2020년과 2021년의 차이는 50－40＝10%p이다.

02
정답 ②

메달 및 상별 점수는 다음과 같다.

구분	금메달	은메달	동메달	최우수상	우수상	장려상
총 개수(개)	40	31	15	41	26	56
개당 점수(점)	3,200÷40＝80	2,170÷31＝70	900÷15＝60	1,640÷41＝40	780÷26＝30	1,120÷56＝20

따라서 금메달은 80점, 은메달은 70점, 동메달은 60점임을 알 수 있다.

오답분석

① 경상도가 획득한 메달 및 상의 총 개수는 4＋8＋12＝24개로, 가장 많이 획득한 지역인 13＋1＋22＝36개의 경기도보다 적다.

③ 자료를 통해 전국기능경기대회 결과표에서 동메달이 아닌 장려상이 56개로 가장 많다는 것을 알 수 있다.

④ 울산에서 획득한 메달 및 상의 총점은 (3×80)＋(7×30)＋(18×20)＝810점이다.

⑤ 장려상을 획득한 지역은 대구, 울산, 경기도이며, 세 지역 중 금 · 은 · 동메달 총 개수가 가장 적은 지역은 대구이다.

03

여성의 경우 국가기관에 대한 선호 비율이 공기업에 대한 선호 비율의 약 3.2배이지만, 남성의 경우는 약 2.9배이다.

오답분석

① 3.0%, 2.6%, 2.5%, 2.1%, 1.9%, 1.7%로 가구소득이 많을수록 중소기업을 선호하는 비율이 줄어들고 있음을 알 수 있다.

② 대기업을 선호하는 경우 남성은 19.5%, 여성은 14.8%이며, 벤처기업을 선호하는 경우 남성은 5.0%, 여성은 1.8%로 옳다.

③ 국가기관은 모든 기준에서 가장 선호 비율이 높은 것을 알 수 있다.

⑤ 15~18세, 19~24세의 경우 3번째로 선호하는 직장은 둘 다 전문직 기업으로 같음을 알 수 있다.

04

그래프는 전년 대비 증감률을 나타내므로 2015년 강북의 주택전세가격을 100이라고 한다면 2016년에는 약 5% 증가해 100×1.05=105이고, 2017년에는 약 10% 증가해 105×1.1=115.5라고 할 수 있다.

따라서 2017년 강북의 주택전세가격은 2015년 대비 약 15.5% 증가했다.

오답분석

① 전국 주택전세가격의 증감률은 2014년부터 2023년까지 모두 양의 부호(+) 값을 가지고 있으므로 매년 증가하고 있다고 볼 수 있다.

③ 그래프를 보면 2020년 이후 서울의 주택전세가격 증가율이 전국 평균 증가율보다 높은 것을 알 수 있다.

④ 그래프를 통해 강남 지역의 주택전세가격 증가율이 가장 높은 시기는 2017년임을 알 수 있다.

⑤ 전년 대비 주택전세가격이 감소했다는 것은 전년 대비 증감률이 음의 부호(−) 값을 가지고 있다는 것이다. 그래프에서 증감률이 음의 부호(−) 값을 가지고 있는 지역은 2014년 강남뿐이다.

01

매월 A, B팀의 총득점과 C, D팀의 총득점이 같다. 따라서 빈칸에 들어갈 수는 $1,156+2,000-1,658=1,498$이다.

02

정상가로 A, B, C과자를 2봉지씩 구매할 수 있는 금액은 $(1,500+1,200+2,000)×2=4,700×2=9,400$원이다. 이 금액으로 A, B, C과자를 할인된 가격으로 2봉지씩 구매하고 남은 금액은 $9,400-\{(1,500+1,200)×0.8+2,000×0.6\}×2=9,400-3,360×2=9,400-6,720=2,680$원이다.

따라서 남은 금액으로 A과자를 $\dfrac{2,680}{1,500×0.8}≒2.23$, 즉 2봉지 더 구매할 수 있다.

03

매년 A~C 세 동의 벚꽃나무 수 총합은 205그루로 일정하다.
따라서 빈칸에 들어갈 수는 $205-112-50=43$이다.

04

네 번째 조건을 이용하기 위해 6개 수종의 인장강도와 압축강도의 차를 구하면 다음과 같다.
- A : $52-50=2\text{N/mm}^2$
- B : $125-60=65\text{N/mm}^2$
- C : $69-63=\text{N/mm}^2$
- 삼나무 : $45-42=3\text{N/mm}^2$
- D : $27-24=3\text{N/mm}^2$
- E : $59-49=10\text{N/mm}^2$

즉, 인장강도와 압축강도의 차가 두 번째로 큰 수종은 E이므로 E는 전나무이다.
첫 번째 조건을 이용하기 위해 6개 수종의 전단강도 대비 압축강도 비를 구하면 다음과 같다.
- A : $\dfrac{50}{10}=5$
- B : $\dfrac{60}{12}=5$
- C : $\dfrac{63}{9}=7$
- 삼나무 : $\dfrac{42}{7}=6$
- D : $\dfrac{24}{6}=4$
- E : $\dfrac{49}{7}=7$

즉, 전단강도 대비 압축강도 비가 큰 상위 2개 수종은 C와 E이다. E가 전나무이므로 C는 낙엽송이다.
두 번째 조건을 이용하기 위해 6개 수종의 휨강도와 압축강도의 차를 구하면 다음과 같다.
- A : $88-50=38\text{N/mm}^2$
- B : $118-60=58\text{N/mm}^2$
- C : $82-63=19\text{N/mm}^2$
- 삼나무 : $72-42=30\text{N/mm}^2$
- D : $39-24=15\text{N/mm}^2$
- E : $80-49=31\text{N/mm}^2$

즉, 휨강도와 압축강도의 차가 큰 상위 2개 수종은 A와 B이므로 소나무와 참나무는 각각 A와 B 중 하나이다. 따라서 D는 오동나무이다.
또한 오동나무 기건비중의 2배는 $0.31×2=0.62$이다. 세 번째 조건에 의하여 참나무의 기건비중은 오동나무 기건비중의 2배 이상이므로 B는 참나무이고, A는 소나무이다.
그러므로 A는 소나무, C는 낙엽송이다.

01

정답 ③

- A에서 B지점까지 걸린 시간 : $\dfrac{120}{30}=4$시간

- B에서 A지점까지 걸린 시간 : $\dfrac{120}{60}=2$시간

따라서 왕복 거리는 240km이고, 시간은 6시간이 걸렸으므로 평균 시속은 $\dfrac{240}{6}=40$km/h이다.

02

정답 ③

동생이 누나를 만날 때까지 걸린 시간을 x분이라고 하자.
- 누나의 이동 거리 : $9(x+3)$m
- 동생의 이동 거리 : $12x$m
누나와 동생의 이동 거리가 같아야 하므로 다음과 같은 식이 성립한다.
$9(x+3)=12x$
$\therefore x=9$
따라서 동생은 출발한 지 9분 만에 누나를 만났다.

03

정답 ②

집에서부터 회사까지의 거리를 $x$km라고 하자.

처음 집을 나온 후 15분이 지나 돌아갔으므로 집과 다시 돌아갔던 지점 사이의 거리는 $60\times\dfrac{15}{60}=15$km이다. 다시 집으로 돌아갔을 때의 속력은 $60\times1.5=90$km/h이고, 50분 후 회사에 도착했다.

$\dfrac{15}{60}+\dfrac{15}{90}+\dfrac{x}{90\times1.2}=\dfrac{50}{60}$

$\rightarrow 135+90+5x=450$

$\rightarrow 5x=225$

$\therefore x=45$

따라서 Q사원의 집에서 회사까지의 거리는 45km이다.

01

정답 ①

농도를 구하는 식은 $\dfrac{(용질)}{(용액)}\times100=\dfrac{(녹차\ 가루의\ 양)}{(녹차\ 가루)+(물)}\times100$이므로, B사원의 녹차 농도에 대하여 식을 세우면 다음과 같다.

$\dfrac{(50-35)}{(200-65)+(50-35)}\times100=\dfrac{15}{135+15}\times100=10\%$

따라서 B사원의 녹차 농도는 10%이다.

02

처음 소금물의 농도를 $x\%$라 가정하고 소금의 양에 대한 방정식을 세우면 다음과 같다.

$$\frac{x}{100} \times 160 + \frac{0}{100} \times 40 = \frac{8}{100} \times (160 + 40)$$

$$\rightarrow 160x = 1,600$$

$$\therefore x = 10$$

따라서 물을 넣기 전 처음 소금물의 농도는 10%이다.

03

주어진 정보로 식을 세우면 다음과 같다.

$$\frac{x}{100} \times 200 + \frac{y}{100} \times 200 = \frac{15}{100} \times 400$$

$$\rightarrow 2x + 2y = 60$$

$$\therefore y = 30 - x$$

대표기출유형 05 기출응용문제

01

1개를 완전히 조립하는 것을 1이라고 하면, 희경이는 하루에 $\frac{1}{6}$만큼 조립한다.

소현이가 하루에 조립하는 양을 a라고 하면 $\left(\frac{1}{6} + a\right) \times 4 = 1$이므로, a는 $\frac{1}{12}$이 된다.

따라서 소현이가 프라모델 1개를 조립하는 데는 12일이 걸린다.

02

A회사는 10분에 5개의 인형을 만든다고 했으므로, 1시간 동안 $5 \times 6 = 30$개의 인형을 만들 수 있다. 40시간 동안 인형은 $30 \times 40 = 1,200$개를 만들고, B회사는 인형 뽑는 기계를 $1 \times 40 = 40$대를 만들 수 있다.

따라서 기계 1대당 40개의 인형이 들어가야 하므로 인형이 들어있는 기계를 최대 30대 만들 수 있다.

03

수조에 가득 찬 물의 양을 1이라고 할 때, A, B, C관이 1분 동안 비울 수 있는 물의 양은 각각 $\frac{1}{12}$, $\frac{1}{16}$, $\frac{1}{32}$이다.

수조를 비우는 데 걸리는 시간을 x분이라고 하면 다음과 같다.

$$1 = \left(\frac{1}{12} + \frac{1}{16} + \frac{1}{32}\right)x \rightarrow 1 = \frac{17}{96}x$$

$$\therefore x = \frac{96}{17}$$

따라서 수조를 비우려면 $\frac{96}{17}$분이 걸린다.

01

정답 ③

경서와 민준이가 받은 용돈의 금액을 각각 x, $2x$원이라 하고, 지출한 금액을 각각 $4y$, $7y$원이라고 하자.

$x-4y=2,000$ … ㉠

$2x-7y=5,500$ … ㉡

㉠과 ㉡을 연립하면 다음과 같다.

$\therefore x=8,000$, $y=1,500$

따라서 민준이가 받은 용돈은 $2\times8,000=16,000$원이다.

02

정답 ②

지난 달 A대리의 휴대폰 요금을 x만 원, B과장의 휴대폰 요금을 y만 원이라 하면 다음 두 방정식이 성립한다.

$x+y=14$ … ㉠

$0.9x=1.2y \to 9x=12y \to 3x-4y=0$ … ㉡

㉠, ㉡을 연립하면 $x=8$, $y=6$이므로 B과장의 지난달 휴대폰 요금은 6만 원이다.

따라서 이번 달 B과장의 휴대폰 요금은 지난 달보다 20% 증가했으므로 $60,000\times1.2=72,000$원이 된다.

03

정답 ①

이익은 판매가에서 원가를 뺀 금액이다.

$(1.4a\times0.8)-a=0.12a$

따라서 이익은 $0.12a$원이다.

01

정답 ④

ⅰ) 둘 다 호텔 방을 선택하는 경우 : $_3\mathrm{P}_2=3\times2=6$가지

ⅱ) 둘 중 1명만 호텔 방을 선택하는 경우 : 호텔 방을 선택하는 사람은 A, B 2명 중에 1명이고, 1명이 호텔 방을 선택할 수 있는
경우의 수는 3가지이므로 $2\times3=6$가지

따라서 2명이 호텔 방을 선택하는 경우의 수는 2명 다 선택 안 하는 경우까지 포함하여 $6+6+1=13$가지이다.

02

정답 ④

1명은 인턴이기 때문에 제외하고 각 시간마다 3명씩 근무한다고 했으므로 경우의 수는 $_9\mathrm{C}_3\times_6\mathrm{C}_3\times_3\mathrm{C}_3=1{,}680$가지이다.

03

정답 ②

8명을 2명씩 3그룹으로 나누는 경우의 수는 $_8\mathrm{C}_2\times_6\mathrm{C}_2\times_4\mathrm{C}_2\times\dfrac{1}{3!}=28\times15\times6\times\dfrac{1}{6}=420$가지이다.

3개의 그룹을 각각 A, B, C라 하면, 3주 동안 토요일에 근무자를 배치하는 경우의 수는 A, B, C를 일렬로 나열하는 방법의 수와
같으며, 3그룹을 일렬로 나열하는 경우의 수는 $3\times2\times1=6$가지이다.

따라서 구하고자 하는 경우의 수는 $420\times6=2{,}520$가지이다.

PART 2

01

문제 B를 맞힐 확률을 p라 하면 다음과 같은 식이 성립한다.

$$\left(1-\frac{3}{5}\right)\times p=\frac{27}{100}$$

$$\frac{2}{5}p=\frac{6}{25} \rightarrow p=\frac{3}{5}$$

따라서 문제 A는 맞히고 문제 B는 맞히지 못할 확률은 $\left(1-\frac{3}{5}\right)\times\left(1-\frac{3}{5}\right)=\frac{4}{25}$ 이므로 16%이다.

02

(좋아하는 색이 다를 확률)=1−(좋아하는 색이 같을 확률)

ⅰ) 2명 모두 빨간색을 좋아할 확률 : $\frac{2}{10}\times\frac{1}{9}=\frac{2}{90}$

ⅱ) 2명 모두 노란색을 좋아할 확률 : $\frac{5}{10}\times\frac{4}{9}=\frac{20}{90}$

ⅲ) 2명 모두 하늘색을 좋아할 확률 : $\frac{3}{10}\times\frac{2}{9}=\frac{6}{90}$

$\therefore 1-\left(\frac{2}{90}+\frac{20}{90}+\frac{6}{90}\right)=1-\frac{14}{45}=\frac{31}{45}$

따라서 학생 2명을 임의로 선택할 때, 좋아하는 색이 다를 확률은 $\frac{31}{45}$ 이다.

03

A는 0, 2, 3을 뽑았으므로 320이 만들 수 있는 가장 큰 세 자리 숫자이다. 이처럼 5장 중 3장의 카드를 뽑는 데 카드의 순서를 고려하지 않고 뽑는 전체 경우의 수는 $_5C_2=10$ 가지이다.

B가 이기려면 4가 적힌 카드를 뽑거나 1, 2, 3의 카드를 뽑아야 한다.

4가 적힌 카드를 뽑는 경우의 수는 4가 한 장을 차지하고 나머지 2장의 카드를 뽑아야 하므로 $_4C_2=6$ 가지이고, 1, 2, 3카드를 뽑는 경우는 1가지이다.

따라서 B가 이길 확률은 $\frac{7}{10}\times100=70\%$ 이다.

01

정답 ②

제3항부터 다음과 같은 규칙을 가지고 있다.

$(n-2)$항$-(n-1)$항$+7=n$항, $(n\geq3)$

따라서 ( )$=38-(-39)+7=84$이다.

02

정답 ②

앞의 항의 분모에는 $+3$, 분자에는 $\times3$인 수열이다.

따라서 ( )$=\dfrac{135\times3}{12+3}=\dfrac{405}{15}$이다.

03

정답 ③

나열된 수를 각각 A, B, C라 하면, 다음과 같다.

$\underline{A\ \ B\ \ C}\to A^{B}=C$

따라서 $4^{4}=256$이므로 ( )$=4$이다.

01

세로 열에 대하여 한 칸씩 내려가면서 +24의 규칙을 갖는다.

따라서 ?=27+24=51이다.

02

오른쪽 항은 바로 위의 칸과 왼쪽 칸의 합이다.

따라서 ?=16+10=26이다.

01

정답 ②

a	n
28	12
$28-4=24$	5
$24-1=23$	$\dfrac{3}{2}$
$23-0=23$	$-\dfrac{1}{4}$

02

정답 ⑤

a	n
$\dfrac{1}{81}$	32
$\dfrac{1}{81}\times3+1=\dfrac{28}{27}$	16
$\dfrac{28}{27}\times3+1=\dfrac{37}{9}$	8
$\dfrac{37}{9}\times3+1=\dfrac{40}{3}$	4
$\dfrac{40}{3}\times3+1=41$	2

$\therefore 41+2=43$

PART 2

03

⑤

a	n
$\dfrac{8}{81}$	12
$\dfrac{8}{81} \times 3 + 1 = \dfrac{35}{27}$	10
$\dfrac{35}{27} \times 3 + 1 = \dfrac{44}{9}$	8
$\dfrac{44}{9} \times 3 + 1 = \dfrac{47}{3}$	6

04

정답 ③

a	n
$\dfrac{7}{64}$	1
$\dfrac{64}{7} \times 2 = \dfrac{128}{7}$	2
$\dfrac{7}{128} \times 4 = \dfrac{7}{32}$	4
$\dfrac{32}{7} \times 8 = \dfrac{256}{7}$	8
$\dfrac{7}{256} \times 16 = \dfrac{7}{16}$	16

04 | 공간추리

대표기출유형 01 | 기출응용문제

01

정답 ①

- 1층 : 4×4-2=14개
- 2층 : 16-4=12개
- 3층 : 16-5=11개
- 4층 : 16-9=7개
∴ 14+12+11+7=44개

02

정답 ⑤

 ← + +

03

정답 ②

평면도

우측면도 ← Y축 3회전 →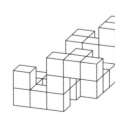

 정면도

01

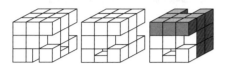

02

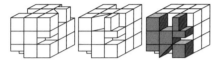

03

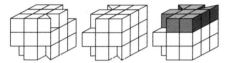

01

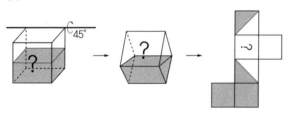

02

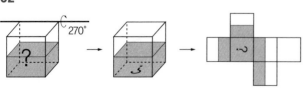

05 | 도형추리

대표기출유형 01 | 기출응용문제

01
정답 ⑤

규칙은 가로로 적용된다.

첫 번째 도형을 색 반전시킨 도형이 두 번째 도형이고, 두 번째 도형을 시계 방향으로 90° 회전시킨 도형이 세 번째 도형이다.

02
정답 ④

규칙은 가로로 적용된다.

첫 번째 도형을 시계 방향으로 90° 회전시킨 도형이 두 번째 도형이고, 두 번째 도형을 상하 대칭시킨 도형이 세 번째 도형이다.

03
정답 ④

규칙은 세로로 적용된다.

첫 번째 도형과 두 번째 도형을 합쳤을 때, 색이 같은 부분만을 나타낸 도형이 세 번째 도형이다.

04
정답 ⑤

규칙은 가로로 적용된다.

첫 번째 도형을 180° 돌리고 아래 도형을 뒤로 보내면 두 번째 도형이고, 두 번째 도형을 시계 방향으로 90° 돌리면 세 번째 도형이다.

01

정답 ③

(A) 위 칸 - 큰 도형이 가장 작은 도형으로 변환
(B) 아래 칸 - 전체 도형 시계 방향으로 90° 회전 후, 좌우 대칭

02

정답 ⑤

1) 위쪽 반원
   ① → ② : 도형을 시계 방향으로 90° 회전
   ② → ③ : 도형을 좌우 대칭
2) 아래쪽 반원
   ① → ② : 작은 도형 180° 회전 후, 전체 색 반전
   ② → ③ : 큰 도형은 좌우 대칭, 작은 도형은 시계 방향으로 90° 회전 후, 전체 색 반전

03

정답 ③

1) 위쪽 반원
   ① → ② : 큰 도형은 시계 반대 방향으로 90° 회전, 작은 도형은 좌우 대칭
   ② → ③ : 큰 도형은 좌우 대칭, 작은 도형은 상하 대칭
2) 아래쪽 반원
   ① → ② : 큰 도형이 가장 작은 도형으로 변환
   ② → ③ : 큰 도형이 시계 방향으로 90° 회전

PART 3

최종점검 모의고사

제1회   최종점검 모의고사

제2회   최종점검 모의고사

01 언어논리

01	02	03	04	05	06	07	08	09	10
③	①	⑤	⑤	①	⑤	③	④	②	①
11	12	13	14	15	16	17	18	19	20
②	④	①	③	④	④	④	⑤	③	②

01
정답 ③

'저녁에 일찍 잔다.'를 A, '상쾌하게 일어난다.'를 B, '자기 전 휴대폰을 본다.'를 C라고 하면, 첫 번째 명제는 A → B, 결론은 C → ~A이다. 첫 번째 명제의 대우가 ~B → ~A이므로 C → ~B → ~A가 성립하기 위한 두 번째 명제는 C → ~B나 B → ~C이다. 따라서 빈칸에 들어갈 내용으로 적절한 것은 '자기 전 휴대폰을 보면 상쾌하게 일어날 수 없다.'이다.

02
정답 ①

B와 D는 동일하게 A보다 낮은 표를 얻고 C보다는 높은 표를 얻었으나, B와 D를 서로 비교할 수 없으므로 득표수가 높은 순서대로 나열하면 'A − B − D − C − E' 또는 'A − D − B − C − E'가 된다. 따라서 어느 경우라도 A의 득표수가 가장 높으므로 A가 학급 대표로 선출된다.

03
정답 ⑤

두 번째 조건과 세 번째 조건에 따라 3학년이 앉은 첫 번째 줄과 다섯 번째 줄의 바로 옆줄인 두 번째 줄과 네 번째 줄, 여섯 번째 줄에는 3학년이 앉을 수 없다. 즉, 두 번째 줄, 네 번째 줄, 여섯 번째 줄에는 1학년 또는 2학년이 앉아야 한다. 이때 3학년이 앉은 줄의 수가 1학년과 2학년이 앉은 줄의 수와 같다는 네 번째 조건에 따라 남은 세 번째 줄은 반드시 3학년이 앉아야 한다. 따라서 ⑤는 항상 거짓이 된다.

[오답분석]
① 두 번째 줄에는 1학년 또는 2학년이 앉을 수 있다.
② 여섯 번째 줄에는 1학년 또는 2학년이 앉을 수 있다.
③ 책상 수가 몇 개인지는 알 수 없다.
④ 학생 수가 몇 명인지는 알 수 없다.

04
정답 ⑤

발견 연도를 토대로 정리하면 목걸이는 100년 전에 발견되어 제시된 왕의 유물 중 가장 먼저 발견되었다. 또한 신발은 목걸이와 편지보다 늦게 발견되었으나 반지보다 먼저 발견되었고, 초상화는 가장 최근에 발견되었다. 따라서 왕의 유물을 발견된 순서대로 나열하면 '목걸이 − 편지 − 신발 − 반지 − 초상화'가 된다.

05

현명한 사람은 거짓말을 하지 않고, 거짓말을 하지 않으면 다른 사람의 신뢰를 얻는다. 따라서 현명한 사람은 다른 사람의 신뢰를 얻는다.

06

세 번째 조건에 따라 A, F와 D, G의 좌석이 서로 맞은편인데, 만약 이 네 사람의 좌석이 한 좌석 건너 한 명씩이라면 나머지 좌석에 네 번째 조건을 만족시킬 수 없다. 따라서 A, F와 D, G의 좌석은 서로 붙어있어야 하는데, 두 번째 조건에 따라 G와 F의 좌석은 서로 붙어있을 수 없다. 그러므로 A와 F를 기준으로 다음과 같이 두 가지 경우로 나눌 수 있다.

ⅰ) A의 왼쪽에 G, F의 왼쪽에 D가 있는 경우
   마지막 조건에 따라 A의 오른쪽과 G의 왼쪽 자리는 비어있지 않아야 하므로, 두 번째 조건에 따라 E가 A의 바로 오른쪽에, B가 그 오른쪽에 앉고, C가 G의 왼쪽에 앉는다.

ⅱ) A의 오른쪽에 G, F의 오른쪽에 D가 있는 경우
   두 번째 조건과 마지막 조건에 따라 E가 A의 바로 왼쪽에, B가 그 왼쪽에 앉고, C가 G의 오른쪽에 앉는다.

이를 그림으로 나타내면 다음과 같다.

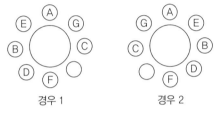

따라서 E는 항상 영업팀인 A와 B 사이에 앉으므로 ⑤는 옳다.

07

홍차를 주문한 사람은 2명이었으나, 주문 결과 홍차가 1잔이 나왔으므로 홍차의 주문이 잘못된 것임을 알 수 있다. 즉, E는 본래 홍차를 주문하였으나, 직원의 실수로 딸기주스를 받았다. 또한 커피는 총 2잔이 나왔으므로 D는 녹차가 아닌 커피를 주문한 것임을 알 수 있다. 이에 따라 A~E의 주문 내용을 정리하면 다음과 같다.

A	B	C	D	E
홍차	커피	녹차	커피	홍차 (딸기주스로 주문됨)

따라서 녹차를 주문한 사람은 C이다.

08

A와 E의 진술이 상반되므로 둘 중 한 명이 거짓을 말하고 있음을 알 수 있다.
ⅰ) E의 진술이 거짓인 경우 : 지각한 사람이 D와 E 2명이 되므로 성립하지 않는다.
ⅱ) A의 진술이 거짓인 경우 : B, C, D, E의 진술이 모두 참이 되며, 지각한 사람은 D이다.
따라서 거짓을 말하는 사람은 A이며, 지각한 사람은 D이다.

09

정답 ②

(가) 작업을 수행하면 A−B−C−D 순으로 접시 탑이 쌓인다.

(나) 작업을 수행하면 철수는 D접시를 사용한다.

(다) 작업을 수행하면 A−B−C−E−F 순으로 접시 탑이 쌓인다.

(라) 작업을 수행하면 철수는 C, E, F접시를 사용한다.

따라서 B접시가 접시 탑의 맨 위에 있게 된다.

10

정답 ①

첫 번째 문단에서는 하천의 과도한 영양분이 플랑크톤을 증식시켜 물고기의 생존을 위협한다고 이야기하며, 두 번째 문단에서는 이러한 녹조 현상이 우리가 먹는 물의 안전까지도 위협한다고 이야기한다. 또한 마지막 세 번째 문단에서는 생활 속 작은 실천을 통해 생태계와 인간의 안전을 위협하는 녹조를 예방해야 한다고 이야기한다. 따라서 제시문의 제목으로는 ①이 가장 적절하다.

11

정답 ②

제시문은 고전주의의 예술관을 설명한 후 이에 반하는 수용미학의 등장을 설명하고, 수용미학을 처음 제시한 야우스의 주장에 대해 설명한다. 이어서 이것을 체계화한 이저의 주장을 소개하고 이저가 생각한 독자의 역할을 제시한 뒤 이것의 의의에 대해 설명하고 있는 글이다. 따라서 (가) 고전주의 예술관과 이에 반하는 수용미학의 등장 − (라) 수용미학을 제기한 야우스의 주장 − (다) 야우스의 주장을 정리한 이저 − (나) 이저의 이론 속 텍스트와 독자의 상호작용의 의의 순으로 나열하는 것이 가장 적절하다.

12

정답 ④

제시문의 마지막 문단에서 현재 사용되는 코일 크기로는 일반 가전제품에 적용할 수 없으므로 자기 공명 방식이 상용화되기 위해서는 코일을 소형화해야 할 필요가 있다고 언급하였다.

오답분석

① 자기 유도 방식의 2차 코일은 교류 전류 방식이다.

② 자기 공명 방식에서 2차 코일은 공진 주파수를 전달받고, 1차 코일에서 공진 주파수를 만든다.

③ 자기 유도 방식은 유도 전력을 이용하지만, 무선 전력 전송을 하기 때문에 철심을 이용하지 않는다.

⑤ 자기 유도 방식은 전력 전송율이 높으나 1차 코일에 해당하는 송신부와 2차 코일에 해당하는 수신부가 수 센티미터 이상 떨어지거나 송신부와 수신부의 중심이 일치하지 않게 되면 전력 전송 효율이 급격히 저하된다.

13

정답 ①

고야가 이성의 존재를 부정했다는 내용은 제시되어 있지 않다. 또한 다섯 번째 문장 '세상이 완전히 이성에 의해서만 지배되지 않음을 표현하고 있을 뿐이다.'를 통해 '고야는 이성의 존재를 부정하였다.'가 적절하지 않음을 알 수 있다.

14

정답 ③

마지막 문단에 따르면, 모든 동물이나 식물종을 보존할 수 없는 것과 같이 언어 소멸 역시 막기 어려운 측면이 있으며, 그럼에도 불구하고 이를 그저 바라만 볼 수는 없다고 하였다. 따라서 언어 소멸 방지의 어려움을 동물이나 식물종을 완전히 보존하기 어려운 것에 비유한 것이지, 언어 소멸 자체가 자연스럽고 필연적인 현상인 것은 아니다.

오답분석

① 두 번째 문단의 마지막 문장에 의해, 히브리어는 지속적으로 공식어로 사용할 의지에 따라 부활한 언어임을 알 수 있다.

② 두 번째 문단에서 '토착 언어 사용자들의 거주지가 파괴되고 종족 말살과 동화(同化)교육이 이루어지며, 사용 인구가 급격히 감소하는 것' 이외에도 전자 매체의 확산이 언어 소멸의 원인이 된다고 하였다. 따라서 타의적 · 물리적 압력에 의해서만 언어 소멸이 이루어지는 것은 아님을 알 수 있다.

④ 마지막 문단 두 번째 줄의 '가령, 어떤 ~ 초래할 수도 있다.'를 통해 알 수 있다.

⑤ 첫 번째 문단에 따르면, 전 세계적으로 3,000개의 언어들이 소멸해 가고 있으며, 이 중에서 약 600개의 언어들은 사용자 수가 10만 명을 넘으므로 비교적 안전한 상태이다. 따라서 나머지 약 2,400개의 언어는 사용자 수가 10만 명이 넘지 않는다고 추측할 수 있다.

15

제시문은 스티븐 와이즈의 '동물의 권리를 인정해야 한다.'는 주장에 대해 반박하는 글이다. 글쓴이의 주장은 인간이 권리를 갖는 이유는 법적 권리와 의무의 주체가 될 수 있는 인격체이기 때문인 것으로 보고, 동물의 권리는 법적으로 인격체임을 인정받는 것이므로 그것은 생물학이 아닌 법철학에서 다루어야 할 개념이라고 설명하고 있다. 또한 인격체는 공동체의 일원이 될 수 있는 개체를 의미하며, 공동체의 일원이 되기 위해서는 협상, 타협, 동의 능력이 필요하므로 동물은 인격체가 아니며 법적 권리를 가질 수 없다고 주장하고 있다. 따라서 이 주장을 강화하는 진술은 ④로, 동물에게 해를 입어도 그 동물에게 법적 책임을 묻지 않는 것은 '동물은 인격체가 아니다.'는 글쓴이의 주장과 일맥상통하다.

16
정답 ④

자신의 상황에 불만족하여 불안정한 정신 상태를 갖게 되는 사람에게서 리플리 증후군이 잘 나타나는 것은 사실이나, 자신의 상황에 불만족하는 모든 이가 불안정한 정신 상태를 갖는 것은 아니다.

17
정답 ④

제시문은 대상 그 자체의 성질은 감각될 수 없고, 대상의 현상을 감각하는 방식은 우리에게 달려 있다는 내용이다.

18
정답 ⑤

제시문의 핵심 논지는 4차 산업혁명의 신기술로 인해 기존 금융의 종말이 올 것임을 예상하는 것이다. 따라서 앞으로도 기술 발전은 금융업의 본질을 바꾸지 못할 것임을 나타내는 ⑤가 제시문에 대한 비판으로 가장 적절하다.

19
정답 ③

제시문의 빈칸 앞뒤 문맥의 의미에 따라 추론하면 기업주의 이익추구에 따른 병폐가 소비자에게 간접적으로 전해진다는 것을 알 수 있다. 따라서 빈칸에 들어갈 말로 가장 적절한 것은 기업주의 선택에 대해 비판적인 ③이다.

20
정답 ②

아리스토텔레스는 관객과 극중 인물의 감정 교류를 강조하지만 브레히트는 관객이 거리를 두고 극을 보는 것을 강조하고 있다. 따라서 브레히트는 관객이 극에 지나치게 몰입하게 되면 극과의 거리두기가 어려워져 사건을 객관적으로 바라볼 수 없게 된다고 보았다.

01	02	03	04	05	06	07	08	09	10
⑤	①	①	③	④	④	②	⑤	④	⑤
11	12	13	14	15					
④	③	③	④	⑤					

01
정답 ⑤

'각축(角逐)하다'는 '서로 이기려고 다투며 덤벼들다.'는 의미의 한자어이다.

[오답분석]
① 얽히다
② 대들다
③ 붐비다
④ 베풀다

02
정답 ①

'시망스럽다'는 '몹시 짓궂은 데가 있다.'를 의미하는 형용사이다.

[오답분석]
② 숫스럽다
③ 잔망스럽다
④ 혼란스럽다
⑤ 실망스럽다

03
정답 ①

①에서 쓰인 '발'은 '실이나 국수 따위의 가늘고 긴 물체의 가락'을 의미하고, 나머지는 '사람이나 동물의 다리 맨 끝부분'을 의미한다.

04
정답 ③

㉠은 건강적인 요인으로 인해 포도주를 찾는 현상이 일어나고 있다는 의미가 나와야 하므로 '작용'이 적절하고, ㉡은 인도의 포도주가 서구 시장으로 세력을 넓히고 있다는 의미로 '진출'이 나와야 한다. 다음으로 ㉢은 포도주의 수출에 맞춰 생산라인을 늘리고 있다는 의미의 '확충'이 나와야 하고, ㉣은 미래의 인도 포도주에 대한 상황을 이야기하고 있으므로 '예측'이 적절하다.

05
정답 ④

㉠의 앞에 있는 말을 뒤에 있는 말이 보충 설명해주고 있으므로 '즉'이 적절하고, ㉡의 앞과 뒤의 문장은 서로 반대되므로 '그러나'가 적절하다. 다음으로 ㉢ 바로 뒤의 마지막 부분에 있는 '때문이다'라는 표현이 사용되었으므로 '왜냐하면'이 적절하고, ㉣은 시간성 속에서 앞의 현상의 결과가 되므로 '결과적으로'라는 표현이 적절하다.

06

'한둔'이란 '한데에서 밤을 지새움'을 뜻한다.

오답분석
① 하숙 : 일정한 방세와 식비를 내고 남의 집에 머물면서 숙식함
② 숙박 : 여관이나 호텔 따위에서 잠을 자고 머무름
③ 투숙 : 여관, 호텔 따위의 숙박 시설에 들어서 묵음
⑤ 야영 : 훈련이나 휴양을 목적으로 야외에 천막을 쳐 놓고 생활함

07

• 느긋하다 : 마음에 흡족하여 여유가 있고 넉넉하다.
• 성마르다 : 참을성이 없고 성질이 조급하다.

오답분석
① 설면하다 : 1. 자주 만나지 못하여 낯이 좀 설다.
 　　　　　　　 2. 사이가 정답지 아니하다.
③ 평탄(平坦)하다 : 1. 바닥이 평평하다.
 　　　　　　　　　 2. 마음이 편하고 고요하다.
 　　　　　　　　　 3. 일이 순조롭게 되어 나가는 데가 있다.
④ 원만(圓滿)하다 : 1. 성격이 모난 데가 없이 부드럽고 너그럽다.
 　　　　　　　　　 2. 일의 진행이 순조롭다.
 　　　　　　　　　 3. 서로 사이가 좋다.
⑤ 무사(無事)하다 : 1. 아무런 일이 없다.
 　　　　　　　　　 2. 아무 탈 없이 편안하다.

08

찍던지 → 찍든지
• 던지 : 막연한 의문이 있는 채로 그것을 뒤 절의 사실이나 판단과 관련시키는 데 쓰는 연결 어미(예 얼마나 춥던지 손이 곱아 펴지지 않았다)
• 든지 : 나열된 동작이나 상태, 대상들 중에서 어느 것이든 선택될 수 있음을 나타내는 연결 어미(예 사과든지 배든지 다 좋다)

09

분수를 지키는 것의 중요성을 나타내는 속담은 ④이다.

10

제시문의 ㉠은 행복에 이르는 바른 길을 두고 엉뚱한 곳에서 행복을 찾는 것을 지적한 내용이다. '호랑이를 잡으려면 호랑이 굴에 가야지.'는 무엇인가를 성취하려면 목표를 향하여 나아가야 한다는 의미이므로 ㉠을 비판하는 속담으로 ⑤가 가장 적절하다.

오답분석
① 우물에서 숭늉 찾는 격이다 : 일의 순서도 모르고 성급하게 덤빔을 이르는 말
② 부뚜막의 소금도 집어넣어야 짜다 : 아무리 좋은 조건이나 손쉬운 일이라도 이를 이용하거나 하지 않으면 안 됨을 이르는 말
③ 소가 뒷걸음질하다가 쥐 잡은 격이다 : 일이 우연히 이루어지는 경우를 이르는 말
④ 물이 깊어야 고기가 모인다 : 덕망이 있어야 사람이 따름을 이르는 말

11

정답 ④

• 엉기정기 : 질서 없이 여기저기 벌여 놓은 모양

오답분석

① 씨억씨억 : 성질이 굳세고 활발한 모양

② 어룽어룽 : 뚜렷하지 아니하고 흐리게 어른거리는 모양

③ 귀둥대둥 : 말이나 행동 따위를 되는대로 아무렇게나 하는 모양

⑤ 괴발개발 : 글씨를 되는대로 아무렇게나 써놓은 모양

12

정답 ③

'졸이다'는 '찌개를 졸이다.'와 같이 국물의 양을 적어지게 하는 것을 의미한다. 반면에 '조리다'는 '양념을 한 고기나 생선, 채소 따위를 국물에 넣고 바짝 끓여서 양념이 배어들게 하다.'의 의미를 지닌다. 따라서 ③의 경우 문맥상 '졸이다'가 아닌 '조리다'가 사용되어야 한다.

13

정답 ③

• 격세지감(隔世之感) : 진보와 변화를 많이 겪어서 아주 다른 세상이 된 것 같은 느낌

오답분석

① 건목수생(乾木水生) : '마른나무에서 물이 난다.'는 뜻으로, 아무것도 없는 사람에게 무리하게 무엇을 내라고 요구함을 이르는 말

② 견강부회(牽强附會) : 이치에 맞지 않는 말을 억지로 끌어 붙여 자기에게 유리하게 함을 이르는 말

④ 독불장군(獨不將軍) : 무슨 일이든 자기 생각대로 혼자서 처리하는 사람을 이르는 말

⑤ 수구초심(首丘初心) : '여우가 죽을 때에 머리를 자기가 살던 굴 쪽으로 둔다.'는 뜻으로, 고향을 그리워하는 마음을 이르는 말

14

정답 ④

• 구곡간장(九曲肝腸) : 꼬이고 꼬인 창자처럼 끝없는 근심과 걱정이 마음속에 가득한 것을 이르는 말

오답분석

① 오매불망(寤寐不忘) : 자나 깨나 잊지 못함을 이르는 말

② 이효상효(以孝傷孝) : 효자가 죽은 부모를 너무 슬피 사모하여 병이 나거나 죽음을 이르는 말

③ 형설지공(螢雪之功) : 가난을 이겨내며 반딧불과 눈빛으로 글을 읽어가며 고생 속에서 공부하여 이룬 공을 이르는 말

⑤ 과유불급(過猶不及) : 모든 사물이 정도를 지나치면 도리어 안한 것만 못함을 이르는 말

15

정답 ⑤

㉤의 앞뒤 문장은 생활 속에서 초미세먼지에 적절히 대응하기 위한 방안을 나열하고 있으므로 ㉤에는 문장을 병렬적으로 연결할 때 사용하는 접속어인 '그리고'가 들어가는 것이 적절하다.

01	02	03	04	05	06	07	08	09	10
④	③	③	③	③	④	③	③	②	③
11	12	13	14	15	16	17	18	19	20
⑤	⑤	①	⑤	④	②	②	②	④	⑤

01

정답 ④

(앞의 항)−(뒤의 항)=(다음 항)인 수열이다.

따라서 ( )=−65+25=−40이다.

02

정답 ③

(분자)+(분모)=500인 수열이다.

따라서 ( )=$\dfrac{19}{481}$이다.

03

정답 ③

 라 할 때, $2a \times b = c$가 성립하는 수열이다.

따라서 ?는 $2 \times 5 \times 6 = 60$이다.

04

정답 ③

ⅰ) 8명 중 팀장 2명을 뽑는 경우의 수 : $_8C_2$

ⅱ) 남자 4명 중 팀장 2명을 뽑는 경우의 수 : $_4C_2$

$\dfrac{_4C_2}{_8C_2} = \dfrac{6}{28} = \dfrac{3}{14}$

$\therefore \dfrac{3}{14}$

따라서 팀장 2명이 모두 남자로만 구성될 확률은 $\dfrac{3}{14}$이다.

05

정답 ③

청소년의 영화표 가격은 $12,000 \times 0.7 = 8,400$원이다.

청소년, 성인을 각각 x명, $(9-x)$명이라고 하면 다음과 같은 식이 성립한다.

$12,000 \times (9-x) + 8,400 \times x = 90,000$

$-3,600x = -18,000$

$\therefore x = 5$

따라서 영화를 관람한 영업부 가족 중 청소년은 5명이다.

PART 3

06

(A의 톱니 수)×(A의 회전수)=(B의 톱니 수)×(B의 회전수)

x를 A의 톱니 수, $(x-20)$를 B의 톱니 수라고 하면 다음과 같은 식이 성립한다.

$6x=10(x-20)$

$\therefore x=50$

따라서 A의 톱니 수는 50개이다.

07

정답 ③

이익은 판매가에서 원가를 뺀 금액이다.

원가를 x원이라고 하면, 판매가는 $1.5x\times(1-0.2)$원이므로 다음과 같은 식이 성립한다.

$1.5x\times0.8-x=1,000$

$\therefore x=5,000$

따라서 원가는 5,000원이다.

08

정답 ③

시속 6km로 뛰어간 거리를 $x$km라 하면, 시속 3km로 걸어간 거리는 $(10-x)$가 된다. 시간에 대한 방정식을 세우면 다음과 같다.

$\dfrac{x}{6}+\dfrac{10-x}{3}=2$

$\rightarrow x+2\times(10-x)=6\times2$

$\rightarrow -x=12-20$

$\therefore x=8$

따라서 시속 6km로 뛰어간 거리는 8km이다.

09

정답 ②

먼저 어른들이 원탁에 앉는 경우의 수는 $(3-1)!=2$가지이다. 다음으로 어른들 사이에 아이들이 앉는 경우의 수는 $3!=6$가지이다. 따라서 원탁에 앉을 수 있는 모든 경우의 수는 $2!\times3!=12$가지이다.

10

정답 ③

월간 용돈을 5만 원 미만으로 받는 비율은 중학생 90%, 고등학생 60%로, 중학생이 고등학생보다 높다.

[오답분석]

① 전체에서 용돈기입장의 기록, 미기록 비율은 각각 30%, 70%로, 기록 안 하는 비율이 기록하는 비율보다 높다.

② 용돈을 받는 남학생과 여학생의 비율은 각각 83%, 86%로, 여학생의 비율이 남학생의 비율보다 높다.

④ 용돈을 받지 않는 중학생과 고등학생의 비율은 각각 12%와 20%로, 고등학생의 비율이 중학생의 비율보다 높다.

⑤ 고등학생 전체 인원을 100명이라고 한다면, 그 중에 용돈을 받는 학생은 80명이다. 80명 중에 월간 용돈을 5만 원 이상 받는 학생의 비율은 40%이므로 $80\times0.4=32$명이다.

11

정답 ⑤

• 지환 : 2021년부터 2024년까지 방송수신료 매출액은 전년 대비 '증가-감소-감소-증가'의 추이이고, 프로그램 판매 매출액은 전년 대비 '감소-증가-증가-감소'의 추이를 보이고 있다. 따라서 방송수신료 매출액의 증감 추이와 반대되는 추이를 보이는 항목이 존재한다.

88 • 두산그룹 DCAT

- 동현 : 각 항목의 매출액 순위는 '광고-방송수신료-기타 사업-협찬-기타 방송 사업-프로그램 판매' 순서이며, 2020년부터 2024년까지 이 순위는 계속 유지된다.
- 세미 : 2020년 대비 2024년에 매출액이 상승하지 않은 항목은 방송수신료, 협찬으로 총 2개이다.

[오답분석]
- 소영 : 항목별로 최대 매출액과 최소 매출액의 차를 구해보면 다음과 같다.
  - 방송수신료 : $5,717-5,325=392$천만 원
  - 광고 : $23,825-21,437=2,388$천만 원
  - 협찬 : $3,306-3,085=221$천만 원
  - 프로그램 판매 : $1,322-1,195=127$천만 원
  - 기타 방송 사업 : $2,145-1,961=184$천만 원
  - 기타 사업 : $4,281-4,204=77$천만 원
  기타 사업의 매출액 변동폭은 7억 7천만 원이므로, 모든 항목의 매출액이 10억 원 이상의 변동폭을 보인 것은 아니다.

12

이런 유형의 문제는 주어진 조건 중 하나를 특정할 수 있는 조건부터 읽어 푸는 것이 좋다. 이 문제에서는 ㄹ이 그런 조건이다.
ㄹ. 전년 대비 2021~2024년 신고 수가 한 번 감소하는 세관물품은 B이다. : B → 잡화류
ㄴ. 2020~2024년 세관물품 중 신고 수가 가장 적은 것은 D이다. : D → 가전류
ㄷ. 전년 대비 2021년 세관물품 신고 수 증감률은 다음과 같다.

- A : $\dfrac{360-300}{300}\times100=20\%$

- B : $\dfrac{230-200}{200}\times100=15\%$

- C : $\dfrac{375-300}{300}\times100=25\%$

- D : $\dfrac{171-180}{180}\times100=-5\%$

증가율이 가장 높은 것은 C이다. : C → 주류
따라서 A는 담배류가 된다.

13
정답 ①

2022년에 프랑스의 자국 영화 점유율은 한국보다 높다.

[오답분석]
② 자료를 통해 쉽게 확인할 수 있다.
③ 2021년 대비 2024년 자국 영화 점유율이 하락한 국가는 한국, 영국, 독일, 프랑스, 스페인이고, 이 중 한국이 4.3%p 하락하여, 가장 많이 하락했다.
④ 2023년을 제외하고 프랑스, 영국, 독일 순서로 자국 영화 점유율이 높다.
⑤ 일본, 독일, 스페인, 호주, 미국이 해당하므로 절반이 넘는다.

14
정답 ⑤

전체 회원국 30개 중 20위권의 순위를 기록하고 있으므로, 하위권으로 볼 수 있다.

[오답분석]
①·②·④ 자료를 통해 쉽게 확인할 수 있다.
③ 청렴도는 2018년에 4.5점으로 가장 낮으므로, 2024년과의 차이는 $5.4-4.5=0.9$점이다.

15

2020년과 2022년의 전체 풍수해 규모에서 대설로 인한 풍수해 규모가 차지하는 비중을 구하면 다음과 같다.

- 2020년 : $\frac{477}{7,950} \times 100 = 6\%$

- 2022년 : $\frac{119}{1,700} \times 100 = 7\%$

따라서 전체 풍수해 규모에서 대설로 인한 풍수해 규모가 차지하는 비중은 2022년이 2020년보다 크다.

오답분석

① 2016년의 전년 대비 태풍으로 인한 풍수해와 전체 풍수해 규모의 증감 추이만 비교해도 바로 알 수 있다. 태풍으로 인한 풍수해 규모는 증가한 반면, 전체 풍수해 규모는 감소했으므로 옳지 않은 설명이다.

② 2016년, 2018년, 2019년에 풍수해 규모는 강풍이 가장 작았으므로 옳지 않은 설명이다.

③ 2024년 호우로 인한 풍수해 규모의 전년 대비 감소율은 $\frac{1,400-14}{1,400} \times 100 = 99\%$로 97% 이상이다.

⑤ 2015~2024년 동안 연도별로 발생한 전체 풍수해 규모에서 태풍으로 인한 풍수해 규모가 가장 큰 해는 2016년과 2021년이 므로 옳지 않은 설명이다.

16

(가)~(다)에 들어갈 정확한 값을 찾으려 계산하기보다는 자료에서 해결할 수 있는 실마리를 찾아 적절하지 않은 선택지를 제거하 는 방식으로 접근하는 것이 좋다.

먼저 종합순위가 3위인 D부장의 점수는 모두 공개되어 있으므로 총점을 계산해보면, 80+80+60+70=290점이다.

종합순위가 4위인 A사원의 총점은 70+(가)+80+70=220+(가)점이며, 3위 점수인 290점보다 낮아야 하므로 (가)에 들어갈 점 수는 70점 미만이다.

종합순위가 2위인 C과장의 총점은 (다)+85+70+75=230+(다)점이며, 290점보다 높아야 하므로 (다)에 들어갈 점수는 60섬을 초과해야 한다.

위의 조건에 해당하는 ②, ③에 따라 (가)=65점, (다)=65점을 대입하면, C과장의 총점은 230+65=295점이 된다.

종합순위가 1위인 B대리의 총점은 80+85+(나)+70=235+(나)점이며, 295점보다 높아야 하므로 (나)에 들어갈 점수는 60점을 초과해야 한다.

따라서 (나)의 점수가 60점인 ③은 제외되므로 가장 적절한 것은 ②이다.

17

A금붕어, B금붕어가 팔리는 일을 n일이라고 하고, 남은 금붕어의 수를 각각 a_n, b_n이라고 하자.

A금붕어는 하루에 121마리씩 감소하고 있으므로 $a_n = 1,675-121(n-1) = 1,796-121n$을 적용하면 다음과 같다.

$1,796-121 \times 10 = 1,796-1,210 = 586$

따라서 10일 차에 남은 A금붕어는 586마리이다.

B금붕어는 매일 3, 5, 9, 15, …씩 감소하고 있고, 계차의 차는 2, 4, 6, …이다.

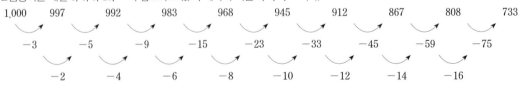

그러므로 10일 차에 남은 B금붕어는 733마리이다.

18

a	n
$\dfrac{38}{9}$	0
$4-\dfrac{1}{2}=\dfrac{7}{2}$	1
$3-\dfrac{1}{2}=\dfrac{5}{2}$	2
$2-\dfrac{1}{2}=\dfrac{3}{2}$	3
$1-\dfrac{1}{2}=-\dfrac{1}{2}$	4

19

a	n
3	0
$2\times 3+(-1)^{3\times 3}=5$	1
$2\times 5+(-1)^{3\times 5}=9$	2
$2\times 9+(-1)^{3\times 9}=17$	3
$2\times 17+(-1)^{3\times 17}=33$	4
$2\times 33+(-1)^{3\times 33}=65$	5

20

정답 ⑤

a	n
$\dfrac{15}{4}$	1
$3+\dfrac{5}{4}=\dfrac{17}{4}$	2
$4+\dfrac{5}{4}=\dfrac{21}{4}$	4
$5+\dfrac{5}{4}=\dfrac{25}{4}$	8

PART 3

01	02	03	04	05	06	07	08	09	10
②	①	⑤	②	③	④	④	②	①	②

01   정답 ②

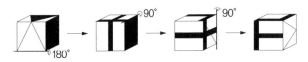

02   정답 ①

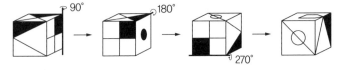

03   정답 ⑤

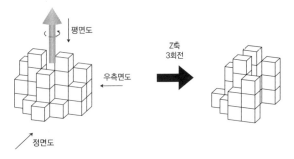

04   정답 ②

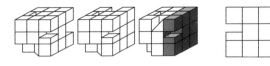

05   정답 ③

• 1층 : 4×4−1=15개
• 2층 : 16−3=13개
• 3층 : 16−5=11개
• 4층 : 16−10=6개
∴ 15+13+11+6=45개

06

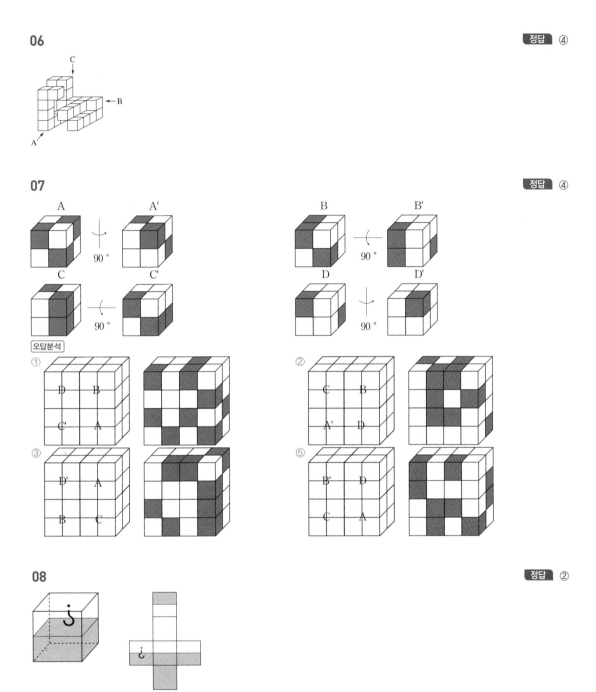

07

오답분석

08

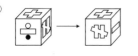

왼쪽 1칸

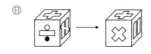

오른쪽 2칸

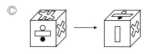

뒤 1칸

10 정답 ②

오답분석

①

③

④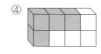

⑤

01	02	03	04	05	06	07	08	09	10
②	⑤	②	①	②	①	③	①	③	⑤

01

정답 ②

규칙은 세로로 적용된다.

첫 번째 도형과 두 번째 도형을 합쳤을 때, 겹치는 부분을 제외한 도형이 세 번째 도형이다.

02

정답 ⑤

규칙은 가로로 적용된다.

첫 번째 도형의 색칠된 부분과 두 번째 도형의 색칠된 부분을 합치면 세 번째 도형의 색칠된 부분이 된다.

03

정답 ②

규칙은 가로로 적용된다.

첫 번째 도형을 데칼코마니처럼 좌우로 펼친 도형이 두 번째 도형이고, 두 번째 도형을 수평으로 반을 잘랐을 때의 아래쪽 도형이 세 번째 도형이다.

04

정답 ①

규칙은 가로로 적용된다.

첫 번째 도형을 시계 반대 방향으로 90° 회전한 것이 두 번째 도형이고, 이를 시계 반대 방향으로 90° 회전한 것이 세 번째 도형이다.

05

정답 ②

규칙은 가로로 적용된다.

첫 번째 도형과 세 번째 도형을 합쳤을 때 두 번째 도형이 되는데, 겹치는 칸이 모두 색칠되어 있거나 색칠되어 있지 않은 경우 그 칸의 색은 비워두고, 색칠된 칸과 색칠되지 않은 칸이 겹칠 경우 색칠하여 완성한다. 따라서 ②의 도형이 들어가야 한다.

06

정답 ①

가장 큰 도형은 색 반전, 외부 도형은 가장 큰 도형의 꼭짓점을 기준으로 시계 방향으로 이동, 내부 도형은 시계 방향으로 90° 회전하면서 가장 큰 도형의 변을 기준으로 시계 방향으로 이동하는 규칙이다.

07

정답 ③

가장 큰 도형은 그대로, 첫 번째 도형 기준 위에 위치한 외부 도형은 가장 큰 도형을 기준으로 시계 방향으로 이동 및 색 반전, 첫 번째 도형 기준 아래 위치한 외부 도형은 시계 반대 방향으로 90° 회전하면서 가장 큰 도형의 안쪽으로 움푹 들어간 꼭짓점을 기준으로 시계 반대 방향으로 이동하는 규칙이다.

08

정답 ①

(A) 위 칸 - 중간 도형만 시계 방향으로 45° 회전한다.

(B) 아래 칸 - 가장 큰 도형만 시계 반대 방향으로 90° 회전 후 전체 색 반전한다.

09

정답 ③

(A) 위 칸 - 안쪽에 위치한 원부터 색칠된 부분을 각각 A, B, C, D라 하면, 한 단계 이동 시마다 A는 시계 방향으로 90°, B는 180°, C는 시계 반대 방향으로 90° 회전하고, D는 그대로 위치한다.

(B) 아래 칸 - 첫 번째 줄의 두 삼각형은 각각 오른쪽·왼쪽으로 한 칸씩 이동, 두 번째 줄의 삼각형은 대칭, 네 번째 줄의 왼쪽 삼각형은 오른쪽·왼쪽으로 번갈아가며 한 칸씩 이동하고, 오른쪽 삼각형은 대칭이다.

10

정답 ⑤

1) 위쪽 반원 : 가장 큰 도형은 모서리 개수가 1 증가, 중간 크기 도형은 상하 대칭, 가장 작은 도형은 시계 방향으로 90° 회전
   ① → ② : 가장 작은 도형만 제외하고 색 반전
   ② → ③ : 전체 색 반전

2) 아래쪽 반원
   ① → ② : 작은 도형을 좌우 대칭
   ② → ③ : 큰 도형은 시계 방향으로 90° 회전하고, 작은 도형은 상하 대칭 후, 전체 색 반전

최종점검 모의고사

01 언어논리

01	02	03	04	05	06	07	08	09	10
③	④	⑤	①	①	④	④	⑤	⑤	③
11	12	13	14	15	16	17	18	19	20
②	⑤	②	④	③	④	②	②	⑤	⑤

01
정답 ③

제시된 명제에 따르면 정래, 혜미 > 윤호 > 경철 순이다.

02
정답 ④

B는 8장의 응모권을 받은 A보다 2장 적게 받으므로 6장의 응모권을 받는다. 이때, C는 응모권을 A의 8장보다는 적게, B의 6장
보다는 많이 받으므로 7장의 응모권을 받은 것을 알 수 있다.

03
정답 ⑤

주어진 조건을 정리하면 다음과 같다.

경우 1	A, C	B, D	E
경우 2	A, C	B, E	D
경우 3	A, D	B, E	C
경우 4	A, E	B, D	C

따라서 우산을 가장 많이 혼자 쓰는 사람은 C이다.

04

주어진 조건을 모두 기호로 표기하면 다음과 같다.

- B → ~E
- ~B and ~E → D
- A → B or D
- C → ~D
- C → A

C가 워크숍에 참석하는 경우 D는 참석하지 않으며 A는 참석한다. A가 워크숍에 참석하면 B 또는 D 중 한 명이 함께 참석하므로 B가 A와 함께 참석한다. 또한 B가 워크숍에 참석하면 E는 참석하지 않는다. 따라서 워크숍에 참석하는 직원은 A, B, C이다.

05

A~E 중 살아남은 A, B, C에서 2명은 늑대 인간이며, 남은 1명은 드라큘라이다. 또한 D, E의 캐릭터는 서로 같지 않으므로 D와 E는 각각 늑대 인간 또는 드라큘라를 선택하였다. 따라서 이 팀의 3명은 늑대 인간 캐릭터를, 2명은 드라큘라 캐릭터를 선택하였다.

오답분석
② B는 드라큘라일 수도 늑대 인간일 수도 있다.
③ C는 늑대 인간일 수도 드라큘라일 수도 있다.
④ 늑대 인간의 수가 드라큘라의 수보다 많다.
⑤ D와 E는 서로 다른 캐릭터를 선택했을 뿐 어떤 캐릭터를 선택하였는지는 알 수 없다.

06

쓰레기를 버리는 요일을 주어진 조건에 따라 정리하면 다음과 같다.

구분	월	화	수	목	금	토	일
첫째 주	A		B		C		D
둘째 주		E		A		B	
셋째 주	C		D		E		A

A동이 쓰레기를 배출하는 요일이 3일씩 밀리므로, 계산하면 월 → 목 → 일 → 수 → 토 → 화 → 금 → 월 순이다. 따라서 처음 월요일에 쓰레기를 버리는 주를 1주라고 계산하면 8주째 월요일에 다시 A동이 쓰레기를 버리고, 10주째는 C동이 버린다.

오답분석
① 해설에서 알 수 있듯이 월 → 목으로 3일씩 밀린다.
② · ⑤ 해설을 통해 확인할 수 있다.
③ 해설을 보면 짝수 주인 둘째 주에 E동, A동, B동의 주민이 쓰레기를 배출한다는 것을 알 수 있다.

07

일반적으로 다의어의 중심 의미는 주변 의미보다 사용 빈도가 높다. 다만, '사회생활에서의 관계나 인연'의 의미와 '길이로 죽 벌이거나 늘여 있는 것'의 의미는 모두 '줄'의 주변 의미에 해당하므로 이 둘의 사용 빈도는 서로 비교하기 어렵다.

① 일반적으로 중심 의미는 주변 의미보다 언어의 습득 시기가 빠르므로 아이들은 '앞'의 중심 의미인 '향하고 있는 쪽이나 곳'의 의미를 주변 의미인 '장차 올 시간'보다 먼저 배울 것이다.
② 문법적 제약이나 의미의 추상성·관련성 등은 제시문에서 설명하는 다의어의 특징이므로 이를 통해 동음이의어와 다의어를 구분할 수 있음을 추론할 수 있다.
③ '손'이 '노동력'의 의미로 쓰일 때는 '부족하다. 남다' 등의 용언과만 함께 쓰일 수 있으므로 '넓다'와는 사용될 수 없다.
⑤ 다의어의 문법적 제약은 주변 의미로 사용될 때 나타나며, 중심 의미로 사용된다면 '물을 먹이다.' '물이 먹히다.'와 같이 사용될 수 있다.

08

제시문에서는 우리 민족과 함께해 온 김치의 역사를 비롯하여 김치의 특징과 다양성 등을 함께 이야기하고 있으며, 복합 산업으로 발전하면서 규모가 성장하고 있는 김치 산업에 대해서도 이야기하고 있다. 따라서 제시문 전체의 내용을 아우를 수 있는 제목으로 가장 적절한 것은 ⑤이다.

①·④ 첫 번째 문단이나 두 번째 문단의 소제목은 될 수 있으나, 제시문 전체 내용을 나타내는 제목으로는 적절하지 않다.
② 김장이 우리 민족의 축제라는 언급은 있으나, 제목으로는 적절하지 않다.
③ 세 번째 문단에서 김치산업에 대한 내용을 언급하고 있지만, 이는 현재 김치산업의 시장 규모에 대한 내용일 뿐이므로 산업의 활성화 방안과는 거리가 멀다.

09

(마) 문단은 ASMR 콘텐츠들이 공감각적인 콘텐츠로 대체될 것이라는 내용을 담고 있으므로 적절한 설명이다.

① 자주 접하는 사람들에 대한 내용을 찾을 수 없다.
② 트리거로 작용하는 소리는 사람에 따라 다를 수 있다.
③ 청각적 혹은 인지적 자극에 반응한 뇌가 신체 뒷부분에 분포하는 자율 신경계에 신경 전달 물질을 촉진하며 심리적 안정감을 느끼게 된다.
④ 연예인이 일반인보다 ASMR을 많이 하는지는 제시문에서 알 수 없다.

10

보에티우스의 건강을 회복할 수 있는 방법은 병의 원인이 되는 잘못된 생각을 바로 잡아 주는 것이다. 그것은 만물의 궁극적인 목적이 선을 지향하는 데 있다는 것을 모르고 있다는 것과, 세상은 결국에는 불의가 아닌 정의에 의해 다스려지게 된다는 것이다. 따라서 ㉠에 해당하는 것으로 적절한 것은 ㄱ, ㄴ이다.

ㄷ. 두 번째 문단에서 보에티우스가 모든 소유물을 박탈당했다고 생각하는 것은 운명의 본모습을 모르기 때문이라고 말하고 있다.

11

(가)는 기존의 속담을 다르게 해석하여, '실패를 바탕으로 거듭나는 현명한 사람'이라는 화제를 던지고 있다. 그리고 (나)·(다)에서는 실패 박물관(New Product Works)의 실패작 진열 사례를 통해 (가)의 주장을 뒷받침한다. 그다음으로 (라)·(마)에서는 기업들이 성공을 위해 실패 박물관을 방문하여 실패사례를 연구한다는 예를 들면서, '실패를 바탕으로 성공을 향한 길을 찾는다.'는 주장을 한 번 더 강조한다.

12

마지막 문단에 따르면 인공지능 등의 스마트 기술 도입으로 까치집 검출 정확도는 95%까지 상승하였으므로 까치집 제거율 또한 상승할 것임을 예측할 수 있으나, 근본적인 까치집 생성의 감소를 기대할 수는 없다.

[오답분석]

① 세 번째와 마지막 문단을 살펴보면, 정확도가 65%에 불과했던 인공지능의 까치집 식별능력이 딥러닝 방식의 도입으로 95%까지 상승했음을 알 수 있다.

② 세 번째 문단에서 시속 150km로 빠르게 달리는 열차에서의 까치집 식별 정확도는 65%에 불과하다는 내용으로 보아, 빠른 속도에서의 인공지능 사물 식별 정확도는 낮음을 알 수 있다.

③ 마지막 문단에 따르면, 작업자의 접근이 어려운 곳에는 드론을 띄어 까치집을 발견 및 제거하는 기술도 시범 운영하고 있다고 하였다.

④ 세 번째 문단에 따르면, 실시간 까치집 자동검출시스템 개발로 실시간으로 위험 요인의 위치와 이미지를 직업자에게 전달할 수 있게 되었다.

13

세조의 집권과 추락된 왕권 회복을 위한 세조의 정책을 설명하는 (나) 문단이 첫 번째 문단으로 적절하며, 이후 세조의 왕권 강화 정책 중 특히 주목되는 술자리 모습을 소개하는 (라) 문단이 다음으로, 이후 당시 기록을 통해 세조의 술자리 모습을 설명하는 (가) 문단이, 마지막으로 세조의 술자리가 가지는 의미를 해석하는 (다) 문단의 순으로 나열하는 것이 가장 적절하다.

14

인구 감소시대에 돌입한다는 내용으로 문제를 제기하는 단계인 (나) 문단이 첫 번째 문단으로 적절하며, 공공 재원 확보 및 확충이 어렵다는 문제 분석의 단계인 (라)가 다음 문단으로, 공공재원의 효율적 활용 방안을 통해 문제를 해결하려는 (가) 문단이 다음, 그리고 공공재원의 효율적 활동 등에 대한 논의가 필요하다는 내용으로 향후 과제를 제시한 (다) 문단의 순으로 나열하는 것이 가장 적절하다.

15

현재 갑골문자는 4천여 자가 확인되었고, 그중 약 절반인 2천여 자가 해독되었다.

[오답분석]

① 은 왕조의 옛 도읍지는 허난성이다.

② 용골에는 은 왕조의 기록이 있었다.

④ 제시문에는 언급되지 않은 내용이다.

⑤ 사마천의 『사기』가 언제 만들어졌다는 내용은 없다.

16

'꼭 필요한 부위에만 접착제와 대나무 못을 사용하여 목재가 수축·팽창하더라도 뒤틀림과 휘어짐이 최소화될 수 있도록 하였다.' 라는 문장을 볼 때, 접착제와 대나무 못을 사용하면 수축과 팽창이 발생하지 않는다는 내용의 ④가 적절하지 않다.

17

제시문의 내용을 살펴보면 민속음악이 가지는 특징에 대해 설명하고 있음을 알 수 있다.

18

정답 ②

제시문의 전반부에서는 의학 기술과 도구를 구분해 놓고 서로 상대방의 것을 사용하지 않으려는 배타적인 태도는 바람직하지 않다는 점을 전제로 하여 동양 의학과 서양 의학의 특징을 설명하고 있다. 그리고 후반부에서는 동양 의학과 서양 의학이 조화를 이룬 종합 의학으로 나아가야 한다는 점을 강조하고 있다. 따라서 제시문의 내용을 전체적으로 포괄하는 주제는 ②이다.

19

정답 ⑤

- (가) : 빈칸 앞 문장의 플라스틱은 석유를 증류하는 과정에서 얻어진다는 내용과 빈칸 뒤 문장의 폐기물의 불완전 연소에 의한 대기 오염이 환경오염의 원인이 된다는 내용을 통해 빈칸에는 석유로 플라스틱을 만드는 과정과 이를 폐기하는 과정에서 온실가스가 많이 배출된다는 내용의 ㄷ이 적절함을 알 수 있다.
- (나) : 빈칸 앞 문장에서는 생분해성 플라스틱의 친환경적인 분해 과정을 이야기하고 있으나, 빈칸 뒤 문장에서는 생분해성 플라스틱보다 바이오 베이스 플라스틱의 개발을 진행하고 있다고 이야기한다. 따라서 빈칸에는 생분해성 플라스틱의 단점을 언급하는 ㄴ이 적절함을 알 수 있다.
- (다) : ㄱ은 빈칸 앞 문장에서 언급한 '이산화탄소의 총량을 기준으로 볼 때는 바이오 베이스 플라스틱이 환경 문제가 되지 않는' 이유와 연결된다. 따라서 빈칸에는 ㄱ이 적절하다.

20

정답 ⑤

제시문에서 갈등 이론은 법과 형사 사법 체계가 전체적인 사회의 이해관계나 규범보다는 사회에서 가장 힘 있는 집단의 이해관계와 규범을 구체화시킨다고 주장한다. 반면에 ⑤는 합의 이론과 관련된 내용이므로 제시문을 바탕으로 성립하기 어려운 진술이다.

01	02	03	04	05	06	07	08	09	10
②	②	⑤	④	②	③	①	②	②	②
11	12	13	14	15					
④	⑤	⑤	④	⑤					

01

정답 ②

한글 맞춤법에 따르면 지난 일을 나타내는 어미는 '-던'으로 적고, 물건이나 일의 내용을 가리지 아니하는 뜻을 나타내는 어미는 '-든'으로 적는다. 따라서 ⓒ의 경우 과거의 경험이 아닌 선택의 의미로 사용되었으므로 '-든'이 올바른 표기이다.

02

정답 ②

㉠ 편재(偏在) : 돌이 한 지역에만 치우쳐 있음. 반면의 여러 곳을 골고루 차지하지 못하고 어느 일방에만 치우친 상태
ⓒ 산재(散在) : 여기저기 흩어져 있음
ⓒ 혼재(混在) : 뒤섞이어 있음

오답분석
• 잔재(殘在) : 남아 있음

03

정답 ⑤

⑤의 '-ㄴ지'는 막연한 의문이 있는 채로 그것을 뒤 절의 사실이나 판단과 관련시키는 데 쓰는 연결 어미이다.

04

정답 ④

• 창출 : 전에 없던 것을 처음으로 생각하여 지어내거나 만들어냄
• 창조 : 전에 없던 것을 처음으로 만듦

오답분석
① 발췌 : 책, 글 따위에서 필요하거나 중요한 부분을 가려 뽑아냄. 또는 그런 내용
② 추출 : 전체 속에서 어떤 물건, 생각, 요소 따위를 뽑아냄
③ 구출 : 위험한 상태에서 구하여 냄
⑤ 참조 : 참고로 비교하고 대조하여 봄

05

정답 ②

• 용이하다 : 어렵지 아니하고 매우 쉽다.
• 난해하다 : 뜻을 이해하기 어렵다.

오답분석
① 이해하다 : 깨달아 알다 또는 잘 알아서 받아들이다.
③ 분별하다 : 서로 다른 일이나 사물을 구별하여 가르다.
④ 무난하다 : 별로 어려움이 없다.
⑤ 무던하다 : 성질이 너그럽고 수더분하다.

06

'만큼'은 주로 어미 뒤에 붙어 앞의 내용에 상당하는 수량이나 정도임을 나타내는 의존 명사 '만큼'과 체언 뒤에 붙어 앞말과 비슷한 정도나 한도임을 나타내는 격조사 '-만큼'으로 구분할 수 있다. 한글 맞춤법에 따르면 의존 명사 '만큼'은 앞말과 띄어 써야 하고, 격조사 '-만큼'은 붙여 써야 한다. 따라서 ③은 체언 '생각'과 결합하는 격조사이므로 '생각만큼'으로 붙여 써야 한다.

07

'본받다'는 '본을 받다'에서 목적격 조사가 생략되고, 명사 '본'과 동사 '받다'가 결합한 합성어이다. 따라서 하나의 단어이므로 붙여쓰는 '본받는'이 적절한 표기이다.

08

• 등하불명(燈下不明) : '등잔 밑이 어둡다.'는 뜻으로, 가까이에 있는 물건이나 사람을 잘 찾지 못함을 이르는 말

오답분석
① 누란지위(累卵之危) : '층층이 쌓아 놓은 알의 위태로움'이라는 뜻으로, 몹시 아슬아슬한 위기를 비유적으로 이르는 말
③ 사면초가(四面楚歌) : 아무에게도 도움을 받지 못하는, 외롭고 곤란한 지경에 빠진 형편을 이르는 말
④ 조족지혈(鳥足之血) : '새 발의 피'라는 뜻으로, 매우 적은 분량을 비유적으로 이르는 말
⑤ 지란지교(芝蘭之交) : '지초와 난초의 교제'라는 뜻으로, 벗 사이의 맑고도 고귀한 사귐을 이르는 말

09

ⓒ은 '드렸다'라는 특수한 어휘를 통해 높임 표현을 실현하였다.

오답분석
① ⓐ은 격식체, ⓑ은 비격식체이다.
③ ⓒ에는 선어말어미가 사용되지 않았다.
④ ⓒ · ⓓ은 객체높임법이 사용되었다.
⑤ ⓔ은 주체높임법이 사용되었다.

10

밑줄 친 ⓐ은 '남보다 앞장서서 행동해서 몸소 다른 사람의 본보기가 됨'을 의미하는 솔선수범(率先垂範)의 의미와 유사하다.

오답분석
① 결자해지(結者解之) : '맺은 사람이 풀어야 한다.'는 뜻으로, 자기가 저지른 일은 자기가 해결하여야 함을 이르는 말
③ 박람강기(博覽強記) : 여러 가지 책을 널리 읽고 기억을 잘함을 이르는 말
④ 일취월장(日就月將) : 나날이 자라거나 발전함을 이르는 말
⑤ 자화자찬(自畵自讚) : '자기가 그린 그림을 스스로 칭찬한다.'는 뜻으로, 자기가 한 일을 스스로 자랑함을 이르는 말

11

정답 ④

㉠ 들어갈 수 있는 세 단어(체계, 제도, 관습) 중 공공부조, 사회제도와 함께 어울릴 수 있는 말은 '제도'가 적절하다.

- 제도 : 관습이나 도덕, 법률 따위의 규범이나 사회 구조의 체계
- 체계 : 일정한 원리에 따라서 낱낱의 부분이 짜임새 있게 조직되어 통일된 전체
- 관습 : 어떤 사회에서 오랫동안 지켜 내려와 그 사회 성원들이 널리 인정하는 질서

㉡ 서비스를 주는 것이므로 '제공'이 적절하다.

- 제공 : 무엇을 내주거나 갖다 바침
- 수여 : 증서, 상장, 훈장 따위를 줌
- 지급 : 돈이나 물품 따위를 정하여진 몫만큼 내줌

㉢ 문맥상 자존감이 떨어진 이들이 느낄 수 있는 감정은 '소외감'이 적절하다.

- 소외감 : 남에게 따돌림을 당하여 멀어진 듯한 느낌
- 자신감 : 자신이 있다는 느낌

㉣ 문맥상 새로운 법을 만든다는 '제정'이 적절하다.

- 제정 : 제도나 법률 따위를 만들어서 정함
- 개정 : 이미 정하였던 것을 고쳐 다시 정함

12

정답 ⑤

㉠ 문맥상 옳고 그름을 정하는 것이 아니라 필요에 의해 행동의 방향을 정한다는 의미의 '결정'이 적절하다.

- 결정 : 행동이나 태도를 분명하게 정함. 또는 그렇게 정해진 내용
- 판결 : 시비나 선악을 판단하여 결정함
- 확인 : 틀림없이 그러한가를 알아보거나 인정함. 또는 그런 인정

㉡ 개념과 형식과 어울리는 단어를 선택해야 하기 때문에 '포착'이 적절하다.

- 포착 : 요점이나 요령을 얻음
- 포획 : 짐승이나 물고기를 잡음

㉢ 유추의 근거를 통해 단어를 만드는 데 이용한다는 내용을 적절히 표현하기 위해서는 '적용'이 적절하다.

- 적용 : 알맞게 이용하거나 맞추어 씀
- 도입 : 기술, 방법, 물자 따위를 끌어들임
- 개선 : 잘못된 것이나 부족한 것, 나쁜 것 따위를 고쳐 더 좋게 만듦

㉣ 새로운 단어가 국어사전에 실리게 된다는 의미이므로 장부와 대장 등의 서적과 함께 쓰이는 '등재'가 적절하다.

- 등재 : 일정한 사항을 장부나 대장에 올림
- 등제 : 높은 곳에 오름. 과거에 급제하는 일

13

정답 ⑤

제시문과 ⑤의 '들어서다'는 '어떤 상태나 시기가 시작되다.'의 의미로 사용되었다.

오답분석

① 밖에서 안으로 옮겨 서다.
② 안쪽으로 다가서다.
③ 어떤 곳에 자리 잡고 서다.
④ 정부나 왕조, 기관 따위가 처음으로 세워지다.

14

제시문과 ④의 '버리다'는 '물질적 풍요와 사회적 명예를 취할 수 있음에도 불구하고 그렇게 하지 않다.'의 의미로 사용되었다.

오답분석

① 쓰지 못할 것을 다 내던지다.
② 떠나다 또는 등지다.
③ · ⑤ 돌보지 아니하다.

15

글쓴이는 영어를 강조하는 사회적 분위기에 대해 비판적인 태도를 취하고 있으며, 영어를 공용어로 하자고 주장하는 사람에게 도입종의 사례에 빗대 역시 우리말을 바로 세우는 것이 더 중요하다며 비판을 할 것이다. 따라서 앞 사람의 잘못을 되풀이하는 것을 표현하는 '전철을 밟다.'는 관용어가 포함된 ⑤가 가장 적절하다.

03 수리자료분석

01	02	03	04	05	06	07	08	09	10
③	③	②	②	③	⑤	③	④	④	①
11	12	13	14	15	16	17	18	19	20
④	④	③	⑤	②	⑤	②	②	①	①

01

앞의 항에 38씩 빼는 수열이다.
따라서 ( )=193−38=155이다.

02

앞의 항에 $+2^1$, $+2^3$, $+2^5$, $+2^7$, $+2^9$, …인 수열이다.
따라서 ( )=171+2^9=683이다.

03

명훈이와 우진이가 같이 초콜릿을 만드는 시간을 x시간이라고 하자.

명훈이와 우진이가 1시간 동안 만드는 초콜릿 양은 각각 $\frac{1}{30}$, $\frac{1}{20}$이므로 다음과 같은 식이 성립한다.

$$\frac{1}{30}\times3+\frac{1}{20}\times5+\left(\frac{1}{30}\right)+\left(\frac{1}{20}\right)x=1$$

$$\rightarrow \frac{1}{12}x=\frac{13}{20}$$

$$\therefore x=\frac{39}{5}$$

따라서 명훈이와 우진이는 $\frac{39}{5}$ 시간 동안 함께 초콜릿을 만든다.

04

소금물 A의 농도를 $x\%$, 소금물 B의 농도를 $y\%$ 라고 하자.

$$\frac{x}{100}\times100+\frac{y}{100}\times100=\frac{10}{100}\times200 \cdots \text{㉠}$$

$$\frac{x}{100}\times100+\frac{y}{100}\times300=\frac{9}{100}\times400 \cdots \text{㉡}$$

㉠과 ㉡을 연립하면 다음과 같다.

$x+y=20$

$x+3y=36$

$\therefore x=12,\ y=8$

따라서 소금물 A의 농도는 12%이다.

05

반장과 부반장을 서로 다른 팀에 배치하는 경우는 2가지이다. 두 명을 제외한 인원을 2명, 4명으로 나누는 경우는 먼저 6명 중 2명을 뽑는 경우와 같으므로 $_6C_2=\dfrac{6\times5}{2}=15$가지이다.

따라서 래프팅을 두 팀으로 나눠 타는 경우의 수는 $2\times15=30$가지이다.

06

동전의 앞면이 나올 확률은 $\dfrac{1}{2}$ 이고 주사위의 두 수의 곱이 홀수가 되는 경우는 두 수가 모두 홀수가 나왔을 때이다.

• 두 수의 곱이 홀수인 경우의 수 : (1, 1), (1, 3), (1, 5), (3, 1), (3, 3), (3, 5), (5, 1), (5, 3), (5, 5) → 9가지

• 주사위 2개의 곱이 홀수가 될 확률 : $\dfrac{9}{36}=\dfrac{1}{4}$

따라서 구하고자 하는 확률은 $\dfrac{1}{2}\times\dfrac{1}{4}=\dfrac{1}{8}$ 이다.

07

작년 남학생 수를 x명, 작년 여학생 수를 y명이라고 하자.

$x+y=500 \cdots \text{㉠}$

$1.1x+0.8y=490 \cdots \text{㉡}$

㉠과 ㉡을 연립하면 다음과 같다.

$\therefore x=300,\ y=200$

따라서 올해 남학생 수는 $1.1x=330$명이다.

08

전체 가입자 중 여성 가입자 수의 비율은 $\dfrac{9,804,482}{21,942,806}\times100≒44.7\%$이다.

오답분석

① 남성 사업장 가입자 수는 8,059,994명으로 남성 지역 가입자 수의 2배인 $3,861,478\times2=7,722,956$명보다 많다.

② 여성 가입자 전체 수인 9,804,482명에서 여성 사업장 가입자 수인 5,775,011명을 빼면 4,029,471명이므로 여성 사업장 가입자 수가 나머지 여성 가입자 수를 모두 합친 것보다 많다.

③ 전체 지역 가입자 수는 전체 사업장 가입자 수의 $\dfrac{7,310,178}{13,835,005}\times100≒52.8\%$이다.

⑤ 가입자 수가 많은 집단 순서는 '사업장 가입자－지역 가입자－임의계속 가입자－임의 가입자' 순서이다.

09

경증 환자 50명 중 남자 환자의 비율은 $\frac{31}{50}\times100=62\%$이고, 중증 환자 50명 중 남자 환자의 비율은 $\frac{34}{50}\times100=68\%$이다. 따라서 경증 환자의 비율이 더 낮다.

오답분석

① 50세 이상 환자의 수는 60명이고, 50세 미만의 환자의 수는 40명이다. 따라서 1.5배이다.

② 여자 환자 35명 중에서 중증 환자의 수는 16명이다. 따라서 $\frac{16}{35}\times100≒45.7\%$이다.

③ 전체 환자의 수 100명에서 중증 여자 환자의 수는 16명이다. 따라서 전체의 16%를 차지하고 있다.

⑤ 50세 미만 남자 중에서 경증 환자 비율은 약 56.5%, 50세 이상 여자 중에서 경증 환자 비율은 약 55.6%이다. 따라서 50세 미만 중에서 경증 환자 비율은 여자보다 남자가 더 높다.

10

영국의 2023년 1분기 고용률은 2022년보다 하락했고, 2023년 2분기에는 1분기의 고용률이 유지되었다.

오답분석

② ・2023년 2분기 OECD 전체 고용률 : 65.0%

・2024년 2분기 OECD 전체 고용률 : 66.3%

따라서 2024년 2분기 OECD 전체 고용률의 전년 동분기 대비 증가율은 $\frac{66.3-65}{65}\times100=2\%$이다.

③ ・⑤ 제시된 자료를 통해 확인할 수 있다.

④ 2024년 1분기 고용률이 가장 높은 국가는 독일이고, 가장 낮은 국가는 프랑스로, 독일의 고용률은 74%이고, 프랑스의 고용률은 64%이다. 그러므로 두 국가의 고용률의 차이는 74-64=10%p이다.

11

A국 이민자 수에 대한 B국 이민자 수의 비는 다음과 같다.

・2023년 12월 : $\frac{2,600}{3,400}=0.76$

・2024년 1월 : $\frac{2,800}{3,800}=0.73$

・2024년 2월 : $\frac{2,800}{4,000}=0.7$

따라서 2023년 12월에 A국 이민자 수에 대한 B국 이민자 수의 비가 제일 크다.

오답분석

① $3,400\times0.75=2,550$명이므로 B국 이민자 수는 A국 이민자 수의 75% 이상이다.

② $3,800-2,800=1,000$명이고 $\frac{1,000}{3,800}\times100≒26.3\%$이므로 B국 이민자 수는 A국 이민자 수의 33% 미만이다.

③ 2024년 2월 두 국가의 이민자 수 평균은 $\frac{4,000+2,800}{2}=3,400$명이므로 A국 이민자 수는 평균보다 600명 더 많다.

⑤ 월별 두 국가의 이민자 수의 차이는 다음과 같다.

・2023년 12월 : 3,400-2,600=800명

・2024년 1월 : 3,800-2,800=1,000명

・2024년 2월 : 4,000-2,800=1,200명

따라서 이민자 수 차이는 2024년 2월이 가장 크다.

12

오답분석

ㄱ. 제시된 자료만으로는 알 수 없다.

ㄴ. 인터넷을 이용하는 남성의 수는 113+145=258명, 여성의 수는 99+175=274명으로 여성의 수가 더 많다.

ㄷ. 인터넷을 이용하지 않는 사람은 남성이 92명, 여성이 76명으로 남성이 더 많지만, 30세 미만은 56명, 30세 이상은 112명이므로 30세 이상이 더 많다.

13

정답 ③

합계 출산율은 2017년에 최저치를 기록했다.

오답분석

① 2017년 출생아 수(435천 명)는 2015년 출생아 수(490.5천 명)의 약 0.88배로 감소하였다.

② 합계 출산율이 일정하게 증가하는 추세는 나타나지 않는다.

④ 2022년에 비해 2023년에는 합계 출산율이 0.014명 증가했다.

⑤ 주어진 그래프로 알 수 있는 사실이 아니다.

14

정답 ⑤

2020~2024년의 국가공무원 중 여성의 비율과 지방자치단체공무원 중 여성의 비율의 차를 구하면 다음과 같다.

- 2020년 : 47−30=17%p
- 2021년 : 48.1−30.7=17.4%p
- 2022년 : 48.1−31.3=16.8%p
- 2023년 : 49−32.6=16.4%p
- 2024년 : 49.4−33.7=15.7%p

따라서 비율의 차는 2021년에 증가했다가 2022년부터 계속 감소한다.

15

정답 ②

전년 대비 국·영·수의 월 최대 수강자 수가 증가한 해는 2020년과 2024년이고, 증가율은 다음과 같다.

- 2020년 : $\frac{385-350}{350} \times 10 = 10\%$
- 2024년 : $\frac{378-360}{360} \times 100 = 5\%$

따라서 증가율은 2020년에 가장 높다.

오답분석

ㄱ. 2021년 국·영·수의 월 최대 수강자 수는 전년 대비 감소했지만, 월 평균 수강자 수는 전년 대비 증가하였다.

ㄴ. 2021년 국·영·수의 월 최대 수강자 수는 전년 대비 감소했지만, 월 평균 수업료는 전년 대비 증가하였다.

ㄹ. 2019~2024년 동안 월 평균 수강자 수가 국·영·수 과목이 최대, 최소인 해는 각각 2021년, 2019년이고, 탐구 과목이 최대, 최소인 해는 2022년, 2020년이다.

16

정답 ⑤

각 열(세로)에 대해 +24의 규칙을 가지고 있다.

따라서 ?=27+24=51이다.

17

정답 ②

아래 방향으로 $+7$, 왼쪽 방향으로 -4을 적용하는 수열이다.
따라서 $?=11-4=7$이다.

18

정답 ②

a	n
1	0
$2 \times 1 + (-1)^0 = 3$	1
$2 \times 3 + (-1)^1 = 5$	2
$2 \times 5 + (-1)^2 = 11$	3
$2 \times 11 + (-1)^3 = 21$	4
$2 \times 21 + (-1)^4 = 43$	5
$2 \times 43 + (-1)^5 = 85$	6
$2 \times 85 + (-1)^6 = 171$	7

19

정답 ①

a	n
2	0
$3 \times 2 + (-1)^2 = 7$	1
$3 \times 7 + (-1)^7 = 20$	2
$3 \times 20 + (-1)^{20} = 61$	3
$3 \times 61 + (-1)^{61} = 182$	4
$3 \times 182 + (-1)^{182} = 547$	5

20

정답 ①

a	n
$\dfrac{1}{81}$	0
$\dfrac{1}{81} \times 3 = \dfrac{1}{27}$	1
$\dfrac{1}{27} \times 3 = \dfrac{1}{9}$	2
$\dfrac{1}{9} \times 3 = \dfrac{1}{3}$	3
$\dfrac{1}{3} \times 3 = 1$	4

01	02	03	04	05	06	07	08	09	10
③	⑤	⑤	④	②	③	②	③	①	⑤

01

정답 ③

- 1층 : $6 \times 3 = 18$개
- 2층 : $18 - 4 = 14$개
- 3층 : $18 - 5 = 13$개
- 4층 : $18 - 10 = 8$개
- ∴ $18 + 14 + 13 + 8 = 53$개

02

정답 ⑤

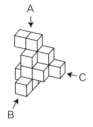

03

정답 ⑤

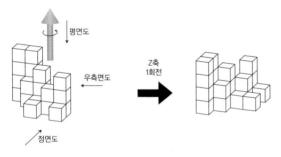

04

정답 ④

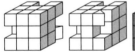

05

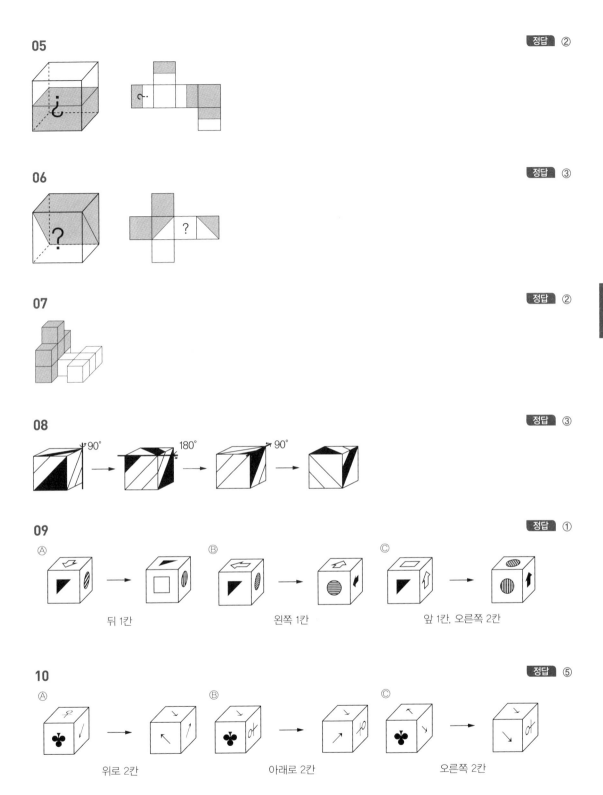

06

07

08

09

뒤 1칸   왼쪽 1칸   앞 1칸, 오른쪽 2칸

10

위로 2칸   아래로 2칸   오른쪽 2칸

PART 3

05   도형추리

01

정답 ④

규칙은 가로로 적용된다.
첫 번째 도형을 y축 대칭시킨 도형이 두 번째 도형이고, 두 번째 도형을 180° 회전시킨 도형이 세 번째 도형이다.

02

정답 ⑤

규칙은 가로로 적용된다.
첫 번째 도형과 두 번째 도형의 색이 칠해진 부분을 합친 것이 세 번째 도형이다.

03

정답 ④

규칙은 세로로 적용된다.
첫 번째 도형을 색 반전시킨 도형이 두 번째 도형이고, 두 번째 도형을 x축 대칭시킨 도형이 세 번째 도형이다.

04

정답 ②

규칙은 세로로 적용된다.
첫 번째 도형과 두 번째 도형을 합친 것이 세 번째 도형이다.

05

정답 ②

한 줄에 ⌐ ㄱ ㄴ ㄴ ㅣ ㅣ 모양이 한 번씩 나오며, ○은 왼쪽 위부터 시작해 표 가운데까지 시계 방향으로 회전하며 하나씩 증가한다.

06

정답 ⑤

가장 큰 도형은 그대로, 외부 도형은 가장 큰 도형을 회전하여 위에 위치했을 때, 항상 왼쪽 위치를 유지한 채로 색 반전하며 시계 방향으로 이동하고, 내부 도형은 대각선으로 이동하는 규칙이다.

07

정답 ⑤

가장 큰 도형은 시계 또는 시계 반대 방향으로 90° 회전하고 외부 두 도형 중 십자가 모양은 가장 큰 도형의 변을 따라 시계 방향, 검은색 원은 시계 반대 방향으로 90° 회전 이동하는 규칙이다.

08

정답 ②

(A) 윗 칸 - 검정색을 아래로 두 칸씩 이동
(B) 아래 칸 - 큰 도형이 가장 작은 도형으로 변환 후, 시계 방향으로 90° 회전

09

1) 왼쪽 위 사분원

　① → ② : 큰 도형은 시계 방향으로 90° 회전하고 작은 도형은 좌우 대칭

　② → ③ : 전체 도형을 시계 방향으로 90° 회전

2) 오른쪽 위 사분원

　① → ② : 큰 도형과 작은 도형 위치 변경

　② → ③ : 큰 도형을 시계 방향으로 90° 회전

3) 왼쪽 아래 사분원

　① → ② : 전체 색 반전

　② → ③ : 180° 회전

4) 오른쪽 아래 사분원 큰 도형은 모서리 개수가 1개 증가, 중간 도형은 상하 대칭, 작은 도형은 시계 방향으로 90° 회전

　① → ② : 중간 크기 도형 색 반전

　② → ③ : 전체 색 반전

10

1) 왼쪽 위 사분원

　① → ② : 전체 색 반전

　② → ③ : 큰 도형 색 반전

2) 오른쪽 위 사분원

　① → ② : 작은 도형을 좌우 대칭

　② → ③ : 큰 도형은 시계 방향으로 90° 회전하고, 작은 도형은 상하 대칭 후 전체 색 반전

3) 왼쪽 아래 사분원

　① → ② : 작은 도형 180° 회전

　② → ③ : 시계 방향으로 45° 전체 회전 후, 색 반전

4) 오른쪽 아래 사분원

　① → ② : 큰 도형은 시계 반대 방향으로 90° 회전하고 작은 도형은 상하 대칭

　② → ③ : 작은 도형을 시계 반대 방향으로 90° 회전하고 전체 색 반전

목적과 그에 따른 계획이 없으면 목적지 없이 항해하는 배와 같다.

- 피츠휴 닷슨 -

두산그룹 DCAT OMR 답안지

※ 절취선을 따라 분리하여 실제 시험과 같이 사용하면 더욱 효과적입니다.

언어논리

문번	1	2	3	4	5
1	①	②	③	④	⑤
2	①	②	③	④	⑤
3	①	②	③	④	⑤
4	①	②	③	④	⑤
5	①	②	③	④	⑤
6	①	②	③	④	⑤
7	①	②	③	④	⑤
8	①	②	③	④	⑤
9	①	②	③	④	⑤
10	①	②	③	④	⑤
11	①	②	③	④	⑤
12	①	②	③	④	⑤
13	①	②	③	④	⑤
14	①	②	③	④	⑤
15	①	②	③	④	⑤
16	①	②	③	④	⑤
17	①	②	③	④	⑤
18	①	②	③	④	⑤
19	①	②	③	④	⑤
20	①	②	③	④	⑤

언어표현

문번	1	2	3	4	5
1	①	②	③	④	⑤
2	①	②	③	④	⑤
3	①	②	③	④	⑤
4	①	②	③	④	⑤
5	①	②	③	④	⑤
6	①	②	③	④	⑤
7	①	②	③	④	⑤
8	①	②	③	④	⑤
9	①	②	③	④	⑤
10	①	②	③	④	⑤
11	①	②	③	④	⑤
12	①	②	③	④	⑤
13	①	②	③	④	⑤
14	①	②	③	④	⑤
15	①	②	③	④	⑤

수리자료분석

문번	1	2	3	4	5
1	①	②	③	④	⑤
2	①	②	③	④	⑤
3	①	②	③	④	⑤
4	①	②	③	④	⑤
5	①	②	③	④	⑤
6	①	②	③	④	⑤
7	①	②	③	④	⑤
8	①	②	③	④	⑤
9	①	②	③	④	⑤
10	①	②	③	④	⑤
11	①	②	③	④	⑤
12	①	②	③	④	⑤
13	①	②	③	④	⑤
14	①	②	③	④	⑤
15	①	②	③	④	⑤
16	①	②	③	④	⑤
17	①	②	③	④	⑤
18	①	②	③	④	⑤
19	①	②	③	④	⑤
20	①	②	③	④	⑤

공간추리

문번	1	2	3	4	5
1	①	②	③	④	⑤
2	①	②	③	④	⑤
3	①	②	③	④	⑤
4	①	②	③	④	⑤
5	①	②	③	④	⑤
6	①	②	③	④	⑤
7	①	②	③	④	⑤
8	①	②	③	④	⑤
9	①	②	③	④	⑤
10	①	②	③	④	⑤

도형추리

문번	1	2	3	4	5
1	①	②	③	④	⑤
2	①	②	③	④	⑤
3	①	②	③	④	⑤
4	①	②	③	④	⑤
5	①	②	③	④	⑤
6	①	②	③	④	⑤
7	①	②	③	④	⑤
8	①	②	③	④	⑤
9	①	②	③	④	⑤
10	①	②	③	④	⑤

고사장

성명

수험번호

⓪	①	②	③	④	⑤	⑥	⑦	⑧	⑨
⓪	①	②	③	④	⑤	⑥	⑦	⑧	⑨
⓪	①	②	③	④	⑤	⑥	⑦	⑧	⑨
⓪	①	②	③	④	⑤	⑥	⑦	⑧	⑨
⓪	①	②	③	④	⑤	⑥	⑦	⑧	⑨
⓪	①	②	③	④	⑤	⑥	⑦	⑧	⑨
⓪	①	②	③	④	⑤	⑥	⑦	⑧	⑨

감독위원 확인

 인

두산그룹 DCAT OMR 답안지

교시장

성명

수험번호

	0	1	2	3	4	5	6	7	8	9

감독위원 확인

(인)

언어논리

문번	1	2	3	4	5
1	①	②	③	④	⑤
2	①	②	③	④	⑤
3	①	②	③	④	⑤
4	①	②	③	④	⑤
5	①	②	③	④	⑤
6	①	②	③	④	⑤
7	①	②	③	④	⑤
8	①	②	③	④	⑤
9	①	②	③	④	⑤
10	①	②	③	④	⑤
11	①	②	③	④	⑤
12	①	②	③	④	⑤
13	①	②	③	④	⑤
14	①	②	③	④	⑤
15	①	②	③	④	⑤
16	①	②	③	④	⑤
17	①	②	③	④	⑤
18	①	②	③	④	⑤
19	①	②	③	④	⑤
20	①	②	③	④	⑤

언어표현

문번	1	2	3	4	5
1	①	②	③	④	⑤
2	①	②	③	④	⑤
3	①	②	③	④	⑤
4	①	②	③	④	⑤
5	①	②	③	④	⑤
6	①	②	③	④	⑤
7	①	②	③	④	⑤
8	①	②	③	④	⑤
9	①	②	③	④	⑤
10	①	②	③	④	⑤
11	①	②	③	④	⑤
12	①	②	③	④	⑤
13	①	②	③	④	⑤
14	①	②	③	④	⑤
15	①	②	③	④	⑤

수리자료분석

문번	1	2	3	4	5
1	①	②	③	④	⑤
2	①	②	③	④	⑤
3	①	②	③	④	⑤
4	①	②	③	④	⑤
5	①	②	③	④	⑤
6	①	②	③	④	⑤
7	①	②	③	④	⑤
8	①	②	③	④	⑤
9	①	②	③	④	⑤
10	①	②	③	④	⑤
11	①	②	③	④	⑤
12	①	②	③	④	⑤
13	①	②	③	④	⑤
14	①	②	③	④	⑤
15	①	②	③	④	⑤
16	①	②	③	④	⑤
17	①	②	③	④	⑤
18	①	②	③	④	⑤
19	①	②	③	④	⑤
20	①	②	③	④	⑤

공간추리

문번	1	2	3	4	5
1	①	②	③	④	⑤
2	①	②	③	④	⑤
3	①	②	③	④	⑤
4	①	②	③	④	⑤
5	①	②	③	④	⑤
6	①	②	③	④	⑤
7	①	②	③	④	⑤
8	①	②	③	④	⑤
9	①	②	③	④	⑤
10	①	②	③	④	⑤

도형추리

문번	1	2	3	4	5
1	①	②	③	④	⑤
2	①	②	③	④	⑤
3	①	②	③	④	⑤
4	①	②	③	④	⑤
5	①	②	③	④	⑤
6	①	②	③	④	⑤
7	①	②	③	④	⑤
8	①	②	③	④	⑤
9	①	②	③	④	⑤
10	①	②	③	④	⑤

두산그룹 DCAT OMR 답안지

언어논리

문번	1	2	3	4	5
1	①	②	③	④	⑤
2	①	②	③	④	⑤
3	①	②	③	④	⑤
4	①	②	③	④	⑤
5	①	②	③	④	⑤
6	①	②	③	④	⑤
7	①	②	③	④	⑤
8	①	②	③	④	⑤
9	①	②	③	④	⑤
10	①	②	③	④	⑤
11	①	②	③	④	⑤
12	①	②	③	④	⑤
13	①	②	③	④	⑤
14	①	②	③	④	⑤
15	①	②	③	④	⑤
16	①	②	③	④	⑤
17	①	②	③	④	⑤
18	①	②	③	④	⑤
19	①	②	③	④	⑤
20	①	②	③	④	⑤

언어표현

문번	1	2	3	4	5
1	①	②	③	④	⑤
2	①	②	③	④	⑤
3	①	②	③	④	⑤
4	①	②	③	④	⑤
5	①	②	③	④	⑤
6	①	②	③	④	⑤
7	①	②	③	④	⑤
8	①	②	③	④	⑤
9	①	②	③	④	⑤
10	①	②	③	④	⑤
11	①	②	③	④	⑤
12	①	②	③	④	⑤
13	①	②	③	④	⑤
14	①	②	③	④	⑤
15	①	②	③	④	⑤

수리자료분석

문번	1	2	3	4	5
1	①	②	③	④	⑤
2	①	②	③	④	⑤
3	①	②	③	④	⑤
4	①	②	③	④	⑤
5	①	②	③	④	⑤
6	①	②	③	④	⑤
7	①	②	③	④	⑤
8	①	②	③	④	⑤
9	①	②	③	④	⑤
10	①	②	③	④	⑤
11	①	②	③	④	⑤
12	①	②	③	④	⑤
13	①	②	③	④	⑤
14	①	②	③	④	⑤
15	①	②	③	④	⑤
16	①	②	③	④	⑤
17	①	②	③	④	⑤
18	①	②	③	④	⑤
19	①	②	③	④	⑤
20	①	②	③	④	⑤

공간추리

문번	1	2	3	4	5
1	①	②	③	④	⑤
2	①	②	③	④	⑤
3	①	②	③	④	⑤
4	①	②	③	④	⑤
5	①	②	③	④	⑤
6	①	②	③	④	⑤
7	①	②	③	④	⑤
8	①	②	③	④	⑤
9	①	②	③	④	⑤
10	①	②	③	④	⑤

도형추리

문번	1	2	3	4	5
1	①	②	③	④	⑤
2	①	②	③	④	⑤
3	①	②	③	④	⑤
4	①	②	③	④	⑤
5	①	②	③	④	⑤
6	①	②	③	④	⑤
7	①	②	③	④	⑤
8	①	②	③	④	⑤
9	①	②	③	④	⑤
10	①	②	③	④	⑤

교시장

성 명

수험번호

⓪	①	②	③	④	⑤	⑥	⑦	⑧	⑨
⓪	①	②	③	④	⑤	⑥	⑦	⑧	⑨
⓪	①	②	③	④	⑤	⑥	⑦	⑧	⑨
⓪	①	②	③	④	⑤	⑥	⑦	⑧	⑨
⓪	①	②	③	④	⑤	⑥	⑦	⑧	⑨
⓪	①	②	③	④	⑤	⑥	⑦	⑧	⑨
⓪	①	②	③	④	⑤	⑥	⑦	⑧	⑨

감독위원 확인

인

두산그룹 DCAT OMR 답안지

교시장							

성 명							

수험번호	⓪ ① ② ③ ④ ⑤ ⑥ ⑦ ⑧ ⑨	⓪ ① ② ③ ④ ⑤ ⑥ ⑦ ⑧ ⑨	⓪ ① ② ③ ④ ⑤ ⑥ ⑦ ⑧ ⑨	⓪ ① ② ③ ④ ⑤ ⑥ ⑦ ⑧ ⑨	⓪ ① ② ③ ④ ⑤ ⑥ ⑦ ⑧ ⑨	⓪ ① ② ③ ④ ⑤ ⑥ ⑦ ⑧ ⑨	⓪ ① ② ③ ④ ⑤ ⑥ ⑦ ⑧ ⑨

감독위원 확인 (인)

언어논리

문번	1	2	3	4	5
1	①	②	③	④	⑤
2	①	②	③	④	⑤
3	①	②	③	④	⑤
4	①	②	③	④	⑤
5	①	②	③	④	⑤
6	①	②	③	④	⑤
7	①	②	③	④	⑤
8	①	②	③	④	⑤
9	①	②	③	④	⑤
10	①	②	③	④	⑤
11	①	②	③	④	⑤
12	①	②	③	④	⑤
13	①	②	③	④	⑤
14	①	②	③	④	⑤
15	①	②	③	④	⑤
16	①	②	③	④	⑤
17	①	②	③	④	⑤
18	①	②	③	④	⑤
19	①	②	③	④	⑤
20	①	②	③	④	⑤

언어표현

문번	1	2	3	4	5
1	①	②	③	④	⑤
2	①	②	③	④	⑤
3	①	②	③	④	⑤
4	①	②	③	④	⑤
5	①	②	③	④	⑤
6	①	②	③	④	⑤
7	①	②	③	④	⑤
8	①	②	③	④	⑤
9	①	②	③	④	⑤
10	①	②	③	④	⑤
11	①	②	③	④	⑤
12	①	②	③	④	⑤
13	①	②	③	④	⑤
14	①	②	③	④	⑤
15	①	②	③	④	⑤

수리자료분석

문번	1	2	3	4	5
1	①	②	③	④	⑤
2	①	②	③	④	⑤
3	①	②	③	④	⑤
4	①	②	③	④	⑤
5	①	②	③	④	⑤
6	①	②	③	④	⑤
7	①	②	③	④	⑤
8	①	②	③	④	⑤
9	①	②	③	④	⑤
10	①	②	③	④	⑤
11	①	②	③	④	⑤
12	①	②	③	④	⑤
13	①	②	③	④	⑤
14	①	②	③	④	⑤
15	①	②	③	④	⑤
16	①	②	③	④	⑤
17	①	②	③	④	⑤
18	①	②	③	④	⑤
19	①	②	③	④	⑤
20	①	②	③	④	⑤

공간추리

문번	1	2	3	4	5
1	①	②	③	④	⑤
2	①	②	③	④	⑤
3	①	②	③	④	⑤
4	①	②	③	④	⑤
5	①	②	③	④	⑤
6	①	②	③	④	⑤
7	①	②	③	④	⑤
8	①	②	③	④	⑤
9	①	②	③	④	⑤
10	①	②	③	④	⑤

도형추리

문번	1	2	3	4	5
1	①	②	③	④	⑤
2	①	②	③	④	⑤
3	①	②	③	④	⑤
4	①	②	③	④	⑤
5	①	②	③	④	⑤
6	①	②	③	④	⑤
7	①	②	③	④	⑤
8	①	②	③	④	⑤
9	①	②	③	④	⑤
10	①	②	③	④	⑤

2025 최신판 시대에듀 두산그룹 DCAT 온라인 종합 적성검사 6개년 기출＋모의고사 4회＋무료두산특강

개정7판1쇄발행	2025년 02월 20일 (인쇄 2024년 11월 08일)
초 판 발 행	2021년 10월 05일 (인쇄 2021년 09월 24일)
발 행 인	박영일
책 임 편 집	이해욱
저 자	SDC(Sidae Data Center)
편 집 진 행	안희선 · 신주희
표지디자인	박수영
편집디자인	박지은 · 장성복
발 행 처	(주)시대고시기획
출 판 등 록	제10-1521호
주 소	서울시 마포구 큰우물로 75 [도화동 538 성지 B/D] 9F
전 화	1600-3600
팩 스	02-701-8823
홈 페 이 지	www.sdedu.co.kr

I S B N	979-11-383-8222-9 (13320)
정 가	25,000원

DCAT

두산그룹
온라인 종합적성검사

최신기출유형+모의고사 4회
+무료두산특강

최신 출제경향 전면 반영

대기업 인적성 "기출이 답이다" 시리즈

역대 기출문제와 주요기업 기출문제를 한 권에! 합격을 위한
Only Way!

대기업 인적성 "봉투모의고사" 시리즈

실제 시험과 동일하게 마무리! 합격으로 가는
Last Spurt!

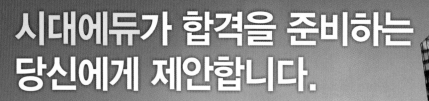

시대에듀가 합격을 준비하는
당신에게 제안합니다.

결심하셨다면 지금 당장 실행하십시오.
시대에듀와 함께라면 문제없습니다.

성공의 기회!
시대에듀를 잡으십시오.

NEXT STEP!

기회란 포착되어 활용되기 전에는 기회인지조차 알 수 없는 것이다.

- 마크 트웨인 -